2025年

国家统一法律职业资格考试

主观题历年真题与考点全解

法律考试中心／组编

法律出版社
LAW PRESS · CHINA
北京

图书在版编目（CIP）数据

2025年国家统一法律职业资格考试主观题历年真题与考点全解 / 法律考试中心组编. -- 北京 : 法律出版社, 2025. -- ISBN 978-7-5244-0183-4

Ⅰ. D920.4

中国国家版本馆CIP数据核字第20254WN643号

2025年国家统一法律职业资格考试主观题历年真题与考点全解
2025 NIAN GUOJIA TONGYI FALÜ ZHIYE ZIGE KAOSHI ZHUGUANTI LINIAN ZHENTI YU KAODIAN QUANJIE

法律考试中心 组编

策划编辑 李捷琳
责任编辑 李捷琳
装帧设计 李 瞻

出版发行 法律出版社
编辑统筹 法律考试·职业教育出版分社
责任校对 李慧艳
责任印制 胡晓雅
经　　销 新华书店

开本 787毫米×1092毫米 1/16
印张 18.75 **字数** 431千
版本 2025年4月第1版
印次 2025年4月第1次印刷
印刷 固安华明印业有限公司

地址：北京市丰台区莲花池西里7号（100073）
网址：www.lawpress.com.cn
投稿邮箱：info@lawpress.com.cn
举报盗版邮箱：jbwq@lawpress.com.cn
销售电话：010-83938349
客服电话：010-83938350
咨询电话：010-63939796

书号：ISBN 978-7-5244-0183-4
定价：56.00元

写在前面

亲爱的考生：

相信坚持到主观题阶段的你，已然历经过无数回的质疑与重振。或许，你曾在多个深夜与法条相伴，为复杂的案例辗转反侧。但当第二天太阳照常升起时，你又会重拾好状态，坚信着每一次努力都不会白费，每一份坚持都在为通关积蓄力量。这本书，将成为你冲刺主观题考试的温暖伙伴，陪你跨越最后的难关。

本书以清晰科学的编写体例，为你搭建起高效复习的桥梁。我们按照主观题考试科目，精心分为6编，涵盖论述题、刑法、刑事诉讼法、民法综合、商法以及行政法与行政诉讼法。在每编中，基本设置【考情分析】【历年真题】【考点全解】【精编模拟预测】栏目，贴合你的备考节奏。

【考情分析】——统计本学科分值占比，为你快速分析并了解当下考情趋势；

【历年真题】——汇集近五年的经典试题，每道题目都配有详细解析，帮你洞悉命题规律；

【考点全解】——将核心知识点逐一拆解，提炼答题关键，让你精准把握得分要点；

【精编模拟预测】——精选高质量试题，模拟实战场景，助你查漏补缺、提升应试能力。

希望你在真题与考点的钻研中收获成长，在模拟演练中积累信心。请相信，所有的付出终会换来硕果，2025年法考通关的名单上，一定会有你的名字！

法律考试中心

2025年4月

本书法律法规简称表

全　称	简　称
《最高人民法院关于适用〈中华人民共和国刑事诉讼法〉的解释》	《刑诉解释》
《关于依法保障律师执业权利的规定》	《律师规定》
《人民检察院刑事诉讼规则》	《高检规则》
《公安机关办理刑事案件程序规定》	《公安部规定》
《最高人民法院、最高人民检察院、公安部、国家安全部、司法部关于适用认罪认罚从宽制度的指导意见》	《认罪认罚从宽制度指导意见》
《最高人民法院关于适用〈中华人民共和国行政诉讼法〉的解释》	《行诉适用解释》
《最高人民法院关于审理行政协议案件若干问题的规定》	《行政协议案件规定》
《全国法院民商事审判工作会议纪要》	《九民纪要》
《最高人民法院关于适用〈中华人民共和国民法典〉有关担保制度的解释》	《民法典担保制度解释》
《最高人民法院关于适用〈中华人民共和国民法典〉合同编通则若干问题的解释》	《民法典合同编通则解释》
《最高人民法院关于适用〈中华人民共和国公司法〉若干问题的规定（三）》	《公司法解释（三）》
《最高人民法院关于适用〈中华人民共和国公司法〉若干问题的规定（四）》	《公司法解释（四）》
《最高人民法院关于适用〈中华人民共和国公司法〉若干问题的规定（五）》	《公司法解释（五）》
《最高人民法院关于适用〈中华人民共和国企业破产法〉若干问题的规定（三）》	《破产法解释（三）》
《最高人民法院关于适用〈中华人民共和国民事诉讼法〉的解释》	《民诉解释》
《最高人民法院关于人民法院民事执行中查封、扣押、冻结财产的规定》	《查封、扣押、冻结财产规定》

目　　录

—— 论　述　题 ——

一、考情分析 …… 001
二、历年真题 …… 001
2024 年 …… 001
2023 年 …… 003
2022 年 …… 005
2021 年 …… 006

—— 刑　　法 ——

一、考情分析 …… 008
二、历年真题 …… 009
2024 年 …… 009
2023 年 …… 012
2022 年 …… 014
2021 年 …… 017
2020 年 …… 019
2019 年 …… 021
2018 年 …… 024
三、考点全解 …… 026
考点一　犯罪构成 …… 026
考点二　作为义务来源 …… 027
考点三　结果加重犯 …… 029
考点四　因果关系 …… 030
考点五　正当防卫 …… 032
考点六　事实认识错误 …… 035

考点七　犯罪未遂 …… 036
考点八　犯罪中止 …… 037
考点九　共同犯罪 …… 037
考点十　罪数形态 …… 041
考点十一　自首(一般自首和准自首) …… 042
考点十二　立功(立功与重大立功) …… 044
考点十三　抢劫罪 …… 046
考点十四　盗窃罪 …… 048
考点十五　诈骗罪 …… 049
考点十六　敲诈勒索罪 …… 050
考点十七　侵占罪 …… 051
考点十八　故意杀人罪 …… 052
考点十九　非法拘禁罪 …… 053
考点二十　绑架罪 …… 055
考点二十一　拐卖妇女、儿童罪 …… 056
考点二十二　信用卡诈骗罪 …… 058
考点二十三　贪污罪 …… 058
考点二十四　受贿罪 …… 060
考点二十五　妨害公务罪与袭警罪 …… 063
考点二十六　徇私枉法罪 …… 064
考点二十七　挪用公款罪 …… 065
考点二十八　贷款诈骗罪 …… 065
考点二十九　窝藏、包庇罪 …… 066
考点三十　掩饰、隐瞒犯罪所得、犯罪所得收益罪 …… 068
四、精编模拟预测 …… 069
(一) …… 069
(二) …… 071

—— 刑事诉讼法 ——

一、考情分析 …… 073
二、历年真题 …… 073
2024年 …… 073
2023年 …… 076
2022年 …… 078
2021年 …… 080

2020 年 …… 082
2019 年 …… 084
2018 年 …… 086
三、考点全解 …… 089
考点一　管辖 …… 089
考点二　辩护制度 …… 091
考点三　值班律师制度 …… 092
考点四　辩护人的权利 …… 093
考点五　刑事证据收集、审查、认定 …… 095
考点六　非法证据排除规则 …… 097
考点七　刑事证明 …… 099
考点八　强制措施之拘传、取保候审 …… 100
考点九　强制措施之监视居住 …… 101
考点十　强制措施之拘留 …… 102
考点十一　强制措施之逮捕 …… 103
考点十二　羁押必要性审查 …… 104
考点十三　刑事附带民事诉讼 …… 105
考点十四　公安机关侦查行为 …… 106
考点十五　审查起诉 …… 109
考点十六　不起诉 …… 110
考点十七　审判概述 …… 112
考点十八　第一审程序 …… 114
考点十九　简易程序 …… 115
考点二十　速裁程序 …… 116
考点二十一　第二审程序 …… 118
考点二十二　审判监督程序 …… 120
考点二十三　死刑复核程序 …… 122
考点二十四　未成年人刑事案件诉讼程序 …… 123
考点二十五　认罪认罚从宽制度 …… 124
四、精编模拟预测 …… 126
（一）…… 126
（二）…… 127

—— 民法综合 ——

一、考情分析 …… 130

二、历年真题 …… 131
2024年 …… 131
2023年 …… 134
2022年 …… 138
2021年 …… 142
2020年 …… 145
2019年 …… 149
2018年 …… 151
三、考点全解 …… 154
(一)民法—考点全解 …… 154
考点一　法人人格否认 …… 154
考点二　法人对外担保 …… 155
考点三　可撤销的民事行为 …… 156
考点四　代理 …… 158
考点五　不动产物权 …… 159
考点六　动产物权 …… 159
考点七　异议登记 …… 160
考点八　预告登记 …… 160
考点九　善意取得 …… 161
考点十　借新还旧的担保物权 …… 162
考点十一　担保合同无效处理 …… 162
考点十二　抵押物转让 …… 163
考点十三　动产浮动抵押 …… 163
考点十四　超级动产抵押权 …… 164
考点十五　抵押权和租赁权 …… 164
考点十六　非典型担保 …… 165
考点十七　担保物权 …… 166
考点十八　保证 …… 167
考点十九　债权人的代位权 …… 168
考点二十　债权人的撤销权 …… 169
考点二十一　格式条款 …… 169
考点二十二　合同相对性 …… 170
考点二十三　责任承担 …… 170
考点二十四　标的物风险负担 …… 172
考点二十五　租赁合同 …… 172
考点二十六　融资租赁合同 …… 173
考点二十七　保理合同 …… 174

考点二十八　用人单位责任 …… 175
考点二十九　环境污染责任 …… 175
考点三十　教育机构侵权责任 …… 176
(二)民事诉讼法—考点全解 …… 177
考点一　反诉 …… 177
考点二　地域管辖 …… 177
考点三　裁定管辖 …… 180
考点四　管辖权异议 …… 181
考点五　原告与被告 …… 182
考点六　共同诉讼 …… 183
考点七　第三人 …… 184
考点八　人民法院调解 …… 184
考点九　保全与先予执行 …… 186
考点十　一审普通程序 …… 187
考点十一　简易程序及小额诉讼程序 …… 190
考点十二　二审程序 …… 191
考点十三　审判监督程序 …… 193
考点十四　第三人撤销之诉 …… 197
考点十五　执行程序 …… 199
四、精编模拟测试 …… 203
（一） …… 203
（二） …… 207

—— 商　法 ——

一、考情分析 …… 210
二、历年真题 …… 210
2024 年 …… 210
2023 年 …… 212
2022 年 …… 215
2021 年 …… 216
2020 年 …… 218
2019 年 …… 220
2018 年 …… 222
三、考点全解 …… 224
考点一　公司人格否认制度 …… 224

考点二　出资瑕疵责任 …… 225
考点三　股东资格 …… 226
考点四　股东知情权 …… 228
考点五　股东利润分配 …… 228
考点六　股权转让 …… 229
考点七　股东代表诉讼 …… 230
考点八　越权担保 …… 231
考点九　对赌协议 …… 232
考点十　董事会、监事会 …… 232
考点十一　公司的变更 …… 234
考点十二　公司的清算 …… 234
考点十三　债权申报 …… 235
考点十四　破产重整程序 …… 236
考点十五　票据行为 …… 238
四、精编模拟测试 …… 239
（一） …… 239
（二） …… 241

—— 行政法与行政诉讼法 ——

一、考情分析 …… 244
二、历年真题 …… 245
2024年 …… 245
2023年 …… 248
2022年 …… 250
2021年 …… 252
2020年 …… 255
2019年 …… 257
2018年 …… 259
三、考点全解 …… 261
考点一　抽象行政行为 …… 261
考点二　具体行政行为 …… 262
考点三　行政许可设定和具体规定（立法） …… 262
考点四　行政许可实施的一般程序 …… 263
考点五　行政处罚的实施主体 …… 264
考点六　行政处罚的管辖 …… 265

考点七　行政处罚的实施程序 …… 266
考点八　行政强制措施的实施程序 …… 268
考点九　行政协议(行政合同) …… 269
考点十　政府信息公开 …… 272
考点十一　行政诉讼被告 …… 274
考点十二　行政诉讼的管辖 …… 275
考点十三　行政诉讼的裁判与执行 …… 276
考点十四　行政复议 …… 277
考点十五　行政赔偿 …… 280
四、精编模拟测试 …… 281
(一) …… 281
(二) …… 282

论　述　题

一、考情分析

表 1　近七年论述题考查分值及占卷面分值比重情况

年份	2024	2023	2022	2021
分值/分	35	35	35	35
占卷面分值比重/%	19.4	19.4	19.4	19.4

从近年论述题考查情况看，主观题试卷第一题的命题形式仍旧是“材料＋问题＋要求”。

1. 材料往往由两三段内容构成，基本为领导人重要讲话、论述或党和国家的重要文件及时事等。

2. 问题往往是“结合 A 谈谈 B”，A 和 B 都是常规的考点，重点考查对知识、理论融会贯通的能力，增加论述的难度。

3. 要求相对固定：(1) 无观点或论述、照搬材料原文的不得分；(2) 观点正确，表达完整、准确；(3) 总字数不少于 600 字。

值得注意的是，2023 年论述题有 2 个小问，但总字数不得少于 600 字，难度实际上是增加了。有的同学把 2 个问题写在了一起，有的同学忽略了第二个问题。但作答思路没有变化，在回答问题的时候只要找到 2 个问题的核心考点展开论述即可。所以，考生一定要注重对“结合 A 谈谈 B”这种试题的练习及积累。无论是出 2 个问题还是 1 个问题，都要把握解题的核心技巧。

二、历年真题*

2024 年

材料一：

高水平社会主义市场经济体制是中国式现代化的重要保障。必须更好发挥市场机制作用，

* 本书此部分内容来自考生回忆。——编者注

创造更加公平、更有活力的市场环境,实现资源配置效率最优化和效益最大化,既“放得活”又“管得住”,更好维护市场秩序、弥补市场失灵,畅通国民经济循环,激发全社会内生动力和创新活力。

——《中共中央关于进一步全面深化改革、推进中国式现代化的决定》(节选)

材料二:

法治是最好的营商环境。要把平等保护贯彻到立法、执法、司法、守法等各个环节,依法平等保护各类市场主体产权和合法权益。

——习近平总书记在中央全面依法治国委员会第二次会议上的重要讲话(节选)

材料三:

科学立法是建设法治化营商环境的重要前提,这次《公司法》的修订有助于优化我国的法治化营商环境,为市场经营主体设立、经营、退出提供了公平、高效的行为规则,是促进社会主义市场经济发展的强有力举措。在未来新《公司法》的实施过程中,还需要辅之以更具操作性的配套规则,并注重规则运用的体系化结构性考量,进一步完善中国特色现代企业制度,打造市场化、法治化、国际化的一流营商环境。

——摘自《民主与法制》周刊:《优化营商环境视域下公司法的规制逻辑和制度因应》(节选)

【问题】

请根据以上材料,结合习近平法治思想,谈谈法治对营商环境的实践途径。(35分)

答题要求:

1. 无观点或论述,照搬材料原文的不得分;
2. 观点正确,表达完整、准确;
3. 总字数不少于600字。

—— 参考答案 ——

现代化国家应当是法治国家,现代化经济应当是法治经济。法治是最好的营商环境,我们必须以习近平法治思想为指导思想,习近平法治思想为全面依法治国提供了根本遵循。把法治建设贯穿于经济高质量发展的全过程和各方面,更好发挥法治固根本、稳预期、利长远的保障作用,筑牢经济高质量发展的法律制度基石。

法治是推动经济高质量发展、加快建设现代化经济体系、推进中国式现代化的内在要求、制度基础和重要保障。我们要认真学习贯彻习近平法治思想的核心要义,坚持党中央权威和集中统一领导,按照习近平法治思想的核心要义,将营商环境纳入法治轨道,为经济发展提供规范依据、行为遵循。正如材料一中提到的发挥市场机制作用,创造更加公平、更有活力的市场环境。

加快完善以宪法为核心的中国特色社会主义法律体系,科学立法是将经济社会发展纳入法治轨道的前提条件和重要途径,健全公正司法、严格执法机制,以高效的法治实施体系保障营商环境。推动经济高质量发展必须走法治之路、行法治之力,持续深化全面依法治国实践。正如材料二中所言“法治是最好的营商环境。要把平等保护贯彻到立法、执法、司法、守法等各个环节,依法平等保护各类市场主体产权和合法权益”。

发挥法治的引领、规范和保障作用，在法治轨道上推动经济高质量发展。贯彻平等理念，弘扬社会主义法治精神，让各种市场主体代表广泛真实地表达立法诉求、参与立法过程、平衡立法利益。确保各种所有制经济依法平等使用生产要素、公平参与市场竞争、同等受到法律保护。正如材料三中所表述的，“优化我国的法治化营商环境，为市场经营主体设立、经营、退出提供了公平、高效的行为规则，是促进社会主义市场经济发展的强有力举措”。

当前，我国正处在开启全面建设社会主义现代化国家新征程、向第二个百年奋斗目标进军的新起点。我们要深入学习贯彻习近平法治思想，在法治环境下推动经济高质量发展，把法治蓝图转化为法治中国经济建设的生动实践，切实把社会主义制度优势转化为经济治理效能，为高质量发展提供规范动力。

2023 年

材料一：

中国式现代化，是中国共产党领导的社会主义现代化，既有各国现代化的共同特征，更有基于自己国情的中国特色。

——中国式现代化是人口规模巨大的现代化。我国十四亿多人口整体迈进现代化社会，规模超过现有发达国家人口的总和，艰巨性和复杂性前所未有，发展途径和推进方式也必然具有自己的特点……

——中国式现代化是全体人民共同富裕的现代化……我们坚持把实现人民对美好生活的向往作为现代化建设的出发点和落脚点，着力维护和促进社会公平正义，着力促进全体人民共同富裕，坚决防止两极分化。

——中国式现代化是物质文明和精神文明相协调的现代化。物质富足、精神富有是社会主义现代化的根本要求。物质贫困不是社会主义，精神贫乏也不是社会主义。我们不断厚植现代化的物质基础，不断夯实人民幸福生活的物质条件，同时大力发展社会主义先进文化，加强理想信念教育，传承中华文明，促进物的全面丰富和人的全面发展。

——中国式现代化是人与自然和谐共生的现代化。人与自然是生命共同体，无止境地向自然索取甚至破坏自然必然会遭到大自然的报复。我们坚持可持续发展，坚持节约优先、保护优先、自然恢复为主的方针，像保护眼睛一样保护自然和生态环境，坚定不移走生产发展、生活富裕、生态良好的文明发展道路，实现中华民族永续发展。

——中国式现代化是走和平发展道路的现代化。我国不走一些国家通过战争、殖民、掠夺等方式实现现代化的老路……我们坚定站在历史正确的一边、站在人类文明进步的一边，高举和平、发展、合作、共赢旗帜，在坚定维护世界和平与发展中谋求自身发展，又以自身发展更好维护世界和平与发展。（摘自《高举中国特色社会主义伟大旗帜　为全面建设社会主义现代化国家而团结奋斗——在中国共产党第二十次全国代表大会上的报告(2022 年 10 月 16 日)》）

材料二：

全国各族人民、一切国家机关和武装力量、各政党和各社会团体、各企业事业组织，都必须以宪法为根本的活动准则，都负有维护宪法尊严、保证宪法实施的职责。任何组织和个人都不得有超越宪法法律的特权，一切违反宪法法律的行为都必须予以追究……坚持依宪治国、依宪执政，就包括坚持宪法确定的中国共产党领导地位不动摇，坚持宪法确定的人民民主专政的国体和人民代表大会制度的政体不动摇……要加强宪法实施和监督，推进合宪性审查工作，对一切违反宪法法律的法规、规范性文件必须坚决予以纠正和撤销。（摘自《坚定不移走中国特色社会主义法治道路　为全面建设社会主义现代化国家提供有力法治保障》）

【问题】

问题一：请根据以上材料，结合宪法中关于国家基本制度和公民权利义务方面的规定，论述宪法是如何保障中国式现代化的？

问题二：请根据以上材料，结合习近平法治思想，论述依法治国和依宪治国。（35 分）

答题要求：

1. 无观点或论述、照搬材料原文的不得分；

2. 观点正确，表述完整、准确；

3. 总字数不少于 600 字。

—— 参考答案 ——

问题一：请根据以上材料，结合宪法中关于国家基本制度和公民权利义务方面的规定，论述宪法是如何保障中国式现代化的？

中国式现代化，是中国共产党领导的社会主义现代化，既有各国现代化的共同特征，更有基于自己国情的中国特色。实现中国式现代化必须坚持党的领导，坚持以人民为中心，全面依照宪法和法律来保障中国式现代化的实现。

实现中国式现代化，必须坚持全面依法治国，通过宪法来保障中国式现代化的实现。这是习近平法治思想核心要义的重要组成部分。具体包括以下几点：

1. 从立法环节来看，要坚持科学立法。“法律是治国之重器，良法是善治之前提”，要完善以宪法为核心的中国特色社会主义法律体系，坚持科学立法和民主立法，加强重点领域立法。正如材料二中所言，对一切违反宪法法律的法规、规范性文件必须坚决予以纠正和撤销。

2. 宪法是规定公民权利义务、规范国家权限的根本法。宪法在我国法律体系中具有最高效力，规定了我国的根本制度、国家机构组成、公民基本权利和义务，宪法的制定和修改程序比其他法律要严格。要完善以宪法为核心的中国特色社会主义法律体系，充实中国式法治现代化的规范依据。正如材料一中所言，中国式现代化是全体人民共同富裕的现代化，必须保障以人民为中心，通过最高效力的宪法来保障人民的权利。

综上，在党的领导下，通过宪法来保障中国式现代化的实现；从立法、司法、执法、守法等各个环节发力，全心全意为人民服务。只有这样，才能实现全体人民共同富裕，促进人与自然和谐共生，推动人类命运共同体，创新人类文明新形态；才能保证中国特色社会主义法治事业不断走向新的胜利；才能为实现中华民族伟大复兴的中国梦提供有力保障。

问题二：请根据以上材料，结合习近平法治思想，论述依法治国和依宪治国。

习近平法治思想是全面依法治国的根本遵循和行动指南。全面实现依法治国和依宪治国，必须贯彻好习近平法治思想的核心要义——“十一个坚持”。在习近平法治思想指引下，党领导人民推进全面依法治国和依宪治国,坚定不移走中国特色社会主义法治道路。

坚持依法治国首先要坚持依宪治国,坚持依法执政首先要坚持依宪执政。坚持依宪治国、依宪执政,正如材料二中所述,要坚持宪法确定的中国共产党领导地位不动摇,坚持宪法确定的人民民主专政的国体和人民代表大会制度的政体不动摇。我国宪法确认了中国共产党的执政地位,确认了党在国家政权结构中总揽全局、协调各方的核心地位。

宪法是国家的根本法,是治国安邦的总章程,具有最高的法律地位、法律权威、法律效力。全面贯彻实施宪法是建设社会主义法治国家的首要任务。正如材料二中所述,要加强宪法实施和监督,推进合宪性审查工作。维护宪法尊严和权威,是维护国家法制统一、尊严、权威的前提,也是维护最广大人民根本利益、确保国家长治久安的重要保障。

一切伟大的实践都需要科学理论的正确指引,全面实现依法治国和依宪治国必须以习近平法治思想为指导思想。坚持中国共产党统一领导,在法治轨道上推进国家治理体系和治理能力现代化。党带头维护宪法尊严和权威,学习和领会习近平法治思想及其核心要义。实践证明,习近平法治思想是引领法治中国建设实现高质量发展的思想旗帜。

2022 年

材料一:

改革开放以后,党坚持依法治国,不断推进社会主义法治建设……党领导深化以司法责任制为重点的司法体制改革,推进政法领域全面深化改革,加强对执法司法活动的监督制约,开展政法队伍教育整顿,依法纠正冤错案件,严厉惩治执法司法腐败,确保执法司法公正廉洁高效权威。(摘自《中共中央关于党的百年奋斗重大成就和历史经验的决议》)

材料二:

当前,法治领域存在的一些突出矛盾和问题,原因在于改革还没有完全到位。要围绕让人民群众在每一项法律制度、每一个执法决定、每一宗司法案件中都感受到公平正义这个目标,深化司法体制综合配套改革,加快建设公正高效权威的社会主义司法制度。(摘自《全面推进中国特色社会主义法治体系建设》)

材料三:

权力是一把双刃剑,在法治轨道上行使可以造福人民,在法律之外行使则必然祸害国家和人民。执法司法权力专业性强、自由裁量度大、受干扰诱惑多,权力的多重属性表现尤为明显。(摘自《深化执法司法权力运行机制改革,归根结底就是要规范用权》)

【问题】

请根据以上材料,结合你对习近平法治思想的学习理解,谈谈党的十八大以来改革重构司法权力配置和运行机制的重大成就和意义。(35 分)

要求:

1. 无观点或论述、照搬材料原文的不得分;

2. 观点正确,表述完整、准确;

3. 总字数不少于 600 字。

—— 参考答案 ——

改革重构司法权力配置和运行机制必须以习近平法治思想为指导思想,习近平法治思想是习近平新时代中国特色社会主义思想的重要组成部分。必须坚决维护以习近平同志为核心的党中央权威和集中统一领导,党的领导是全面深化改革的根本保证。坚持党领导立法、保证执法、支持司法、带头守法,才能确保改革重构司法权力配置和运行机制能够取得重大成就。

改革重构司法权力配置和运行机制要坚持党的领导。党的十八大以来,习近平总书记对深化执法司法权力运行机制改革作出一系列重要指示,为进一步规范用权、提升执法司法质效和公信力提供了根本遵循,正如材料一所述,党领导深化以司法责任制为重点的司法体制改革,开展政法队伍教育整顿等是具有重大成绩的。

改革重构司法权力配置和运行机制要以人民为中心,正如习近平总书记所说,"努力让人民群众在每一个司法案件中感受到公平正义"。法治是国家治理体系和治理能力的重要依托,科学立法、严格执法、公正司法、全民守法是全面依法治国的重要环节,要用法治保障人民安居乐业。正如材料二所述,"要围绕让人民群众在每一项法律制度、每一个执法决定、每一宗司法案件中都感受到公平正义这个目标"。

司法体制改革要坚持党领导立法、保证执法、支持司法、带头守法,确保司法机关依法办案,发挥司法的权威性、公正性,构建开放、动态、透明、便民的阳光司法机制,确保司法公开、透明。阳光是最好的防腐剂,正如材料三所述,"权力是一把双刃剑",权力的多重属性决定了其需要在法治轨道上行使。

综上所述,改革重构司法权力配置和运行机制利国利民,我们必须坚持在党的领导下,坚持以人民为中心,牢牢把握社会主义公平正义的价值追求,从立法、司法、执法、守法等各环节发力,在思想上和行为上同党中央保持一致。只有这样,司法机关的依法独立性才能明显增强,司法权威及公正性才能进一步提升,司法廉洁性才能进一步提高。

2021年

材料一:

推进全面依法治国是国家治理的一场深刻变革,必须以科学理论为指导,加强理论思维……不断从理论和实践的结合上取得新成果,总结好、运用好党关于新时代加强法治建设的思想理论成果,更好指导全面依法治国各项工作。(摘自《以科学理论为指导,为全面建设社会主义现代化国家提供有力法治保障》)

材料二:

党的十八大以来,党中央对全面依法治国作出一系列重大决策……我们提出一系列全面依法治国新理念新思想新战略,明确了全面依法治国的指导思想、发展道路、工作布局、重点任务……这些新理念新思想新战略……是全面依法治国的根本遵循,必须长期坚持、不断丰富发展。(摘自《加强党对全面依法治国的领导》)

材料三：

立足我国国情和实际，加强对社会主义法治建设的理论研究，尽快构建体现我国社会主义性质，具有鲜明中国特色、实践特色、时代特色的法治理论体系和话语体系。坚持和发展我国法律制度建设的显著优势，深入研究和总结我国法律制度体系建设的成功经验，推进中国特色社会主义法治体系创新发展。（摘自《法治中国建设规划（2020—2025 年）》）

【问题】

根据上述材料，结合习近平法治思想的核心要义，谈谈你对当前和下一个阶段推进全面依法治国重点抓住的“十一个坚持”的认识。（35 分）

要求：

1. 无观点或论述、照搬材料原文的不得分；
2. 观点正确，表述完整、准确；
3. 总字数不少于 600 字。

—— 参考答案 ——

党的领导是法治中国建设的根本保证。建设中国特色社会主义法治体系必须以习近平法治思想为指导思想，坚持党中央权威和集中统一领导。以人民的根本利益为出发点，坚持党领导立法、保证执法、支持司法、带头守法，为建设中国特色社会主义法治体系提供全方位的保障。

在推进全面依法治国过程中必须以习近平法治思想为指导思想，坚持党的领导，健全党领导全面依法治国的制度和工作机制。正如材料一中所述，要“以科学理论为指导，加强理论思维……总结好、运用好党关于新时代加强法治建设的思想理论成果”。

建设中国特色社会主义法治体系，必须坚持党的集中统一领导，健全党领导全面依法治国的制度和工作机制，通过法定程序使党的主张成为国家意志，形成法律，通过法律保障党的政策有效实施，确保全面依法治国正确方向。正如材料二和材料三中所言，党的十八大以来，党中央对全面依法治国作出一系列重大决策，提出一系列全面依法治国新理念新思想新战略，是全面依法治国的根本遵循。立足我国国情和实际，坚持和发展我国法律制度建设的显著优势。

综上所述，在党的领导下，坚定不移走中国特色社会主义法治道路。从立法、司法、执法、守法、法律监督等各个环节发力，全心全意为人民服务。不论在什么工作岗位上，我们都要在思想上政治上行动上同党中央保持高度一致。只有这样，才能保证中国特色社会主义法治事业不断走向新的胜利，才能为实现第二个百年奋斗目标、实现中华民族伟大复兴的中国梦提供有力保障。

刑　法

一、考情分析

表 2　近七年刑法考查分值及占卷面分值比重情况

年份	2024	2023	2022	2021	2020	2019	2018
分值/分	31	31	31	31	34	36	31
占卷面分值比重/%	17.2	17.2	17.2	17.2	18.9	20.0	17.2

综合观察近几年的刑法题目，相信考生对试题风格也会有所感知：始终遵循“变化的是案情，不变的是考点”这个规律。

1. 运用法律人思维解决司法实务问题，对核心考点进行高频率命题。

《刑法》总则部分考查内容集中在犯罪形态（2024 年、2021 年都考查了犯罪未遂），违法阻却事由（2020 年考了正当防卫，2018 年考了防卫过当），认识错误（2021 年考了对象错误，2020 年考了打击错误，2019 年考了事前的故意），罪数（2022 年考了牵连犯，2023 年考了想象竞合以及结果加重犯），共同犯罪（主犯、从犯、胁从犯、刑事责任承担等几乎每年都会涉及），自首、立功（2024 年、2023 年、2019 年考了自首与立功）等考点上，且共同犯罪这个考点百考不厌，年年都有。

《刑法》分则部分考查内容集中在侵犯公民人身权利、民主权利罪，侵犯财产罪两章。诈骗罪（2024 年、2023 年均考查），抢劫罪（2021 年、2019 年均考查），盗窃罪（2024 年、2023 年、2022 年、2020 年、2019 年均考查），侵占罪（2024 年、2023 年、2021 年均考查），敲诈勒索罪（2021 年、2020 年均考查），绑架罪、非法拘禁罪（2022 年、2021 年、2018 年均考查），故意杀人罪、故意伤害罪（2022 年、2019 年、2018 年均考查）等出现频率较高，考生要重点把握。另外，贪污贿赂罪（2024 年考查了受贿罪，2023 年、2019 年考查了斡旋受贿，2023 年还考了行贿罪定性问题）与职务犯罪也时而考查。

2. 更重视有关观点展示的命题，体现出考查多样化，并不追求答案的唯一性。

刑法命题人由衷喜欢就某个案情涉及的观点进行展示，有的年份会问你赞同哪一种观点，并说明理由。有的年份会要求至少写出两种或者三种观点，有不足的还要说出观点的不足。法考注重对新理论的考查，考生复习的时候务必以新理论内容为主要内容进行掌握。重点考查考生的刑法理论功底，考生一定要掌握刑法的规范性思维，这样才能从容回答。

二、历年真题

2024 年

【案情】

2024 年 3 月,周某开始线上诈骗,致电刘某谎称自己是公安人员,告知刘某其涉嫌电信诈骗,需要将其存款取出,会有公安专员上门取钱并将钱转移到公安机关指定的账户。刘某信以为真,将钱取出。取出后对周某心生怀疑,遂又将钱存回银行。被指派去刘某家取钱的同伙武某,到达刘某家中后,发现刘某不在家。遂进入刘某家中,但未找到现金,便将刘某家中橱柜上价值 6000 元的香烟取走。武某返回后,告知周某自己并未取得现金,隐瞒了其盗走香烟的事实。(事实一)

2024 年 5 月,周某又使用相同的方法欺骗李某。李某上当受骗后,按照周某的指示将 30 万元现金取出放在家中,后因临时有事外出。被周某指派去李某家取钱的武某到达李某家中,发现家中无人,遂将 30 万元现金取走。武某未告知周某自己是在无人看守的情况下取得现金,只告知已经取得现金。其余周某并不知情。(事实二)

2024 年 11 月,武某因故意伤害罪被立案侦查,侦查仅发现了武某盗窃香烟的证据,但没有掌握周某和武某实施诈骗的事实。武某的母亲王某为了“捞出”儿子,将存有 30 万元现金的银行卡(银行卡登记的持卡人是王某),送给侦办该案的公安机关领导郑某,并告诉其密码,请求其“关照”自己的儿子。郑某接受了该银行卡,但一直未使用该卡,也未修改密码。郑某将香烟的价值认定为零,一周后武某果然被释放。半个月后,王某发现卡里的钱没有动,于是登录网银将该 30 万元转入自己的另一张银行卡。(事实三)

2024 年 12 月,周某因盗窃林某的财物被抓,被抓后如实供述了自己诈骗刘某和李某的犯罪行为,并供述了武某也参与犯罪的事实,经查证属实。(事实四)

【问题】

1. 事实一中,关于周某的行为性质,公诉人认为周某构成诈骗罪未遂,辩护人认为周某构成诈骗罪预备,请分别阐述不同观点的理由。(5 分)

2. 事实二中,关于武某的行为性质,构成盗窃罪还是诈骗罪,存在不同的观点,请分别阐述理由。(5 分)

3. 事实二中,公诉人认为周某构成诈骗罪既遂,应当对 30 万元承担法律责任。辩护人认为周某成立诈骗罪未遂,不应对 30 万元承担法律责任。请分别阐述公诉人和辩护人的理由,并说明你的观点和理由。(7 分)

4. 事实三中,关于王某将款项转移回自己账户的行为性质,有观点认为构成盗窃罪,有观点认为构成侵占罪,还有观点认为无罪,请分别阐述不同观点的理由。(6 分)

5. 事实三中,关于郑某的行为性质,成立受贿罪既遂还是受贿罪未遂?请说明理由。(4 分)

6. 事实四中,关于周某的行为,是否符合法律规定的自首和立功情形?(4分)

—— 参考答案 ——

1. ①公诉人观点:周某构成诈骗罪未遂。

理由:根据《刑法》规定,以非法占有为目的,虚构事实、隐瞒真相的方式使被害人陷入错误认识而处分财物,行为人获得财物的行为成立诈骗罪。成立既遂要求诈骗行为和取财结果具有因果关系,否则成立未遂。本题中,周某已经实施了欺骗行为,但刘某发觉异常,周某受意志以外的因素影响未能取得财物,系犯罪未遂。故周某构成诈骗罪未遂,可以比较既遂犯从轻或减轻处罚。

②辩护人观点:周某构成诈骗罪预备。

理由:根据《刑法》第22条第1款规定,为了犯罪,准备工具、制造条件的是犯罪预备。本题中周某虚构事实、隐瞒真相的行为已经符合刑法关于诈骗罪的构成要件的规定,"着手"应该是对财产法益造成现实、紧迫的危险。刘某取钱后又存入银行,因此对刘某的财产并没有造成紧迫、现实的危险,故属于犯罪预备,可以比照既遂犯从轻、减轻处罚或者免除处罚。

2. ①观点一:武某构成盗窃罪。

理由:根据《刑法》第264条规定,盗窃他人财物数额较大的行为成立盗窃罪。本题中武某拿走李某的财物,应当认定其对于李某的财物存在非法占有的目的,武某接受周某指派实施了取钱行为,属于采用秘密窃取的方式变他人占有为自己所有的行为。故武某构成盗窃罪,犯罪数额为30万元。

②观点二:武某构成诈骗罪。

理由:根据《刑法》规定,为他人犯罪提供帮助的是帮助犯。本题中,武某明知周某的欺骗行为,仍然接受指派实施了取钱行为,应当认定武某与周某二人属于诈骗罪的共同犯罪人。所以武某构成诈骗罪,犯罪数额为30万元。

3. ①公诉人:周某的行为构成诈骗罪,属于既遂形态。

理由:根据《刑法》规定,成立诈骗罪既遂要求被害人基于错误认识而处分财物。本题中,周某对李某的财物存在非法占有目的,李某取钱是依照周某指示,应当认定其存在处分意识。周某实施了欺骗行为,李某因此陷入了错误认识,取出财物放在家中,存在处分行为。周某的欺骗行为与李某的财产损失之间存在因果关系,属于犯罪既遂。

②辩护人:周某的行为构成诈骗罪,属于未遂形态。

理由:根据《刑法》规定,成立诈骗罪要求行为人具有处分意识和处分行为,成立诈骗罪既遂必须是被害人基于受骗而处分财物。本题中,周某对李某的财物存在非法占有目的,但李某没有亲手将钱交给武某及周某,应当认定其没有处分行为。故周某构成诈骗罪,系犯罪未遂。

③我认为:周某的行为构成诈骗罪,属于既遂形态。

理由:根据《刑法》规定,成立诈骗罪既遂要求被害人基于错误认识而处分财物。本题中,李某听从指示,已经将30万元现金放到了"指定位置",行为人可以随时取走,即认为已经处分了财物,周某和武某是共同犯罪人,武某受周某指使取钱,诈骗行为和财产损失之间有因果关系,成立诈骗罪既遂。

▶▶ **提示**　自己的观点也可以是诈骗罪未遂，因为本题中放钱的“指定位置”是受害人自己家中，按照正常思维，放在自己家中的财物仍由房主本人占有，故周某构成诈骗罪，系犯罪未遂；武某取财的行为成立盗窃罪，属于入户盗窃。言之有理，也可得分。

4. ①观点一：王某构成盗窃罪，系犯罪既遂。

理由：根据《刑法》第264条规定，盗窃公私财物数额较大的行为成立盗窃罪。本题中，王某将银行卡转交给郑某，财产所有权已经转移，无论郑某是否使用该卡，王某已经丧失了银行卡及银行卡内的钱的所有权。王某将款项转回自己的账户，属于秘密窃取郑某财物，故王某构成盗窃罪，系犯罪既遂，犯罪数额为30万元。

②观点二：王某构成侵占罪，系犯罪既遂。

理由：根据《刑法》第270条第1款规定，将代为保管的他人财物非法占为已有，数额较大，拒不退还的，或数额巨大或有其他严重情节的成立侵占罪。本题中，王某将银行卡转交给郑某，财产所有权已经转移，由于该卡的持卡人是王某，应当认定卡内的财物属于王某的代为保管物。王某将代为保管的他人财物非法占为已有的行为依法成立侵占罪，犯罪数额为30万元。

③观点三：王某不构成犯罪。

理由：侵犯公民私人所有财产，依照法律应当受刑法处罚的行为是犯罪。本题中，王某虽然将银行卡交给郑某，但实际持卡人仍为王某，卡内的钱仍旧由王某占有。题中交代郑某没有占有卡内资金的意图（未修改密码，未使用）。故王某将自己占有的资金进行转移，属于合法的处分行为，不构成犯罪。

▶▶ **提示**　本问题在学理上有一定的探讨价值，王某将钱存入银行卡，卡内资金归银行占有，王某是银行的债权人。王某将银行卡密码告知郑某并将银行卡交给郑某，但债权并未转移。对银行而言，银行仍旧占有30万元现金，债权人仍旧是王某。但王某行贿以后，卡内30万元的性质就变成了贿赂款，依法应当上缴国库，也即王某不再享有该笔钱的债权。

实际上，王某的行为系将可以随时取款或者转账的财产性权益交给了郑某，该权益能够使得郑某随时从卡中取款或转账，因此，王某一旦挂失，就意味着郑某无法再随时取款或转账，即违背郑某的意志，排除了郑某对该财产性利益的占有，构成了盗窃罪。而对于银行来说，在王某行贿后，该卡内资金理应作为贿赂款被没收，上缴国库，此时王某隐瞒了真相，使得银行工作人员陷入了错误认识，进而办理了转账，无疑是对银行工作人员实施了诈骗债权的行为，理应构成诈骗罪。

5. 郑某构成受贿罪，系犯罪既遂。

理由：根据《刑法》第385条第1款规定，受贿罪既遂的标准是索取或非法收受他人财物，不要求实际处分。本题中，郑某作为国家工作人员，非法收受王某的财物，利用职务便利释放武某，损害了职务行为的公正性，不论是否实际使用，均已经构成受贿罪，犯罪数额为30万元。

6. 成立自首，但不构成立功。

①周某如实供述了自己对李某、刘某实施的犯罪行为，符合特别自首的情形。

依据《刑法》第67条第2款规定，被采取强制措施的犯罪嫌疑人、被告人和正在服刑的罪犯，如实供述司法机关还未掌握的本人其他罪行的，以自首论。本题中，周某被采取强制措施后，如实供述司法机关尚未掌握的其他犯罪事实，属于特别自首，可以从轻或减轻处罚。

②周某如实供述了武某的犯罪行为,不符合立功的情形。

依据《刑法》第68条规定,犯罪分子有揭发他人犯罪行为,查证属实的,或者提供重要线索,从而得以侦破其他案件等立功表现的属于立功。本题中,周某被采取强制措施后,如实供述了司法机关尚未掌握的同案犯武某的犯罪事实,仍旧是自首,因为周某和武某是共同犯罪,两人属于同案犯。(在另一版回忆题中,题干指出周某把武某及母亲王某行贿事宜也进行了交代,按照这样的案情,周某成立立功,因为除交代共同犯罪外,还揭发了王某的其他犯罪行为。)

2023年

【案情】

迟某向陈某谎称自己被银行列入黑名单,无法申请银行卡,遂向陈某买银行卡。陈某明知迟某可能是利用该银行卡进行电信网络诈骗,但仍然将银行卡卖给迟某,后迟某果然利用该银行卡进行电信网络诈骗犯罪。(事实一)

陈某通过手机银行短信得知多人向该银行卡汇入资金共30万元,陈某向银行工作人员谎称自己银行卡丢失,重新补办该银行卡并将30万元现金取出。事发后,陈某被公安机关采取强制措施,并移交检察机关。(事实二)

陈某被采取强制措施后,陈某的母亲洪某向财政局局长吕某请托,希望吕某找人对陈某从宽处理,并答应事成后给予100万元的报酬。吕某向公安局局长覃某请托,覃某心想吕某肯定收受了陈某亲属的贿赂或者准备接受贿赂,于是以陈某不清楚事实为由,对陈某解除强制措施。陈某被解除强制措施后,洪某交给吕某存有100万元的银行卡。3个月以来,吕某使用该银行卡消费了40万元,担心长期使用洪某名下的银行卡会引起怀疑,遂将该银行卡还给洪某。洪某觉得吕某在此事上帮了大忙,报酬不能太少,于是将剩下的60万元现金取出,又送给吕某,吕某收下。(事实三)

一年后,覃某被人举报,检察机关对覃某依法采取强制措施。覃某向检察机关交代了受吕某请托将陈某释放的事实。虽然覃某没有证据证明吕某收受了洪某贿赂,但是为了获得立功表现,仍向检察机关举报吕某受贿,检察机关询问覃某是否有证据,并告知如果没有证据证明吕某受贿将成立诬告陷害罪。覃某表示如果吕某没有收受贿赂,自己愿意承担诬告陷害罪的刑事责任。后检察机关将线索移交给监察机关,监察机关在立案前,电话通知吕某到指定地点问话。吕某到达指定地点后如实供述收受洪某贿赂,但辩称只受贿100万元。(事实四)

【问题】

1. 事实一中,关于陈某的行为定性,在刑法理论中有几种观点(至少写出三种)?你的观点和理由是?(9分)

2. 事实二中,关于陈某的行为定性,在刑法理论中有几种观点(至少写出三种)?你的观点和理由是?(9分)

3. 事实三中,洪某、吕某和覃某的行为各犯何罪?各自的犯罪数额是多少?(7分)

4. 事实四中,如何认定吕某和覃某的量刑情节?(6分)

—— 参考答案 ——

1. 陈某明知迟某可能利用自己的银行卡实施电信网络诈骗犯罪,依然出售银行卡给迟某的行为定性,可能存在如下观点:

(1)构成帮助信息网络犯罪活动罪。根据《刑法》第 287 条之二第 1 款规定,明知他人利用信息网络实施犯罪,为其犯罪提供互联网接入、服务器托管、网络存储、通讯传输等技术支持,或者提供广告推广、支付结算等帮助的行为,情节严重的,成立帮助信息网络犯罪活动罪。本案中,陈某没有事先参与迟某的电信网络诈骗犯罪活动,只怀疑迟某会利用银行卡实施违法犯罪活动。因此,陈某的行为仅成立帮助信息网络犯罪活动罪。

(2)构成帮助信息网络犯罪活动罪与诈骗罪的想象竞合,应当择一重罪处罚。根据《刑法》规定,一个行为触犯数罪名,属于想象竞合,择一重罪论处。本案中,陈某主观上具有犯罪故意,既包括确定的故意,也包括未必的、不确定的故意。陈某明知他人可能将银行卡用于犯罪而向其提供银行卡,主观上有帮助他人犯罪的故意,客观上有提供银行卡的行为,成立帮助信息网络犯罪活动罪。陈某的"帮助"行为在客观上对他人的电信网络诈骗起到了帮助作用,陈某对此主观上也有认知,应成立诈骗罪的帮助犯。系想象竞合,应当择一重罪处罚。

(3)构成洗钱罪。根据《刑法》第 191 条第 1 款规定,为掩饰、隐瞒毒品犯罪,黑社会性质的组织犯罪,恐怖活动犯罪,走私犯罪,贪污贿赂犯罪,破坏金融管理秩序犯罪、金融诈骗犯罪的所得及其产生的收益的来源和性质提供资金账户的行为成立洗钱罪。本案中如果认定迟某的电信网络诈骗行为属于金融诈骗,那么陈某提供银行卡的行为构成洗钱罪。

我赞同第一种观点,仅成立帮助信息网络犯罪活动罪。对于明知他人实施电信网络诈骗行为而提供帮助在《刑法》上已经被独立定罪,即帮助信息网络犯罪活动罪。

▶▶ **提示**　本题答案不唯一,有的考生回答了陈某行为构成诈骗罪。理由:根据《刑法》规定,为正犯提供帮助的成立帮助犯。本案中,陈某明知他人可能将银行卡用于犯罪而向其提供银行卡,依法成立诈骗罪的帮助犯。还有的同学回答陈某的行为不构成犯罪,属于中立的帮助行为。理由:成立帮助犯要求具有确定的故意,即迟某确定要实施犯罪,陈某对此明知且仍旧实施帮助行为,实际上,陈某仅仅是明知迟某可能利用该银行卡实施电信网络诈骗犯罪,而非确信迟某必然实施电信网络诈骗犯罪。因此,陈某仅具有不确定的犯罪故意,不成立可罚的帮助犯。只要回答出三种观点即可,只要言之有理即可得分。

2. 关于陈某谎称银行卡丢失后,挂失银行卡并将 30 万元现金取出的行为如何定性,存在以下不同观点:

(1)构成侵占罪。理由:根据《刑法》第 270 条规定,以非法占有为目的,变占有为所有,数额较大,拒不退还的成立侵占罪。本案中,银行卡内的存款在法律上仍属于原卡主人(卡的名义人)占有,原卡主人(陈某)以非法占有为目的,将自己占有的卡内存款据为己有,构成侵占罪。

(2)构成盗窃罪。理由:这种观点认为,用于存款的银行卡及密码均在买卡者(迟某)的手中,买卡者对该存款属于事实上的支配状态,对该笔存款具有占有权、控制权。陈某以非法占有为目的,在迟某不知情的情况下,以挂失补卡并取出存款的方式转移了存款的占有,属于秘密窃取行为,构成盗窃罪。

(3)构成诈骗罪。理由:陈某卖出银行卡后,银行卡内的存款由买卡者(迟某)占有。银行工作人员具有处分本行银行卡债权的权限,原卡主人(陈某)通过实施挂失补办的行为欺骗了银行工作人员,使其陷入错误认识并处分了买卡者迟某的债权(迟某对银行的取款权),因此陈某构成诈骗罪,属于三角诈骗的情形。

我赞同第一种观点,成立侵占罪。理由:由于我国对银行卡实行实名制,必须由本人携带身份证才能申领,银行卡内资金交易的权利、义务由持证申领人享有和承担,本案中,陈某虽然是法律上的持卡人,但申请挂失的行为,属于侵吞本人占有的他人财物。

▶▶ **提示** 本问考查的知识点是诈骗、侵占与盗窃的区分,通常情况下,考生都知道三个罪名的区分要看是否存在错误认识、是否具有处分意识、占有方是谁。而考题中经常会援引其他部门法律,作为认定占有方的依据,需要考生以此作出观点展示。需要最终选择自己支持的观点的问题,属于开放性问答,言之有理即可。有的考生回答不成立犯罪。还有的考生回答信用卡诈骗罪。只要言之有理即可得分。

3. (1)洪某:构成行贿罪。数额100万元。《刑法》第389条第1款规定,为了谋取不正当利益,给予国家工作人员财物的成立行贿罪。本案中,洪某的行贿对象是国家工作人员吕某,利用吕某的职务便利。

(2)吕某:构成受贿罪,属于斡旋受贿。数额100万元。斡旋受贿是指国家工作人员利用本人职权或者地位形成的便利条件,通过其他国家工作人员职务上的行为,为请托人谋取不正当利益,索取请托人财物或者收受请托人财物的行为。在本案中,吕某身为财政局局长,通过覃某为洪某谋取不正当利益,成立受贿罪(斡旋受贿)。事后使用和归还均不影响犯罪数额的认定。第二次收受的60万元和前面的100万元是同一财产利益,不能重复评价。因此,受贿的数额是100万元。

(3)覃某:构成徇私枉法罪。《刑法》第399条第1款规定,司法工作人员徇私枉法、徇情枉法,对明知是有罪的人而故意包庇不使他受追诉的行为成立徇私枉法罪。本案中,覃某身为公安局局长,属于司法工作人员。并且覃某为了包庇陈某,故意以陈某不清楚事实为由解除对陈某采取的强制措施。因此,覃某的行为成立徇私枉法罪。

4. 吕某:自首。

《刑法》第67条第1款规定,自动投案,如实供述自己的犯罪行为成立自首。本案中,立案前电话通知谈话可以认定为吕某并未被采取强制措施,自动投案,如实交代的可以认定为自首,自我辩解不影响自首认定。自首可以从轻或减轻处罚。其中,犯罪较轻的,可以免除处罚。

覃某:(1)坦白。《刑法》第67条第3款规定,如实供述自己罪行的行为成立坦白,覃某被采取强制措施后如实交代,可以从轻处罚。(2)立功。《刑法》第68条规定,揭发"他人"犯罪行为并查证属实的成立立功。本案中覃某检举吕某犯罪事实,查证属实,可以从轻或减轻处罚。

2022年

【案情】

王某与郑某成立了一家公司,但经营不善,一直亏损。某日,二人合谋骗取银行贷款,王某让郑某伪造各种贷款材料。郑某伪造了部分材料,同时欺骗了某保险公司的工作人员,让保险公司对其贷款提供保险,保险公司因未能识破骗局而同意。王某与郑某从银行取得600万元贷款后逃匿。贷款到期后,银行向保险公司追偿,保险公司就银行贷款本息进行了赔付。事后查明王某对郑某欺骗保险公司的事情完全不知情。(事实一)

王某与郑某逃往外地后,潜入陈某所有的长期无人居住的住宅内,在该住宅生活多日。(事实二)

某日,王某趁郑某熟睡时打开郑某的手机支付宝,发现支付宝余额有3000元,而且支付宝绑定了一张银行卡。王某将郑某银行卡中的2万元转入郑某的支付宝余额,然后将支付宝余额中的2万元转入自己的支付宝,并删除了郑某手机上的相关短信等信息。(事实三)

次日,郑某发现银行卡里少了2万元,就问王某,王某矢口否认。郑某将王某反锁在一个房间内近50个小时,不让王某吃喝。待王某无力反抗后,郑某逼迫王某承认未果,遂将王某从二楼推下,致使王某重伤,郑某随后逃走。(事实四)

【问题】

1. 就事实一中郑某行为的认定,主要有两种观点:第一种观点认为,郑某仅对保险公司成立保险诈骗罪;第二种观点认为,郑某既对银行成立贷款诈骗罪,也对保险公司成立保险诈骗罪,二者为牵连犯,应当从一重罪处罚。请说明这两种观点的理由与不足(如果认为有);你持什么观点(可以是两种观点之外的观点)?理由是什么?(9分)

2. 就事实一中王某行为的定性(包括犯罪形态),可能存在哪些观点?各种观点的理由是什么?(6分)

3. 关于事实二,王某与郑某的行为是否构成非法侵入住宅罪?理由分别是什么?(4分)

4. 就事实三的认定,主要存在两种观点:第一种观点认为,王某的行为构成盗窃罪;第二种观点认为,王某的行为构成信用卡诈骗罪。请说明两种观点的理由与不足(如果认为有);你持什么观点(可以是两种观点之外的观点)?理由是什么?(8分)

5. 就事实四的认定,一种观点认为,对郑某的行为只能认定为故意伤害罪(致人重伤)。请问这种观点的理由与不足是什么?(4分)

—— 参考答案 ——

1. (1)本题的争议点在于银行是否有财产损失,进而确定郑某的行为是否可以被认定为贷款诈骗罪。

第一种观点的理由和不足。第一种观点认为只成立保险诈骗罪。理由是银行最终找保险公司赔偿了贷款本息,银行不存在财产损失,故郑某的行为不再被认定为贷款诈骗罪,只对保险公司成立保险诈骗罪即可。不足是遗漏了对贷款诈骗行为的评价,混淆了财产损失的产生与追回。

第二种观点的理由。第二种观点认为成立保险诈骗罪和贷款诈骗罪的牵连犯。理由是银行是存在财产损失的,因为即使银行找保险公司赔付了贷款本息,那也是挽回损失的手段。郑某的保险诈骗行为是贷款诈骗的手段行为,两行为具有手段和目的的通常性,属于牵连犯,择一重罪论处。

(2)我赞同成立保险诈骗罪和贷款诈骗罪的牵连犯的观点。因为如果只评价为保险诈骗罪,就会遗漏评价对贷款银行的欺骗行为。依据罪刑法定原则和罪数形态,第二种观点更符合刑法立法目的,也更利于司法实务依法办案。

2. 存在两种观点。

观点一:保险诈骗罪。理由:王某与郑某的共同故意是实施贷款诈骗罪,郑某实施的保险诈骗行为是为了成功实施贷款诈骗的一种手段,这种手段没有超出实施贷款诈骗的总目标和范围,因此,王某对郑某实施的保险诈骗行为也应当承担责任,应评价为保险诈骗罪既遂。

▶▶ **提示** 这种观点比较好理解,不用回答牵连犯。这种观点存在一定的不足,毕竟王某对郑某实施的保险诈骗行为不知情,但这种观点把保险诈骗的故意评价为没有超出贷款诈骗的总目标和范围。还有的考生认为成立保险诈骗罪未遂。理由:王某与郑某共谋去实施贷款诈骗行为,但实际上银行没有遭受经济损失,两人的获利是基于郑某的保险诈骗行为,郑某成立保险诈骗罪,不成立贷款诈骗罪。事后查明王某对郑某欺骗保险公司的事情完全不知情,对事实存疑,根据存疑有利于被告人原则,故王某只构成保险诈骗罪未遂。

观点二:贷款诈骗罪。理由:贷款诈骗罪是指以非法占有为目的,诈骗银行或者其他金融机构贷款数额较大的。结合本题,如果认定郑某成立贷款诈骗罪,那么王某属于贷款诈骗罪的共犯,犯罪形态为既遂。至于银行事后追偿的事实,不影响王某行为性质的认定。

▶▶ **提示** 观点二的理由不唯一,有的考生回答成立贷款诈骗罪既遂,理由是王某对郑某实施保险诈骗罪并不知情,郑某实施保险诈骗罪属于实行过限,超出了共同故意的范围。还有的考生认为成立贷款诈骗罪未遂。理由:银行通过事后追偿的方式收回了贷款本息,不存在财产损失。王某以为自己骗到了银行的贷款,但实际上是获得了保险公司的赔偿款,由于属于意志以外的原因未骗到银行的贷款的情形,故成立贷款诈骗罪未遂。

3. (1)不构成非法侵入住宅罪。理由:如果认为非法侵入住宅罪的保护法益是住宅的安宁,即非法侵入住宅影响公民的人身安全和生活宁静,那么二人的行为不构成非法侵入住宅,因为陈某长期不在该住宅内居住,潜入行为不会侵犯住宅的安宁。

(2)构成非法侵入住宅罪。理由:根据刑法及相关规定,非法侵入住宅罪是指违背住宅内成员的意愿或无法律依据,进入公民住宅,或进入公民住宅后经要求退出而拒不退出的行为。我认为本罪保护的法益是住宅权,即是否允许他人进入住宅的权利,陈某并未允许王某和郑某进入该住宅,因此二人成立非法侵入住宅罪。

4. (1)第一种观点的理由。第一种观点认为王某构成盗窃罪。理由:《刑法》第264条规定,盗窃罪是指盗窃公私财物数额较大的行为。本题中,从郑某的银行卡转钱到郑某支付宝余额的行为并未给郑某造成财产损失,真正造成财产损失的是从郑某支付宝余额转出资金到王某自己账户的行为。王某违背郑某意志转移财产,构成盗窃罪。

第二种观点的理由和不足。第二种观点认为王某构成信用卡诈骗罪。理由:《刑法》第196条第1款规定,构成信用卡诈骗罪的行为包括冒用他人信用卡,进行信用卡诈骗活动,数额较大的行为。本题中,王某的行为属于“冒用他人信用卡”的情形,从整体上看,王某是从郑某的银行卡中转出资金,其行为属于冒用郑某信用卡的行为。不足:王某从郑某的银行卡转钱到郑某支付宝的行为并未给郑某造成财产损失,真正导致郑某遭受财产损失的是从支付宝转出资金的行为,而这一行为并未使用郑某的信用卡信息资料(账号+密码),不能因为钱来自银行卡就认定为信用卡诈骗罪。

(2)我赞同第一种观点,王某构成盗窃罪。理由:实务中,认定盗窃罪"以非法占有为目的,窃取他人财物数额较大"的构成标准更易操作,取证相对简单,即只要违背郑某意志转移财产,造成其财产损失就可以定罪。

5. 依据《刑法》第238条第2款的规定,非法拘禁他人,使用暴力致人伤残、死亡的,以故意伤害罪、故意杀人罪论处。结合本题,认定郑某对王某只构成故意伤害罪(致人重伤),也有理由支撑,但具有不足。

理由(合理):将《刑法》第238条第2款当作注意规定,即在非法拘禁行为之外故意实施伤害行为的,本来就应认定为故意伤害罪,也即将非法拘禁和故意伤害认定为故意伤害罪一罪。

不足之处:

(1)《刑法》第238条第2款属于法律拟制规定,只有在非法拘禁行为以外使用暴力,"过失"导致被害人重伤的,才能认定为故意伤害罪,但是本案中郑某具有伤害的故意,不能适用该条款的规定,只能认定为非法拘禁罪和故意伤害罪(致人重伤),数罪并罚。

(2)如果认定为故意伤害罪一罪,实际上是将非法拘禁和故意伤害两个罪名认定为一罪。换言之,这种观点在罪名上认定为注意规定,但实际在罪数上认定为法律拟制(结合犯),将无法做到罪刑相适应,即故意伤害的行为本就成立故意伤害罪,将非法拘禁罪和故意伤害罪认定为故意伤害罪一罪,但是法定刑并未提高,既无法做到罪刑相适应,也不利于预防犯罪。

2021年

【案情】

赵某敲诈勒索周某,如果不给钱便将通过网络传播其隐私照片。周某害怕,就按照赵某的指示,将10万元现金放到指定的垃圾桶旁边。赵某将该事情真相告诉了刘某,让刘某去垃圾桶旁边取钱,刘某取到后与赵某平分,每人得5万元。(事实一)

赵某前往王某家盗窃,偷得一台笔记本电脑。在下楼离开时,遇到了李某。赵某误以为李某是回家的王某,为了窝藏赃物,将李某打成轻伤。事实上,李某只是来楼里贴小广告的,对赵某盗窃的事实并不知情。(事实二)

杨某欠刘某债务到期没有偿还,刘某提议拘禁杨某索取债务,赵某遂将杨某拘禁。二人将杨某拘禁后,杨某说:"你们把我绑起来我没办法还钱,就算你们把我放了我也没钱还。"两天后,赵某出主意说把杨某的大拇指砍下来,刘某同意,后来二人将杨某的大拇指砍下(重伤)。(事实三)

赵某的妻子万某发现赵某行为后劝其自首,否则就与赵某离婚并带走两个孩子。赵某不从,恼羞成怒想要杀死万某。正拿皮带勒万某脖子的时候,万某呼喊,听到呼喊的两个孩子跑过来(一个3岁,另一个5岁),赵某觉得在两个孩子面前杀死妻子影响不好,于是停止行凶,仅造成万某轻伤。(事实四)

【问题】

1. 关于事实一,有人认定刘某构成敲诈勒索罪,请说明理由。有人认定刘某构成侵占罪,请

说明理由。(10分)

2. 关于事实二,有观点认为赵某成立事后转化抢劫,理由有哪些?有观点认为赵某成立盗窃罪和故意伤害罪,理由有哪些?(10分)

3. 关于事实三,有观点认为刘某和赵某仅成立故意伤害罪,你反对还是赞同这个观点,说明理由。(6分)

4. 关于事实四,赵某是故意杀人罪的犯罪中止还是犯罪未遂?请说明理由。(5分)

—— 参考答案 ——

1. (1)认定刘某构成敲诈勒索罪,属于共同犯罪。

理由一:依据刑法及相关规定,以非法占有为目的,威胁恐吓他人,索取财物的行为成立敲诈勒索罪。事实一中,在赵某所犯的敲诈勒索罪既遂前,刘某知道真相后,主观上具有共同的故意,中途加入去取10万元,属于承继的共犯。依据《刑法》第25条第1款的规定,构成敲诈勒索罪的共犯。

理由二:刑法规定,为正犯提供帮助的人成立帮助犯。事实一中,赵某威胁周某给钱的行为符合《刑法》第274条的规定,依法成立敲诈勒索罪。刘某事中加入,为赵某取财提供帮助,依法成立敲诈勒索罪的帮助犯。

(2)认定刘某构成侵占罪,赵某的敲诈勒索罪已经既遂。

理由:敲诈勒索罪既遂的标准是被害人丧失对财物的占有,事实一中,周某已经将10万元放到了指定地点,对财物丧失了占有。10万元属于脱离他人占有的遗忘物,刘某非法占有遗忘物,依据《刑法》第270条第2款的规定,成立侵占罪。

2. (1)成立事后转化抢劫的理由有二。

理由一:刑法规定,犯盗窃罪,为了窝藏赃物、抗拒抓捕或者毁灭罪证而当场使用暴力或者以暴力相威胁的,转化为抢劫罪。事实二中,赵某误以为李某是失主王某而实施暴力,对象错误不影响将赵某的行为转化为抢劫,依法成立抢劫罪(转化型抢劫)。

理由二:刑法规定的转化型抢劫罪,只要是为了窝藏赃物、抗拒抓捕或者毁灭罪证而当场使用暴力或者以暴力相威胁即可。事实二中,赵某故意伤害李某致其轻伤,依据《刑法》第234条第1款"故意伤害他人身体",成立故意伤害罪。与抢劫罪属于法条竞合,仅定抢劫罪一罪即可。

(2)成立盗窃罪和故意伤害罪的理由有二。

理由一:刑法规定,犯盗窃罪,为了窝藏赃物、抗拒抓捕或者毁灭罪证而当场使用暴力或者以暴力相威胁的,转化为抢劫罪。其中,使用暴力必须针对原占有人和抓捕人。事实二中,李某不知道赵某盗窃,赵某盗窃结束后,基于错误认识将李某打成轻伤,不符合转化型抢劫的规定,依法成立盗窃罪与故意伤害罪,数罪并罚。

理由二:赵某侵入王某家盗窃电脑,符合刑法关于"入户盗窃"成立盗窃罪的规定,依法成立盗窃罪。盗窃罪既遂以后,赵某故意伤害李某致其轻伤的行为符合刑法关于故意伤害罪的规定,依法成立故意伤害罪。对赵某依法应数罪并罚。

3. 我赞同刘某和赵某成立故意伤害罪。

理由:刑法规定,在非法拘禁过程中,使用暴力致人伤残的,以故意伤害罪定罪处罚。此处的伤残只需要在客观上达到即可。事实三中,刘某和赵某共同控制杨某并砍掉其大拇指的行为发生在拘禁过程中,仅定故意伤害罪一罪即可。

4. 犯罪中止。

理由:刑法规定,在犯罪过程中,自动放弃犯罪或者自动有效地防止犯罪结果发生的,属于犯罪中止。事实四中,赵某见到两个孩子,主观上想着当着孩子面杀害妻子不合适,属于"能达目的而不欲",是主观上自动放弃杀人,属于犯罪中止。

2020 年

【案情】

刘某和任某欲种植沉香,于是在国家森林里面砍伐林木(1200 棵)。王某是森林公安局侦查人员,2016 年 2 月进行调查时发现刘某是其初中同学,碍于情面没有管,刘某、任某继续种植。

2017 年 3 月,王某以此事为由找刘某帮自己装修新房,给了刘某 50 万元用于装修,但是要求装修费用要花到 100 万元。刘某找装修公司进行装修,装修实际费用为 120 万元。刘某只给装修公司的负责人钟某 100 万元,装修公司不同意。当钟某向刘某再要 20 万元的时候,刘某对钟某说:"房主是混黑社会的,如果你还坚持要 20 万元,小心捣毁你的公司。"钟某害怕,就不敢再要。事后刘某告知王某装修费用花了 120 万元,王某听到后说:"太贵了,我再给你 10 万元吧。"然后又给了刘某 10 万元。

龚某喜欢爬山,有一天他和洪某爬山时看到沉香,于是两人想占有,在偷窃过程中被刘某发现。洪某逃离,龚某为了窝藏沉香,对刘某说,如果你敢抓我,我就举报你滥伐林木。刘某于是放弃,龚某拿走价值 2 万元的沉香。

后来,洪某举报刘某、任某砍伐林木,林业局工作人员郑某、赵某上山检查,刘某和任某实施暴力阻拦,赵某和郑某反击,互相殴打。导致赵某轻伤,但无法查清系谁所为;导致刘某重伤,系赵某和郑某所为,但无法查清具体是谁所为;导致任某轻伤,系刘某要打击郑某,结果打到了同伙任某。

【问题】

请根据《刑法》及相关规定,分析刘某、任某、王某、龚某、洪某、赵某和郑某的行为性质(包括罪名、犯罪金额等),说明理由。有不同观点的,可以同时答出不同的观点。(34 分)

—— 参考答案 ——

1. 关于第一段事实。

刘某、任某构成滥伐林木罪的共同犯罪,王某构成徇私枉法罪。

我国《刑法》第 25 条第 1 款规定,两人以上共同故意犯罪的,是共同犯罪。《刑法》第 345 条第 2 款规定,违反森林法的规定,滥伐森林或者其他林木,数量较大的行为成立滥伐林木罪。本案中刘某、任某因种植沉香,砍伐 1200 棵林木的行为符合我国《刑法》关于滥伐林木罪的构成要件,依法成立滥伐林木罪。

我国《刑法》第 399 条第 1 款规定,司法工作人员徇私枉法、徇情枉法,对明知是有罪的人而故意包庇不使他受追诉的行为构成徇私枉法罪。本案中,王某因刘某是其初中同学,徇情枉法,依法成立徇私枉法罪。

2. 关于第二段事实。

(1)王某索取贿赂的行为成立受贿罪,既遂数额为60万元。

依据我国《刑法》第385条第1款及相关规定,国家工作人员利用职务便利,索取他人财物的行为成立受贿罪。本案中,王某要求刘某低价提供房屋装修财产性利益,向刘某索取财物,成立索贿型的受贿罪。既遂数额为120万元-50万元-10万元=60万元。

(2)刘某构成行贿罪,既遂数额为60万元;构成诈骗罪,既遂数额为20万元。数罪并罚。

依据我国《刑法》第389条第1款及相关规定,为了谋取不正当利益,给予国家工作人员以财物的行为是行贿罪。以非法占有为目的,虚构事实、隐瞒真相,使被害人基于错误认识处分财物的行为成立诈骗罪。本案中刘某为了自己伐木的事情不被追究,给予王某价值120万元的装修(只收60万元)的行为依法成立行贿罪;以虚构事实的手段骗取装修公司负责人钟某放弃索要20万元装修款的行为成立诈骗罪。

3. 关于第三段事实。

(1)龚某、洪某成立盗窃罪的共同犯罪,属于犯罪未遂。

我国《刑法》第264条规定,盗窃公私财物,数额较大的行为成立盗窃罪。意志以外的原因使得未得逞的,属于犯罪未遂。本案中,龚某、洪某共同故意窃取沉香的行为符合盗窃罪的构成要件,依法成立盗窃罪,但未得逞,属于未遂。

(2)龚某构成敲诈勒索罪,既遂数额为2万元。洪某不构成敲诈勒索罪。

我国《刑法》及相关规定,以非法占有为目的,实施恐吓行为,对方基于恐吓行为产生恐惧心理交付财物的行为成立敲诈勒索罪。本案中,龚某以举报违法犯罪相要挟,强迫刘某放弃对沉香的占有,根据《刑法》第274条的规定,构成敲诈勒索罪。既遂数额为2万元。洪某逃离,对龚某实行的敲诈行为不知情,龚某的行为属于实行过限,洪某不构成敲诈勒索罪。

4. 关于第四段事实。

(1)刘某、任某对赵某、郑某实施暴力,构成妨害公务罪和故意伤害罪,想象竞合,择一重罪论处。

(2)刘某、任某对赵某的轻伤均应负责,均构成故意伤害罪既遂。理由是,二人构成故意伤害罪的共同犯罪,根据“部分实行、全部负责”原则,此时虽然无法查明轻伤由谁导致,但无须查明。

(3)刘某将任某打成轻伤,属于打击错误。根据具体符合说,刘某对郑某构成故意伤害罪未遂;刘某对任某属于过失致人轻伤,不构成犯罪。根据法定符合说,刘某对郑某构成故意伤害罪未遂;刘某对任某构成故意伤害罪既遂,想象竞合,择一重罪论处,最终以故意伤害罪既遂论处。

(4)赵某、郑某反击的行为不构成犯罪,属于正当防卫。

我国《刑法》第20条规定,为了使本人人身免受正在进行的不法侵害而采取的制止不法侵害的行为,对不法侵害人造成损害的,属于正当防卫,不负刑事责任。赵某、郑某的行为系对刘某、任某暴力伤害行为的反击,属于正当防卫。由于刘某重伤,赵某、郑某的行为是否过当,存在观点展示。

观点一:赵某、郑某的防卫行为不过当。由于不能查明刘某重伤的结果具体是由谁造成的,且两人也不是共同犯罪,根据存疑时有利于被告人原则,二人对重伤结果均不负责,所以,两人的防卫行为不过当。

观点二:赵某、郑某的防卫行为过当,要对刘某的重伤结果负责。两人的行为属于共同犯罪,客观上要对共同防卫行为造成的重伤结果负责,两人的防卫行为过当。

我赞同观点一,赵某、郑某的防卫行为不过当。因为在防卫限度上,即使造成重伤等重大损害结果,但防卫行为与不法侵害行为危险性相差并不悬殊、未明显过激的,也不属防卫过当。

2019年

【案情】

1995年7月,在甲市生活的洪某与蓝某共谋抢劫。在蓝某打探了被害人赵某的行踪后,二人决定在同年7月13日20时拦路抢劫赵某的财物。在事前两人进行了商议,作了详细规划。到了两人约定的那天,洪某于19时55分到达了现场,但蓝某迟迟未出现。当赵某出现后,洪某决定独自抢劫赵某。于是,洪某使用事前准备的凶器,击打赵某的后脑部,导致赵某昏倒在地。此时,蓝某到达现场,与洪某一起取走了赵某身上价值2万元的财物。随后,蓝某先离开了现场,洪某误以为赵某已经死亡,便将赵某扔进附近的水库,导致赵某溺死(经鉴定,赵某死前头部受重伤)。公安机关一直未能破案。后洪某逃至乙市,化名在保险公司做保险代理。(事实一)

2016年9月,洪某被保险公司辞退后回到甲市。由于没有经济来源,洪某打算从事个体经营。洪某使用虚假的产权证明作担保,从A银行贷款30万元用于经营,后因经营不善而难以偿还贷款。为了归还贷款,洪某想通过租车用于质押骗取他人借款。洪某从B汽车租赁公司(以下简称B公司)的员工钱某那里得知,所有的汽车都装有GPS系统,如果他将汽车开出去质押,超过一段时间B公司还可以找到并将汽车开回。洪某心想,即使自己欺骗了B公司,租赁届满时B公司也可以将汽车追回,因而不会有财产损失。于是,洪某于2017年3月12日以真实身份与B公司签订了租车合同,租用了一辆奥迪车,约定租车一周,并在租车时交付了租金。租到车辆后,洪某伪造奥迪车的车辆行驶证与购车发票,找到C小额贷款公司(以下简称C公司)负责人孙某,提出用自己的奥迪车贷款。孙某信以为真,将奥迪车留在公司(但没有办理质押手续),借给洪某50万元,要求洪某一星期后归还本息。一周后,B公司发现洪某没有归还所租用的汽车,遂通过GPS系统查寻汽车的位置,并于深夜将汽车开走。洪某用从C公司借来的50万元归还了A银行的贷款30万元。孙某发现自己上当后报警。(事实二)

公安机关以洪某犯诈骗罪为由在网上通缉洪某,洪某通过公安机关网上发布的通缉令知道公安机关并未掌握他1995年的犯罪事实。于是他便找到甲市生态环境局副局长白某,给白某5万元,试图让他为自己说情。白某与公安局副局长李某联系,李某假意答应大事化小,但通过联系白某套取了洪某的住所,在第二天带领警察将洪某抓捕归案。在讯问中,洪某承认自己对C公司实施的诈骗行为,否认对B公司实施的合同诈骗行为,并未如实交代自己1995年的犯罪事实。但同时交代了自己的另一桩罪行,检举了黄某和程某的犯罪行为。(事实三)

洪某主动交代的另一桩犯罪事实发生于2016年10月。当时他进入政府部门办公室,发现办公桌上有一个信封,趁无人之际将其拿走,打开后发现里面有8000元现金和一张背后写有密码的银行卡。洪某拿走现金后将银行卡交给其妻青某并说:“这是我捡来的银行卡,你拿去商城买点衣服吧。”青某对于该卡来源并不知情,也未按照嘱咐去商场买衣服,而是通过自动取款机取

了4万元,对此洪某并不知情。(事实四)

洪某称黄某与程某的犯罪事实是他在和程某喝酒时,程某醉酒说出的。当时黄某要求程某去伤害自己的前妻周某。程某问伤害到什么程度,黄某说伤她一条手臂,造成轻伤即可,事成之后给程某30万元。黄某先行支付了10万元,程某按约前往小巷堵住周某去路,大喊:"有人雇我来伤你,给我40万元,不然我真的照做。"周某说:"你不要骗我,我才不相信你。"程某掏出水果刀去刺周某,周某慌乱中用手臂抵挡导致自己身受轻伤。但周某身患白血病,因血流不止而身亡。程某对此并不知情,而黄某却一清二楚。(事实五)

事后程某向黄某讨要报酬,黄某说:"我只是让你伤她你却杀了她,没钱给你。"程某气急败坏,将黄某打成重伤,然后离去。(事实六)

在公安机关的持续讯问下,洪某最终交代了自己于1995年所犯的罪行(公安机关知晓该案件,却没有特定的犯罪嫌疑人人选)。(事实七)

【问题】

请根据《刑法》及相关规定,按照案情描述顺序对上述各行为人的行为进行定性(包括犯罪性质即罪名、犯罪形态、共同犯罪、数罪并罚等),并说明理由。有观点争议的,可以同时答出不同的观点和理由。(36分)

—— 参考答案 ——

1. 关于事实一。

(1)洪某、蓝某构成抢劫罪的共同犯罪,既遂数额为2万元。

我国《刑法》第25条第1款规定,两人以上共同故意犯罪的属于共同犯罪;《刑法》第263条规定,以暴力、胁迫或者其他方式抢劫公私财物的行为成立抢劫罪。本案中,洪某、蓝某事前共谋抢劫,虽然蓝某迟到,但并没有脱离共犯关系。根据共犯理论,一人既遂,另一人也既遂,既遂数额为2万元。

(2)洪某适用抢劫罪(致人重伤)的法定加重刑,蓝某也适用此加重刑。

我国《刑法》第263条规定,抢劫致人重伤、死亡的,属于抢劫罪的结果加重犯,处10年以上有期徒刑、无期徒刑或者死刑,并处罚金或者没收财产。洪某对赵某的重伤负责,依法成立抢劫罪(致人重伤)的结果加重犯,蓝某属于共犯,蓝某实施了参与抢劫行为即共谋行为、打探被害人行踪的行为等,对洪某实施暴力有认识,对重伤结果应当承担刑事责任。

(3)洪某处理赵某"尸体"的行为属于事前故意。

依据我国刑法理论,在犯罪故意的第一行为没有导致实害结果,之后缺乏犯罪故意的第二行为才导致了实害结果的情形属于事前故意。根据赵某的死亡是与洪某的前一行为(故意实施的暴力重伤行为)有因果关系,还是与洪某的后一行为(过失实施的将"尸体"扔进水库行为)有因果关系,理论上有如下两种观点。

观点一:赵某死亡与故意实施的暴力重伤行为有因果关系,则洪某、蓝某需要承担抢劫罪(致人死亡)的加重刑事责任。前后两行为属于多因一果。

观点二:赵某死亡与抛"尸"行为有因果关系,则洪某、蓝某只在抢劫罪(致人重伤)范围内成立共同犯罪,洪某成立抢劫罪(致人重伤)与过失致人死亡罪数罪并罚,蓝某承担抢劫罪(致人重伤)。前一行为仅构成抢劫罪(致人重伤),而非抢劫罪(致人死亡),后一行为(抛"尸")构成过失致人死亡罪,蓝某没有参与后一行为,仅承担前一行为导致的结果即可。

例如,我赞同观点一。

理由:后一行为属于前一行为的继续,两行为共同作用导致死亡结果的发生,洪某、蓝某均承担抢劫罪(致人死亡)的加重刑事责任。

又如,我赞同观点二。

理由:死亡结果是抛"尸"行为导致,鉴定结果表明赵某系溺亡,而非重伤致死,所以洪某、蓝某在抢劫罪(致人重伤)范围内成立共同犯罪。洪某成立抢劫罪(致人重伤)与过失致人死亡罪数罪并罚,蓝某成立抢劫罪(致人重伤)。

2. 关于事实二。

(1)洪某对A银行不构成骗取贷款罪,无罪。

我国《刑法》第175条之一规定,以欺骗手段取得银行或者其他金融机构贷款,给银行或者其他金融机构造成重大损失的行为构成骗取贷款罪,本罪不能具有非法占有的目的。本案中,洪某使用虚假的产权证明作担保,从A银行贷款30万元用于经营,但是洪某具有归还目的,并且后来也归还了30万元贷款,并没有给银行造成重大损失,所以不成立骗取贷款罪。

(2)洪某对B公司和C公司均构成合同诈骗罪。

我国《刑法》第224条规定,以非法占有为目的,在签订、履行合同过程中,骗取对方当事人财物,数额较大的构成合同诈骗罪。本案中,洪某一开始便不想向B公司归还汽车,而是想将并不属于自己的车辆质押出去,骗取C公司50万元,表明洪某对汽车具有排除意思和利用意思,具有非法占有目的,因此对B公司和C公司都构成合同诈骗罪。

(3)B公司将汽车开回的行为不构成盗窃罪。

我国《刑法》第264条规定,盗窃公私财物,数额较大的行为成立盗窃罪。本案中,B公司对汽车具有所有权,B公司不知道汽车由C公司占有,以为是洪某占有,因此缺乏犯盗窃罪的故意,不构成盗窃罪。

3. 关于事实三。

(1)洪某构成行贿罪,具有坦白、特别自首、立功等法定量刑情节。

我国《刑法》第389条第1款规定,行贿罪是指为谋取不正当利益,给予国家工作人员以财物的行为。在量刑方面,《刑法》第67条第2款、第68条规定:被采取强制措施的犯罪嫌疑人如实供述司法机关还未掌握的本人其他罪行的,以自首论。犯罪分子有揭发他人犯罪的行为,查证属实的,属于立功。洪某给予白某5万元让其为自己说情的行为符合行贿罪的构成要件。洪某被动归案,如实供述对C公司实施的诈骗事实行为,符合我国《刑法》第67条第3款关于坦白的规定;主动交代了公安机关尚未掌握的另一起犯罪事实,符合我国《刑法》第67条第1款的规定;检举了黄某与程某的犯罪行为,符合我国《刑法》第68条关于立功的规定。

(2)白某构成受贿罪(斡旋受贿)。

我国《刑法》第388条规定,国家工作人员利用本人职权或者地位形成的便利条件,通过其他国家工作人员职务上的行为,为请托人谋取不正当利益,索取请托人财物或者收受请托人财物的,以受贿罪论处。本案中,白某客观上利用国家工作人员地位形成的便利,通过其他国家工作人员(李某)的职务行为,为请托人洪某谋取不正当利益而收取5万元,主观上有受贿故意,故白某构成受贿罪。

(3)李某不构成犯罪。

犯罪是指作出违反法律规定而应受到刑法处罚的行为。本案中,李某假装答应受贿,实际上是为抓获洪某,依据《刑法》第13条犯罪的概念,不构成犯罪。

4.关于事实四。

洪某成立盗窃罪,青某成立信用卡诈骗罪。

盗窃他人财物,数额较大的行为,成立盗窃罪。盗窃信用卡并使用的,依照盗窃罪定罪处罚。冒用他人信用卡的行为成立信用卡诈骗罪。本案中洪某盗窃现金8000元和一张银行卡,成立盗窃罪;青某冒用他人信用卡,依法成立信用卡诈骗罪。

5.关于事实五。

(1)黄某、程某在故意伤害罪范围内成立共同犯罪,黄某成立故意杀人罪,程某成立故意伤害罪(致人死亡)。

我国《刑法》第25条第1款规定,两人以上共同故意犯罪成立共同犯罪。故意杀人的行为构成故意杀人罪,故意伤害他人身体的行为构成故意伤害罪。本案中,黄某、程某共谋对周某实施伤害行为,在故意伤害罪范围内成立共犯。黄某明知周某患有白血病,还教唆程某实施伤害行为,依法承担故意杀人罪的刑事责任,程某伤人介入白血病特殊体质,但是不影响因果关系的成立,符合我国《刑法》第234条关于故意伤害罪(致人死亡)的构成要件。

(2)程某成立敲诈勒索罪,属于未遂形态。

我国《刑法》第274条规定,以非法占有为目的,对他人实行威胁(恐吓),索取他人财物,数额较大或者多次敲诈勒索的行为成立敲诈勒索罪。意志之外的原因使得未得逞的,构成犯罪未遂。本案中,程某勒索周某40万元的行为完全符合《刑法》第274条关于敲诈勒索罪的规定,由于没有得逞,属于未遂形态。

6.关于事实六。

程某成立故意伤害罪(致人重伤)。

我国《刑法》第234条规定,故意伤害他人身体的行为构成故意伤害罪,在故意伤害过程中致人重伤、死亡或者以特别残忍手段致人重伤造成严重残疾的,承担法定加重刑。本案中,程某的行为完全符合我国刑法规定,依法成立故意伤害罪(致人重伤)。

7.关于事实七。

洪某如实交代1995年的犯罪事实,构成准自首。

虽然公安机关知道该犯罪事实,但不知道洪某是犯罪嫌疑人,因此仍属于"尚未掌握的犯罪事实",洪某的如实供述行为构成准自首。

2018年

【案情】

王某作为组织者,组织了某黑社会性质组织,刘某、林某、丁某积极参加。某日,王某、刘某在某酒店就餐，消费3000元。在王某结账时，收银员吴某偷偷调整了POS机上的数额，故意将3000元餐费改成30,000元，并交给王某结账。王某果然没有注意，输入密码支付了30,000元。（事实一）

王某离开后发现多付了钱，与刘某去找吴某还钱，吴某拒不返还。王某、刘某恼羞成怒，准备劫持吴某让其还钱。在捆绑吴某的过程中，不慎将吴某摔成重伤，因为担心酒店其他人员报警，故放弃挟持，离开酒店。（事实二）

在王某和刘某下楼往外走的时候，在门口被武某等四名保安拦截。王某遂让刘某打电话叫人过来帮忙。刘某给林某、丁某打电话，并私下叫二人带枪过来，林某二人将枪支藏在衣服里，来到酒店门口护送王某上了私家车，武某等人见状遂让四人离开。王某上车时气不过，让刘某"教训"这个保安，随即开车离开。刘某随即让林某、丁某二人开枪，武某中弹身亡。事后查明，其中一人朝武某腿部开枪，未击中腿部，另一人朝武某腹部开枪，但无法查明谁朝腿部开枪、谁朝腹部开枪。只有一颗子弹击中武某腹部，导致其死亡，无法查明击中腹部的子弹是谁射击的。（事实三）

【问题】

1. 对事实一中吴某的行为定性存在不同见解，你是如何认定的？须说明理由。（10分）

2. 在事实二中，王某、刘某对吴某实施的行为构成何罪？须说明理由。（10分）

3. 在事实三中，对于武某的死亡，王某、刘某、林某、丁某构成何罪？其中对王某的行为有几种处理意见？均须说明理由。（11分）

—— 参考答案 ——

1. (1)关于吴某的行为，有如下三种观点：

①吴某构成诈骗罪，既遂数额为27,000元。

理由：王某被吴某欺骗，以为自己消费了30,000元，便支付了30,000元，事后才知道自己多付了钱。吴某的行为完全符合诈骗罪的构成要件，诈骗金额为27,000元。

②吴某构成盗窃罪。

理由：王某知道自己消费了3000元，在支付3000元时，没有注意到POS机显示的金额是30,000元。对于多支付的27,000元王某没有处分意识，吴某的行为符合刑法规定的盗窃罪的构成要件，依法成立盗窃罪。

③吴某构成诈骗罪，既遂数额为27,000元。

理由：王某知道自己消费了3000元，在支付3000元时，没有注意到支付数额多了个零而支付了30,000元。王某在处分资金时，意识到了自己在为支付餐费处分自己的资金。处分意识并不要求意识到具体数额。因此，王某有处分意识，吴某构成诈骗罪。

(2)我赞同第二种观点，王某处分资金时，需要意识到所处分资金的存在，即要认识到处分多少资金。事实一中王某对多支付的27,000元没有处分意识，吴某刷走30,000元的行为符合我国《刑法》第264条关于盗窃罪的构成要件的规定。

2. 事实二中王某、刘某对吴某的行为成立非法拘禁罪未遂，致人重伤。

理由：王某、刘某在离开现场后才发现吴某对其实施了财产犯罪，然后返回现场要求归还多给的资金。此时，王某、刘某便失去了正当防卫的时间条件。此后的行为不涉及正当防卫或防卫过当的问题。二人构成非法拘禁罪(未遂)致人重伤。另外,二人不构成抢劫罪,理由是,成立抢劫罪,要求行为人具有非法占有他人财物的目的。王某、刘某没有非法占有吴某财物的目的,其目的是挽回财产损失,讨回被吴某非法取得的财物。二人也不构成绑架罪,理由是,成立绑架罪,要求行为人具有向第三人非法勒索财物的目的。其一,王某、刘某没有非法占有目的。其二,王某、刘某针对的是吴某本人,而非第三人。

3. 王某、刘某、林某、丁某针对武某的行为。

(1)林某、丁某

林某、丁某以伤害的故意朝武某腹部开枪,构成故意伤害罪的共同正犯。但是,二人是否构成故意伤害罪(过失致人死亡)这一结果加重犯的共同正犯,即就"过失致人死亡"这一环节,是否构成共同正犯存在不同处理意见:

部分犯罪共同说对此持否定意见,对"过失致人死亡"这一环节,只能各自单独处理。由于无法查明是谁过失致人死亡,根据"存疑时有利于被告"原则,每个人都不需要对死亡结果负责。林某、丁某都不构成故意伤害罪(过失致人死亡)。行为共同说对此持肯定意见,根据"部分实行、全部负责"原则,无须查明谁导致死亡结果,二人都要对死亡结果负责,林某、丁某都构成故意伤害罪(过失致人死亡)。

此外,刘某、林某、丁某并非属于合法持有枪支的主体,属非法持有枪支;刘某给林某、丁某打电话让其二人携带枪支来到现场,严重危害了公共安全。因此,林某、丁某还构成非法携带枪支危及公共安全罪(实行犯),对此,刘某是教唆犯。

(2)刘某

刘某指使林某、丁某开枪,属于教唆犯。虽然无法查明是林某还是丁某导致武某死亡,但是无论是谁导致武某死亡,刘某都需要对其死亡结果负责,因此刘某构成故意伤害罪致人死亡。此外,刘某还构成非法携带枪支危及公共安全罪(教唆犯)。

(3)王某

王某指使刘某、林某、丁某实施故意伤害,属于教唆犯。虽然无法查明是林某还是丁某导致武某死亡,但是无论是谁导致武某死亡,王某都需要对其死亡结果负责,因此王某构成故意伤害罪致人死亡。

(4)王某组织某黑社会性质组织,刘某、林某、丁某积极参加,因此王某、刘某、林某、丁某还构成组织、领导、参加黑社会性质组织罪,与各自所犯前述罪行数罪并罚。

三、考点全解

考点一 犯罪构成

1.【客观违法层面】

客观要件(行为主体—危害行为—危害结果—因果关系)——违法阻却事由(正当防卫/紧急避险/被害人承诺等)。

客观违法层面主要解决思路:是什么人—(不)干什么事—产生了什么结果(行为和结果之间有无因果关系)—是否具有干这个事的正当性。

2.【主观有责层面】

主观要件(犯罪故意/犯罪过失/无罪过事件/事实认识错误)——责任阻却事由(责任年龄/责任能力/违法性认识可能性/期待可能性)。

违法了,但不一定承担刑事责任。一定是主客观相统一后才成立犯罪。

做刑法案例题的时候一定要从案情中主动提炼考点,这是解题的第一步。而两阶层犯罪构成可以让考生快速锁定考点。先审查客观违法层面,确定行为是否违法,再审查主观有责层面,确定是否承担责任。

例如:张三让11周岁的李四帮助自己一起去把妇女运送到山区卖给老憨当老婆,李四欣然答应,在运送途中被抓捕,对于张三和李四的行为如何定性?

分析思路

对于张三而言:

客观上,张三实施了一个拐卖妇女的行为,并且控制住了被害人,没有正当防卫、紧急避险等违法阻却事由。那么张三确定是违法了,涉嫌拐卖妇女罪。

主观上,张三明知是拐卖妇女并且希望结果发生,属于故意犯罪,并且没有责任阻却事由。

那么根据两阶层犯罪构成理论,主客观相一致,张三成立拐卖妇女罪。

对于李四而言:

客观上,李四为张三拐卖妇女的行为提供帮助,客观上也实施了帮助行为。那么李四的行为客观上也是违法的,涉嫌拐卖妇女罪。但违法不一定承担刑事责任,还要看是否满足主观要件。

主观上,李四明知张三拐卖妇女,还提供帮助,属于故意犯罪。但李四11周岁,不负刑事责任,故根据两阶层犯罪构成理论,李四对拐卖妇女罪不承担刑事责任。

考点二　作为义务来源

行为人消除危险的作为义务主要包括监督义务与保护义务,这是从实质上进行的归类。

1. 危险源:监督义务

(1)危险物。这包括危险动物、危险物品、危险设施等。

例1,主人对饲养的动物负有监督义务,防止其伤人。

例2,主人对摆放在阳台上的花盆负有监督义务,防止其坠落砸中他人。

例3,生产商对其生产的缺陷产品负有召回义务。

例4,广告牌的设置者对广告牌负有管理义务。

(2)危险人。这包括精神病人和未成年人,其监护人或监管人负有监督义务。

例1,精神病人发病期间伤害他人,监护人负有制止义务。

例2,父母对幼儿负有监督义务,幼儿伤害他人时,父母有阻止义务。

例3,幼儿园的老师对幼儿有监督义务,有义务防止幼儿伤害他人。

提示 精神正常的成年人之间没有监督义务。例如,丈夫受贿,妻子没有监督义务。

(3)先行行为。这是指先行行为对他人的法益造成危险,行为人负有消除危险的义务。

例1,随手扔烟头,导致发生火灾,行为人负有灭火的义务。

例2,晨跑时不慎将老人撞倒,行为人对老人负有救助义务。

考点1 先行行为对法益增加或创设法律不允许的危险时,才产生作为义务。

①生活行为不产生救助义务。

例1,甲与乙谈恋爱,甲提出分手,乙声称如分手就自杀,甲依然要与乙分手。乙自杀时,甲不负阻止义务。因为谈恋爱以及分手的行为没有对法益造成法律不允许的危险。

例2,甲将匕首递给乙观看,乙突然持刀刺杀丙,无论是否在场,甲都没有作为义务。

②降低危险的行为不产生救助义务。

例1,路人甲将路边的弃婴抱到民政局门前后放任不管。

例2,甲将丙撞倒后逃逸,乙将丙送至医院门前后离开。

例3,护士丙偶遇他人昏迷,进行简单的心肺复苏后离开。

注意:上述对他人救助的行为如果形成相对稳定的依赖关系,则产生救助义务。例如,甲将弃婴抱回家后抚养,婴儿就依赖于甲的抚养,甲负有继续救助的义务。

③被害人自陷风险时,行为人没有救助义务。

例1,甲将吸毒工具借给乙,乙因吸毒过量受伤,甲没有救助义务。

例2,乙为了戏弄乞丐,将100元纸币扔入河中。乞丐跳入河中捡拾,不幸溺水。乙没有救助义务。

被害人自陷风险,有两项指标:第一,被害人有能力认识风险;第二,被害人有能力控制风险。满足两项指标时,被害人自己支配风险,自己对结果承担责任。

考点2 犯罪行为可以作为先行行为而产生作为义务。

当先行行为是犯罪行为时,必然产生作为义务。那么后续不作为能否独立构成犯罪?这取决于作为与不作为之间的关系。判断标准:吸收关系定一罪,并列关系要并罚。

①过失犯罪。

例1,甲过失致人重伤,不救助,被害人死亡后,甲离开。甲的先行行为产生救助义务,对死亡结果的发生主观上具有故意。甲不救助的行为构成不作为的故意杀人罪。由于故意杀人罪可以吸收过失致人重伤罪,故对甲仅定故意杀人罪一罪。**注意**:针对同一对象,侵犯同一法益。

例2,乙过失致人重伤后逃跑,被害人流血过多死亡。乙的先行行为产生救助义务,对死亡结果的发生是出于过失。死亡结果由乙的过失行为和不救助行为共同造成,由于过失致人死亡罪可以吸收过失致人重伤罪,故对乙仅定过失致人死亡罪一罪。**注意**:针对同一对象,侵犯同一法益。

例3,丙醉酒驾驶致人重伤,为逃避法律追究倒车轧死被害人。丙的先行行为产生救助义务,对死亡结果的发生是出于故意。由于故意杀人罪不能吸收交通肇事罪,故对丙应当以交通肇事罪与故意杀人罪并罚。**注意**:交通肇事罪侵害的法益是公共安全,故意杀人罪侵害的法益是人身权利。

②故意犯罪。

例1,甲故意轻伤乙,乙昏迷流血不止。甲故意不救助,乙死亡后,甲离开。甲的先行行为产生救助义务,对死亡结果的发生是出于故意。甲不救助的行为构成不作为的故意杀人罪。由于故意杀人罪可以吸收故意伤害罪(致人轻伤),故对甲仅定故意杀人罪一罪。**注意**:针对同一对象,侵犯同一法益。

例2,乙故意重伤丙,丙昏迷流血不止。乙逃离现场,丙因得不到及时救助死亡。乙的先行行为产生救助义务,对死亡结果的发生是出于过失。乙不救助的行为构成不作为的过失致人死亡罪。由于故意伤害罪包含故意伤害致人死亡的情形,因此故意伤害罪可以吸收过失致人死亡罪。故对乙仅定故意伤害罪(致人死亡)一罪。**注意**:针对同一对象,侵犯同一法益。

例3,丙盗掘古墓葬,致使丁的房屋倒塌,丁被砸中。丙明知但继续盗墓,丁流血过多死亡。丙的先行行为产生救助义务,对死亡结果的发生是出于故意。丙不救助的行为构成不作为的故意杀人罪。由于故意杀人罪不能吸收盗掘古墓葬罪,故对丙应当以盗掘古墓葬罪与故意杀人罪并罚。**注意**:针对不同对象,侵犯不同法益。

2. 特殊关系:保护义务

(1)法律规定。这是指基于法律规定产生的保护义务。例如,母亲对婴儿有哺乳义务;执勤的交警对事故的受害人有救助义务;父母见幼女被人猥亵时具有制止义务。

▶▶ **提示**　夫妻之间的救助义务。

第一,夫妻一方非自愿陷入风险,另一方有救助义务。例如,夫妻一方失足落水、遇到歹徒等,另一方有救助义务。

第二,夫妻一方自陷风险(自杀、自残等),另一方有无救助义务?

观点一:有。因为刑法对生命绝对保护,夫妻一方自陷风险只能免除其自杀的刑事责任,并不免除另一方的救助义务。

观点二:没有。夫妻一方作为成年人,精神正常,没有被骗、被胁迫,自己主动陷入险境属于被害人自陷风险,不应让丈夫承担刑法义务。

(2)制度要求。这是指基于职业、制度产生的保护义务。例如,游泳教练对游泳学习者有保护义务;保镖有保护雇主安全的义务。

(3)自愿接受。这是指行为人自愿承担保护法益的义务,当法益的保护依赖于行为人时,负有继续保护的义务。**注意**:要形成相对稳定的依赖关系。

考点三　结果加重犯

结果加重犯是指犯罪行为导致了基本结果以外的加重结果,基于刑法的明文规定而加重处罚。

结构:基本行为+加重结果=基本罪名+加重处罚。

例如,甲故意伤害乙,过失致其死亡。甲实施了伤害行为(基本行为),导致乙死亡(加重结果)。基于刑法的明文规定,只定故意伤害罪(基本罪名),要适用更重的法定刑(加重处罚)。

1. 实施基本行为,造成加重结果。

例1,甲强奸乙时,为压制反抗卡住其脖子,致乙窒息死亡。甲的强奸行为导致乙死亡,根据刑法规定,甲构成强奸罪的结果加重犯,适用强奸致人死亡的法定刑。

例2,乙入户抢劫,逃跑时将睡在地上的婴儿踩死。乙逃跑的行为致人死亡,该结果与抢劫行为无关。因此乙不构成抢劫致人死亡,应以抢劫罪与过失致人死亡罪并罚。

2. 基本行为与加重结果有因果关系。

例1,甲拘禁丙,丙因被捆绑过紧,血液流通不畅死亡。甲的拘禁行为造成死亡结果,具有直接的因果关系。故甲构成非法拘禁致人死亡。

例2,乙强奸丙后,丙自杀。死亡是由自杀导致,不是强奸行为造成的。强奸行为与死亡结果没有因果关系,乙不构成强奸致人死亡。

3. 行为人对加重结果至少有过失。

第一,仅限过失。例如,故意伤害致人死亡,如果对死亡结果是故意,则构成故意杀人罪,而不是故意伤害罪(致人死亡)的结果加重犯。

第二,故意或过失。例如,抢劫致人死亡是结果加重犯,对死亡结果可以是故意或者过失。

注意:强奸致人重伤、死亡,拐卖妇女致人重伤、死亡,抢劫致人重伤、死亡均可由故意构成。

4.《刑法》分则就发生加重结果加重了法定刑。

如果刑法没有规定加重法定刑,不管结果多么严重也不是结果加重犯。例如,遗弃行为致人死亡,因为刑法没有规定加重法定刑,就不是结果加重犯。

总结 常考的结果加重犯:

(1)《刑法》第234条第2款:故意伤害致人死亡。

(2)《刑法》第236条第3款:强奸致人重伤、死亡。

(3)《刑法》第240条第1款:拐卖妇女、儿童致人重伤、死亡或者其他严重后果。

(4)《刑法》第257条第2款:暴力干涉婚姻自由致人死亡(包括被害人自杀)。

(5)《刑法》第260条第2款:虐待致人重伤、死亡(包括被害人自杀、自残)。

(6)《刑法》第263条:抢劫致人重伤、死亡。

(7)《刑法》第318条第1款:组织他人偷越国(边)境造成被组织人重伤、死亡。

(8)《刑法》第321条第2款:运送他人偷越国(边)境造成被运送人重伤、死亡。

考点四 因果关系

一、因果关系的中断

因果关系的历程可能一路坦途,也可能蜿蜒曲折。这主要取决于在犯罪过程中有无介入因素。

1. 无介入因素

当不存在介入因素时,犯罪行为的发展过程表现为:实行行为→实害结果。

2. 有介入因素

当存在介入因素时,犯罪行为的发展过程表现为:实行行为→介入因素→实害结果。

思考　当存在介入因素时,实害结果应当归属于实行行为还是介入因素?

判断标准:是否独立于先前行为以及这个介入因素的出现是否是异常的。

例如,甲向乙的茶水中投毒,重病的乙喝了茶水后更加难受,自杀身亡。甲的投毒行为与乙的死亡有无因果关系?

3. 介入因素的种类

(1)被害人自身的行为。

例1,甲点燃乙的衣服,乙跳入身边的水中灭火时溺死。介入因素是乙跳水灭火的行为,这很正常,死亡不能归属于介入因素,甲的行为与乙的死亡有因果关系。

例2,乙在悬崖旁强奸丙致其昏迷,丙苏醒后因头昏跌崖死亡。介入因素是丙跌崖的行为,这很正常,死亡不能归属于介入因素,乙的强奸行为与丙的死亡有因果关系,属于强奸致人死亡。

例3,丙被轻伤后逃离,未去就医而是祈祷神灵保佑,并将香灰敷于伤口上,后丙因感染而截肢(重伤)。介入因素是敷香灰,这很异常。因感染截肢说明介入因素对重伤结果作用很大。此时介入因素异常并且作用大,重伤应当归属于介入因素,与轻伤行为无因果关系。

(2)他人的行为。

例1,甲在高速公路上将同车人乙推下,乙跌落后被正常行驶的丙轧死。介入因素是乙被丙轧死,这很正常。死亡不能归属于介入因素,甲的行为与乙的死亡有因果关系。

例2,乙被丙轻伤,流血不止。警察将乙送医途中遭遇堵车,乙因流血过多而死亡。介入因素是堵车,这很正常。死亡不能归属于介入因素,丙的行为与乙的死亡有因果关系。

例3,丙被甲放火烧伤后,医生对其抢救。在抬向手术台时,医生乙不小心扭断丙的脖子致其死亡。介入因素是乙扭断丙的脖子的行为,这很异常,也是导致丙死亡的直接原因。此时介入因素异常并且作用大,死亡应当归属于介入因素,与丙的放火行为无因果关系。

(3)自然事件。

例1,甲杀乙致其重伤,一小时内必死无疑。但因地震,乙被坠落的石头砸中死亡。介入因素是地震引发石头坠落,这很异常,也是导致乙死亡的直接原因。死亡应当归属于介入因素,与甲的杀人行为无因果关系。

例2,乙在冬天的深夜致丙轻伤昏迷,丙因无人救助被冻死。介入因素是寒冷的天气,这很正常。死亡不能归属于介入因素,乙的伤害行为与丙的死亡有因果关系。

总结　因果关系破题思路:先找危害结果,再找直接导致此结果的原因!所以只要能够捋清"前因后果"即可完美破题。需要反复琢磨介入因素的种类。

二、无法查明的处理

1. 行为人是一个人,只实施了一个行为,处理原则:对事实存疑(无法查明)的作有利于被告的认定。

2. 行为人是两个人,两个人不是共同犯罪,处理原则:分析可能情形,汇总对比,对事实存疑(无法查明)的作有利于被告的认定。

3. 行为人是两个人,两个人构成共同犯罪,处理原则:部分实行、全部责任,无法查明就无须查明。

例如,甲用刀砍杀乙,乙倒地不动,甲临走时,为了确保致乙死亡及毁坏现场,便放火,导致重大火灾，房屋被烧毁且乙死亡。无法查明乙的死亡时间发生在火灾前，还是火灾后。

第一步：可能的情形一，火灾前的砍杀行为导致乙死亡，砍杀行为构成故意杀人罪既遂，如此则放火行为构成放火罪，但不构成放火罪（致人死亡）。可能的情形二，火灾后乙死亡。甲的砍杀行为与放火行为对死亡结果的发生都发挥很大的作用，二因一果。如此，砍杀行为构成故意杀人罪既遂，放火行为构成放火罪（致人死亡）。

第二步：汇总对比。第一种可能的情形对被告有利（死亡时间越早，对被告越有利），认定为第一种情形，也即故意杀人罪既遂和放火罪，数罪并罚。

考点五 正当防卫

为了使国家、公共利益、本人或者他人的人身、财产和其他权利免受正在进行的不法侵害，而采取的制止不法侵害的行为，对不法侵害人造成损害的，属于正当防卫，不负刑事责任。

成立条件	内容
起因条件	面临现实的不法侵害
时间条件	不法侵害正在进行
意思条件	防卫者具有防卫意思（观点展示）
对象条件	防卫手段针对不法侵害人本人
限度条件	没有明显超过必要限度造成重大损害

一、起因条件

正当防卫面临现实的不法侵害，具体要求有三：现实性、不法性、客观性。

1. 现实性：不法侵害必须现实存在，不是主观想象的。

如果误以为存在不法侵害而进行防卫的，就是假想防卫。例如，甲违章停车，返回时发现乙正尝试打开汽车。甲以为遇到小偷，便捡起木棍将乙打成轻伤。事后查明，乙是交警，当时正想将违章车辆拖走，甲属于假想防卫。

▶▶ **提示** 假想防卫不能构成故意犯罪。这是因为，防卫人客观上实施犯罪行为，但主观上自以为是正当防卫，缺乏犯罪故意。

2. 不法性：侵害行为属于违法行为或者犯罪行为。

只能对侵害法益的不法行为进行正当防卫，对合法行为不能进行正当防卫。不法行为要满足三个特征：进攻性、破坏性、紧迫性。

例1，甲看到乙正在向丙行贿，虽然行贿与受贿是犯罪行为，但不具有紧迫性、进攻性，不能正当防卫。

例2，乙发现邻居丙正在家中卖淫，将丙家价值5000元的防盗门砸坏，阻止其卖淫。卖淫嫖娼是违法行为，但不具有进攻性、紧迫性，不能正当防卫。

（1）不法是指人的不法。只有人的身体举动才能被评价为行为，故面对自然灾害、野狗咬人等只能进行紧急避险。

(2)不法包括违法和犯罪。不法行为只要具有进攻性、破坏性、紧迫性,就允许对其进行防卫。例如,甲无端对乙进行殴打,虽然甲的行为只是一般的违法行为,但是乙仍然可以对其进行防卫。因为违法行为可能随时转换为犯罪,不能苛求防卫人精准把握。

(3)防卫人不限于本人,面临不法侵害,第三人也可以进行正当防卫。

▶▶ **提示** 对“黑吃黑”的行为也能进行正当防卫。例如,甲明知乙运输假币,认为即使“黑吃黑”,乙也不敢报警,于是抢劫乙的假币。虽然乙运输假币是犯罪行为,但需要经过法定程序改变占有状态,甲无权改变假币的占有状态。对甲的抢劫行为,乙可以进行正当防卫。

3. 客观性:只要符合客观违法层面即可进行正当防卫。

(1)对来自未达到责任年龄的人、精神病人的不法侵害可以进行正当防卫。

(2)对不作为犯罪可以进行正当防卫。例如,母亲故意不喂奶,企图饿死婴儿,这是不作为犯罪。对母亲可以进行正当防卫,以保护婴儿的生命权。

二、时间条件

现实的不法侵害正在进行,法益面临紧迫危险时,才能正当防卫。如果提前防卫或者事后防卫,都是防卫不适时。

1. 防卫装置:防卫手段与不法侵害具有相当性 + 防卫手段不能侵害其他法益。

2. 防卫不适时:故意——故意犯罪,过失——过失犯罪,无故意、过失——意外事件。

财产犯罪的例外。财产犯罪中,行为人虽然取得财物,但现场还来得及挽回损失的,视为不法侵害尚未结束,可以实行正当防卫。这需要满足两个条件:

第一,时间具有持续性。例如,甲盗窃乙的摩托车,乙立刻追赶将车抢回。由于时间上具有持续性,甲对财物的占有尚未平稳,乙可以实行正当防卫。

第二,现场具有延伸性。例如,上例中,如果乙第二天偶遇甲并将车夺回,时间上没有持续性,现场也不具有延伸性,乙不是正当防卫,属于广义的自救行为。

三、意思条件

防卫意思 = 防卫认识 + 防卫意志。防卫认识,是指防卫人认识到不法侵害正在进行;防卫意志,是指防卫人具有保护法益免受侵害的正当目的。

1. 防卫认识——认识到不法侵害正在进行。

(1)传统观点:成立正当防卫要求具有防卫认识,甲没有认识到存在不法侵害,只有杀人故意,就构成故意杀人罪既遂;

(2)防卫认识不要说:不要求有防卫认识,制造好结果的行为就是好行为,甲的杀人行为救了被害人,那么甲构成正当防卫,无罪;

(3)防卫认识必要说:要求有防卫认识,没有防卫认识不构成正当防卫,但是如果制造了好结果,如甲想杀死乙,开枪打死正在对丙行凶的乙,虽然甲杀人的行为是个坏行为,但是制造了好结果,所以甲不构成故意杀人罪既遂,而构成故意杀人罪未遂。

2. 防卫意志——防卫人具有制止不法侵害、保护法益的正当目的,成立正当防卫不需要有防卫意志,比如甲看到仇人正在强奸妇女,出于报复把仇人打成重伤,制止其强奸行为,甲具有防卫认识,没有防卫意志,但成立正当防卫。

四、对象条件

原则上，防卫手段针对不法侵害人本人。例外，容易考查观点展示。

1. 甲故意伤害乙，乙情急之下将丙的高尔夫球杆（价值较大）拿起反击甲，导致球杆毁损——乙对甲构成正当防卫，对丙成立紧急避险，想象竞合，优先认定为正当防卫，不构成故意毁坏财物罪，但民事上应赔偿丙。

2. 甲拿丙的高尔夫球杆（价值较大）打乙，想要伤害乙，乙用力抵挡，导致球杆毁坏——乙对甲不构成正当防卫，因为乙只是单纯抵挡，不具有法益侵害性。如果乙抵挡并反击甲的身体，则对甲成立正当防卫，对丙也不构成紧急避险，丙的球杆损失由甲赔偿，与乙无关。

3. 甲故意伤害乙，乙反击甲，情急之下捡起一块石头扔向并击中甲，同时也击中了旁边的丙——乙对甲构成正当防卫，对丙没有定论，需要观点展示：

（1）乙对丙也构成正当防卫——对一个行为只能认定同一性质；

（2）乙对丙构成假想防卫——但是假想防卫要求防卫人主观上以为存在不法侵害，如果认定假想防卫就要求乙在主观上以为丙对其有不法侵害；

（3）乙对丙构成紧急避险——但是紧急避险要求只有损害较小法益才能保护面临危险的法益，然而，伤害丙不能起到保护乙的作用。

五、限度条件

正当防卫明显超过必要限度造成重大损害的，应当负刑事责任，但是应当减轻或者免除处罚。

1. 防卫是否"明显超过必要限度"，应当综合不法侵害的性质、手段、强度、危害程度和防卫的时机、手段、强度、损害后果等情节，考虑双方力量对比，立足防卫人防卫时所处情境，结合社会公众的一般认知作出判断。在判断不法侵害的危害程度时，不仅要考虑已经造成的损害，还要考虑造成进一步损害的紧迫危险性和现实可能性。不应当苛求防卫人必须采取与不法侵害基本相当的反击方式和强度进行防卫。通过综合考量，对于防卫行为与不法侵害相差悬殊、明显过激的，应当认定防卫明显超过必要限度。

2. 造成重大损害。

"造成重大损害"是指造成不法侵害人重伤、死亡。造成轻伤及以下损害的，不属于重大损害。防卫行为虽然明显超过必要限度但没有造成重大损害的，不应认定为防卫过当。

六、特殊防卫

对正在进行行凶（不要求使用凶器）、杀人（不包括非暴力手段，包括转化的故意杀人，比如拘禁路人甲，使用木棒将其打死）、抢劫（包括事后抢劫，但不包括携带凶器抢夺的抢劫）、强奸（不包括迷奸，但包括拐卖妇女过程中暴力强奸）、绑架以及其他严重危及人身安全的暴力犯罪，采取防卫行为，造成不法侵害人伤亡的，不属于防卫过当，不负刑事责任。

必须针对暴力犯罪。根据同类解释规则，只有在行凶、杀人、抢劫、强奸、绑架严重危及人身安全，而且是暴力犯罪时，才能对其进行特殊防卫。采用非暴力的方式实施上述犯罪，不允许进行特殊防卫，例如，使用平和方式的投毒杀人，使用麻醉的方式实施抢劫、强奸。

考点六 事实认识错误

1. 对象错误

主观上对具体对象出现认识错误。无论按照具体符合说还是法定符合说，均不影响故意犯罪的成立。误将他人当作仇人杀害的，属于典型的对象错误，无论按照什么学说，对他人成立故意杀人罪（既遂或者未遂）。对象错误的本质：主观认识错误，指行为人对某一行为对象的身份属性等产生主观认识错误，如行为人误把王某写成了汪某。

2. 打击错误（方法错误）

行为指向的对象没有认识错误，但客观因素导致错误结果。打击错误的本质：客观结果错误。例如，甲想杀乙，因为没有瞄准，射中乙身旁的丙，致其死亡。甲是否构成故意杀人罪既遂？

（1）具体符合说：第一，甲主观上想杀乙，杀人行为指向的也是乙，意志以外的原因使得未得逞。故甲对乙成立故意杀人罪未遂；第二，甲主观上认识的事实是杀乙，实际发生的事实是丙死亡。甲的主观认识与客观事实没有具体地相一致，甲对丙的死亡无故意，也即甲对丙构成过失致人死亡罪。综上，甲客观上实施一个行为，因此构成故意杀人罪未遂与过失致人死亡罪，想象竞合，从一重罪处罚。

（2）法定符合说：第一，甲对乙成立故意杀人罪未遂，理由同上；第二，甲主观上认识的事实是杀乙（杀人），实际发生的事实是丙死亡（人死亡）。甲的主观认识与客观事实在故意杀人罪的犯罪构成上一致，故甲对丙构成故意杀人罪既遂。综上，甲客观上实施一个行为，因此构成故意杀人罪未遂与故意杀人罪既遂，想象竞合，从一重罪处罚。**注意**：具体符合说中的“认错人”“没打准”，在法定符合说看来都无关紧要。

结论　打击错误时，法定符合说与具体符合说处理的结论不同：法定符合说的结论是两个故意犯罪的想象竞合；具体符合说的结论是故意犯罪和过失犯罪（意外事件）想象竞合。

3. 因果关系错误

（1）狭义的因果关系的错误。

这是指因果关系的发展过程与行为人预想的不一致。例如，甲想杀乙，将其推入深井，意图将其淹死，但井中无水，乙被摔死，甲成立故意犯罪既遂。

▶▶ **提示**　*如果行为与结果没有因果关系，不是狭义的因果关系错误。甲想杀乙，刀刺乙的心脏，乙是血友病患者，因流血过多而死亡。甲预想的因果过程为用刀直接刺死，实际的因果过程为流血过多死亡，这是狭义的因果关系错误，甲构成故意杀人罪既遂。*

（2）事前的故意（结果的推迟发生）。

这是指行为人误认为第一个行为造成结果，基于其他目的实施第二个行为，实际上是第二个行为导致预期结果发生，由于预想的结果推迟发生，也称结果的推迟发生。例如，甲想杀乙，致乙休克。甲以为乙已经死亡，为了毁尸灭迹，将乙抛至水中（第二个行为），实际上乙是溺水死亡。对甲如何处理？

通说认为，只要能认定第一个行为与实害结果具有刑法上的因果关系，则成立故意犯罪既遂。

(3)结果的提前发生。

结果的提前发生指打算以第二行为导致实害结果，但实施的第一行为就导致了实害结果。对该情形，焦点在于第一行为能否认定为故意犯罪的实行行为：如果能够肯定为实行行为，则是犯罪构成提前实现，属于因果关系错误，认定为故意犯罪既遂（如果认为行为人实施第一行为时缺乏既遂的故意，则成立故意犯罪未遂与过失犯罪的想象竞合犯）；否则，可能认定为故意犯罪预备与过失犯罪的想象竞合。

考点七 犯罪未遂

1. 已经着手实行犯罪

"着手"的判断标准：行为对法益是否造成具体、紧迫、现实危险。法考常考的"着手"情形：

(1)开始实施杀人行为时是故意杀人罪的着手，之前的行为属于预备。

(2)对人使用暴力、胁迫或者其他强制手段时（开始脱衣服、卡脖子时），就已经着手，之前是预备行为。

(3)为了保险诈骗而制造事故的行为是预备行为，向保险公司提出理赔才是着手。制造事故后，打电话咨询理赔相关事宜，也不是着手。

(4)不作为犯的着手一定是不履行作为义务导致法益受到现实、紧迫、直接的危险。比如母亲故意不哺乳婴儿，婴儿快要饿死了；但如果刚吃饱，即便不哺乳也不成立不作为的故意杀人罪。

(5)间接正犯的着手，一定是直接支配者实行犯罪才是着手，指使行为不是着手。

(6)隔离犯的着手以危险是否现实、紧迫、直接为标准。比如，彪哥寄给刚子一盒有毒的饼干，邮寄行为不是着手，刚子收到的时候才是故意杀人罪的着手。

2. 犯罪未得逞

法益虽然面临危险但尚未被侵害，没有发生行为人所希望或者放任的、行为性质所决定的犯罪结果。例如，彪哥已将桂花的衣服脱下，但这个时候刚子出现制止了彪哥。彪哥是受意志以外的因素影响，未造成希望的强奸结果，构成犯罪未遂。

3. 意志以外的原因未得逞

这是指始终违背犯罪分子意志的，客观上使犯罪不可能既遂或者犯罪人认为不可能既遂因而被迫停止犯罪的原因。常见的有下列情形。

(1)客观因素：彪哥想用定时炸弹炸死搅扰其好事的刚子，结果定时炸弹出故障没爆炸。

(2)第三人因素：被警察或者群众发现或在实行犯罪的时候被肇事汽车撞死。

(3)行为人自身因素：想开车撞死刚子，但是车技不好自己撞马路牙子上了——行为能力不行；窗外传来警笛声音，以为是抓自己的，跳窗逃跑——主观认识出现错误。

(4)被害对象自身因素：彪哥猛扎刚子数十刀，以为刚子必死无疑，离开现场，结果刚子只是休克，后被救活。

判断未遂的标准：着手犯罪后，只要不是自动放弃犯罪，都构成犯罪未遂。

考点八　犯罪中止

1. 时间性:在犯罪过程中

犯罪中止,可以发生在预备阶段、实行阶段以及实行行为结束后,犯罪既遂前。

2. 自动性:自动放弃犯罪或者自动有效地防止犯罪结果发生

放弃的动机是否高尚,不影响犯罪中止的成立。

3. 客观性:要有中止行为

中止行为有两种:一是自动放弃犯罪行为;二是自动有效地防止犯罪结果发生。

(1)行为未实行终了:自动放弃犯罪就能中止。例如,甲骗乙的财物,见乙可怜,于是放弃。由于诈骗行为还未实行完毕,甲自动放弃犯罪,就成立诈骗罪中止。

(2)行为已实行终了:自动有效地防止犯罪结果发生才能中止。例如,甲投毒杀乙,乙疼痛难忍,甲心生怜悯将其送医,乙被救活。虽然甲的杀人行为已经实施完毕,但甲有效阻止了乙的死亡,构成故意杀人罪中止。

4. 有效性:没有发生法定的危害结果

这是指没有发生犯罪既遂要求的危害结果,如果发生结果,一般成立犯罪既遂。例如,乙托甲买胃药,甲却将毒药交给乙。甲产生悔意后到乙家想取回毒药,乙谎称药已被服用。甲见乙无异常,未告知真相。几天后,乙服用毒药死亡。由于发生了死亡结果,即使甲有防止措施,也构成犯罪既遂。

▶▶ **提示**　中止与未遂的区分。

判断标准:“能”达目的而“不欲”是中止。

▶▶ **提示**　考试中常考的中止情形如下(中止的动机是否高尚,不影响犯罪中止的成立)。

(1)真诚悔悟,良心发现而停止。

(2)因被害人的哀求、对被害人怜悯、第三人的劝说而停止。

(3)因为害怕受到法律制裁而停止。

(4)害怕受到刑法处罚(例外:如果刑法处罚马上起作用的,如警察就在身边,此时停止,成立未遂)。

(5)基于目的物的障碍(不存在)。

对于一个具体的犯罪行为而言,只要出现了任何犯罪停止形态,都不可能出现其他犯罪停止形态。就同一起犯罪而言,不可能并存两个犯罪形态,犯罪形态之间是排斥关系,而非并存关系。例如,出现了犯罪既遂形态,就不可能出现犯罪中止;出现了犯罪未遂,也不可能再出现犯罪既遂。

考点九　共同犯罪

一、共犯的一般理论

共同犯罪是指二人以上共同故意犯罪。二人以上共同过失犯罪,不以共同犯罪论处;应当负刑事责任的,按照他们所犯的罪分别处罚。

1. 共同犯罪中"共同"的含义。

(1)共犯的因果性。

①如果与正犯的行为和结果都具有因果性,成立共犯并且既遂;

②如果仅与正犯的行为具有因果性,成立共犯但不是既遂;

③如果与正犯的行为没有因果性,不成立共犯。

(2)违法的连带性。

当各共犯参与人与结果有因果性时,都要对结果负责。因果性就像一条绳子,将共犯参与人串在一起,连带着对结果负责,也即共同导致结果的发生,共同对结果负责。

①这里的"对结果负责"不是指负刑事责任,而是指结果应归属于各共犯参与人,是因果关系意义上的结果归属(客观归责)。

②违法连带存在例外:自损行为。因为任何人不对侵害自己法益的行为和侵害自己法益的结果负责。

第一,帮助(教唆)行为对他人法益造成具体危险,并实际侵害他人法益,构成既遂的共犯;

第二,帮助(教唆)行为对他人法益造成具体危险,但偶然地侵害自己法益,构成未遂的共犯;

第三,帮助(教唆)行为对他人法益造成抽象危险,但偶然地侵害自己法益,构成犯罪预备;

第四,帮助(教唆)行为不可能侵害他人法益的,无罪。

2. 责任是"个别"的。

如果法益侵害结果归属于共犯参与人,下一步就要解决各共犯参与人的刑事责任,也即共犯参与人对客观上造成的法益侵害结果有无能力承担刑事责任。由于每个人的责任状况不同,只能进行分别判断、单独判断。

二、共同犯罪的分类

- 共同犯罪
  - 共犯
    - 教唆犯
    - 帮助犯
  - 正犯(实行犯)
    - 数量上
      - 共同正犯
        - 共同实行的共同正犯
        - 起重要作用的共同正犯
      - 单独正犯
    - 方式上
      - 直接正犯
      - 间接正犯

(一)正犯及其分类

正犯与共犯的区分标准为:正犯支配犯罪过程,直接侵犯法益;教唆犯、帮助犯间接侵犯法益,即通过实行犯实现对法益的侵害。

1. 间接正犯。

间接正犯也是正犯,要对实行者具有支配力。这种支配力,来自间接正犯对实行者的五种优势:年龄、智力、实力、信息优势以及法律拟制的支配力。

提示 间接正犯与被利用者可以构成共同犯罪。这是因为,间接正犯也是正犯,正犯自然可以拥有教唆犯和帮助犯，二者构成共同犯罪。

2. 共同正犯。

(1)共同实行的共同正犯：这是指参与者均实施了实行行为的共同正犯，行为人对犯罪的实现都起到了重要作用。

(2)共谋共同正犯：这是指二人以上共谋实行犯罪行为，一部分人实行，一部分人未实行。**注意**：对于共同犯罪起到支配作用的共谋者，是共谋共同正犯。

(二)教唆犯

1. 客观阶层：有教唆行为。

(1)教唆的对象。

教唆犯只是引起实行者的实行行为，对实行者并没有支配力。

①教唆的对象是正犯。教唆犯是引起正犯着手犯罪，而不是教唆帮助者。

②教唆的对象原本没有犯罪意思。如果教唆的对象已经产生犯罪的意思，教唆就不能引起他人实施犯罪，只能起到心理上的强化作用。

③教唆的对象具有规范意识，但不要求具备责任年龄。

(2)教唆的内容。

教唆的内容，是引起实行者着手犯罪，也即教唆行为与实行者的实行行为有因果关系，这是主张违法的连带性的关键。

①他人有犯轻罪的意图，教唆他人犯重罪，构成重罪的教唆犯；

②他人有基本犯的意图，教唆他人实施加重的构成要件行为，构成加重犯的教唆犯；

③他人有基本犯的意图，教唆他人实施数额加重犯，构成数额加重犯的帮助犯。

(3)教唆的效果。

根据共犯从属性原理，只要正犯着手实施犯罪，就能处罚教唆犯，至于正犯是否产生犯罪故意，在所不问。因为共同犯罪解决法益侵害结果的归属问题，不解决责任问题。

2. 主观阶层：有教唆故意。

教唆行为引起正犯的实行行为，二者有因果关系，法益侵害事实可以同时归属于教唆犯与实行犯(违法的连带性)。但最终成立教唆犯，还要符合主观有责层面的要求，即有教唆故意，这是主客观相一致的要求。教唆故意有两层含义：一是教唆行为本身的故意，这是指故意教唆正犯着手实施犯罪(过失教唆无罪)；二是教唆正犯实施故意犯罪。如果故意教唆正犯实施过失犯罪，成立间接正犯。

▶▶ **提示**　未遂的教唆，是指教唆者故意教唆他人实施不能既遂的行为。教唆者在实施教唆行为时就认识到，被教唆人产生犯罪决意后实行犯罪的结局只能是未得逞，不可能是既遂。例如，甲将一支没有子弹的手枪交给乙，指示乙当场开枪杀害丙，乙接受教唆开枪射击，因没有子弹而未能致丙死亡。由于甲缺乏犯罪故意，故甲无罪。

3. 教唆犯与间接正犯的关系。

如果教唆犯是A，间接正犯则是A+B，这里的B就是支配力。因此，间接正犯可以包容评价教唆犯。

(1)主观上具有教唆的故意，客观上产生间接正犯的效果，应当认定为教唆犯。

(2)主观上具有间接正犯的故意,客观上产生教唆的效果,应当认定为教唆犯。

(3)被利用者起初被支配,但后来知道了真相,应当认定为教唆犯。

总结 教唆犯与间接正犯之间的认识错误,类似于抽象的事实认识错误,由于没有形成现实的支配力,故应当以教唆犯论处。

(三)帮助犯

1. 客观阶层:有帮助行为。

(1)帮助的时间:可以事前或者事中帮助,事后帮助不再构成共同犯罪。

(2)帮助的内容:既可以是物理帮助,也可以是心理强化。

2. 主观阶层:有帮助故意。

帮助行为帮助正犯的实行行为,二者有因果关系,法益侵害事实可以同时归属于帮助犯与实行犯(违法的连带性)。但最终成立帮助犯,还要符合主观有责层面的要求,即有帮助故意,这是主客观相一致的要求。帮助故意有两层含义:一是帮助行为本身的故意,这是指故意帮助正犯着手实施犯罪(过失帮助无罪);二是帮助正犯实施故意犯罪。如果故意帮助正犯实施过失犯罪,成立间接正犯。

3. 未遂的帮助犯与帮助犯的未遂。

(1)未遂的帮助犯,帮助行为的作用并延续至正犯未遂阶段,也即帮助行为仅与正犯的实行行为有因果关系,而与正犯的结果无因果关系。故未遂的帮助犯等同于"犯罪未遂的帮助犯"、对"犯罪未遂的帮助"。

(2)帮助犯的未遂是指虽然实施了帮助行为,但正犯未着手实行犯罪或者着手实施与帮助行为无关的犯罪,由于正犯未着手实行被帮助的犯罪,根据共犯从属性原理,此情况下帮助犯无罪。(想成为帮助犯,但没成功)

4. 中立的帮助行为。

这是指外表无害的"中立"行为,在客观上对犯罪有促进作用。中立的帮助行为构成帮助犯的标准:

(1)明知正犯要实施犯罪;(2)正犯的行为具备紧迫性。

(四)承继的共犯

1. 承继的时间。

(1)原则:只能存在于犯罪既遂之前。犯罪既遂后对正犯提供帮助的,成立窝藏罪,掩饰、隐瞒犯罪所得、犯罪所得收益罪,帮助毁灭、伪造证据罪等。

(2)例外:对于继续犯(持续犯),在犯罪既遂后,由于犯罪行为仍处于继续状态,故行为人中途加入的,可以成立承继的共犯。

2. 责任的承担。

如果查不清结果是前行为人还是后行为人造成的,只能让前行为人承担责任。

(五)片面的共犯

1. 片面的共同正犯:这是指实行的一方没有认识到另一方的实行行为。

2. 片面的教唆犯:这是指被教唆者没有意识到自己被教唆的情况。

3. 片面的帮助犯:这是指实行的一方没有认识到另一方的帮助行为。

▶▶ **提示**　多数观点同时承认片面的共同正犯、片面的教唆犯与片面的帮助犯，少数观点仅承认片面的帮助犯。

（六）实行过限

1. 基本标准：

（1）非重合性过限：谁超出，谁负责。

（2）重合性过限：对超出者的结果有过失时，成立结果加重犯。

2. 处理思路：

- 共同行为
  - 作为角度
    - 有共谋、教唆、帮助：不属于实行过限
    - 无共谋、教唆、帮助：进入不作为角度判断
  - 不作为角度
    - 有义务制止而不制止：不属于实行过限
    - 无制止的义务：属于实行过限

（七）共犯脱离

在共同犯罪中，只有脱离共犯关系，才可能成立共犯的中止。

1. 共犯脱离的本质：中途退伙。

行为人对退伙以前的行为导致的结果负责，对退伙以后他人导致的结果不负责。

2. 共犯脱离的条件：同时消除共犯行为与结果之间的物理和心理的因果性。

这要求在主观上向对方明确表示脱离的意思，消除心理的因果性；在客观上切断先前行为对结果的危险流，消除物理的因果性。

（八）共犯与身份

1. 无身份者与有身份者的共同犯罪。

2. 不同身份者的共同犯罪。

（1）原则：谁是实行者，依谁来定罪；都是实行者，依想象竞合处理。

（2）例外：公司、企业或者其他单位中，不具有国家工作人员身份的人与国家工作人员勾结，分别利用各自的职务便利，共同将本单位的财产非法占为己有的，按照主犯的犯罪性质定罪。实践中通常按照职位高低确定主犯。上述情况适用的条件：①行为人在同一单位；②一方是国家工作人员，另一方是非国家工作人员；③分别利用各自的职务便利。以上三项条件缺一不可，否则应当按照实行犯定罪。

考点十　罪数形态

1. 牵连犯。

这是指犯罪的手段行为与目的行为触犯不同罪名，原因行为与结果行为触犯不同罪名的情形。手段行为与目的行为要具有牵连关系，牵连关系要具有类型化、通常性的特征。例如，绑架他人（原因行为）后勒索到财物（结果行为）的，是牵连犯。对于牵连犯，除法律有特别规定的以外，应当择一重罪论处。

▶▶ **提示**　先实施伪造行为，又实施诈骗类犯罪，原则上都是牵连犯。

2. 想象竞合与法条竞合。

(1)想象竞合犯:一行为侵犯数个法益,触犯了数个罪名。处理原则:择一重罪处罚。例外:《刑法》第204条第2款规定:纳税人缴纳一般税款后采用假报出口等手段骗取所缴税款,貌似骗取出口退税实为逃税,定逃税罪。如骗取税款超所缴纳税款,超过部分构成骗取出口退税罪。

(2)法条竞合犯:明知是现役军人的配偶,还与之结婚——重婚罪 *vs.* 破坏军婚罪。处理原则:特殊优于一般。

3. 吸收犯。

这是指事实上有数个行为,一个行为吸收了其他行为,仅成立吸收行为的罪名。例如,甲明知是枪支而盗窃,由于盗窃枪支后必然会发生持有枪支的行为,故持有枪支的行为被盗窃行为吸收,甲仅成立盗窃枪支罪,不再另定非法持有枪支罪。

(1)特征:数行为相互独立,分别触犯不同罪名;数个行为之间具有紧密关系,最终仅侵害一个法益。数行为具备吸收关系,前行为是后行为的必经阶段,后行为是前行为发展的当然结果。例如,甲伪造货币后出售给知情的乙,出售行为被伪造行为吸收,只定伪造货币罪,不再另定出售假币罪。

(2)处理:从一重罪论处。

4. 事后不可罚的行为。

某个犯罪已经既遂,又实施另一个犯罪行为,但事后行为不需要处罚。不处罚的原因:第二个行为没有侵犯新的法益或者不具有期待可能性。财产犯罪如果针对普通财物,事后处理赃物的行为不成立新罪;但如果是针对特殊物品如枪支、文物等的,应数罪并罚。

5. 多行为定一罪。

(1)事后不可罚:财产犯罪如果针对普通财物,事后处理赃物的行为不成立新罪;但如果是针对特殊物品如枪支、文物等的,应数罪并罚。

(2)法定一罪(结合犯、集合犯):

①绑架+故意杀人=绑架罪;

②绑架+故意伤害致人重伤、死亡=绑架罪(加重处罚);

③拐卖+强奸=拐卖妇女罪(加重处罚);

④收买被拐卖的妇女、儿童+出卖=拐卖妇女、儿童罪;

⑤前罪[组织、运送他人偷越国(边)境罪/走私、贩卖、运输、制造毒品罪]+妨害公务=前罪(加重处罚),其他+妨害公务=并罚;

⑥针对假币、假发票、假货(如假冒注册商标的商品、侵犯著作权的作品)实施了一连串行为的,只要这些行为之间具有关联性,原则上仅定一罪;

⑦交通肇事+遗弃罪致人死亡(因逃逸致人死亡)=交通肇事罪(加重处罚)。

考点十一 自首(一般自首和准自首)

一、一般自首

1. 自动投案。

这是指主动将自己置于办案机关的合法控制下,接受审查与裁判的行为。可分为“自动”与

“投案”两部分。

(1)“自动”投案。“自动”的本质是主动性和彻底性。

①主动性。不要求基于特定动机,由于生活所迫而投案,也是自动投案。

亲友将犯罪嫌疑人送去投案,没有捆绑的,视为嫌疑人有主动性,如果有捆绑,不是自动投案。

②彻底性。这是指投案后自愿接受控制,直到最终审判。

第一,自动投案后又逃跑,不是自首;逃跑后又回来,还是自首。

第二,被动归案后又逃跑,逃跑后又回来,不是自首。

(2)自动“投案”。投案的本质是将自己置于司法机关的合法控制下。在立法精神上,鼓励自首,以节约司法资源,故“投案”的范围较大。

注意1　自首中的“犯罪以后”是指着手实行犯罪以后,不要求犯罪行为终了。

注意2　在因特定违法行为被行政拘留、司法拘留、强制隔离戒毒等行政、司法强制措施期间,主动向执行机关交代尚未被掌握的犯罪行为,是自动投案,构成自首。例如,甲涉嫌嫖娼被行政拘留,又主动供述自己患有艾滋病的事实,甲是自动投案,构成传播性病罪的自首。

常考的自动投案的情况:

(1)犯罪后主动报案,虽未表明自己是作案人,但没有逃离现场,在司法机关询问时交代自己罪行的;

(2)明知他人报案而在现场等待,抓捕时无拒捕行为,供认犯罪事实的;

(3)在司法机关未确定犯罪嫌疑人,尚在一般性排查询问时主动交代自己罪行的;

(4)在因特定违法行为被采取劳动教养、行政拘留、司法拘留、强制隔离戒毒等行政、司法强制措施期间,主动向执行机关交代尚未被掌握的犯罪行为的;

(5)其他符合立法本意,应当视为自动投案的情形。

2. 如实供述。

(1)如实供述自己的罪行,除供述自己的主要犯罪事实外,还应包括姓名、年龄、职业、住址、前科等情况。犯罪嫌疑人供述的身份等情况与真实情况虽有差别,但不影响定罪量刑的,应认定为如实供述自己的罪行。犯罪嫌疑人自动投案后隐瞒自己的真实身份等情况,影响对其定罪量刑的,不能认定为如实供述自己的罪行。

(2)犯罪嫌疑人自动投案时虽然没有交代自己的主要犯罪事实,但在司法机关掌握其主要犯罪事实之前主动交代的,应认定为如实供述自己的罪行。

二、准自首

这是指被采取强制措施的犯罪嫌疑人、被告人或者正在服刑的罪犯,如实供述司法机关还未掌握的本人其他罪行。例如,甲犯盗窃罪,在服刑期间如实供述司法机关未掌握的强奸事实,甲就强奸罪构成准自首。

1. 主体:依法被采取强制措施的犯罪嫌疑人、被告人或者正在服刑的罪犯。

根据刑事诉讼法的规定,被采取强制措施是指被采取拘传、拘留、取保候审、监视居住与逮捕等的措施。

2. 如实供述:司法机关还未掌握的本人其他罪行。

司法机关已经“掌握”的罪行，是指证明成立的罪行。如果司法机关针对的犯罪事实不成立，行为人在此范围外交代罪行的，以自首论。例如，甲涉嫌盗窃被羁押，司法机关掌握的线索不足以证明甲构成盗窃罪，甲主动供述新的盗窃事实。由于该事实未被司法机关掌握，甲构成准自首。

考点十二 立功（立功与重大立功）

一、立功的类型

根据《刑法》和其司法解释，立功有三种类型：揭发型、线索型、协助型。

1. 揭发型：揭发他人犯罪行为，查证属实的。

揭发的内容是他人的“犯罪行为”，只要求在客观违法层面是法益侵害行为，不要求符合主观有责层面。

例如，甲揭发乙杀人，经查证属实，但乙杀人时只有13岁。由于乙客观上有犯罪行为，甲构成立功。

2. 线索型：提供重要线索，从而得以侦破其他案件的。

(1)线索的来源要合法。

①通过贿买、暴力、胁迫等非法手段，获取他人犯罪线索，并“检举揭发”的，不构成立功。

②被羁押后，与律师、亲友会见过程中违反监管规定，获取他人犯罪线索，并“检举揭发”的，不构成立功。

提示 原本不是行为人掌握，而是由亲友等先前告知的线索，由行为人检举揭发的，不影响立功的认定。例如，甲被逮捕后，检举揭发前在饭店偶然听到的线索，经查证属实的，构成立功。

(2)线索不能来自负有查办犯罪、监管职责的国家工作人员。

例1，公安局局长犯罪后，检举其利用职务便利掌握的犯罪线索，不构成立功。

例2，甲被逮捕后，检举乙涉嫌强奸的线索，经查证属实，但是该线索是某刑警先前告知的，甲不构成立功。

提示 揭发他人犯罪行为，或者提供重要线索从而得以侦破其他案件，这两种类型的立功使用的线索都要合法，而且不能来自负有查办犯罪、监管职责的国家工作人员。

3. 协助型：协助抓捕犯罪嫌疑人。

(1)协助抓捕的对象。

①协助抓捕犯罪嫌疑人构成立功，这里的“犯罪嫌疑人”包括同案犯。例如，甲、乙抢劫后分头逃跑，甲被抓获后，带领警察将乙抓获，甲构成立功。

②这里的“协助抓捕犯罪嫌疑人”，包括犯罪嫌疑人已经被其他司法机关采取强制措施，但还有其他罪行不被司法机关掌握的情形。例如，甲因盗窃罪被逮捕，揭发因强奸罪正在服刑的乙还曾犯抢劫罪，该罪行未被司法机关掌握，且查证属实。甲属于协助司法机关抓捕犯抢劫罪的乙，构成立功。

(2)协助抓捕的方式。

有下列行为之一,使司法机关抓获其他犯罪嫌疑人的,属于协助司法机关抓捕其他犯罪嫌疑人(包括同案犯)。**注意**:必须抓获犯罪嫌疑人。

①按照司法机关的安排,以打电话、发信息等方式将其他犯罪嫌疑人约至指定地点的;

②按照司法机关的安排,当场指认、辨认其他犯罪嫌疑人的;

③带领侦查人员抓获其他犯罪嫌疑人的;

④提供司法机关尚未掌握的其他案件犯罪嫌疑人的联络方式、藏匿地址的。

犯罪分子提供同案犯姓名、住址、体貌特征等基本情况,或者提供犯罪前、犯罪中掌握、使用的同案犯联络方式、藏匿地址,司法机关据此抓捕同案犯的,不能认定为协助司法机关抓捕同案犯。**注意**:以上信息是如实供述的内容,不构成立功。

二、立功的好处

1. 一般立功:可以从轻或者减轻处罚。

以下情形属于一般立功:

(1)阻止他人实施犯罪活动的;

(2)检举、揭发监狱内外犯罪活动,或者提供重要的破案线索,经查证属实的;

(3)协助司法机关抓捕其他犯罪嫌疑人的;

(4)在生产、科研中进行技术革新,成绩突出的;

(5)在抗御自然灾害或者排除重大事故中,表现积极的;

(6)对国家和社会有其他较大贡献的。

第4项、第6项中的技术革新或者其他较大贡献应当由罪犯在刑罚执行期间独立或者以其为主完成并经省级主管部门确认。

2. 重大立功:指被检举、揭发或者协助抓捕的犯罪嫌疑人、被告人可能被判处无期徒刑以上刑罚或案件在本省、自治区、直辖市或者全国范围内有较大影响等情形。**注意**:只要求可能判处无期徒刑以上刑罚,不要求最终被判处无期徒刑以上刑罚。

以下情形属于重大立功:

(1)阻止他人实施重大犯罪活动的;

(2)检举监狱内外重大犯罪活动,经查证属实的;

(3)有发明创造或者重大技术革新的;

(4)在日常生产、生活中舍己救人的;

(5)在抗御自然灾害或者排除重大事故中,有突出表现的;

(6)对国家和社会有其他重大贡献的。

第3项中的发明创造或者重大技术革新应当是罪犯在刑罚执行期间独立或者以其为主完成并经国家主管部门确认的发明专利,且不包括实用新型专利和外观设计专利;第6项中的其他重大贡献应当由罪犯在刑罚执行期间独立或者以其为主完成并经国家主管部门确认。

▶▶ **提示**　只要有“重大”两字,都属于重大立功;发明创造的难度很大,舍己救人很难得,也属于重大立功。

考点十三 抢劫罪

情形	内容
普通抢劫	以暴力、胁迫或者其他方法抢劫公私财物
准抢劫	携带凶器抢夺的,依照《刑法》第263条(抢劫罪)的规定定罪处罚
转化抢劫	犯盗窃、诈骗、抢夺罪,为窝藏赃物、抗拒抓捕或者毁灭罪证而当场使用暴力或者以暴力相威胁的,依照《刑法》第263条的规定定罪处罚
聚众"打砸抢"	聚众"打砸抢",毁坏或者抢走公私财物的,除判令退赔外,对首要分子,依照《刑法》第263条的规定定罪处罚

一、普通抢劫

1. 主体:已满14周岁的自然人。

2. 行为对象:暴力或者暴力胁迫的对象有两个,一是财物的占有人,二是财物本身。如果只对财物实施暴力,未对人实施暴力或者以暴力胁迫,构成抢夺罪。

3. 行为方式。

(1)暴力手段——对被害人实施有形力,使其不能反抗。例如,先捆起来再抢劫。

(2)胁迫手段——对被害人实施精神强制,使其不敢反抗。

①方式:只包括暴力胁迫,不包括非暴力胁迫。例如,甲以公布裸照相威胁,向乙索要5万元,这属于非暴力胁迫,构成敲诈勒索罪。

②效果:足以压制被害人反抗。例如,甲持刀劫持乙,以杀害相威胁,要乙交出钱包,乙被迫照办。甲虽然未使用暴力,但这种暴力威胁也足以压制乙的反抗,甲构成抢劫罪。

③目的:劫取财物。如果没有劫取财物的目的,就不是抢劫行为。例如,甲抢劫乙后,乙逃跑,为防止乙报警,甲追上乙后将其杀害。甲的杀人行为不再是为了劫取财物,对甲应以抢劫罪和故意杀人罪并罚。

(3)其他手段——暴力、胁迫以外压制被害人反抗的手段。

例1,(昏醉抢劫)甲看中乙的手机,先欺骗乙喝醉酒,再将其手机取走。甲的行为足以压制乙的反抗,构成抢劫罪。如果不是甲的原因致乙醉酒,甲只是单纯利用乙的醉酒状态取走其手机,构成盗窃罪。

例2,(拘禁抢劫)甲入户盗窃,发现主人乙在家。甲从外面反锁卧室的门,大摇大摆地在客厅偷东西。乙发现后无法开门出去制止,甲的行为足以压制乙的反抗,构成抢劫罪。

4. 主观要件:

故意,并且具有非法占有目的。在聚众"打砸抢"过程中,毁坏公私财物的,即使没有非法占有目的,对首要分子也要定抢劫罪。

二、准抢劫

《刑法》第267条第2款规定,携带凶器抢夺的,依照本法第263条(抢劫罪)的规定定罪处罚。

这是指携带枪支、爆炸物、管制刀具等国家禁止个人携带的器械进行抢夺，或者为了抢夺而携带其他器械。

1. 如果没有本款的规定，携带凶器抢夺的，只能定抢夺罪。

2. 主观上有随时使用的意思 + 客观上有随时使用的可能性 + 没有对被害人展示凶器。

3. 携带——一种现实上的支配，行为人随时可以使用自己所携带的物品。

(1) 携带的方式：既可以本人携带，也可以让第三人携带。例如，甲抢夺丙的提包，让乙携带匕首在旁边观看，甲属于携带凶器抢夺，构成抢劫罪。

(2) 携带的目的：有随时使用凶器的意思和可能性。

(3) 携带的要求：不能明示或暗示使用凶器。如果对被害人明示或者暗示使用凶器，则属于以暴力相威胁，构成抢劫罪。

4. 凶器。

刑法中的凶器有两种：性质上的凶器和用法上的凶器。

(1) 性质上的凶器：这是指枪支、爆炸物、管制刀具等国家禁止个人携带的器械。携带此类凶器抢夺的，原则上构成抢劫罪。例如，甲携带弹簧刀抢夺乙的财物，由于弹簧刀是管制刀具，法律禁止个人携带，故甲属于携带凶器抢夺，构成抢劫罪。

(2) 用法上的凶器：这是指为了抢夺财物而携带其他具有杀伤性的器械。例如，携带砖头、菜刀、铁棒等。根据最高人民法院《关于审理抢劫案件具体应用法律若干问题的解释》，行为人随身携带国家禁止个人携带的器械以外的其他器械抢夺，但有证据证明该器械确实不是为了实施犯罪准备的，不构成抢劫罪。例如，甲在购买菜刀回家的途中，抢夺乙的提包。甲没有使用菜刀的意图，不构成抢劫罪。

三、事后转化型抢劫

《刑法》第 269 条规定，犯盗窃、诈骗、抢夺罪，为窝藏赃物、抗拒抓捕或者毁灭罪证而当场使用暴力或者以暴力相威胁的，依照本法第 263 条的规定定罪处罚。

原本应以盗窃罪(诈骗罪、抢夺罪)与故意伤害罪并罚，但法条将其拟制为抢劫罪。

构成要件：

1. 三个轻罪：犯盗窃、诈骗、抢夺罪。

(1) 行为具有财产犯罪的属性，符合三个罪的构成要件，比如盗伐林木罪、信用卡诈骗罪，但盗窃尸体罪、招摇撞骗罪、抢夺国有档案罪等，不具有保护财产法益的性质，不具有财产犯罪的属性，不能转化。

(2) 要求已经着手实行，但是不要求既遂，预备阶段不能转化，在未遂时或所取财物数额不大时也可以转化。

2. 三个目的：窝藏赃物、抗拒抓捕或者毁灭罪证。

(1) 窝藏赃物。要求已经取得赃物，且窝藏的赃物与先前取得的赃物具有同一性。例如，甲先盗窃乙的手机，3 日后又诈骗丙的电脑。如果甲为窝藏手机而当场对丙使用暴力，由于赃物不具有同一性，不能转化为抢劫罪。

(2) 抗拒抓捕。这是指拒绝司法人员的拘留、逮捕和一般公民的扭送，要求被害人或者其他人至少要有抓捕的外观。例如，甲排队等公交车时扒窃乙的手机被发现，乙对甲破口大骂，甲为报复扇乙两耳光。甲盗窃行为已经着手,但使用暴力不是基于三个目的,甲不构成转化型抢劫。

(3)毁灭罪证。这是指毁坏、消灭其犯盗窃、诈骗、抢夺罪的证据。行为人实施抢劫后,为灭口而故意杀人的,以抢劫罪和故意杀人罪定罪,实行数罪并罚。但是,该解释针对《刑法》第 263 条的普通抢劫,如果犯盗窃(诈骗、抢夺)罪后为灭口而故意杀人的,如何处理?

观点一:按照盗窃(诈骗、抢夺)罪与故意杀人罪数罪并罚,因为故意杀人属于盗窃(诈骗、抢夺)后新的行为。**注意**:这是主流观点。

观点二:因为杀害证人属于毁灭罪证的行为,虽然同时触犯了故意杀人罪,但抢劫致人死亡的法定刑(可以没收财产)重于故意杀人罪,故应认定为事后转化型抢劫。

3. 客观条件:当场使用暴力或者以暴力相威胁。

(1)当场。当场主要是指时间条件,现场主要是指空间条件。"当场性"要求暴力、胁迫与之前的盗窃等行为在时间上具有紧密性。

(2)使用暴力或者以暴力相威胁。

①对象。暴力或者暴力威胁的对象没有限定,只要求是特定的自然人,包括被害人和其他可能妨碍其犯罪行为成立的人,但不包括动物。

②程度。暴力或者以暴力相威胁必须达到足以压制他人反抗的程度,应与普通抢劫中的暴力和以暴力相威胁作相同解释。

③结果。暴力致对方重伤或死亡,转化成抢劫后,还要承担抢劫罪的加重责任(抢劫致人重伤、死亡)。

四、聚众"打砸抢"

聚众"打砸抢",毁坏或者抢走公私财物的,除判令退赔外,对首要分子,依照《刑法》第 263 条抢劫罪定罪处罚。

考点十四 盗窃罪

行为方式:以非法占有为目的(不成文的构成要件要素),盗窃公私财物,数额较大的,或者多次盗窃、入户盗窃、携带凶器盗窃、扒窃。

1. 平和手段:这是指转移财物占有的手段必须是平和的,对人的身体没有危险,也即对人身或者财物无暴力。

2. 盗窃公私财物,数额较大——财物价值在 1000 元至 3000 元以上。有下列情形之一,数额较大的标准为 500 元至 1500 元以上:

(1)曾因盗窃受过刑事处罚的;

(2)一年内曾因盗窃受过行政处罚的;

(3)组织、控制未成年人盗窃的;

(4)自然灾害、事故灾害、社会安全事件等突发事件期间,在事件发生地盗窃的;

(5)盗窃残疾人、孤寡老人、丧失劳动能力人的财物的;

(6)在医院盗窃病人或者其亲友财物的;

(7)盗窃救灾、抢险、防汛、优抚、扶贫、移民、救济款物的;

(8)因盗窃造成严重后果的。

▶▶ **提示**　这是盗窃罪的一般情形,其余四种特殊盗窃都不要求数额较大。

3. 多次盗窃——2 年以内有 3 次以上的盗窃行为。

(1)每次行为都能被评价为盗窃行为,但不要求每一次盗窃行为都既遂。

(2)已经受到刑罚处罚的盗窃不能被计算在内。例如,甲因盗窃罪被判处 6 个月有期徒刑,释放后又两次盗窃他人财物(均在 2 年内)。由于甲的第一次盗窃行为已被处理,不能被计算在"多次盗窃"的次数中,否则属于重复评价,甲后两次盗窃,不属于多次盗窃,不构成盗窃罪。

(3)犯罪形态:开始盗窃是着手;取得财物是既遂,不要求数额较大。例如,甲 2 年内先后 3 次盗窃他人信用卡,虽然信用卡客观价值低廉,但主观价值值得保护,甲构成盗窃罪既遂。

4. 入户盗窃——非法进入供他人生活与外界相对隔离的住所盗窃。这里的"户"与入户抢劫中的"户"含义相同。强调"入"的非法性,即入户目的具有非法性,但不限于盗窃目的。如果是合法入户,在户内临时起意盗窃的,不属于入户盗窃。

5. 携带凶器盗窃——携带枪支、爆炸物、管制刀具等国家禁止个人携带的器械进行盗窃,或者为了实施犯罪而携带其他足以危害人身安全的器械进行盗窃。

(1)可以本人携带,也可以让第三人携带。

(2)不能明示或暗示使用凶器。如果对被害人明示或者暗示使用凶器,则属于以暴力相威胁,构成抢劫罪。

6. 扒窃——在公共场所或者公共交通工具上,盗窃他人随身携带的财物。扒窃的财物不限于体积较小的财物,也没有技术性方面的要求。

考点十五　诈骗罪

一、行为模型

实施欺骗行为→对方产生或者维持认识错误→对方基于认识错误处分财物→行为人取得财物→被害人遭受损失。

1. 欺骗行为——虚构事实、隐瞒真相,使对方陷入处分财产的认识错误的行为。

(1)使对方从无到有地产生认识错误;

(2)维持利用对方已有的认识错误,即有告知义务,不告知或者强化对方的认识错误;

(3)欺骗行为要达到足以使对方产生认识错误的程度,不要求足以使一般人陷入认识错误。

例如,甲冒充秦始皇骗取乙巨额财物,虽然一般人不会相信,但只要足以使乙产生认识错误,甲也能构成诈骗罪。

▶▶ **提示**　对商品进行的一般性夸张宣传,不是欺骗行为。例如,化妆品代言人声称使用其化妆品可以使肌肤粉嫩、青春永驻,这不是欺骗行为。

2. 认识错误——欺骗行为使对方产生或者维持处分财物的认识错误。

(1)受骗者必须是具有财产处分权的人,也即有一定的行为能力。

①幼儿与精神病患者没有处分权。骗取幼儿或者精神病患者的财物,构成盗窃罪。

②原则上机器不能被骗。例如,向自动售货机中投入铁片冒充硬币以取得商品,构成盗

窃罪。

(2)必须是处分财物的认识错误,而不是任何认识错误。例如,甲事先买来镀金项链,假装在商店购买金项链。店员将金项链交给甲试戴时,甲将金项链藏在身上并将镀金项链退还给店员。店员对甲是否购买项链有认识错误,但没有处分项链的认识错误,也即店员客观上无处分项链的行为,主观上无处分项链的意识,故甲构成盗窃罪。

(3)受骗者对行为人欺骗的事项有所怀疑,行为人维持或者强化其认识错误,构成诈骗罪。例如,甲看上一个标价很高的仿制品,以为是唐代文物,但又心存怀疑。乙遂拿出虚假的碳14鉴定意见,证明确属唐代文物。甲信以为真,以高价买走,乙构成诈骗罪。

3.处分财物——既包括处分财物的所有权,也包括处分财物的占有权。

4.取得财物——既可以是本人取得,也可以是第三人取得。例如,甲欺骗乙,让乙将钱交给丙,乙照办,甲构成诈骗罪。**注意**:这里的财物包括财产性利益。例如,使用假军牌骗免过路费,是对财产性利益的诈骗。

5.遭受损失——成立诈骗罪要求被害人有遭受财产损失的危险,成立诈骗罪既遂要求行为人取得财物、被害人遭受实际损失。

(1)欺骗他人免除非法债务,不构成诈骗罪。例如,甲原本打算支付嫖资,交易后又通过欺骗手段使卖淫女乙免收嫖资。乙免除的是非法债务,没有损失,甲不构成诈骗罪。

(2)被害人没有遭受财产损失的危险,行为人不构成诈骗罪。

二、三角诈骗

财产处分人与受害人不是同一人,但被骗人与财产处分人是同一人的情况,称三角诈骗,最典型的就是甲找法院"告"乙还钱。

甲是行为人,法院是被骗人和财产处分人,乙是受害人,即只要是三角诈骗就一定有"甲""法院""乙"三个模块,没有的话就不属于三角诈骗。

考点十六 敲诈勒索罪

一、行为模型

实施恐吓行为→使对方产生恐惧心理→对方基于恐惧心理处分财物→行为人取得财物→被害人遭受损失。

1.恐吓行为——使用暴力、胁迫等方法,以恶害相通告,使对方产生恐惧心理。

(1)不需要足以压制被害人的反抗,只要足以使被害人产生恐惧心理即可。

(2)本人或者第三人实施,但由第三人实施时,行为人必须让对方意识到自己能影响第三人。

(3)既可以通过合法途径也可以通过不法途径实现恶害的内容。

2.恐惧心理——要求恶害的内容能使对方产生恐惧心理。单纯产生困惑,不属于产生恐惧心理。

例1,甲捡到乙的手机及身份证等财物后,给乙打电话,索要1万元,并称若不付钱就不还手机及身份证等物。这不会使乙产生恐惧心理,甲不构成敲诈勒索罪。

例2,甲捡到乙的手机及身份证等财物后,给乙打电话,索要1万元,并称若不付钱就公开其手机中的艳照。这会使乙产生恐惧心理,甲构成敲诈勒索罪。

3. 处分财物——必须是基于恐惧心理进而处分财物,如果是基于同情、欣赏等原因给予财物,行为人成立敲诈勒索罪(未遂)。

4. 取得财物——既可以是本人取得,也可以是第三人取得。

5. 遭受损失——这里的"损失"是合法财产的损失,不包括非法债权的丧失。例如,甲欠乙5万元赌债,以揭发隐私相威胁,要求乙免除。乙没有合法财产损失,甲不构成敲诈勒索罪。

二、此罪与彼罪

1. 敲诈勒索罪 *vs.* 绑架罪。

(1)区分标准:有无实际控制人质。

(2)客观上没有绑架他人,但谎称绑架他人进而勒索财产的,仅成立敲诈勒索罪。

(3)实施绑架行为,向被绑架人的近亲属等勒索财物的,仅成立绑架罪,不再定敲诈勒索罪。

2. 敲诈勒索罪 *vs.* 抢劫罪。

(1)区分标准:被害人有无意志(选择)自由。如果有,成立敲诈勒索罪;如果没有,成立抢劫罪。

(2)交付财物的时间、地点是不是当场,不是两罪区分的标准。

例如,甲拿着乙儿子的照片找到乙说:现在就给我100万元,否则下周就在放学路上绑架你的儿子。乙知道甲是有名的黑社会大哥,能干出这个事情,便给了钱。虽然是乙当场交付财物,但不构成抢劫罪,而是敲诈勒索罪,因为甲给乙设定的条件给予了乙一定的选择自由,乙权衡后,基于恐惧心理给钱。如果没别的选择,只能给钱就是抢劫。

两罪区分的关键:被害人有无选择的余地。如果有,定敲诈勒索罪;如果没有,定抢劫罪。这是因为,抢劫罪的被害人是基于无法反抗放弃财物,敲诈勒索罪的被害人是基于恐惧心理处分财物。前者无意志自由,后者有相对的意志自由。

3. 敲诈勒索罪 *vs.* 诈骗罪。

(1)相同点:被害人基于有瑕疵的意思表示而处分财产。

(2)区分标准:诈骗罪是被害人基于认识错误而处分,敲诈勒索罪是被害人基于恐惧心理而处分。前者是被欺骗,后者是被恐吓。

考点十七　侵占罪

一、构成要件

1. 行为对象:他人有所有权但未现实占有的财物,包括委托保管物、遗忘物和埋藏物。

(1)委托保管物——基于委托代为保管而形成的所有权与占有权的分离。包括借用、担保、租赁等。

(2)遗忘物——主人非自愿丧失占有的财物。例如,邮局误投的邮件、飘落到楼下的衣物、河流中的漂流物、死者身上的财物等,只要他人没有放弃所有权,均属于遗忘物。

▶▶ **提示**　主人控制范围内的财物,即使短暂离开或暂时遗忘,也依然属于主人占有。

(3)埋藏物——主人有意将财物藏于他物之中,但对财物没有现实占有。例如,藏在墙缝中、沉在水下的财物,属于埋藏物。

①埋藏物有明确的所有权人。如果是无主物,可按照先占先得取得物权,不构成侵占罪。**注意**:这里的所有权人包括他人、单位、国家。例如,甲从祖辈得知自己家的墙缝中藏有金条,但不知道具体的位置与数量。甲将房子卖给乙并约定:如果乙拆建房屋时发现金条,金条归甲所有。但乙发现金条后却据为己有,由于金条有明确的所有权人,乙构成侵占罪。

②他人有意埋藏于地下且具有占有意思的财物,属于他人占有的财物,而非埋藏物。例如,甲见乙将古董埋藏于地下,悄悄将古董挖出。由于古董属于他人占有的财物,甲构成盗窃罪。

2. 行为方式:将占有的他人财物变为自己所有。

将占有的他人财物变为己有的两种方式:一是拒不退还或者拒不交出;二是以所有权人自居,非法处分占有的财物,比如变卖、消费、抵押、赠与等(作为)。

二、此罪与彼罪

1. 侵占罪 *vs.* 盗窃罪。

两罪区分的关键是:财物由谁占有?如果由被害人占有,定盗窃罪;如果由行为人占有或者无人占有,定侵占罪。

例1,甲购买乙的茅台酒,当面交易时甲以辨别真伪为由,与两瓶假茅台酒调包,谎称乙的茅台酒有问题而离开。虽然乙将茅台酒交给甲辨别,但茅台酒仍然属于乙在占有,甲构成盗窃罪。

例2,甲委托乙鉴定钻石,乙鉴定时发现钻石价值连城,便连夜制作一个仿制品。第二天乙将仿制品交给甲,并谎称钻石是真的。乙受委托鉴定钻石,先占有后变为所有,构成侵占罪。

2. 侵占罪 *vs.* 诈骗罪。

例如,甲要出国,将祖传花瓶交乙保管,乙欲占为己有,乙谎称花瓶被盗,让甲免除其返还义务。如果甲真的免除了乙的返还义务,那么乙只构成侵占罪一罪,不构成诈骗罪。因为乙已经侵害了甲的同一财产,事后的欺骗行为是属于为了保障对花瓶变占有为所有的行为,不是单独实施诈骗,可以理解为不可罚的事后行为。所以只认定为侵占罪一罪。

考点十八 故意杀人罪

1. 构成要件。

(1)主体:已满12周岁的自然人。

(2)行为对象:他人。不包括尸体、胎儿。

(3)欺骗或者强迫他人自杀的,构成故意杀人罪的间接正犯。

例1,欺骗、唆使幼儿、精神病患者,使其自杀。

例2,利用邪教组织散布迷信邪说,欺骗、唆使他人,使其自杀。

例3,医生欺骗患者"患了癌症,只能活两周",唆使其自杀。

例4,名为相约自杀,实为欺骗自杀,他人自杀后,自己逃离。

例5,以杀死其子相威胁,强迫他人跳崖自杀。

2. 法律拟制的故意杀人罪。

(1)《刑法》第 238 条第 2 款:非法拘禁使用暴力致人死亡的。

(2)《刑法》第 247 条:刑讯逼供或暴力取证致人死亡的。

(3)《刑法》第 248 条:虐待被监管人致人死亡的。

(4)《刑法》第 289 条:聚众"打砸抢"致人死亡的。

(5)《刑法》第 292 条第 2 款:聚众斗殴致人死亡的。

3. 故意杀人罪 *vs.* 遗弃罪。

区分标准:要根据致人死亡是否存在紧迫性,被害人对行为人的依赖程度来确定。

(1)如果是在很短的时间内,做出明显具有致人死亡故意的遗弃行为,一般应以故意杀人罪论处,例如,母亲连续三天不给婴儿喂奶,则应当成立故意杀人罪;

(2)如果成年人对于自己年迈的母亲不履行赡养义务,经过一段时间造成被遗弃人死亡的,应以遗弃罪论处。

4. 罪数问题。

(1)结合犯:犯绑架罪,杀害被绑架人的,只定绑架罪。

(2)结果加重犯:①劫持航空器致人死亡,定劫持航空器罪;②抢劫致人死亡,定抢劫罪。

(3)想象竞合犯:以放火、爆炸等方法杀人的,构成放火罪与故意杀人罪的想象竞合犯。

考点十九　非法拘禁罪

非法拘禁罪,是指非法剥夺他人人身自由的行为。本罪侵犯的法益:人的身体活动的自由,而且是现实的身体活动自由,不包括可能的身体活动自由。

1. 行为模型:画地为牢。

2. 构成要件。

(1)主体:已满 16 周岁的自然人。国家机关工作人员是本罪的量刑身份,利用职权犯本罪的,从重处罚。

(2)行为对象:有身体活动自由的自然人。熟睡者、严重醉酒者、植物人、瘫痪卧床的病人、婴儿等由于没有现实的活动自由,不是非法拘禁罪的对象。

(3)行为方式:非法拘禁他人,剥夺其人身自由。

拘禁的手段主要有两种:一是直接拘束他人的身体;二是间接拘束他人的身体。拘禁的手段既可以是有形的,也可以是无形的。可以不作为的方式实施。

(4)主观要件:主观上有拘禁他人的故意,过失拘禁不构成本罪。例如,甲因粗心将乙锁在房间内,不构成本罪。如果发现后不开门,是不作为的非法拘禁。

3. 非法拘禁罪的处罚。

(1)具有殴打、侮辱情节的,从重处罚。

这是法定的从重处罚情节对《刑法》第 238 条第 1 ~ 4 款的全部适用。例如,甲非法拘禁乙,致其重伤,又公然用语言侮辱乙,对甲应以非法拘禁致人重伤从重处罚。

(2)结果加重犯。

这是指《刑法》第 238 条第 2 款第 1 句:犯前款罪,致人重伤的,处 3 年以上 10 年以下有期徒

刑;致人死亡的,处10年以上有期徒刑。结构:拘禁行为+重伤、死亡结果=非法拘禁罪+加重处罚。成立条件为:

①拘禁行为导致重伤、死亡结果。

这要求拘禁行为与重伤、死亡结果有因果关系。**注意**:运用介入因素理论判断因果关系。

例1,甲将乙拘禁在房间,乙跳楼自杀死亡。由于自杀是异常的介入因素,且独立导致死亡结果,拘禁行为与死亡结果无因果关系,故甲仅构成非法拘禁罪,不是非法拘禁罪(致人死亡)。

例2,甲欲拘禁乙,用绳子将乙捆住,乙因血液流通不畅死亡。拘禁行为与死亡结果有因果关系,甲构成非法拘禁致人死亡。

②对重伤、死亡结果只能是过失。

例1,甲欲拘禁乙,用绳子将其捆住,乙因呼吸不畅死亡。客观上,拘禁行为与死亡结果有因果关系;主观上,甲对死亡结果有过失,故甲构成非法拘禁致人死亡。

例2,甲欲拘禁乙,用绳子将其捆住。甲明知捆绑过紧,可能致乙死亡,仍然放任,致乙窒息死亡。由于甲对乙的死亡是故意,故不是非法拘禁致人死亡。甲为了拘禁而捆绑乙,客观上只有一个行为,同时触犯非法拘禁罪和故意杀人罪,想象竞合,从一重罪处罚,定故意杀人罪。

③拘禁以外的第二个行为导致重伤、死亡结果,应数罪并罚。

例1,甲拘禁乙3天,乙辱骂甲,甲将乙捅死。这属另起犯意,对甲应以非法拘禁罪和故意杀人罪并罚。

例2,甲拘禁乙3天,甲随手丢烟头引发火灾,致乙被烧死。对甲应以非法拘禁罪和过失致人死亡罪并罚。

总结 非法拘禁罪的结果加重犯,只能有一个行为:拘禁行为。

第一,拘禁行为本身过失致人重伤、死亡,构成结果加重犯。

第二,拘禁行为本身故意致人重伤、死亡,构成想象竞合犯。

第三,拘禁以外的第二个行为致人重伤、死亡,数罪并罚。

▶▶ 提示 警方在解救被拘禁人的时候,正常行为导致被害人重伤、死亡,该结果归于行为人,成立结果加重犯。警方失误导致被害人重伤、死亡,行为人不成立结果加重犯。

(3)法律拟制。

这是指《刑法》第238条第2款第2句,使用(拘禁需要的暴力范围之外更高的)暴力(过失)致人伤残、死亡的,依照《刑法》第234条(故意伤害罪)、第232条(故意杀人罪)的规定定罪处罚。适用条件为:

①拘禁范围外的暴力过失致人伤残、死亡,才属于法律拟制。如果故意致人伤残、死亡原本就应定故意杀人罪或故意伤害罪,这不是法律拟制。

②法律后果:拟制后以故意杀人罪、故意伤害罪一罪处罚,不再与非法拘禁罪并罚。

(4)索债型非法拘禁。

为索取债务非法扣押、拘禁他人的,构成本罪。

①债务的范围:既包括合法债务,也包括非法债务,但不包括单方面主张的债务。例如,甲谎称乙欠债不还,将乙拘禁,向其家属要钱,这是单方面主张的债务,甲主观上有勒索财物的目的,构成绑架罪。

②他人的范围:既包括债务人本人,也包括与债务人有共同财产关系、抚养关系的亲属,但不包括其他人。

(5)量刑身份。

国家机关工作人员利用职权犯非法拘禁罪,从重处罚。“利用职权”是指以行使职权的外观非法拘禁他人。例如,以拘留、逮捕、调查、审查为名非法拘禁他人。

4. 罪数问题。

(1)吸收犯:在绑架、抢劫、拐卖等犯罪中,非法拘禁他人的,拘禁行为被吸收,不再定非法拘禁罪。

(2)结合犯:在组织他人偷越国(边)境罪中,剥夺或者限制被组织人人身自由的,定组织他人偷越国(边)境罪,适用更重的法定刑。结构:组织他人偷越国(边)境罪 + 拘禁罪 = 组织他人偷越国(边)境罪(加重处罚)。

考点二十　绑架罪

绑架罪,是指以向第三人提出不法要求为目的,非法控制人质的行为。本罪侵犯的法益:人质的人身安全和自由。

1. 行为模型:非法拘禁小甲 + 敲诈勒索甲。

2. 构成要件。

(1)主体:已满16周岁的自然人。已满14周岁不满16周岁的人杀害、强奸人质的,构成故意杀人罪、强奸罪。

(2)行为对象:任何人。熟睡者、严重醉酒者、植物人、瘫痪卧床的病人、婴儿等虽无人身自由,但有人身安全法益。例如,挟持瘫痪患者,向其家属勒索赎金。

(3)行为方式:实力控制人质。

①以提出不法要求为目的。

第一,不法要求有:索要财物或者其他非法目的。例如,甲绑架乙,要求政府释放罪犯。

第二,如果提出合法要求,不构成绑架罪。例如,甲绑架乙,要求其家人偿还债务。由于甲没有勒索财物的目的,故应构成非法拘禁罪。

②实力控制人质:非法拘禁小甲。

实力控制人质是指非法剥夺人质的身体自由,但必须具有强制性,也即以暴力、胁迫或者麻醉方法控制他人。

③向第三人提出不法要求:敲诈勒索甲。

不要求小甲和甲是亲属或者朋友关系,只要甲有担忧小甲人身安全的可能性就可以。例如,外国人汤姆绑架中国劳工,向中国政府勒索赎金,构成绑架罪。

(4)主观要件:具有绑架的故意,并且以向第三人勒索财物或提出其他不法要求为目的。

3. 犯罪形态。

(1)着手:开始对人质实施控制行为是绑架罪的着手。

(2)既遂:原则——实力控制了(适格)的人质是绑架罪的既遂。例外——勒索到赎金成立本罪既遂。例如,捡拾婴儿后产生勒索赎金的意思,开始提出勒索要求时是着手,拿到赎金时为既遂。

4. 绑架罪的处罚。

犯绑架罪,杀害被绑架人的,或者故意伤害被绑架人,致人重伤、死亡的,处无期徒刑或者死刑,并处没收财产。

(1)结合犯:绑架罪+故意杀人罪=绑架罪。

(2)结合犯:绑架罪+故意伤害罪(致人重伤、死亡)=绑架罪。

提示 1 绑架罪+故意伤害罪(致人轻伤)=绑架罪与故意伤害罪数罪并罚。

提示 2 杀害的对象是被绑架人,如果是前来阻止的第三人,则以绑架罪与故意杀人罪数罪并罚。**注意**:如果释放人质后,又杀死人质的,数罪并罚。

提示 3 绑架既遂后,第三人中途加入杀害或者伤害被绑架人的,第三人不属于结合犯。例如,甲绑架丙后,未勒索到赎金。于是请乙帮助自己撕票的,甲属于杀害被绑架人,乙属于单纯的故意杀人,不适用绑架罪结合犯的规定。

考点二十一 拐卖妇女、儿童罪

拐卖妇女、儿童是指以出卖为目的,有拐骗、绑架、收买、贩卖、接送、中转妇女、儿童的行为之一的。本罪是选择性罪名,可分解为拐卖妇女罪与拐卖儿童罪,既拐卖妇女又拐卖儿童的,定拐卖妇女、儿童罪,不并罚。本罪侵犯的法益:妇女、儿童的人身自由与安全。

1. 行为模型:以出卖为目的+控制被害人。

2. 构成要件。

(1)主体:已满 16 周岁的自然人。已满 14 周岁不满 16 周岁的人拐卖妇女、儿童的,不负刑事责任,如果奸淫被拐卖妇女的,定强奸罪。丈夫出卖妻子、父母出卖子女均可构成本罪。

(2)行为对象:妇女和儿童。拐卖已满 14 周岁男子,限制其人身自由,定非法拘禁罪、强迫劳动罪等。

(3)行为方式:拐骗、绑架、收买、贩卖、接送、中转。

①拐骗——与拐骗儿童罪中的"拐骗"不同。前者以出卖为目的,后者以自己抚养或奴役为目的。

②绑架——与绑架罪中的"绑架"不同。前者以出卖为目的,后者以勒索财物或其他非法要求为目的。

③这里的"接送""中转"是实行行为,不是帮助行为。

上述行为的本质是将妇女、儿童置于自己或者第三人的非法支配下。

(4)主观要件:故意,并以出卖为目的。出卖≠营利,出于报复低价卖也构成本罪。

3. 犯罪形态。

(1)着手:开始实施拐卖行为是本罪的着手。

(2)既遂:实力控制了被害人是本罪的既遂。

▶▶ **提示** 丈夫出卖妻子,父母出卖子女,出卖捡拾的儿童,收买妇女、儿童后又出卖的,以上四种情形不需要先控制被害人,然后再卖出。因此,着手的标准为:与买家商讨价格;既遂的标准为:实际将妇女、儿童卖出。

4. 法定刑升格。

(1)【结合犯】拐卖 + 强奸 = 拐卖罪。例如,甲拐卖青莲,又奸淫青莲,因青莲反抗而未果。甲属于奸淫被拐卖的妇女,适用结合犯的法定刑和《刑法》总则未遂的规定(结合犯未遂)。

(2)【结合犯】拐卖 + 引诱、强迫卖淫 = 拐卖罪。

(3)【结果加重犯】拐卖 + 重伤、死亡结果 = 拐卖妇女、儿童罪(加重处罚)。造成被拐卖的妇女、儿童或者其亲属重伤、死亡或其他严重后果。

(4)将妇女、儿童卖往境外,既包括将境内的妇女、儿童卖往境外,也包括将境外的妇女、儿童卖往境内。

5. 罪数问题。

(1)被害人承诺:甲征得青莲同意,将其卖与富贵人家为妻,甲从中获得辛苦费。由于青莲有权承诺自己的人身自由和安全,甲不构成犯罪。

(2)拐卖儿童罪与遗弃罪。一个行为可以同时触犯两罪,想象竞合,从一重罪处罚。例如,甲为筹集赌资,出卖1岁的女儿。甲的行为首先触犯拐卖儿童罪,出卖女儿的行为又属于拒绝抚养女儿,情节恶劣,还触犯遗弃罪。甲的行为同时触犯拐卖儿童罪与遗弃罪,想象竞合,从一重罪处罚,定拐卖儿童罪。

(3)拐卖妇女罪与诈骗罪。例如,甲与青莲通谋,将青莲以2万元"卖给"丙为妻。拿到钱后,甲与青莲按事前约定逃离。甲与青莲构成诈骗罪的共犯,甲不构成拐卖妇女罪。问题是:丙是否构成收买被拐卖的妇女罪的未遂?由于丙是诈骗罪的受害人,客观上根本不存在被拐卖的妇女,故丙是不能犯,无罪。

6. 收买被拐卖的妇女、儿童罪的罪数。

(1)原则:收买被拐卖的妇女、儿童罪 + 其他罪 = 数罪并罚。

(2)例外:收买被拐卖的妇女、儿童罪 + 拐卖妇女、儿童罪 = 拐卖妇女、儿童罪。这有两种情形:

第一,收买前就有出卖目的,以出卖为目的→收买→卖出。根据《刑法》第240条的规定,这原本就构成拐卖妇女、儿童罪,属注意规定。

第二,收买前没有出卖目的,没有出卖目的→收买→卖出。收买行为构成收买被拐卖的妇女、儿童罪,卖出行为构成拐卖罪,原应数罪并罚,但根据法条规定,定拐卖妇女、儿童罪,属法律拟制。

(3)从宽处罚:对被买儿童没有虐待行为,不阻碍对其进行解救的,可以从轻处罚;按照被买妇女的意愿,不阻碍其返回原居住地的,可以从轻或者减轻处罚。

(4)先收买,又妨害公务的,数罪并罚。

(5)先收买,又聚众阻碍解救被收买的妇女、儿童的,数罪并罚。聚众阻碍解救处于被拐卖状态的妇女、儿童,不构成聚众阻碍解救被收买的妇女、儿童罪,可构成拐卖罪的共犯。

考点二十二 信用卡诈骗罪

信用卡诈骗罪,是指以非法占有为目的,利用信用卡进行诈骗活动。

1. 扩大解释:信用卡的含义。

信用卡是指由商业银行发行的具有消费支付、信用贷款、转账结算、存取现金等全部功能或者部分功能的电子支付卡。因此,普通的借记卡、储蓄卡也是信用卡。**注意**:支付宝、微信钱包、蚂蚁花呗、蚂蚁借呗、度小满账户均不属于银行卡账户,更不能解释为信用卡。

(1)信用卡的价值。信用卡本身价值不高,因此诈骗、抢夺、侵占、敲诈信用卡不构成犯罪,但是抢劫信用卡或者入户盗窃信用卡构成犯罪。

(2)使用信用卡。非法获取他人信用卡后,又使用该信用卡的,构成犯罪。

2. 构成要件。

行为方式(“使用虚假骗领卡,恶意作废冒用他”)。

①使用伪造的信用卡,或者使用以虚假的身份证明骗领的信用卡的。例如,刷卡消费或者透支等。如果利用伪造的信用卡私下质押担保骗取他人财物的,不属于信用卡的通常使用方法,不构成信用卡诈骗罪,应定(合同)诈骗罪。

②使用作废的信用卡的,行为主体既可以是持卡人,也可以是其他人。例如,甲是信用卡持卡人,给信用卡办理了挂失手续。在银行止付前,甲以非法占有为目的使用该卡,构成信用卡诈骗罪。

③冒用他人信用卡的,只要未经持卡人同意,擅自使用他人名义下的信用卡,都属于冒用他人信用卡。例如,甲诈骗乙的信用卡,不构成诈骗罪。甲又持卡消费,属于冒用他人信用卡,构成信用卡诈骗罪。**注意**:使用自己名义下的信用卡,不构成本罪。例如,甲将工资存入乙的卡内,请乙代为保管。乙擅自取出存款,拒不退还。乙没有冒用他人信用卡,不构成本罪,应定侵占罪。

④恶意透支的,指持卡人以非法占有为目的,超过规定限额或者规定期限透支,经发卡银行两次有效催收后超过 3 个月仍不归还的行为。

3. 使用盗窃来的信用卡的定盗窃罪,使用抢劫来的信用卡的定抢劫罪。不区分对人还是对机器使用。除此两种情况以外的其他方式(抢夺、侵占、诈骗、敲诈勒索、捡拾等)获取的他人信用卡再使用,都定信用卡诈骗罪。

考点二十三 贪污罪

贪污罪的本质是:监守自取。

1. 行为主体:国家工作人员。应以是否从事公务为标准来判断国家工作人员,还应注意三点:

(1)受委托人员被拟制为国家工作人员,是本罪的主体。

(2)通过伪造国家机关公文、证件,担任了国家工作人员,是本罪的主体。

(3)一般公民伙同国家工作人员贪污的,以贪污罪的共犯论处。

2. 行为方式：利用职务便利＋取得型财产犯罪。

（1）利用职务便利。

贪污罪的本质是监守自取，这里的“监”就是职务便利，是指利用职务上主管、管理、经营、经手公共财物的职权。有两种情形：

①利用本人主管、管理公共财物的职务便利。例如，国有企业的出纳甲，利用保管公款的便利，将公款非法占为己有，构成贪污罪。

②利用职务上有隶属关系的其他国家工作人员的职务便利。

▶▶ **提示** 职务便利不等于职业便利。职务便利是对公共财物的管理便利，职业便利的范围大于职务便利，还包括熟悉作案环境、易于接近作案目标等便利条件，利用这些便利条件非法占有公共财物的，不构成贪污罪。

（2）取得型财产犯罪：侵吞、窃取、骗取或者其他手段。

①侵吞。这里的侵吞与侵占罪中的“侵占”含义相同，是指将自己占有的公共财物变成自己所有。自己占有的财物只能是侵占的对象，不可能是盗窃的对象。**注意**：当行为人占有公共财物时，就表明有职务便利，不要求再额外地利用职务便利。

例1，国家工作人员在国内公务活动或者对外交往中接受礼物，依照国家规定应当交公而不交公，数额较大的，构成贪污罪。

例2，国有收费站负责人将营业款据为己有，构成贪污罪。

例3，财政局局长将办公室的电脑据为己有，构成贪污罪。

例4，国有单位出纳收款不入账，构成贪污罪。

例5，海关执法人员将罚没款据为己有，构成贪污罪。

②窃取。这里的窃取与盗窃罪中的“盗窃”含义相同，是指将他人占有的公共财物转移给自己占有。贪污罪的行为人对公共财物有主管、管理、经营、经手的便利，行为人一般直接占有公共财物，应构成侵吞型贪污罪。因此，这里的“窃取公共财物”只有两种：一是属于自己主管、管理、经营、经手的但又没有直接占有的财物；二是与他人共同占有的财物。

③骗取。这里的骗取与诈骗罪中的“骗取”含义相同，是指欺骗具有处分权的人，使其陷入认识错误，并基于认识错误处分公共财物。**注意**：实施欺骗行为时必须利用了职务便利。

▶▶ **提示** 贪污罪中的利用职务便利，是对公共财物主管、管理、经营、经手的便利，而不是指一切职务便利。换言之，利用与公共财物无关的其他职务便利，不构成本罪。

④其他手段。是指侵吞、窃取、骗取以外的利用职务便利的行为。其特点是将公共财物转移给行为人或者第三人占有。常见的情形有两种：一是在法律或事实上非法占有公共财物。例如，将公车登记为自己所有、将公款存入自己名下、将公物作为私有财物予以支配。二是在法律和事实上处分了公共财物。例如，将公款赠与他人、将公物变卖等。

3. 行为对象：公共财物，包括财产性利益。根据《刑法》第91条，公共财产包括：

（1）国有财产。

（2）劳动群众集体所有的财产。

（3）用于扶贫和其他公益事业的社会捐助或者专项基金的财产。

（4）在国家机关、国有公司、企业、集体企业和人民团体管理、使用或者运输中的私人财产，以公共财产论。

考点二十四 受贿罪

与贪污罪不同,受贿罪侵犯的法益是国家工作人员职务行为的不可收买性,也即职务行为与财物的不可交换性。因此,受贿罪的本质是权钱交易。根据立法和司法解释,受贿罪有四种:普通受贿、事后受贿、约定受贿、斡旋受贿。

一、普通受贿

受贿罪,是国家工作人员利用职务上的便利,索取他人财物的,或者非法收受他人财物为他人谋利益的。

1. 行为模型:利用职务便利→将职务行为与财物进行交换→侵犯职务行为的不可收买性。

2. 构成要件。

(1)行为主体:真正的身份犯,即国家工作人员。

①通过伪造国家机关公文、证件,担任了国家工作人员,是本罪的主体。

②一般公民伙同国家工作人员受贿的,以受贿罪的共犯论处。

(2)利用职务便利。

受贿罪的本质是权钱交易,这里的"权"就是职务便利,是指利用本人职务上主管、负责、承办某项公共事务的职权。有两种情形:

①利用本人的职务便利。例如,公安局局长收受他人财物,违规为其办理取保候审。

②利用职务上有隶属关系的其他国家工作人员的职务便利。例如,药监局局长甲收受乙10万元,通过辖区内的药品监督管理机构负责人丙,为乙谋取利益。甲、丙在职务上有隶属关系,甲构成本罪。

(3)将职务行为与财物进行交换。交换的方式有两种。

①索贿:向他人索取财物。

②收受贿赂:非法收受他人财物,为他人谋取利益。

(4)主观要件:故意,即明知自己的行为会侵犯职务行为的不可收买性,仍然希望或放任结果发生。

3. 司法解释规定的"变相受贿"。

(1)交易型受贿:例如,官员甲将价值50万元的房屋以200万元出售给商人乙,名为交易,实为行贿、受贿。甲构成受贿罪,乙构成行贿罪,数额均为150万元。

(2)干股型受贿:例如,甲经营的酒楼生意火爆,因有求于官员乙的职务行为,将酒楼的三成股份赠送给乙。甲构成行贿罪,乙构成受贿罪。

①办理股权转让登记的,或者相关证据证明股份发生了实际转让的,受贿数额按转让行为发生时股份价值计算,所分红利按受贿孳息处理。

②股份未实际转让,以股份分红名义获取利益的,实际获利数额应当认定为受贿数额。

(3)合作投资型受贿:由请托人出资,"合作"开办公司或者进行其他"合作"投资的,以受贿论处。受贿数额为请托人给国家工作人员的出资额。

(4)委托理财型受贿:未实际出资而获取"收益",或者虽然实际出资,但获取"收益"明显高于出资应得收益的,以受贿论处。

(5)赌博型受贿:赌博时故意输给官员,官员以此收受请托人财物的,构成受贿罪。

(6)挂名领薪型受贿:官员的特定关系人不实际工作却获取所谓薪酬的,以受贿论处。

(7)特定关系人型受贿:官员授意请托人将有关财物给予特定关系人,以受贿论处。特定关系人知情的,构成受贿罪的共犯。

(8)借用型受贿:收受请托人房屋、汽车等物品,未变更权属登记或者借用他人名义办理权属变更登记的,构成受贿罪。

(9)关于收受财物后退还或者上交问题:

①国家工作人员收受请托人财物后及时退还或者上交的,不是受贿。"及时退还或者上交",表明国家工作人员没有受贿罪的故意,原本就不构成受贿罪。因此,这属于注意规定,关键是"及时"。

②国家工作人员受贿后,因自身或者与其受贿有关联的人、事被查处,为掩饰犯罪而退还或者上交的,不影响认定受贿罪。

4. 犯罪形态。

受贿罪数额较大、巨大、特别巨大的标准为:3 万元、20 万元、300 万元,与贪污罪完全相同。

(1)入罪标准:主观上有受贿罪的故意,客观上有受贿罪的实行行为。至于收受的财物是否价值 3 万元以上,只影响受贿罪的形态,不影响受贿罪的成立。

(2)既遂标准:主观上有受贿罪的故意,客观上收受了数额较大的财物。

5. 共同犯罪。

(1)一般公民教唆或者帮助国家工作人员受贿的,构成受贿罪的共犯,但不可能构成间接正犯与共同正犯。

(2)特定关系人收受请托人财物,国家工作人员知道后未退还或上交的,二人构成受贿罪的共犯;国家工作人员要求特定关系人及时退还或者上交,特定关系人隐瞒真相没有退还或者上交的,国家工作人员不构成受贿罪,特定关系人也不构成受贿罪的共犯。

(3)国家工作人员要求请托人将财物交付给第三人,如果第三人知情,二人构成受贿罪的共犯;如果第三人不知情,国家工作人员构成受贿罪,第三人无罪。

(4)国家工作人员索取、收受储蓄卡、购物卡、现金支票后,由于受贿罪已经既遂,第三人不构成受贿罪的共犯。如果第三人知情并帮助国家工作人员掩饰、隐瞒的,构成洗钱罪或者掩饰、隐瞒犯罪所得罪。

二、事后受贿与约定受贿

事后受贿,是指国家工作人员在事先通过职务行为,为他人谋取利益时,没有受贿的故意,事后(在职时)明知他人交付的财物是对自己职务行为的回报而收受。事后受贿有两种:

1. 事后索贿。

这是指国家工作人员实施了职务行为,为他人谋取利益后,向他人索取财物。只要国家工作人员索取财物的原因与其职务行为有关,就意味着对方必须为国家工作人员的职务行为付出财产上的代价,也就侵犯了职务行为的不可收买性,构成本罪。例如,官员甲为乙办理特种行业许可证提供了方便,事后向乙索要10万元,乙思量后给甲送了钱。甲向乙索要财物的原因无非是通过职务行为为乙谋取了利益,乙也明知10万元财物是甲职务行为的报酬。无论是乙还是一般人,都会认为甲的职务行为可以被收买,故甲构成本罪,属于索贿。

2. 事后收受贿赂。

这是指国家工作人员实施了职务行为,为他人谋取利益后,明知他人交付的财物是对自己职务行为的回报而收受。事后收受贿赂,也构成受贿罪。例如,官员甲为乙办理税收优惠时没有收受他人财物的意思,乙事后为表达感谢,送给甲10万元。甲明知财物是对自己职务行为的感谢,仍然收受。这同样属于职务行为与财物的交换,无论是乙还是一般人,都会认为甲的职务行为可以被收买,故甲构成本罪。

(1)从财物性质看,事后收受的财物是国家工作人员先前职务行为的报酬,财物与职务行为同样存在交换关系,也即侵犯了职务行为的不可收买性。

(2)从法益侵害看:事前收受财物时,只要求国家工作人员许诺为他人谋取利益;事后收受财物时,国家工作人员客观上已经利用职务为他人谋取了利益,权钱交易的性质更明显。

(3)从司法实践看,如果事后收受财物不构成本罪,将为权钱交易开辟一条宽阔的"绿色大道",受贿罪的条文将形同虚设。

因此,履职时未被请托,但事后基于该履职事由收受他人财物的,属于"为他人谋取利益"。当然,如果事后提供财物与国家工作人员的先前职务行为之间,因为时间长、数量少等导致不能或者难以认定存在交易关系的,不构成受贿罪。

总结 先收钱后办事,或者先办事后收钱,都构成受贿罪。

约定受贿,是指国家工作人员利用职务上的便利为请托人谋取利益之前或者之后,约定在其离职后收受请托人财物,并在离职后收受的,以受贿论处。国家工作人员利用职务上的便利为请托人谋取利益,离职前后连续收受请托人财物的,离职前后收受部分应计入受贿数额。

(1)离职前有约定,离职后再收钱,构成受贿罪。

国家工作人员在职期间,为他人谋取利益,并约定在其离职后收受财物。这一约定本身就侵犯了职务行为的不可收买性,应构成本罪。约定的方式有两种:一是国家工作人员主动提出约定,属于索贿;二是行贿人主动提出约定,属于非法收受财物。例如,官员甲在离职前突击提拔下属乙,为规避审计风险,二人约定在甲离职后,乙送给甲5万元。甲离职后,明知财物是对自己职务行为的回报仍然收受。由于行贿、受贿的约定发生在甲在职时期,已经侵犯了职务行为的不可收买性,故甲构成受贿罪。

(2)离职前无约定,离职后再收钱,不构成犯罪。

国家工作人员在职期间,为他人谋取利益,并未约定在其离职后收受财物。即使离职后收受财物,也不构成犯罪。例如,官员甲在离职前为乙承揽市政工程提供方便,甲没有收受财物的意思,双方也没有任何约定。甲离职后,乙为了表示感谢,送给甲5万元,甲不构成犯罪。这是因为,甲在离职前没有出卖职务行为,在离职后虽然明知财物是对之前职务行为的回报,但甲已经丧失了国家工作人员的身份,因此甲不构成犯罪。原理:这种情况几乎不可能发生,当乙有求于甲的职务行为时,没有行贿的故意。谋取到利益后,甲已经离职,乙有多大可能再向甲赠送财物?司法实践中,几乎没有发生。当然,如果乙想利用甲离职后的影响力而给予甲财物,甲将构成利用影响力受贿罪。

三、斡旋受贿

《刑法》第388条规定，国家工作人员利用本人职权或者地位形成的便利条件，通过其他国家工作人员职务上的行为，为请托人谋取不正当利益，索取请托人财物或者收受请托人财物的，以受贿论处。

1. 行为模型：斡旋人利用职权或地位形成的便利条件→通过其他国家工作人员（被斡旋人）的职务行为→为请托人谋取不正当利益→索取或者收受请托人财物。

2. 构成要件。

(1)行为主体：斡旋人即国家工作人员，不包括单位。如果是非国家工作人员，可能构成利用影响力受贿罪。

(2)行为方式：实施斡旋行为。

▶▶ **提示** 《刑法修正案（十二）》对行贿罪的处罚规定进行了修改，对主观题考试影响不大。主要是调整了行贿罪的法定刑以及惩罚力度。

考点二十五 妨害公务罪与袭警罪

一、妨害公务罪

妨害公务罪是指以暴力、威胁方法阻碍国家机关工作人员依法执行职务的行为。

1. 行为方式：阻碍依法执行职务。执行职务在实体和程序上必须具有合法性，合法性的判断标准以裁判时为准。例如，甲指认乙伤害自己，警察将乙拘留，乙使用暴力抗拒执法。在审判时发现，伤害行为不是乙实施的，而是丙实施的，甲指认错误。警察的行为符合程序法的规定，但在实体上不是合法行为。多数观点认为，乙不构成妨害公务罪。

2. 时间要求：必须发生在执行职务过程中。例如，甲入户盗窃，主人乙被惊醒。乙表明自己的警察身份，甲为了抗拒抓捕对乙使用暴力。这不在执行公务期间，甲不构成本罪。

3. 暴力程度：足以阻碍依法执行职务。

(1)不包括轻微暴力。因为被执行人轻微的反抗是人之常情，没有期待可能性。

(2)公民合理的诉求行为，不构成本罪。

4. 主观要件：故意，明知对方正在依法执行职务。

例1，甲是便衣警察，正在抓捕毒贩。乙误以为甲在抢劫，将甲打倒。乙没有妨害公务的故意，不构成本罪。

例2，甲曾被警察乙处罚，怀恨在心。某日甲见乙正在执勤，便上前将乙打伤。甲没有妨害公务的故意，构成故意伤害罪。

5. 罪数问题。

(1)原则：实施其他犯罪，又妨害公务的，数罪并罚。结构：其他犯罪+妨害公务罪=数罪并罚。例如，走私淫秽物品，又妨害公务的，数罪并罚。

(2)例外：前罪+妨害公务罪=前罪。

前罪：①组织他人偷越国（边）境罪；②运送他人偷越国（边）境罪；③走私、贩卖、运输、制造毒品罪。

二、袭警罪

暴力袭击正在依法执行职务的人民警察的,处 3 年以下有期徒刑、拘役或者管制;使用枪支、管制刀具或者以驾驶机动车撞击等手段,严重危及其人身安全的,处 3 年以上 7 年以下有期徒刑。

暴力袭击正在依法执行职务的人民警察,原本是妨害公务罪的从重处罚情节,但是《刑法修正案(十一)》将其规定为独立的罪名。本罪是妨害公务罪的特别法条,应当优先适用。

1. 暴力袭击的程度要求:实施撕咬、掌掴、踢打、抱摔、投掷物品等行为,造成轻微伤以上后果,或实施打砸、毁坏、抢夺人民警察乘坐的车辆、使用的警械等行为,足以危及人身安全的,才属于本罪的“暴力袭击”。与人民警察发生轻微肢体冲突,或者为摆脱抓捕、约束实施甩手、挣脱、蹬腿等一般性抗拒行为,危害不大的,或者仅实施辱骂、讽刺等言语攻击行为的,不属于本罪的“暴力袭击”。行为人未实施暴力,而是以威胁或者其他方法阻碍人民警察依法执行职务的,以妨害公务罪论处。

2. 暴力袭击的对象:人民警察,包括公安机关、国家安全机关、监狱等部门的人民警察和人民法院、人民检察院的司法警察。

3. 要求暴力袭击的是正在依法执行职务的人民警察。

考点二十六 徇私枉法罪

一、构成要件

1. 行为主体:司法工作人员。这是指有侦查、检察、审判、监管职责的工作人员。

2. 行为方式:徇私枉法、徇情枉法。

(1)对明知是无罪的人而使他受追诉。只要进入追诉阶段即可,即对无罪的人实行立案、侦查、起诉、审判之一,即为追诉。**注意**:明知他人无罪,而将其作为“逃犯”在网上通缉的,构成本罪。

(2)对明知是有罪的人而故意包庇不使他受追诉。**注意**:对于明知是有罪的人,而故意不收集有罪证据,导致有罪证据消失,因“证据不足”不能定罪的,构成本罪。

(3)在刑事审判活动中故意违背事实和法律,作出枉法判决、裁定。

▶▶ **提示** 这里的“刑事审判活动”包括刑事附带民事诉讼中的民事部分。

例 1,法官甲为报复被告人乙,故意在刑事附带民事判决中加重乙的赔偿责任,致使乙多赔付 10 万元,甲构成本罪。

例 2,法官乙徇情枉法,对无罪的丙宣告有罪,但免予刑事处罚的,构成本罪。

3. 主观要件:故意,要求有徇私、徇情动机。本罪是故意犯罪,对于失职导致无罪的人受追诉或者有罪的人未被追诉的,构成玩忽职守罪。

二、罪数问题

1. 本罪与帮助毁灭、伪造证据罪。

(1)本罪的主体是具体承办案件的司法工作人员。未具体承办案件的司法工作人员,帮助当事人毁灭、伪造证据的,构成帮助毁灭、伪造证据罪。

(2)具体承办案件的司法工作人员通过毁灭、伪造证据的方法实施枉法行为的,同时触犯了徇私枉法罪与帮助毁灭、伪造证据罪。但由于只有一个行为,应从一重罪(徇私枉法罪)论处。

2. 本罪与受贿罪。司法工作人员先收受贿赂,又徇私枉法等的,才能从一重罪论处。

考点二十七　挪用公款罪

1. 行为主体:国家工作人员。

受委托人员没有被拟制为国家工作人员,不是本罪的主体,也即受国家机关,国有公司、企业,事业单位,人民团体委托管理、经营国有财产的人员,挪用公款归个人使用的,以挪用资金论处。

2. 行为对象:公款。

3. 行为方式:

(1)挪用公款归个人使用,进行非法活动的。

①不论挪用时间长短,立法未规定挪用数额,司法解释要求 3 万元以上。

②如果非法活动构成其他犯罪,应数罪并罚。

③明知使用人用于非法活动而挪用,属于挪用公款进行非法活动。

(2)数额较大,进行营利活动。

①不论挪用时间长短,立法要求数额较大,司法解释要求 5 万元以上。

②明知使用人用于营利活动而挪用,属于挪用公款进行营利活动。

(3)数额较大,超过 3 个月未还。

①非法活动、营利活动以外的一般活动,在时间上要求超过 3 个月未还。

②立法要求数额较大,司法解释要求 5 万元以上。

③不知使用人进行非法活动或者营利活动而挪用,数额较大,超过 3 个月未归还的,构成挪用公款罪。

4. 主观要件:故意,没有非法占有公共财物的目的。如果有非法占有公共财物的目的,以贪污罪论处。

考点二十八　贷款诈骗罪

1. 行为模型:以非法占有为目的→实施欺骗行为→金融机构工作人员陷入认识错误→基于认识错误发放贷款→行为人取得贷款。

2. 构成要件。

(1)行为主体:自然人。单位实施贷款诈骗应对单位的直接责任人员定贷款诈骗罪。

(2)主观要件:故意,以非法占有为目的。非法占有目的在前,贷款诈骗行为在后。以下情形属于以非法占有为目的:

①假冒他人名义贷款的;②贷款后携款潜逃的;③未将贷款按贷款用途使用,而是用于挥霍,

致使贷款无法偿还的；④改变贷款用途，将贷款用于高风险的经济活动造成重大经济损失，导致无法偿还贷款的；⑤为谋取不正当利益，改变贷款用途，造成重大经济损失，致使无法偿还贷款的；⑥使用贷款进行违法犯罪活动的；⑦隐匿贷款去向，贷款到期后拒不偿还的。

3. 罪数问题。

(1)本罪与高利转贷罪。区分的关键：本罪以非法占有为目的，没有归还本金的意思；高利转贷罪以转贷牟利为目的，有向银行还本付息的意思。

(2)本罪与骗取贷款罪。区分的关键：有无非法占有目的，骗取贷款罪没有这个目的。

(3)欺骗担保。例如，甲想诈骗银行贷款，欺骗乙为自己提供担保，乙不知情而照办。为担保甲贷款，乙抵押了自己的房屋。后银行发现被骗，为挽回损失强制拍卖了乙的房屋。第一，甲对乙构成诈骗罪或合同诈骗罪，对象是财产性利益；第二，甲对银行构成贷款诈骗罪。由于侵害了两种法益，对甲应数罪并罚。

4. 共同犯罪。

银行工作人员利用其管理信贷的职务便利，以假冒他人名义或者虚构姓名等方式骗取本单位贷款归个人占有的，定贪污罪或者职务侵占罪。

普通公民与银行工作人员勾结骗取银行贷款能否构成贷款诈骗罪，取决于有贷款处分权的工作人员是否陷入认识错误。

▶▶ **提示** 这是诈骗罪的一般原理，同样适用于：票据诈骗罪、金融凭证诈骗罪、保险诈骗罪等。

考点二十九 窝藏、包庇罪

窝藏罪，是帮助犯罪人逃匿；包庇罪，是为犯罪人作假证明。二者的共同点：都想使犯罪人逃脱处罚。本罪法益：刑事侦查、审判、执行的正常活动。

一、构成要件

1. 行为主体：一般主体。**注意**：司法工作人员不是量刑身份。

2. 行为对象：犯罪的人。只要求涉嫌犯罪，不要求最终有罪。

3. 行为方式：窝藏、包庇。

窝藏的本质：直接使犯罪人的逃离更容易，使犯罪人难以被发现。常见的有：

(1)提供隐藏处所、财物。

(2)向犯罪人通报侦查或追捕动静。

(3)向犯罪人提供化妆的用具。

(4)向犯罪人提供虚假的身份证件。

(5)使犯罪人昏迷后将其送往外地。

(6)劝诱迫使犯罪人逃匿。

包庇行为是指向公安、司法机关提供虚假证明，掩护犯罪人的行为。例如，甲为了使乙逃避处罚，自己冒充作案人向公安机关投案，这也是作假证明，构成本罪。

（1）包庇行为只能以作为方式实施，单纯的知情不举不构成本罪。

（2）窝藏、包庇罪是抽象危险犯。即使公安、司法机关知道犯罪人被行为人藏于何处，或者明知行为人提供虚假证明，也不妨碍窝藏、包庇罪的成立。

4. 主观要件：故意，对明知是犯罪的人而予以窝藏、包庇。

（1）如果不知道是犯罪人而窝藏、包庇，不构成本罪。但知道真相后继续窝藏、包庇的，构成本罪。

（2）事前通谋的，以共同犯罪论处。窝藏、包庇发生在他人犯罪之后，如果事先与他人共谋，事后实施窝藏、包庇行为，构成共同犯罪。例如，甲、乙通谋，由甲抢劫银行，乙在门外等待。甲抢到钱后，乙开车载甲逃跑。甲、乙事前有共同抢劫的故意，构成抢劫罪的共同犯罪，对乙不再定窝藏罪。

▶▶ **提示**　窝藏罪与承继共犯的区分：窝藏罪发生在被窝藏者犯罪既遂之后，如果在犯罪过程中，为犯罪人提供帮助的，成立承继的共犯。

5. 特殊形式的包庇罪。

《刑法》第 362 条规定，旅馆业、饮食服务业、文化娱乐业、出租汽车业等单位的人员，在公安机关查处卖淫、嫖娼活动时，为违法犯罪分子通风报信，情节严重的，依照《刑法》第 310 条的规定定罪处罚。

本条的罪名为包庇罪而非窝藏、包庇罪。本条有双重属性。

（1）注意规定：如果为强迫卖淫、组织卖淫的犯罪分子通风报信，理应构成包庇罪。

（2）法律拟制：如果为卖淫、嫖娼等犯罪分子通风报信，由于包庇罪的对象是犯罪分子，这时定包庇罪就是法律拟制。

二、此罪与彼罪

1. 期待可能性问题。

（1）犯罪后自己窝藏、包庇自己，没有期待可能性，无罪；教唆他人窝藏、包庇自己，没有期待可能性，无罪。但被教唆者有期待可能性，构成本罪。

（2）共犯人相互窝藏、包庇的，没有期待可能性，无罪。但是，窝藏、包庇共犯人其他犯罪事实的，构成本罪。例如，甲、乙盗窃后，一起藏于甲乡下的老宅，甲不构成窝藏罪。如果甲又为乙独立实施的抢劫罪作假证明，这有期待可能性，构成包庇罪。

2. 本罪 *vs.* 伪证罪。

（1）主体不同：窝藏、包庇罪是一般主体，伪证罪是特殊主体。

（2）场合不同：窝藏、包庇罪可以发生在刑事诉讼之中或者刑事诉讼以外，伪证罪只能发生在刑事诉讼过程中。一般而言，立案之前定包庇罪，立案之后定伪证罪。

（3）两者关系：一个行为可以同时触犯两罪，想象竞合，从一重罪处罚。例如，目击证人甲在侦查阶段向警察作假证明，帮助乙逃避处罚。在刑事诉讼过程中，甲的行为同时触犯伪证罪和包庇罪，从一重罪处罚。

3. 本罪 *vs.* 帮助毁灭、伪造证据罪。

帮助毁灭、伪造证据罪本身不是作虚假证明，只有伪造证据后向公安、司法机关出示，才是作假证明包庇。因此,以帮助犯罪人逃避处罚为目的,先伪造证据又向公安、司法机关出示,先后触犯帮助伪造证据罪与包庇罪,根据吸收犯原理,从一重罪处罚。这是因为,前后罪侵犯相同的法益,后行为是前行为的当然结果。

考点三十 掩饰、隐瞒犯罪所得、犯罪所得收益罪

《刑法》第312条第1款规定,明知是犯罪所得及其产生的收益而予以窝藏、转移、收购、代为销售或者以其他方法掩饰、隐瞒的,处3年以下有期徒刑、拘役或者管制,并处或者单处罚金;情节严重的,处3年以上7年以下有期徒刑,并处罚金。

《刑法》第312条第2款规定,单位犯前款罪的,对单位判处罚金,并对其直接负责的主管人员和其他直接责任人员,依照前款的规定处罚。

一、构成要件

1. 行为主体:一般主体,本犯以外的自然人和单位。这里的"本犯"包括正犯、实行犯和教唆犯。**注意**:司法工作人员不是量刑身份。

2. 行为方式。

(1)窝藏:指隐藏、保管的行为,使司法机关难以发现赃物。

(2)转移:指改变赃物的存放位置,转移行为要足以妨害司法机关追缴赃物。例如,在同一房屋内转移赃物,不足以妨害追缴赃物,不构成本罪。

(3)收购:这是指收买不特定的赃物或者购买大量赃物的行为。对于购买特定少量赃物自用的,不构成本罪。但购买他人机动车等重大赃物的,构成本罪。

(4)代为销售:指替本犯有偿转让赃物。在本犯与购买人之间进行斡旋的(如提供中介服务),也属于代为销售。例如,甲将盗窃的电脑交给乙销售,乙在电脑中找到被害人丙的联系方式,声称可以将电脑优先卖给丙。丙以5000元将电脑买回,乙属于代为销售赃物,构成本罪。

▶▶ **提示** 窝藏、转移赃物必须基于本犯的意思。明知是赃物而窃取、骗取的,构成盗窃罪、诈骗罪,不构成本罪。例如,甲将乙诈骗得来的手机偷走,甲转移手机占有的行为不是基于乙的意思,甲构成盗窃罪,不构成本罪。

3. 行为对象:犯罪所得及其产生的收益。

(1)限于财物和财产性利益。

(2)只要求是客观违法层面的犯罪所得。

(3)不要求赃物保持同一性。

(4)要求是已经终结的犯罪行为的所得。

4. 主观要件:故意,明知是赃物。根据司法解释,明知可能是赃物而掩饰、隐瞒,也构成本罪。这里的"可能",是指间接故意。

二、此罪与彼罪

1. 本罪 *vs.* 洗钱罪,窝藏、转移、隐瞒毒品、毒赃罪。

(1)洗钱罪的上游犯罪只有七种(贪金走破黑毒恐),本罪的行为对象包括所有的犯罪所得及其收益,也即触犯洗钱罪必然会触犯本罪,洗钱罪是本罪的特殊法条;同理,窝藏、转移、隐瞒毒

品、毒赃罪也是本罪的特殊法条。根据法条竞合的处理原则,洗钱罪与窝藏、转移、隐瞒毒品、毒赃罪应优先适用。

(2)根据《刑法》第312条的规定,明知是犯罪所得及其产生的收益而予以掩饰、隐瞒,构成掩饰、隐瞒犯罪所得、犯罪所得收益罪,同时又构成洗钱罪或者窝藏、转移、隐瞒毒品、毒赃罪的,依照处罚较重的规定定罪处罚。

结论 本罪与洗钱罪虽是法条竞合,但应从一重罪处罚;本罪与窝藏、转移、隐瞒毒品、毒赃罪虽是法条竞合,但应从一重罪处罚。

2. 本罪 *vs.* 侵占罪。

(1)侵占基于不法原因委托保管的财物。例如,甲将盗窃的手机交给知情的乙代为销售,乙将销售的赃款据为己有。乙构成掩饰、隐瞒犯罪所得罪,而是否还构成侵占罪理论上有争议,多数观点认为,不再定侵占罪。

(2)侵占基于生活原因委托保管的财物。例如,甲将盗窃的手机借给知情的乙使用,乙将手机据为己有,构成侵占罪。这是因为,甲对赃物的占有事实值得刑法保护,明知是赃物而盗窃、诈骗、抢夺、侵占、故意毁坏的,构成相应的财产犯罪。

3. 本罪 *vs.* 与诈骗罪。

(1)告知真相的销赃行为。例如,甲将盗窃的手机卖给知情的乙,构成本罪。甲没有欺骗行为,不构成诈骗罪。

(2)隐瞒真相的销赃行为。例如,甲代乙销售盗窃的手机,谎称是自己的手机卖给丙。甲构成本罪,而是否还构成诈骗罪理论上有争议。多数观点认为,丙以正常的价格购买了有瑕疵的手机,甲对丙构成诈骗罪。因此,甲的行为同时触犯本罪与诈骗罪,想象竞合,从一重罪处罚。

四、精编模拟预测

(一)

滕某(男)与王某(女)系公媳关系。2016年8月某日,滕某、董某(男)晚饭后乘凉时,滕某告诉董某,儿媳王某同他人有不正当两性关系,而自己多次想与她发生性关系均遭拒绝,但是“只要是外人,都肯发生性关系”,并唆使董某与王某发生性关系。董某遂答应去试试看,滕某又说自己到时去“捉奸”,迫使王某同意与自己发生性关系。当日晚9时许,董某在王某房间内与其发生性关系后,滕某随即持充电灯赶至现场“捉奸”,以发现王某与他人有奸情要将王某拖回娘家相威胁,并采用殴打等手段,强行对被害人实施奸淫。因生理原因,滕某的强奸行为未能得逞。

董某逃至外地,开了一家五金店,因经济窘迫,产生绑票索财之意。2016年9月,董某向在其店里工作的路某谎称:“有人欠我赌债不还,我们去把他的孩子带来,逼他还债。”路某表示同意。当日下午,董某骑摩托车载着路某到实验小学附近,将去学校上学的被害人吴某指认给路某。路某将吴某骗出。董某、路某欲将吴某带至五金店。董某在道路上高速逆行,摩托车跌入沟渠,吴某当场摔死。董某与路某慌忙逃跑。

董某毒瘾发作,但没有钱购买毒品。此时有个孩子从董某身旁经过,董某便将孩子打晕,并将孩子放入麻袋之中捆好。之后董某谎称此袋中是一只小狗,卖给了狗肉火锅店老板刘某,得款50元。刘某见麻袋中有动静,便指使饭店厨师李某(17周岁)用扁担猛击麻袋,孩子发出微弱哭声,李某对刘某笑称狗居然会学人哭,刘某也感到可笑。之后,李某再次用扁担猛击,孩子死亡。两人解开麻袋,才发现是个孩子。

【问题】

1. 滕某、董某是否属于强奸罪共同犯罪?为什么?

2. 董某与路某绑架吴某的行为应当如何处理?导致吴某摔死的行为应当如何定性?为什么?

3. 董某将小孩卖给火锅店的行为应当如何定性?为什么?

4. 李某和刘某的行为是否构成犯罪?如果构成,是否属于共同犯罪?为什么?

5. 如果本案发生在《刑法修正案(九)》生效之前,审判时为生效后,那法院是否可以依照《刑法修正案(九)》判决此案?

—— 参考答案 ——

1. 属于强奸罪共同犯罪。

我国刑法规定,两人以上共同故意犯罪的属于共同犯罪。本案中,滕某与董某合谋奸淫王某构成共同犯罪,滕某属于主犯,董某参与谋划。虽然是王某自愿与董某发生性关系,但客观上董某为滕某奸淫王某提供了便利条件,在共犯中属于帮助犯,应当按照从犯的规定从轻处理。另外,滕某系强奸罪的犯罪未遂,可以比照既遂犯从轻或者减轻处罚。

2. 两人在非法拘禁范围内成立共同犯罪,董某的行为构成绑架罪,路某的行为只构成非法拘禁罪。对董某以绑架罪和交通肇事罪数罪并罚。

我国刑法规定,为索取高利贷、赌债等法律不予保护的债务,非法扣押、拘禁他人的,依照非法拘禁罪的规定处罚。本案中,路某误以为董某绑架被害人吴某是为了索取赌债,而不知道董某是为了向其家人勒索财物。二人没有共同的绑架犯罪故意,不构成共同绑架犯罪。董某已经将被害人吴某绑架并置于自己控制之下,构成绑架罪,但路某的行为属于基于索债目的帮助他人实施的绑架行为,只构成非法拘禁罪。

根据我国刑法规定,如果绑架以外的行为过失导致他人死亡,则应该以绑架罪和所涉及的罪名数罪并罚。董某驾驶摩托车跌入沟渠致人死亡的行为属于交通肇事行为,构成交通肇事罪。肇事行为与绑架行为无关,董某的行为应当以绑架罪和交通肇事罪数罪并罚。路某仅成立非法拘禁罪,对肇事行为,路某不承担责任。

3. 董某属于故意杀人罪和拐卖儿童罪的想象竞合,从一重罪论处。

我国刑法规定,一个行为触犯两个以上犯罪的构成要件的属于想象竞合。对于想象竞合,从一重罪论处即可。本案中,董某把孩子装进麻袋出卖给狗肉火锅店老板的行为触犯了拐卖儿童罪和故意杀人罪(间接正犯),属于想象竞合,从一重罪论处。

4. 李某和刘某构成过失致人死亡罪,但不构成共同犯罪。

我国刑法规定,共同犯罪是指二人以上共同故意犯罪。本案中,刘某收买的是"小狗",其因疏忽大意没有预见袋中可能是人，是犯罪过失。李某也应该预见麻袋中的“小狗”有可能是人，但由于疏忽大意没有预见，应该以过失致人死亡罪追究其刑事责任。虽然李某的行为是在刘某的指使下实施的，但由于两人的犯罪心态都是过失。因此，两人的行为不构成共同犯罪。其中，李某不满 18 周岁，根据法律规定，应当从轻或减轻处罚。

5. 我国刑法在溯及力问题上，采用的是从旧兼从轻原则。

《刑法》第 12 条第 1 款规定：“中华人民共和国成立以后本法施行以前的行为，如果当时的法律不认为是犯罪的，适用当时的法律；如果当时的法律认为是犯罪的，依照本法总则第四章第八节的规定应当追诉的，按照当时的法律追究刑事责任，但是如果本法不认为是犯罪或者处刑较轻的，适用本法。”因此，凡是 2015 年 10 月 31 日以前（含 2015 年 10 月 31 日）实施犯罪行为，在 2015 年 11 月 1 日后（含 2015 年 11 月 1 日）判决的案件，根据《刑法修正案（九）》处刑较轻的，适用《刑法修正案（九）》规定定罪量刑。

（二）

某县河流工程建设覆盖某乡，县政府向乡政府拨出征地补偿款。县长钱某找到乡长赵某，告知其可以在审核征收面积的时候行一些方便，使征地补偿款多下拨 200 万元。但希望赵某以会议费用为名，从乡财政办公经费中转给自己妻子孙某经营的酒店 50 万元。赵某表示同意。

赵某随后联系孙某，与孙某经营的酒店签署了会议场地使用协议，并实际支付了费用 50 万元。直到案发，双方一直未开展实际的会议合作，孙某多次打电话询问赵某会议召开时间。孙某问钱某后才知道真相，但酒店一直未退还该笔费用。

赵某根据乡政府决定，每村分配补偿款 50 万元。某村委会主任李某经村委会讨论决定，认为本村被征面积更大，应多获取补偿款 30 万元。但赵某觉得数额太多，不同意。李某遂受村委会委托，拿着村委会的 5 万元现金与赵某斗地主。在牌桌上李某继续提出上述要求，赵某仍不同意。李某见事不可为，向赵某提出能否安排其子去乡里工作，赵某觉得连续驳李某面子也不好意思，遂作出虚假承诺，并笑着说：“看你今晚的表现了！”在接下来的牌局中，李某故意输给了赵某 5 万元。

李某因其子工作事情迟迟没有落实，遂购买了 10 万元金条送给孙某，希望孙某能给钱某打个招呼。孙某告诉赵某：“钱某让你尽快摆平李某，不要节外生枝。”赵某表示尽快解决。钱某发现孙某带回家一块金条，问哪里来的，孙某说：“托你的福，这是帮别人解决了一点事的礼物。”钱某回应：“最近有点严，注意一点。”随后便不再过问。

之后钱某落马。

【问题】

根据刑法规定与相关理论，分析赵某、钱某、孙某与李某的行为性质与刑事责任，说明理由。

—— 参考答案 ——

1. 赵某的行为成立贪污罪与受贿罪，应当并罚。分析如下：

（1）乡长赵某利用职务之便，以签订虚假场地使用合同的方式，从单位取出 50 万元的行为，成立贪污罪既遂。

(2)乡长赵某按照与钱某的约定,交给孙某50万元的行为不成立单位行贿罪,也不成立行贿罪,因为赵某是为单位谋取正当利益。

(3)乡长赵某利用职务之便,通过赌博方式收取行贿者李某5万元,即使赵某虚假承诺为李某谋取利益,也成立受贿罪既遂。

2. 钱某的前一行为成立受贿罪与贪污罪想象竞合,从一重罪论处;后一行为成立受贿罪。应当并罚。分析如下:

(1)县长钱某在赵某有求于自己时,主动索要财物50万元,赵某以签订会议场地使用协议的方式将50万元交给了钱某指定的孙某,钱某成立受贿罪既遂。钱某作为赵某的直接领导,指使下属将利用职务之便管理的财物交给自己,还成立贪污罪。钱某的同一行为成立贪污罪与(索贿方式)受贿罪,属于想象竞合,从一重罪论处。

(2)钱某明知自己的特定关系人孙某收取他人钱财而不要求其退还和上缴,而是表示接受,表明钱某有接受他人贿赂的意思,成立受贿罪既遂,数额为10万元。

3. 孙某的前一行为成立掩饰、隐瞒犯罪所得罪,后一行为成立利用影响力受贿罪或者受贿罪,并罚。分析如下:

(1)孙某经营的酒店与赵某签订会议场地使用协议,进而获得50万元的行为,不成立犯罪。因为孙某对于赵某、钱某贪污或者受贿的事实事先并不知情,缺乏帮助的故意,既不成立贪污罪的共犯,也不成立受贿罪的共犯。

(2)孙某事后知道50万元系钱某贪污或者受贿犯罪所得而不予退还,成立掩饰、隐瞒犯罪所得罪。

(3)孙某利用自己的县长妻子的身份,非法收受请托人李某给予的财物,找到国家工作人员赵某,为请托人谋取不正当利益,使赵某作了承诺,孙某成立利用影响力受贿罪。孙某将收受财物的事实告诉了钱某,因钱某成立受贿罪,故孙某成立钱某受贿罪的帮助犯,与利用影响力受贿罪属于想象竞合,从一重罪论处。

4. 对李某的行为分析如下:

(1)村委会主任李某经集体研究决定取出5万元打点乡长,成立职务侵占罪。理由是村委会主任不属于国家工作人员,其行为属于利用职务之便将村委会集体所有的财产据为己有的行为。

(2)李某为使村委会获得更多补偿款而给予赵某5万元的行为,不成立犯罪,因其谋取的是正当利益。但李某以村委会名义给予赵某财物,但实际谋取个人利益的,属于个人行贿,应成立行贿罪既遂,数额为5万元。

(3)李某为谋取不正当利益,给予国家工作人员的特定关系人孙某金条(价值10万元),使其找到赵某,赵某承诺为李某谋取不正当利益,李某成立对有影响力的人行贿罪既遂。

刑事诉讼法

一、考情分析

表3　近七年刑事诉讼法考查分值及占卷面分值比重情况

年份	2024	2023	2022	2021	2020	2019	2018
分值/分	30	30	30	30	30	27	30
占卷面分值比重/%	16.7	16.7	16.7	16.7	16.7	15.0	16.7

主观题试卷的第三题考查的是刑事诉讼法。2024年刑事诉讼法题目的分值仍旧为30分，不仅涉及二审裁判、检察院抗诉、值班律师制度等常规考点，还考查了取保候审没收保证金、当事人和解等相对细致的内容，建议考生注意全面复习。

当然，关于知识点的学习，考生仍需将本书所选的知识内容掌握，加强对重点内容及基础理论的把握。可以在复习的时候从管辖、证据以及审判等章节入手，尽可能串联相关的刑法知识，提升刑事实体法与程序法的综合运用能力。

考生还要关注刑事诉讼法命题的开放性，如2018年考查的就是文书中的刑事判决书，2015年的问题“请根据《刑事诉讼法》及相关司法解释的规定，对以上证据分别进行简要分析，并作出是否有罪的结论”，实质上也是考查考生能否站在法官的角度对该案进行判定。未来命题中，刑事诉讼法很有可能结合刑法进行命题，这种命题难度最大，但是最贴合司法实务，能够检验考生的真实水平。

二、历年真题

2024年

【案情】

黄一、黄二、黄三向李某索要钱财未果，于是共谋“收拾”一下李某。某日，三人驾驶轿车逼停骑摩托车的李某，随后下车对李某实施伤害，最终李某被刀砍伤后死亡。案发后，黄一、黄三被捕，经审理，京州市人民法院判决二人故意伤害罪，黄一被判处死刑缓期2年执行，黄三被判处有期徒刑15年。

黄二在外逃窜近十年，直至在甲县因涉嫌盗窃财物被甲县公安机关抓获。甲县公安局立案侦查后对黄二采取取保候审，责令其交纳了8万元保证金。取保候审期间，公安机关发觉黄二可能还犯有其他罪行，于是传唤黄二到指定地点接受讯问。黄二由于担心自己多年前曾参与伤害李某致死的事情被发现，所以经过2次传讯都没有到案。甲县公安机关因此作出决定，没收了黄二已交纳的8万元保证金，并责令其重新交纳12万元保证金，且重新计算了黄二取保候审的期限。

甲县公安机关经过系统侦查，发现黄二之前所犯的故意伤害案，遂将取保候审变更为拘留，同时，检察院予以批准逮捕。京州市检察院对黄二故意伤害一案进行审查起诉，并通知法律援助机构为其指派了律师。随后，黄二的母亲为其委托了刑辩张律师，但检察院以已经为黄二向法律援助机构申请法律援助律师为由，拒绝了黄二母亲为其委托的辩护律师。

检察院认定黄二持刀追砍李某，黄二认可自己构成故意伤害罪，但辩称自己没有持刀追砍李某，只是开车逼停被害人并踢了一脚，应认定自己是从犯。黄一和黄三称黄二在案发时持刀砍了李某，目击证人称看到黄二持刀追逐李某。黄二的母亲对受害人李某的母亲进行了相应赔偿，取得了谅解书。京州市检察院对黄二适用认罪认罚从宽制度，以黄二为故意伤害罪的主犯提起公诉，提出从宽的量刑建议，请求法院判处黄二有期徒刑10年。黄二在辩护律师在场的情况下签署了认罪认罚具结书，对量刑建议未提出异议。

一审中，京州市法院根据目击证人的证言、黄一和黄三对黄二犯罪事实的供述、DNA鉴定意见和现场勘验笔录等证据，认为黄二驾驶车辆逼停被害人的摩托车、持刀与同伙一起追砍被害人，在犯罪过程中起主要作用。法院鉴于黄二自愿认罪认罚，取得被害人谅解，依法可以从宽处罚，于是采纳了检察院的量刑建议，对黄二以故意伤害罪判处有期徒刑10年。判决后，黄二认为一审判决认定事实与客观事实不符，其在整个案发过程中都听从于别人，并未参与拿刀与同案人一起追砍被害人，自己不应被认定为主犯，应被认定为从犯，且认罪认罚具结书是在关押时间过长导致缺乏辨认能力的情况下签署的。黄二提起上诉，请求二审法院对自己从轻处罚。

针对黄二的上诉，京州市检察院认为一审判决之所以对黄二判处有期徒刑10年，是依法适用认罪认罚从宽制度的结果，现黄二提出上诉，意味着认罪认罚从宽的前提不复存在，则不应认定其属于认罪认罚。检察院因此提出抗诉，请求二审法院依法判决。

【问题】

1. 公安机关对黄二适用取保候审的程序存在哪些程序上的错误？并说明理由。(5分)

2. 本案能否对黄二故意伤害一案适用当事人和解的公诉案件诉讼程序？并说明理由。(5分)

3. 检察院拒绝黄二母亲委托的辩护律师的行为是否正确？并说明理由。(5分)

4. 检察院对黄二适用认罪认罚从宽制度是否妥当？并说明理由。(5分)

5. 检察院对黄二的上诉提出抗诉是否适当？并说明理由。(4分)

6. 你认为在没有新事实和新证据的情况下，二审法院对于黄二故意伤害一案应如何处理？(6分)

—— 参考答案 ——

1. 对黄二适用取保候审的程序有两处错误:

(1)对黄二重新计算取保候审的期限错误。

依据《高检规则》第 100 条第 3 款及相关规定,对犯罪嫌疑人继续取保候审的,取保候审的时间应当累计计算。对黄二多次采取取保候审,取保候审的期限应累计计算,总共不得超过 12 个月。

(2)甲县公安局作出没收 8 万元保证金的决定错误。

依据《公安部规定》第 97 条第 2 款及相关规定,决定没收 5 万元以上保证金的,应当经设区的市一级以上公安机关负责人批准,本题甲县公安局无权决定没收,应由市公安局批准没收 8 万元保证金。

2. 不能适用当事人和解的公诉案件诉讼程序。

依据《刑事诉讼法》第 288 条规定,因民间纠纷引起,涉嫌《刑法》分则第四章、第五章规定的犯罪案件,可能判处 3 年有期徒刑以下刑罚的,是和解的前提条件。本题中黄二涉嫌的故意伤害罪,是《刑法》分则第四章规定的犯罪,但是,黄二被判处有期徒刑 10 年,明显不符合当事人和解的公诉案件诉讼程序的刑罚要件。

3. 不正确。

依据《刑诉解释》第 51 条及相关规定,对法律援助机构指派律师为被告人提供辩护,被告人的监护人、近亲属又代为委托辩护人的,应当听取被告人的意见,由其确定辩护人人选。本题中检察院应当听取被告人黄二的意见,不能直接拒绝黄二母亲委托的律师。

4. 不妥当。

根据《刑事诉讼法》第 15 条及相关规定,认罪认罚从宽制度中的"认罪"是指犯罪嫌疑人、被告人自愿如实供述自己的罪行,承认指控的犯罪事实。承认指控的主要犯罪事实,仅对个别事实情节提出异议,或者虽然对行为性质提出辩解但表示接受司法机关认定意见的,不影响"认罪"的认定。本题中,黄二自始至终都否认指控的持刀追砍李某的事实,该事实不仅影响主从犯的认定,也对量刑有明显影响,故黄二并非仅对个别事实情节提出异议,而是未承认部分主要犯罪事实。因此,适用认罪认罚从宽不妥当。

5. 不适当。

依据《刑事诉讼法》第 228 条及相关规定,地方各级检察院认为本级法院第一审的判决、裁定确有错误的时候,应当向上一级法院提出抗诉。本题中检察院提起抗诉仅因为黄二提出上诉而不再符合认罪认罚要求就提出抗诉,属于通过抗诉来对抗上诉,做法不适当。

6.【提示】本问是典型的"开放型"的文书题问法,答案不唯一。此处给出三种参考答案。

参考答案 1 二审法院应当组成合议庭,开庭审理。依法对黄二进行改判(可以加重刑罚)。

依据《刑事诉讼法》第 233 条第 1 款及第 234 条第 1 款及相关规定,检察院抗诉的案件,应当组成合议庭,对本案进行全面审查,开庭审理。对不服第一审判决的抗诉案件,不受上诉不加刑的限制,经过审理综合全案证据认定"持刀追砍李某"的主要事实。原判决认定事实没有错误,但适用法律有错误,或者量刑不当的,应当改判。本题中,既有被告人上诉、又有检察院抗诉,二审法院不受上诉不加刑原则的限制,鉴于黄一和黄三分别被判处死刑缓期2年执行和15年有期徒刑,三人共同犯罪,考虑罪责刑相适应原则,可以适当加重黄二刑罚。

参考答案2 二审法院应当组成合议庭,开庭审理,作出驳回上诉或者抗诉,维持原判的裁定。

依据《刑事诉讼法》第236条第1款第1项及相关规定,原判决认定事实和适用法律正确、量刑适当的,应当裁定驳回上诉或者抗诉,维持原判。本题中,黄二自己觉得自己是从犯,但对主要犯罪事实并无异议,并且签了认罪认罚具结书,尽管检察院提起了抗诉,但并非一审认定事实或者适用法律有错误。本题事实清楚,证据确实充分,二审法院应当裁定驳回上诉、抗诉,维持原判。

参考答案3 二审法院应当组成合议庭,开庭审理,可以裁定撤销原判发回重审,也可以依法改判。

依据《刑事诉讼法》第236条第1款第3项及相关规定,原判决事实不清楚或者证据不足的,可以在查清事实后改判;也可以裁定撤销原判,发回原审人民法院重新审判。本题中,对于黄二是否"持刀追砍李某"的情节一直没有查清楚,属于事实不清的情形,二审法院应该查清黄二的犯罪事实,然后依法裁判,故本题可以在查清事实后改判,也可以裁定撤销原判,发回重审。

2023年

【案情】

某日晚上,甲正在马路上盗窃自行车,被路过的乙、丙、丁三人看见。随后乙、丙、丁为了获取钱财,把甲带到路旁的公园暴打一顿,并且强行要甲给予乙、丙、丁三人2000元。丁因为临时接到老婆的电话离开犯罪现场,乙和丙在取得2000元财物以后才离开犯罪现场。

第二天早上在公园散步的路人发现甲已经在公园里死亡,公安机关随即对案件展开立案侦查,并将嫌疑人乙、丙、丁抓捕到案。侦查表明,被害人甲是在前一天20时至23时之间因钝器敲击致死。同时,乙、丙、丁三人对以暴力的方式强行取得甲2000元的犯罪事实供认不讳,并且认罪认罚。

但是在法庭庭审的过程中,当事人乙、丙强调他们两人在丁离开现场以后,也同步离开犯罪现场,并未对被害人甲实施故意伤害行为,当事人甲的死亡与乙、丙之间不存在直接的因果关系,拒绝认罪认罚,乙、丙的辩护律师在法庭庭审过程中以本案存在事实不清、证据不足的情形为由依法做了无罪的辩护。

乙的辩护律师在案件的审理过程中认为乙在犯罪时不满18岁,在辩护意见书中提出相应的辩护理由:其一,乙之所以未满18岁,是因为乙的户口本和出生证上登记的出生时间错误;其二,乙的毕业生纪念册上记载了其未成年的事实;其三,乙的叔叔是户籍民警,依法提供乙未成年的证人证言。

法庭经过审查认为,乙的毕业生纪念册属于自己保管的物品,缺乏证据的证明力。户口本和出生证登记错误未有相关官方材料予以证明,乙的叔叔和乙具有直接的利害关系,证人证言的证明力较弱,因此法庭最终未认定被告人乙在实施犯罪时属于未满18岁的未成年人。

被害人甲的父母在案件刑事部分审理中提起附带民事诉讼，提出死亡赔偿金、丧葬费、精神损失费等相关赔偿事项，但是法院判决乙、丙、丁三人构成抢劫罪，同时因为没有证据证明乙、丙实施的行为和甲的死亡之间存在因果关系，因此未认定乙、丙构成故意伤害罪。

【问题】

1. 本案当事人乙、丙对抢劫罪认罪认罚，同时两人认为自己的行为不构成故意伤害行为，对全案可以适用认罪认罚处理吗？（6分）

2. 被害人的母亲可否在案件庭审的过程中针对死亡赔偿金、丧葬费、精神损失费等提起附带民事诉讼？（6分）

3. 法院未认定被告人乙属于未成年人是否符合法律程序要求？（6分）

4. 本案中法院未认定乙、丙构成故意伤害罪是否符合法律规定？（6分）

5. 如果法院未认定乙是未成年人，乙的法定代理人和辩护律师依法上诉到二审法院，那么二审法院应当依法如何处理？（6分）

—— 参考答案 ——

1. 不可以。根据《认罪认罚从宽制度指导意见》第6条及相关规定，犯罪嫌疑人、被告人犯数罪，仅如实供述其中一罪或部分罪名事实的，全案不作“认罪”的认定，不适用认罪认罚从宽制度。本案中，乙、丙二人只对抢劫认罪认罚，对故意伤害不认罪认罚，全案不作“认罪”的认定，不适用认罪认罚从宽制度。但对如实供述的部分，检察院可以提出从宽处罚的建议，人民法院可以从宽处罚。

2. 可以。根据《刑诉解释》第175条及相关规定：因人身权利受到犯罪侵犯或者财物被犯罪分子毁坏而遭受物质损失的，可以提起附带民事诉讼。对于被害人因犯罪行为遭受精神损失而提起附带民事诉讼的，法院一般不予受理。本案中，被害人的母亲可以提起附带民事诉讼，但是针对附带民事诉讼问题，人民法院只针对被害人母亲提出的死亡赔偿金、丧葬费、交通补助等依法予以支持，对于精神损失赔偿一般不予以受理。

3. 不符合。根据《刑诉解释》第146条第1款的规定，法院应当根据户籍证明、出生证明文件、学籍卡、人口普查登记、无利害关系人的证言等证据综合判断被告人实施被指控的犯罪时是否达到相应法定责任年龄。针对被告人乙的辩护律师根据被告人乙的户口本、出生证、毕业生纪念册提出的异议，应当对异议证据的客观性、关联性、合法性展开全面的审查，而不是直接认定这些证据不能证明乙不是未成年人。其次，虽然乙的叔叔和乙之间存在近亲属关系，只是乙的叔叔证人证言证明力弱，需要其他相关证据予以补强。证明乙已满18岁的证据不足，应当作出有利于被告人的认定，应认定乙是未成年人。因此法院直接认定乙不属于未成年人的做法不符合法律程序要求。

4. 符合法律规定。依据《刑事诉讼法》第200条第1项及相关规定，认定被告人有罪的证明标准是“案件事实清楚，证据确实、充分”。本案中对乙、丙是否涉嫌故意伤害被害人甲存在事实不清，证据不足情形，既没有证据证明被害人甲死亡的时间，也没有证据证明乙、丙与被害人甲之间存在直接的因果关系，综合本案证据无法形成完整证据链，不能排除合理怀疑，因此法院认定乙、丙不构成故意伤害甲的事实正确。

5. 依据《刑事诉讼法》第236条第1款第3项及相关规定,原判决事实不清或者证据不足的,可以在查清事实后改判,也可以裁定撤销原判,发回原审法院重新审判。本案中,二审法院针对一审未认定当事人乙符合未成年人的情形,二审法院应当依法改判,或者撤销原判,发回原审法院依法重新审理。

2022年

【案情】

钟某系A市网约车司机。某日晚,钟某独自在家中饮酒后心存侥幸,主动接单搭载乘客至市内某地。返程途中,因钟某超速行驶,车辆转弯不及冲至人行横道,撞倒路人顾某。顾某当场昏迷、血流不止。钟某害怕被查出酒驾,打电话让恰好在附近购物的妻子王某尽快赶至现场。同时,钟某将顾某紧急送医救治后便返回家中。王某到达事故现场后,主动报警,并告知警方自己系肇事车主且伤者已被送医。当日,顾某因伤重不治身亡。经交警部门认定,王某负事故全部责任。公安机关予以刑事立案,并传唤王某接受讯问。王某在压力之下承认自己是为钟某顶罪,公安机关随即拘传钟某。钟某到案后,主动承认自己的交通肇事行为。公安机关遂以钟某涉嫌交通肇事罪、王某涉嫌包庇罪并案侦查。

后侦查人员带钟某到案发现场进行指认。其间,侦查人员孙某问钟某当时是否饮酒,钟某回答"是的",被孙某携带的执法记录仪拍摄下来,但未记入笔录。此后,在侦查人员的历次讯问中,钟某均承认自己系酒后驾车。在审查起诉阶段,钟某与王某均签署了认罪认罚从宽具结书。

检察院提起公诉后,顾某的近亲属对钟某提起附带民事诉讼,法院决定按照"先刑后民"原则以简易程序进行审理。庭审期间,被告人钟某当庭否认自己存在酒驾及肇事逃逸行为。法院休庭研究后,决定将钟某与王某分案处理。其中,对钟某涉嫌交通肇事罪适用普通程序审理并作如下安排:(1)由公诉机关补充提供指认现场的执法记录仪视频,作为视听资料予以认定;(2)通知孙某出庭作证,证实钟某在指认现场自认酒驾;(3)通知王某作为证人出庭,证实钟某案发后逃逸。在上述证据出示并质证后,钟某再次表示认罪认罚。最终,法院判处钟某有期徒刑5年,并对附带民事诉讼原告人作相应赔偿;判决王某免予刑事处罚。

【问题】

1. 请结合本案中公安机关对传唤与拘传的适用,阐述两种措施的区别。(4分)

2. 法院将钟某一案由简易程序转至普通程序审理是否妥当?普通程序与简易程序审理有什么不同?(10分)

3. 本案遵循"先刑后民"原则审理应注意哪些事项?请简要说明。(4分)

4. 法院分案审理钟某与王某的决定是否妥当?请说明理由。(4分)

5. 法院对于执法记录仪视频的性质认定是否正确?请说明理由。(4分)

6. 孙某的证言是否属于传闻证据?请说明理由。(4分)

—— 参考答案 ——

1. 传唤与拘传的区别:(1)强制力不同和是否属于强制措施不同。传唤是自动到案,不是强制措施；拘传则是强制到案，是强制措施。(2)适用的对象不同。传唤适用于所有当事人；拘传则仅适用于犯罪嫌疑人、被告人。(3)适用时是否一定需要法律文书不同。传唤需要传唤证或者传票，但有例外；拘传需要拘传票或者拘传证。

2. (1)本案转为普通程序审理妥当。根据《刑事诉讼法》第214条第1款的规定，基层人民法院管辖的案件，符合下列条件的，可以适用简易程序审判：①案件事实清楚、证据充分的；②被告人承认自己所犯罪行，对指控的犯罪事实没有异议的；③被告人对适用简易程序没有异议的。《刑事诉讼法》第221条规定："人民法院在审理过程中，发现不宜适用简易程序的，应当按照本章第一节或者第二节的规定重新审理。"本案中，钟某不认罪，故对该案不能适用简易程序，转为普通程序审理是合法的。

(2)普通程序与简易程序在审理方面的区别。

①审判组织不同。普通程序应适用合议庭审理。在简易程序中，可能判处3年有期徒刑以下刑罚的案件，可适用合议庭或独任审理；可能判处的有期徒刑超过3年的案件，应适用合议庭审理。《刑事诉讼法》第183条第1款规定，基层人民法院、中级人民法院审判第一审案件，应当由审判员3人或者由审判员和人民陪审员共3人或者7人组成合议庭进行，但是基层人民法院适用简易程序、速裁程序的案件可以由审判员一人独任审判。

②审理期限不同。普通程序审理期限：《刑事诉讼法》第208条第1款规定，"人民法院审理公诉案件，应当在受理后二个月以内宣判，至迟不得超过三个月。对于可能判处死刑的案件或者附带民事诉讼的案件，以及有本法第一百五十八条规定情形之一的，经上一级人民法院批准，可以延长三个月；因特殊情况还需要延长的，报请最高人民法院批准"。简易程序的审理期限：《刑事诉讼法》第220条规定，"适用简易程序审理案件，人民法院应当在受理后二十日以内审结；对可能判处的有期徒刑超过三年的，可以延长至一个半月"。

③审理程序简化程度不同。

《刑事诉讼法》第219条规定："适用简易程序审理案件，不受本章第一节关于送达期限、讯问被告人、询问证人、鉴定人、出示证据、法庭辩论程序规定的限制。但在判决宣告前应当听取被告人的最后陈述意见。"具体而言，简易程序中传唤、送达方式简便，公诉人可简要宣读起诉书，法庭调查和法庭辩论可简化，一般当庭宣判，裁判文书可以简化。

3. 根据"先刑后民"原则，本案审理需要注意以下事项：(1)根据《刑事诉讼法》第104条的规定，附带民事诉讼应当同刑事案件一并审判，只有为了防止刑事案件审判的过分迟延，才可以在刑事案件审判后，由同一审判组织继续审理附带民事诉讼。(2)《刑诉解释》第196条规定，同一审判组织的成员确实不能继续参与审判的，可以更换。

4. 分案审理不妥当。本案中，钟某、王某的犯罪是关联犯罪，被告人只有两人且案情简单，法院不应仅因钟某翻供即决定分案审理。此外，对钟某需要转为普通程序审理，而此时王某成立犯罪需要以钟某构成犯罪为前提，二者存在紧密关系，法院宜将全案转为普通程序审理，分案审理不妥当。

5. 认定执法记录仪视频为视听资料不正确。行政执法人员携带执法记录仪中的内容是执法人员当场询问被告人是否饮酒，被告人回答"是的"。该记录仪的内容并非形成于案发过程中，是被告人钟某对案件事实的陈述以及钟某辨认案发现场的过程，其用于证明钟某涉嫌的犯罪事实,分别属于被告人的供述和辨认笔录,而不是视听资料。

6. 不属于传闻证据。传闻证据是指证人间接转述他人亲身感知经历的陈述。本案中,侦查人员孙某并非证人。根据《刑诉解释》第251条的规定,法院可以依职权通知证人、鉴定人、有专门知识的人、调查人员、侦查人员或者其他人员出庭。可见,侦查人员不是证人。

2021年

【案情】

甲公司通过招投标获得某地块准备开发,但在拆迁过程中有两户居民不同意拆迁,甲公司两位股东贾某、林某便授意员工李某、宋某纠集社会闲杂人员,采用扔石头、放高音喇叭等措施骚扰两户居民。两户居民不堪忍受,遂报警。公安机关以涉嫌寻衅滋事罪对贾某、林某、李某、宋某四人立案侦查。

侦查过程中,林某因认罪认罚,并且有重大立功表现,公安机关对其作出撤案的决定。贾某、宋某、李某也认罪认罚,宋某因没有委托辩护人,公安机关安排其会见了值班律师马某。之后该案侦查终结移送审查起诉。

因该案社会影响重大,群众反映强烈,检察机关对贾某、李某、宋某三人以涉嫌寻衅滋事罪提起公诉。一审法院经审理,认定三人指控罪名成立并作出有罪判决。李某不服一审判决,提起上诉。

二审期间,监察机关经调查,发现甲公司为取得该地块向某区副区长行贿200万元,股东贾某、林某作为主要责任人也被立案调查。

【问题】

1. 如何理解认罪认罚中的"重大立功"?公安机关因此撤销案件应当经过何种法定程序?(5分)

2. 值班律师马某在侦查阶段的地位和职责是什么?如果审判时被告人仍没有委托辩护人马某能不能出庭辩护?(5分)

3. 关于甲公司行贿一案,人民法院应如何确定单位犯罪的诉讼代表人?(5分)

4. 一审法院应用何种审判组织审理此案?审判人员的职责分工是怎样的?(4分)

5. 李某提起上诉,二审法院发现监察机关已将单位行贿罪移送至检察院,二审法院应当如何处理?(6分)

6. 如果二审法院发现贾某和宋某犯罪事实清楚,证据确实、充分,但是李某的犯罪事实不清、证据不足,应如何处理?(5分)

—— 参考答案 ——

1. (1)关于重大立功,根据《最高人民法院关于处理自首和立功具体应用法律若干问题的解释》第7条第1款的规定,犯罪分子有检举、揭发他人重大犯罪行为,经查证属实;提供侦破其他重大案件的重要线索,经查证属实;阻止他人重大犯罪活动;协助司法机关抓捕其他重大犯罪嫌疑人(包括同案犯);对国家和社会有其他重大贡献等表现的,应当认定为有重大立功表现。本案中,林某认罪认罚,并且有“重大立功”表现,公安机关若认为林某罪行较轻、采用非羁押性强制措施足以防止发生社会危险性,可对林某不适用羁押性强制措施。法院一般应当对林某从轻处罚;符合非监禁刑适用条件的,应当适用非监禁刑;具有法定减轻处罚情节的,可以减轻处罚。(2)根据《公安部规定》第188条的规定,犯罪嫌疑人自愿如实供述涉嫌犯罪的事实,有重大立功或者案件涉及国家重大利益,需要撤销案件的,应当层报公安部,由公安部商请最高人民检察院核准后撤销案件。报请撤销案件的公安机关应当同时将相关情况通报同级人民检察院。公安机关根据前款规定撤销案件的,应当对查封、扣押、冻结的财物及其孳息作出处理。本案中,林某具有重大立功表现,若需撤销案件,公安机关应当层报公安部,再由公安部商请最高人民检察院,最高人民检察院核准的,公安机关可以撤销案件。

2. (1)值班律师并非犯罪嫌疑人、被告人的辩护人,根据《值班律师工作办法》第2条的规定,值班律师是为没有辩护人的犯罪嫌疑人、被告人提供法律帮助的律师。根据《值班律师工作办法》第6条第1、2款的规定,值班律师的职责主要包括以下几个方面:第一,提供法律咨询;第二,提供程序选择建议;第三,帮助犯罪嫌疑人、被告人申请变更强制措施;第四,对案件处理提出意见;第五,帮助犯罪嫌疑人、被告人及其近亲属申请法律援助;第六,法律法规规定的其他事项。值班律师在认罪认罚案件中,还应当提供以下法律帮助:首先,向犯罪嫌疑人、被告人释明认罪认罚的性质和法律规定;其次,对人民检察院指控罪名、量刑建议、诉讼程序适用等事项提出意见;最后,犯罪嫌疑人签署认罪认罚具结书时在场。(2)马某不能出庭辩护。根据《值班律师工作办法》第6条的规定,值班律师可以为犯罪嫌疑人、被告人提供法律咨询,提供程序选择建议,帮助申请变更强制措施,对案件处理提出意见,帮助申请法律援助等法律帮助。可见,值班律师仅提供基本的法律帮助服务,不是真正的辩护人,值班律师没有出庭辩护的资格。

3. 本案中,根据《刑诉解释》第336、337条的规定,对于单位犯罪,人民法院可以从以下方面确定诉讼代表人。第一,被告单位的诉讼代表人,应当是甲公司的法定代表人、实际控制人或者主要负责人。第二,法定代表人、实际控制人或者主要负责人被指控为单位犯罪直接责任人员或者因客观原因无法出庭的,应当由甲公司委托其他负责人或者职工作为诉讼代表人。但是,有关人员被指控为单位犯罪直接责任人员或者知道案件情况、负有作证义务的除外。第三,若仍难以确定诉讼代表人,可以由甲公司委托律师等单位以外的人员作为诉讼代表人。但该诉讼代表人不得同时担任甲公司或者被指控为单位犯罪直接责任人员的有关人员的辩护人。第四,开庭审理时,应当通知甲公司的诉讼代表人出庭;若诉讼代表人不符合上述规定,应当要求人民检察院另行确定诉讼代表人。

4. (1)根据《人民陪审员法》第16条的规定,“人民法院审判下列第一审案件,由人民陪审员和法官组成七人合议庭进行:(一)可能判处十年以上有期徒刑、无期徒刑、死刑,社会影响重大的刑事案件;(二)根据民事诉讼法、行政诉讼法提起的公益诉讼案件;(三)涉及征地拆迁、生态环境保护、食品药品安全,社会影响重大的案件;(四)其他社会影响重大的案件”。本案属于涉及拆迁且具有重大社会影响的案件,鉴于其影响的重大性、问题的复杂性和舆论的关注性,一审法院应当由3名法官、4名人民陪审员组成7人合议庭进行审理。(2)根据《人民陪审员法》第22条的规定,“人民陪审员参加七人合议庭审判案件,对事实认定,独立发表意见,并与法官共同表决;对法律适用,可以发表意见,但不参加表决”。本案中,一审法院在审理时,如果组成7人合议庭,3名法官负责审理事实和法律问题,并对事实和法律问题均有表决权。由于4名人民陪审员不是法律专业,可以审理和表决事实问题,但不参与表决法律问题。

5. 根据《刑诉解释》第24条第2款的规定,人民法院发现被告人还有其他犯罪被审查起诉、立案侦查、立案调查的,可以参照前款规定协商人民检察院、公安机关、监察机关并案处理,但可能造成审判过分迟延的除外。《刑诉解释》第25条规定,第二审人民法院在审理过程中,发现被告人还有其他犯罪没有判决的,参照前条规定处理。第二审人民法院决定并案审理的,应当发回第一审人民法院,由第一审人民法院作出处理。本案中,二审法院发现监察机关已将单位行贿罪移送至检察院,未来可能需要将寻衅滋事案与单位行贿案并案处理的,可与人民检察院协商并案事宜。如决定并案审理,二审法院应当将寻衅滋事案裁定撤销原判、发回重审,交由一审法院处理。具言之,案件发回重审后,若人民检察院补充起诉单位行贿罪,一审法院可将寻衅滋事案与单位行贿案并案审理并作出裁判。

6. 根据《刑诉解释》第404条的规定,二审法院认为李某的犯罪事实不清、证据不足时,需要衡量李某犯罪与贾某、宋某是否存在关联。如果存在关联,可以在查清事实后对李某改判,也可以将全案裁定撤销原判,发回一审法院重新审判;如果不存在关联,二审法院根据案件情况,可以对李某分案处理,仅将李某发回一审法院重新审判,一审法院重新审理后,如果李某上诉或者检察院抗诉,若贾某、宋某的二审尚未裁判,二审法院可以将李某与贾某、宋某并案审理。

2020年

【案情】

小王喜欢玩电脑网络游戏,精通电脑程序。小王制作了一个病毒链接发给多名网络玩家,只要被害人点开链接,小王就能知道对方游戏登录密码。被害人小刘玩游戏时点击了该链接,小王登录小刘游戏账号后将其账户中的100万金豆转入自己的游戏账户。小刘发现后报案,某县公安机关对小王以盗窃罪立案侦查,侦查终结后移送某县检察院审查起诉。案件随后由某县检察院向某县法院提起公诉,某县检察院向法庭出示了多项物证、书证、电子数据、鉴定意见,还出示了物价部门出具的游戏金豆的价格认定书一份。小王委托了一名专家辅助人小赵对公诉人出示的鉴定意见提出疑问。控辩双方在法官主持下进行了充分的法庭调查。

【问题】

1. 利用计算机网络进行犯罪的犯罪地如何确定?(3分)
2. 电子数据的合法性如何审查?(7分)
3. 专家辅助人小赵对鉴定意见发表意见起何种作用?(5分)
4. 物价部门出具的游戏金豆价格认定书属于什么证据,该如何审查运用?(4分)
5. 检察机关在庭审中用什么方式进行举证?(7分)
6. 若被告人供述与侦查讯问时的录音录像有实质差别,应当如何适用?(4分)

—— 参考答案 ——

1. 根据《公安部规定》第17条的规定,针对或者主要利用计算机网络实施的犯罪,用于实施犯罪行为的网络服务使用的服务器所在地，网络服务提供者所在地，被侵害的网络信息系统及其管理者所在地，以及犯罪过程中犯罪嫌疑人、被害人使用的网络信息系统所在地，被害人被侵害时所在地和被害人财产遭受损失地公安机关可以管辖。由此可知，利用计算机网络进行犯罪的犯罪地包括：(1)实施犯罪行为的网络服务使用的服务器所在地；(2)网络服务提供者所在地；(3)被侵害的网络信息系统及其管理者所在地；(4)犯罪过程中犯罪嫌疑人、被害人使用的网络信息系统所在地；(5)被害人被侵害时所在地；(6)被害人财产遭受损失地。

2. 根据《关于办理刑事案件收集提取和审查判断电子数据若干问题的规定》第 24 条的规定，对收集、提取电子数据是否合法，应当着重审查以下内容：(1)收集、提取电子数据是否由二名以上侦查人员进行，取证方法是否符合相关技术标准。(2)收集、提取电子数据，是否附有笔录、清单，并经侦查人员、电子数据持有人(提供人)、见证人签名或者盖章；没有持有人(提供人)签名或者盖章的，是否注明原因；对电子数据的类别、文件格式等是否注明清楚。(3)是否依照有关规定由符合条件的人员担任见证人，是否对相关活动进行录像。(4)电子数据检查是否将电子数据存储介质通过写保护设备接入到检查设备；有条件的，是否制作电子数据备份，并对备份进行检查；无法制作备份且无法使用写保护设备的，是否附有录像。

3. 小赵对鉴定意见发表的意见可以作为法官裁判的参考材料。

根据《刑事诉讼法》第 50 条第 2 款的规定，证据包括：物证，书证，证人证言，被害人陈述，犯罪嫌疑人、被告人供述和辩解，鉴定意见，勘验、检查、辨认、侦查实验等笔录，视听资料，电子数据。由此可知，专家辅助人小赵就鉴定意见发表的意见不属于上述法定证据类型。根据《刑事诉讼法》第 197 条的规定：法庭审理过程中，当事人和辩护人、诉讼代理人有权申请通知新的证人到庭，调取新的物证，申请重新鉴定或者勘验。公诉人、当事人和辩护人、诉讼代理人可以申请法庭通知有专门知识的人出庭，就鉴定人作出的鉴定意见提出意见。法庭对于上述申请，应当作出是否同意的决定。有专门知识的人出庭，适用鉴定人的有关规定。由此可知，法律仅规定专家辅助人出庭发表意见的，参照适用鉴定人的有关规定，但未规定其发表的意见具有何种效力。既然专家辅助人出庭适用鉴定人的有关规定，则专家辅助人就鉴定意见出具的意见也可以参照鉴定意见的有关规定进行法庭质证，可以作为法官审判案件的参考材料。

4. 价格认定书不属于我国《刑事诉讼法》规定的法定证据种类，但可以作为证据使用。

根据《刑事诉讼法》第 50 条第 2 款的规定，证据包括物证，书证，证人证言，被害人陈述，犯罪嫌疑人、被告人供述和辩解，鉴定意见，勘验、检查、辨认、侦查实验等笔录，视听资料，电子数据。由此可知，价格认定书不属于上述法定证据种类。但是，根据《刑诉解释》第 100 条的规定：因无鉴定机构，或者根据法律、司法解释的规定，指派、聘请有专门知识的人就案件的专门性问题出具的报告，可以作为证据使用。对上述规定的报告的审查与认定，参照适用《刑诉解释》第四章第五节的有关规定。经人民法院通知，出具报告的人拒不出庭作证的，有关报告不得作为定案的根据。本案中物价部门出具的游戏金豆价格认定书为有专门知识的人就案件的专门性问题出具的书面意见，可以作为证据使用，其具体的审查认定规则，参照适用有关鉴定意见的规定。

5. 根据《高检规则》第 399 条的规定：在法庭审理中，公诉人应当客观、全面、公正地向法庭出示与定罪、量刑有关的证明被告人有罪、罪重或者罪轻的证据。按照审判长要求，或者经审判长同意，公诉人可以按照以下方式举证、质证。(1)对于可能影响定罪量刑的关键证据和控辩双方存在争议的证据,一般应当单独举证、质证;(2)对于不影响定罪量刑且控辩双方无异议的证据,可以仅就证据的名称及其证明的事项、内容作出说明;(3)对于证明方向一致、证明内容相近或者证据种类相同,存在内在逻辑关系的证据,可以归纳、分组示证、质证。公诉人出示证据时,可以借助多媒体设备等方式出示、播放或者演示证据内容。定罪证据与量刑证据需要分开的,应当分别出示。

6. 该问题法律无明文规定,我们应当具体问题具体分析。刑事诉讼中的证据不在于数量的多少,而在于彼此之间能否相互印证,形成完整的证据链。因此,在被告人供述与侦查讯问时的录音录像有实质差别时,我们不得武断地得出孰真孰假的结论,应当结合其他证据来判断真实性。若被告人供述与其他证据可以相互印证,则应采纳被告人供述。若侦查讯问时的录音录像可以与其他证据相互印证,则应当采纳侦查讯问时的录音录像。

2019年

【案情】

王某系A市中级人民法院刑事审判庭法官。2016年9月,王某在审理本市吴某抢劫案中,违反法律规定认定吴某有立功情节,对吴某减轻处罚判处有期徒刑10年,吴某的弟弟为此向王某行贿50万元。王某为规避法律,让其侄子王小六收钱并保管。

2018年11月,A市监察委员会接到举报后对王某立案调查,调查中另查明王某在担任审判监督庭法官时存在徇私舞弊减刑的犯罪事实,A市监察委员会对本案调查终结,移送检察机关审查起诉,检察机关以王某涉嫌受贿罪和徇私舞弊减刑罪向A市中级人民法院提起公诉,同时以王小六构成掩饰、隐瞒犯罪所得罪另案起诉。

法院审判期间,王某改变了在监察委员会调查和检察机关审查起诉期间不认罪的态度,主动承认被指控的犯罪事实并自愿接受处罚,人民法院按照认罪认罚从宽的规定,对王某从轻作出了判决。一审判决后检察机关没有抗诉,王某未上诉,一审判决发生法律效力。

【问题】

1. 本案在管辖上有无问题,请说明理由。(10分)

2. 王小六涉嫌掩饰、隐瞒犯罪所得罪在未经立案侦查的前提下,检察机关能否径行起诉,为什么?(5分)

3. 如本案中王某的行为既涉及监察机关管辖的犯罪又涉及公安机关、检察机关管辖的犯罪,关于管辖的处理原则是什么?(6分)

4. A市中级人民法院按照认罪认罚从宽的规定对王某从轻作出判决,是否符合法律规定?请说明理由。(6分)

—— 参考答案 ——

1. (1)立案管辖。

本案应当由A市监察委员会立案调查。

根据《监察法》第11条的规定,监察委员会依照该法和有关法律规定,对涉嫌贪污贿赂、滥用职权、玩忽职守、权力寻租、利益输送、徇私舞弊以及浪费国家资财等职务违法和职务犯罪履行调查职责。本案中,王某涉嫌受贿罪和徇私舞弊减刑罪,属于监察机关管辖的犯罪,A 市监察委员会在接到举报后有权对本案予以立案调查。

根据《刑事诉讼法》第 19 条第 2 款的规定:人民检察院在对诉讼活动实行法律监督中发现的司法工作人员利用职权实施的非法拘禁、刑讯逼供、非法搜查等侵犯公民权利、损害司法公正的犯罪,可以由人民检察院立案侦查。对于公安机关管辖的国家机关工作人员利用职权实施的重大犯罪案件,需要由人民检察院直接受理的时候,经省级以上人民检察院决定,可以由人民检察院立案侦查。由此可知,人民检察院在履行法律监督职责时发现司法工作人员利用职权实施的犯罪,可以立案侦查。但本案中王某所实施的徇私舞弊减刑罪并非检察机关履行法律监督职责过程中发现的犯罪,不应由检察机关立案侦查,而应由监察机关立案调查。

(2)审判管辖。

本案不应当由 A 市中级人民法院进行审理。

根据《刑事诉讼法》第 29 条的规定,审判人员、检察人员、侦查人员有下列情形之一的,应当自行回避,当事人及其法定代理人也有权要求他们回避:一是本案的当事人或者是当事人的近亲属的;二是本人或者他的近亲属和本案有利害关系的;三是担任过本案的证人、鉴定人、辩护人、诉讼代理人的;四是与本案当事人有其他关系,可能影响公正处理案件的。本案中,王某为 A 市中级人民法院法官,与 A 市中级人民法院的其他法官等工作人员为同事关系,较为熟悉,若由 A 市中级人民法院进行审理,属于上述法条规定的"与本案当事人有其他关系,可能影响公正处理案件"的情形,因此本案不应由 A 市中级人民法院进行审理。

根据《刑诉解释》第 18 条的规定,有管辖权的人民法院因案件涉及本院院长需要回避或者其他原因,不宜行使管辖权的,可以请求移送上一级人民法院管辖。上一级人民法院可以管辖,也可以指定与提出请求的人民法院同级的其他人民法院管辖。本案属于 A 市中级人民法院不宜行使管辖权的情形,A 市中级人民法院可以请求移送上一级人民法院管辖,上一级人民法院可以自行管辖,也可以指定与 A 市中级人民法院同级的其他人民法院进行管辖。

2. 检察机关不得径行起诉。

根据《高检规则》第 356 条的规定,人民检察院在办理公安机关移送起诉的案件中,发现遗漏罪行或者有依法应当移送起诉的同案犯罪嫌疑人未移送起诉的,应当要求公安机关补充侦查或者补充移送起诉。对于犯罪事实清楚,证据确实、充分的,也可以直接提起公诉。由此可知,检察机关直接提起公诉有两个条件:一是公安机关已经对案件立案侦查,但遗漏罪行或者有依法应当移送起诉的同案犯罪嫌疑人未移送起诉;二是犯罪事实清楚,证据确实、充分。本案中,王小六涉嫌掩饰、隐瞒犯罪所得罪一案未经公安机关立案侦查,且案件情况较为复杂,无法达到"犯罪事实清楚,证据确实、充分"的起诉标准。因此,检察机关不得直接起诉。

根据《刑事诉讼法》第 113 条的规定,人民检察院认为公安机关对应当立案侦查的案件而不立案侦查的,或者被害人认为公安机关对应当立案侦查的案件而不立案侦查,向人民检察院提出的,人民检察院应当要求公安机关说明不立案的理由。人民检察院认为公安机关不立案理由不能成立的,应当通知公安机关立案,公安机关接到通知后应当立案。本案中,王小六涉嫌掩饰、隐瞒犯罪所得罪一案未经公安机关立案侦查,若检察机关认为该案件属于公安机关应当立案侦查而不立案侦查的案件,检察机关应当要求公安机关说明不立案的理由,检察机关认为不立案理由不能成立的,应当通知公安机关立案,而非径行起诉。

3. 根据《监察法》第37条的规定,人民法院、人民检察院、公安机关、审计机关等国家机关在工作中发现公职人员涉嫌贪污贿赂、失职渎职等职务违法或者职务犯罪的问题线索,应当移送监察机关,由监察机关依法调查处置。被调查人既涉嫌严重职务违法或者职务犯罪,又涉嫌其他违法犯罪的,一般应当由监察机关为主调查,其他机关予以协助。本案中,王某的行为既涉及监察机关管辖的犯罪,又涉及公安机关、检察机关管辖的犯罪,一般应当由监察机关为主调查,公安机关、检察机关予以协助。

根据《监察法实施条例》第51条的规定,公职人员既涉嫌贪污贿赂、失职渎职等严重职务违法和职务犯罪,又涉嫌公安机关、人民检察院等机关管辖的犯罪,依法由监察机关为主调查的,应当由监察机关和其他机关分别依职权立案,监察机关承担组织协调职责,协调调查和侦查工作进度、重要调查和侦查措施使用等重要事项。本案中,王某的行为既涉及监察机关管辖的犯罪,又涉及公安机关、检察机关管辖的犯罪,若应当依法由监察机关为主调查,则监察机关、公安机关、检察机关应当分别依职权立案,由监察机关承担组织协调职责,统一协调调查、侦查工作等重要事项。

4. 法院按照认罪认罚从宽的规定对王某从轻作出判决符合法律规定。

根据《认罪认罚从宽制度指导意见》第5条第1款的规定,认罪认罚从宽制度贯穿刑事诉讼全过程,适用于侦查、起诉、审判各个阶段。由此可知,认罪认罚从宽制度适用于刑事诉讼全过程各阶段,不限于犯罪嫌疑人在刑事诉讼之初就必须认罪认罚。本案中,王某在监察委员会调查和检察机关审查起诉期间不认罪,在法院审判期间认罪,也属于在刑事诉讼期间认罪,符合认罪认罚从宽制度的适用原则,人民法院可以按照认罪认罚从宽的规定对王某从轻作出判决。对于王某在审判前拒不认罪的行为,虽不会影响其后续认罪时适用认罪认罚从宽制度,但人民法院在作出从轻处罚判决时可综合考虑该情节,酌情减小从轻处罚的幅度。

2018年

【案情】

甲与乙在饭店遇到仇人丙,甲(已另案处理)想去教训一下丙,乙劝架未果,甲用饭店的凳子把丙砸成重伤,乙与店员丁一起把丙抬上车,乙于22时20分左右开车送丙去医院,医院停车场监控显示大概于22时50分到达停车场,但乙并未将丙送往医院,而是去找了甲商量是否准备私了,并于6个小时左右后方返回停车场。案件中的证据包括:(1)乙的供述:"当晚送到医院停车场后,丙呼吸微弱且血流不止,我觉得丙肯定救不活了,于是就去找甲商量是否要与其家属私了,并于次日凌晨返回医院停车场"。(2)甲的供述:"乙当天23时左右找到我,告诉我丙已经死亡,与我商量是否要与丙的家属私了,并与乙一同于次日5时左右返回停车场"。(3)丁的证言:"当天22时20分左右与乙一起把丙抬上车,丙当时并未出血,我觉得如果送到医院,肯定能救回来的"。(4)多处监控显示,22时50分左右乙到达停车场,随后离开,并于次日5时左右又回到了停车场。(5)法医的尸检勘验笔录及尸体照片显示,丙的伤口痕迹与饭店的凳子击打处外形相吻合,全身并无其他外伤。丙有凝血功能障碍导致血流不止,但是无法查明具体死亡时间。(6)侦查实验笔录显示,22 时左右从饭店到医院需要 30 分钟左右的时间。(7)医院接诊记录:次日 5 时左右接诊丙,发现其已死亡,没有采取抢救措施。在庭审中,乙当庭翻供,表示遭受了刑讯逼供,是公安机关强迫自己承认送到医院时丙尚未死亡。但其实到达医院时,丙血流不止,已经死亡了。乙的辩护人戊申请排除非法证据,并提供了乙遭受刑讯逼供的时间段要求法院播放该时段的讯问录像。公安机关以录像时好时坏为由只提供了部分录像,这些录像没有包含乙所提到的时间段的录像。辩护人戊也提出了要求重新鉴定丙的死亡时间,但没有新的证据能证明丙确切的死亡时间。

【问题】

请根据上述的证据分析,应对乙作出何种判决?(请根据相关的证据规则与法律规定进行分析)(30 分)

—— 参考答案 ——

人民法院应当对乙作出无罪判决。

本案中法院应当对乙作出何种判决,取决于乙是否要对丙的死亡结果负责,即乙的行为与丙的死亡结果之间是否具有因果关系。若具有因果关系,则乙构成故意杀人罪;若不具有因果关系,则乙不构成犯罪,法院应当对乙作出无罪判决。

1. 乙是否构成直接故意型故意杀人罪

关于乙是否构成直接故意型故意杀人罪,对于证据的分析,应当围绕乙是否对丙进行伤害致使丙死亡展开。

(1)法医的尸检勘验笔录及尸体照片。

根据《刑事诉讼法》第 50 条第 2 款的规定,证据包括物证,书证,证人证言,被害人陈述,犯罪嫌疑人、被告人供述和辩解,鉴定意见,勘验、检查、辨认、侦查实验等笔录,视听资料、电子数据。法医的尸检勘验笔录及尸体照片是勘验笔录,属于实物证据。法医勘验笔录和尸体照片显示丙的伤口痕迹与饭店凳子击打处外形相吻合,全身无其他外伤,证明乙在送丙就医的路上未对丙实施伤害行为。

(2)丁的证言、多处监控、侦查实验笔录。

丁的证言是证人证言,属于言词证据;多处监控是电子数据,属于实物证据;公安机关制作的侦查实验笔录属于言词证据。根据丁的证言,当天 22 时 20 分左右乙开车送丙就医。根据侦查实验笔录,当天 22 时左右从饭店到医院需要 30 分钟左右的时间。根据多处监控录像,当天 22 时 50 分左右乙到达停车场。在时间线索上,三者可以相互印证,证明当晚乙送丙就医过程中从案发地径直前往停车场,不存在实施其他伤害行为的作案时间。

(3)甲的供述、多处监控、医院接诊记录。

甲的供述是犯罪嫌疑人供述,属于言词证据;多处监控是视听资料,属于实物证据;医院接诊记录是书证,属于实物证据。根据甲的供述、多处监控以及医院接诊记录,乙于次日 5 时左右返回停车场后,立即送丙就医,未对丙实施过其他伤害行为。

综合上述证据来看,乙并未对丙实施伤害行为,不构成直接故意型故意杀人罪。

2. 乙是否构成间接故意型故意杀人罪

综观本案案情可知,判断乙是否构成间接故意型故意杀人罪关键在于丙的死亡时间:若乙送丙去医院时，丙已死亡，则乙不构成犯罪；若乙送丙去医院时，丙尚未死亡，则乙构成犯罪。

根据案情可知，本案的证据如下。

(1)乙的供述。

乙的供述为犯罪嫌疑人供述，属于言词证据。根据乙的供述，在将丙送医时，丙尚未死亡，但是乙在庭审时翻供。根据《刑诉解释》第127条的规定，当事人及其辩护人、诉讼代理人申请人民法院排除以非法方法收集的证据的，应当提供涉嫌非法取证的人员、时间、地点、方式、内容等相关线索或者材料。本案中乙在庭审中翻供，称受到刑讯逼供，其在将丙送医时丙已经死亡。因此，乙之前所作的供述属于非法证据，且乙的辩护人戊提供了乙遭受刑讯逼供的时间段等初步线索，该证据不得直接作为定案依据，法院应当对其进行调查。根据《刑诉解释》第137条的规定，对于经过法庭审理，确认或者不能排除存在以非法方法收集证据情形的，对有关证据应当予以排除。本案中公安机关只提供了部分讯问录像，这些录像并未涵盖乙所提到的时间段的录像，无法证明乙是否遭受了刑讯逼供。因此，乙的供述不能排除是以非法方法收集的可能性，应当予以排除，不得作为定案依据。

(2)甲的供述。

甲的供述是犯罪嫌疑人供述，属于言词证据。根据甲的供述，案发当晚乙找到他时称丙已经死亡，无法直接证明在乙送丙就医时丙是否已经死亡。

(3)丁的证言。

丁的证言是证人证言，属于言词证据。根据丁的证言，在其与乙将丙抬上车时，丙未出血。这只能证明送医时丙的表面状态，无法证明丙当时是否已经死亡。根据《刑诉解释》第88条第2款的规定，证人的猜测性、评论性、推断性的证言，不得作为证据使用，但根据一般生活经验判断符合事实的除外。关于“如果送到医院，肯定能救回来”的证人证言，属于证人丁的主观猜测且丙能否被救活属于医学专业问题，无法根据一般生活经验加以判断，不得作为证据使用。

(4)多处监控。

多处监控录像是电子数据，属于实物证据。根据监控录像，案发当天22时50分左右乙到达停车场，随后离开，并于次日5时左右又回到了停车场。该证据只能证明乙到达、离开停车场的时间，无法证明送医时丙是否已经死亡。

(5)法医的尸检勘验笔录及尸体照片。

法医的尸检勘验笔录及尸体照片是勘验笔录，属于实物证据。法医的尸检勘验笔录及尸体照片只能证明丙的伤口痕迹与饭店的凳子击打处外形相吻合，且无其他外伤以及丙有凝血功能障碍导致血流不止，但是无法证明丙的具体死亡时间，即无法证明在乙送丙就医时丙是否已经死亡。

(6)侦查实验笔录。

侦查实验笔录是法定证据类型，属于言词证据。侦查实验笔录可以证明22时左右从饭店到医院需要30分钟左右的时间，但无法证明丙的具体死亡时间。

(7)医院接诊记录。

医院接诊记录是书证，属于实物证据。医院接诊记录可以证明接诊时间为次日5时左右，接诊时丙已经死亡，但无法证明乙送丙就医时丙是否死亡。

根据《刑事诉讼法》第55条的规定，对一切案件的判处都要重证据，重调查研究，不轻信口供。只有被告人供述，没有其他证据的，不能认定被告人有罪和处以刑罚；没有被告人供述，证据确实、充分的，可以认定被告人有罪和处以刑罚。证据确实、充分，应当符合以下条件：(1)定罪量刑的事实都有证据证明；(2)据以定案的证据均经法定程序查证属实；(3)综合全案证据，对所认定事实已排除合理怀疑。本案中无证据能够证明丙的具体死亡时间，即无法确定乙送丙就医时丙是否已经死亡，无法达到上述证明标准，属于证据不足的情形。根据《刑诉解释》第295条第1款第4项的规定，证据不足，不能认定被告人有罪的，应当以证据不足、指控的犯罪不能成立，判决宣告被告人无罪。本案中已有证据不足以证明送医时丙是否已经死亡，无法判断乙是否构成间接故意型故意杀人罪，根据疑罪从无原则，应当判定乙无罪。

三、考点全解

考点一 管辖

一、立案管辖

1. 公安机关管辖的案件。

(1)原则上大部分的刑事案件立案管辖权都归公安机关。

(2)特殊规定：

①由国家安全机关立案侦查的危害国家安全的刑事案件；

②由军队保卫部门负责侦查的军队内部发生的刑事案件；

③由监狱负责侦查的罪犯在监狱内犯罪的案件；

④中国海警局履行海上维权执法职责，对海上发生的刑事案件行使侦查权；

⑤由海关缉私部门负责侦查的走私类犯罪的刑事案件。

2. 检察院管辖的案件。

检察院在对诉讼活动实行法律监督中发现的司法工作人员利用职权实施的非法拘禁、刑讯逼供、非法搜查等侵犯公民权利、损害司法公正的犯罪，可以由检察院立案侦查。

具体包括司法工作人员利用职权实施的下列14种罪名：(1)非法拘禁罪；(2)非法搜查罪；(3)刑讯逼供罪；(4)暴力取证罪；(5)虐待被监管人罪；(6)滥用职权罪；(7)玩忽职守罪；(8)徇私枉法罪；(9)民事、行政枉法裁判罪；(10)执行判决、裁定失职罪；(11)执行判决、裁定滥用职权罪；(12)私放在押人员罪；(13)失职致使在押人员脱逃罪；(14)徇私舞弊减刑、假释、暂予监外执行罪。

3. 监察委员会管辖的案件。

监察机关是国家的反腐败机关，主要对国家工作人员的职务犯罪进行管辖。

监察机关力求实现"公职人员全覆盖"，因此我们可以根据行为人的身份来判断案件是否属于监察机关的管辖范围。常见的由监察机关管辖的罪名主要有贪污罪、受贿罪、利用影响力受贿罪、挪用公款罪、滥用职权罪、玩忽职守罪、巨额财产来源不明罪等。

4. 法院直接受理的案件。

(1)告诉才处理的案件:侮辱、诽谤案,虐待案,暴力干涉婚姻自由案,侵占案。

其中侵占案为"绝对告诉才处理",必须由被害人自己向法院起诉才可,其他为"相对告诉才处理"。

(2)检察院没有提起公诉,被害人有证据证明的轻微刑事案件。

(3)被害人有证据证明对被告人侵犯自己的人身、财产权利的行为应当依法追究刑事责任,且有证据证明曾经提出控告,但公安机关或检察院不予追究的案件。

注意:前三种案件如果情节严重,将成为公诉案件,例如,虐待致人死亡案件由公安机关立案侦查,不再属于告诉才处理的案件。也就是说,告诉才处理的案件只含有前三类案件的一般情形,只要出现例外情形它们就不再属于告诉才处理的案件,而是最为正常不过的公诉案件。

二、审判管辖

1. 级别管辖:重点记忆中级法院的管辖范围。

(1)中级法院管辖以下一审刑事案件:危害国家安全、恐怖活动案件;可能判处无期徒刑、死刑的案件;

(2)适用特殊程序的案件:没收违法所得的案件,由犯罪地或犯罪嫌疑人、被告人居住地中级法院组成合议庭审理;被告人缺席审判的案件。

2. 地域管辖:刑事案件由犯罪地的法院管辖。如果由被告人居住地的法院审判更为适宜,可以由被告人居住地的法院管辖。"犯罪地"包括犯罪行为地和犯罪结果地,网络犯罪的"犯罪地":针对或者主要利用计算机网络实施的犯罪,犯罪地包括用于实施犯罪行为的网络服务使用的服务器所在地,网络服务提供者所在地,被侵害的信息网络系统及其管理者所在地,犯罪过程中被告人、被害人使用的信息网络系统所在地,以及被害人被侵害时所在地和被害人财产遭受损失地等。

3. 移送管辖:有管辖权的法院不方便行使管辖权时的移送管辖,有管辖权的法院需要全体回避或者因其他原因不宜行使管辖权时,可以请求移送上一级法院管辖。上一级法院拿到案件,可以自己管辖,也可以指定与移送管辖法院的同级法院管辖。

基层法院将案件移送中级人民法院的两种情况:

(1)基层法院应当移送中级法院审理的案件:可能被判处无期徒刑、死刑的一审刑事案件。

(2)基层法院可以移送中级法院审理的案件:①重大、复杂案件;②新类型的疑难案件;③在法律适用上具有普遍指导意义的案件。

三、管辖竞合

1. 监察机关与其他机关管辖权竞合的处理:

法院、检察院、公安机关、审计机关等国家机关在工作中发现公职人员涉嫌贪污贿赂、失职渎职等职务违法或者职务犯罪的问题线索,应当移送监察机关,由监察机关依法调查处置。

2. 监察机关与检察机关管辖权竞合的处理:

检察院办理直接受理侦查的案件,发现犯罪嫌疑人同时涉嫌监察机关管辖的职务犯罪线索的,应当及时与同级监察机关沟通。

经沟通,认为全案由监察机关管辖更为适宜的,检察院应当将案件和相应职务犯罪线索一并移送监察机关;认为由监察机关和检察院分别管辖更为适宜的,检察院应当将监察机关管辖的相应职务犯罪线索移送监察机关,对依法由检察院管辖的犯罪案件继续侦查。

检察院应当及时将沟通情况报告上一级检察院。沟通期间不得停止对案件的侦查。

3. 公安机关和检察机关管辖权竞合的处理:

对方案件必须移送,以主罪、次罪区分谁是主侦查机关。如果涉嫌主罪属于公安机关管辖,则由公安机关为主侦查,人民检察院予以配合;如果涉嫌主罪属于人民检察院管辖,则由人民检察院为主侦查,公安机关予以配合。

考点二 辩护制度

一、辩护概述

1. 辩护的种类:委托辩护、自行辩护、法律援助辩护。

2. 委托辩护人的时间。

(1)犯罪嫌疑人:自被侦查机关第一次讯问或采取强制措施之日起可以委托辩护人;

(2)被告人:随时可以委托辩护人。

3. 办案机关应当何时告知犯罪嫌疑人、被告人委托辩护的权利:

(1)侦查机关:第一次讯问或采取强制措施之日;

(2)检察机关:自收到侦查机关移送的审查起诉的案件材料之日起 3 日内告知;

(3)法院:自案件受理之日起 3 日内告知。

▶▶ **提示** 监察委员会使用的是留置,留置期间不得委托辩护人。

4. 拒绝辩护。

(1)法律援助的被告人:

①首次拒绝辩护,法院应当审查理由是否正当。理由正当的,应当准许;理由不正当的,不予准许。拒绝法律援助辩护后,被告人应当在 5 日以内另行委托辩护人;被告人未另行委托辩护人的,人民法院应当在 3 日以内通知法律援助机构另行指派律师为其提供辩护。

②再次拒绝辩护,无论理由是否正当,法院都不予准许。

(2)其他被告人:

①首次拒绝辩护,法院应当准许。被告人拒绝辩护后,可以另行委托辩护人或自行辩护。

②再次拒绝辩护,法院可以准许。但被告人不得再另行委托辩护人,只能自己辩护。

5. 辩护人的职责。

(1)无罪辩护。

①事实上的无罪:第一,说明犯罪行为未发生;第二,并非犯罪嫌疑人所为;第三,事实不清、证据不足,实践中运用最多。

②法律上的无罪:第一,犯罪主体不适格;第二,无刑事责任能力;第三,正当行为,例如正当防卫、紧急避险;第四,主观无罪过;第五,刑事责任消灭——死亡、已过追诉时效、实体法修改。

(2)罪轻辩护。

虽然有罪,但可以通过减少罪名或者犯罪数额,对非法证据进行排除等方式来减轻刑罚。

(3)量刑辩护。

重点看被告人是否具有自首、立功、认罪认罚等法定的量刑情节。

二、法律援助辩护

法律援助机构没有指派律师为犯罪嫌疑人、被告人提供辩护的,由值班律师为犯罪嫌疑人、被告人提供法律咨询、程序选择建议、申请变更强制措施、对案件处理提出意见等法律帮助。

法院、检察院、看守所应当告知犯罪嫌疑人、被告人有权约见值班律师,并为犯罪嫌疑人、被告人约见值班律师提供便利。

1. 依申请,同时具备如下条件,方可申请法律援助。

(1)犯罪嫌疑人、被告人因经济困难或者其他原因没有委托辩护人;

(2)犯罪嫌疑人、被告人本人及其近亲属可以向法律援助机构提出申请。

同时满足上述条件,法律援助机构应当指派律师为其提供辩护。

2. 依职权。

(1)犯罪嫌疑人、被告人具备以下特殊情况,但没有委托辩护人的,公安机关、检察院、法院应当通知法律援助机构指派律师辩护:

①犯罪嫌疑人、被告人是盲、聋、哑人;

②犯罪嫌疑人、被告人是尚未完全丧失辨认或者控制自己行为能力的精神病人;

③犯罪嫌疑人、被告人可能被判处无期徒刑、死刑。

(2)法院应当通知法律援助:法院缺席审判案件,被告人有权委托辩护人,被告人的近亲属可以代为委托辩护人。被告人及其近亲属没有委托辩护人的,法院应当通知法律援助机构指派律师为其提供辩护。

(3)法院可以通知法律援助:具有下列情形之一,被告人没有委托辩护人的,法院可以通知法律援助机构指派律师为其提供辩护:

①在共同犯罪案件中,其他被告人已经委托辩护人的;

②案件有重大社会影响的;

③检察院抗诉的;

④被告人的行为可能不构成犯罪的;

⑤有必要指派律师提供辩护的其他情形。

考点三 值班律师制度

法律援助机构可以在法院、看守所等场所派驻值班律师。

1. 派驻地点:看守所、法院、检察院等地方。

2. 适用条件:犯罪嫌疑人、被告人没有委托辩护人且法律援助机构未指派律师为其辩护。

3. 职责:为犯罪嫌疑人、被告人提供必要的、最低限度的法律帮助。

4. 值班律师不是辩护人,其与辩护人的区别:

(1)值班律师无出庭资格(值班律师不得出庭);

(2)值班律师无调查取证权;

(3)值班律师不得带律师助理。

5.适用阶段:值班律师制度可以适用于所有案件的所有诉讼阶段。

6.值班律师依法提供以下法律帮助:

(1)提供法律咨询;

(2)提供程序选择建议;

(3)帮助犯罪嫌疑人、被告人申请变更强制措施;

(4)对案件处理提出意见;

(5)帮助犯罪嫌疑人、被告人及其近亲属申请法律援助;

(6)法律法规规定的其他事项。

7.值班律师在认罪认罚案件中,还应当提供以下法律帮助:

(1)向犯罪嫌疑人、被告人释明认罪认罚的性质和法律规定;

(2)对人民检察院指控罪名、量刑建议、诉讼程序适用等事项提出意见;

(3)犯罪嫌疑人签署认罪认罚具结书时在场。

值班律师办理案件时,可以应犯罪嫌疑人、被告人的约见进行会见,也可以经办案机关允许主动会见;自检察院对案件审查起诉之日起可以查阅案卷材料、了解案情。

8.值班律师制度可衔接不同阶段:

对于被羁押的犯罪嫌疑人、被告人,在不同诉讼阶段,可以由派驻看守所的同一值班律师提供法律帮助。对于未被羁押的犯罪嫌疑人、被告人,前一诉讼阶段的值班律师可以在后续诉讼阶段继续为犯罪嫌疑人、被告人提供法律帮助。

考点四 辩护人的权利

辩护人主要享有阅卷权,会见权,调查取证权,申请变更或解除强制措施权,获得通知权,参与法庭调查、辩论权,人身保障权、救济权等权利。其中,前三项权利需要重点掌握。

一、阅卷权

1.自检察院对案件审查起诉之日起可以阅卷。

律师阅卷不需要办案机关批准,非律师身份的辩护人阅卷需要办案机关批准,两者均自审查起诉之日起才可阅卷,侦查阶段均不可阅卷。

2.案卷在哪里就在哪里阅卷,即在案卷移送审查起诉后,检察机关提起公诉前,在检察院阅卷;检察机关提起公诉后,在法院阅卷。

注意:因为自审查起诉之日起才可以阅卷,这意味着侦查阶段不得阅卷,因此辩护人不得在公安机关、国家安全机关、监察委员会阅卷。

3.辩护人查阅、摘抄、复制的内容仅限于案卷材料,合议庭、审判委员会的讨论记录以及其他依法不公开的材料不得查阅、摘抄、复制。

4.对作为证据材料向法院移送的讯问录音录像,辩护律师申请查阅的,法院应当准许。

5.查阅、摘抄、复制案卷材料,涉及国家秘密、商业秘密、个人隐私的,应当保密;对不公开审理案件的信息、材料,或者在办案过程中获悉的案件重要信息、证据材料,不得违反规定泄露、披露,不得用于办案以外的用途。法院可以要求相关人员出具承诺书。

违反前述规定的,法院可以通报司法行政机关或者有关部门,建议给予相应处罚;构成犯罪的,依法追究刑事责任。

二、会见权

1. 会见时应持下列材料:

(1)律师执业证书;

(2)律师事务所证明;

(3)委托书或者法律援助公函。

注意:辩护律师会见在押或者被监视居住的被告人,不需要经办案机关批准;非律师辩护人须经法院许可后才可以会见。

2. 会见权利:

(1)会见时间、次数不受限制。符合会见条件的,看守所应当在48小时内安排会见,并且不得对律师履行辩护职责所需要的会见次数加以限制。

(2)核实证据。自案件移送审查起诉之日起,辩护律师会见犯罪嫌疑人、被告人的,可以向其核实相关证据。

注意:侦查阶段不允许阅卷、核实证据。

(3)会见不受监听。辩护律师在会见犯罪嫌疑人、被告人时不被监听,办案机关不得派员在场。

注意:会见权与阅卷权的区别。

3. 危害国家安全犯罪、恐怖活动犯罪案件,在侦查期间辩护律师会见在押的犯罪嫌疑人,应当经侦查机关许可。

注意:上述会见限制仅限于侦查阶段,在起诉和审判阶段,不论犯罪嫌疑人、被告人涉嫌何种罪名,都不得限制会见权。

三、调查取证权

1. 亲自取证:

(1)向犯罪嫌疑人、被告人一方取证。辩护律师经证人或者其他有关单位或个人同意,可以向其取证,不需要经过法院、检察院许可。

(2)向被害人一方取证。辩护律师申请向被害人及其近亲属、被害人提供的证人收集与本案有关的材料,法院认为确有必要的,应当签发准许调查书。

2. 申请法检取证:可以申请检察院、法院收集、调取证据,或者申请法院通知证人出庭作证。具体而言,律师申请法院调查收集证据,主要分为以下三种情形。

(1)自己无法调查收集,申请法院调取。

律师因有关单位、个人不同意而无法收集、调取与本案有关的证据,申请法院收集、调取或通知证人出庭作证的,法院认为确有必要的,应当同意。

(2)直接申请法院调取。

律师直接申请法院向证人或有关单位、个人收集、调取证据材料,法院认为确有收集、调取必要,且不宜或不能由辩护律师收集、调取的,应当同意。

(3)申请法院调取其他机关收集的证据。

辩护人认为在调查、侦查、审查起诉期间监察机关、公安机关、检察院收集的证明被告人无罪或者罪轻的证据材料未随案移送,申请法院调取的,应当以书面形式提出,并提供相关线索或者材料。法院接受申请后,应当向检察院调取。在检察院移送相关证据材料后,法院应当及时通知辩护人。

考点五 刑事证据收集、审查、认定

一、物证与书证的收集、审查与认定

1. 物证:(1)据以定案的物证应当是原物。(2)原物不便搬运,不易保存,依法应当返还或者依法应当由有关部门保管、处理的,可以拍摄、制作足以反映原物外形和特征的照片、录像、复制品。必要时,审判人员可以前往保管场所查看原物。(3)物证的照片、录像、复制品,不能反映原物的外形和特征的,不得作为定案的根据。(4)物证的照片、录像、复制品,经与原物核对无误、经鉴定或者以其他方式确认真实的,可以作为定案的根据。

2. 书证:(1)据以定案的书证应当是原件。(2)取得原件确有困难的,可以使用副本、复制件。(3)对书证的更改或者更改迹象不能作出合理解释,或者书证的副本、复制件不能反映原件及其内容的,不得作为定案的根据。(4)书证的副本、复制件,经与原件核对无误、经鉴定或者以其他方式确认真实的,可以作为定案的根据。

3. 排除与补正:

(1)【应当排除】在勘验、检查、搜查过程中提取、扣押的物证、书证,未附笔录或者清单,不能证明物证、书证来源的,不得作为定案的根据。

(2)【瑕疵补正】物证、书证的收集程序、方式有下列瑕疵,经补正或者作出合理解释的,可以采用:①勘验、检查、搜查、提取笔录或者扣押清单上没有调查人员或者侦查人员、物品持有人、见证人签名,或者对物品的名称、特征、数量、质量等注明不详的;②物证的照片、录像、复制品,书证的副本、复制件未注明与原件核对无异,无复制时间,或者无被收集、调取人签名的;③物证的照片、录像、复制品,书证的副本、复制件没有制作人关于制作过程和原物、原件存放地点的说明,或者说明中无签名的;④有其他瑕疵的。

对物证、书证的来源、收集程序有疑问,相关人员不能作出合理解释的,不得作为定案的根据。

二、证人证言与被害人陈述的收集、审查与认定

1. 证人当庭作出的证言,经控辩双方质证、法庭查证属实的,应当作为定案的根据。

2. 处于明显醉酒、中毒或者麻醉等状态,不能正常感知或者正确表达的证人所提供的证言,不得作为证据使用。

3. 证人猜测性、评论性、推断性的证言,不得作为证据使用,但根据一般生活经验判断符合事实的除外。

4. 证人证言具有下列情形之一的,不得作为定案的根据:

(1)询问证人没有个别进行的;

(2)书面证言没有经证人核对确认的;

(3)询问聋、哑人,应当提供通晓聋、哑手势的人员而未提供的;

(4)询问不通晓当地通用语言、文字的证人,应当提供翻译人员而未提供的。

5. 证人证言的收集程序、方式有下列瑕疵,经补正或者作出合理解释的,可以采用;不能补正或者作出合理解释的,不得作为定案的根据:

(1)询问笔录没有填写询问人、记录人、法定代理人姓名以及询问的起止时间、地点的;

(2)询问地点不符合规定的;

(3)询问笔录没有记录告知证人有关权利义务和法律责任的;

(4)询问笔录反映出在同一时段,同一询问人员询问不同证人的;

(5)询问未成年人,其法定代理人或者合适成年人不在场的。

6. 证人当庭作出的证言与其庭前证言矛盾,证人能够作出合理解释,并有其他证据印证的,应当采信其庭审证言;不能作出合理解释,而其庭前证言有其他证据印证的,可以采信其庭前证言。

7. 经法院通知,证人没有正当理由拒绝出庭或者出庭后拒绝作证,法庭对其证言的真实性无法确认的,该证人证言不得作为定案的根据。

8. 对被害人陈述的审查与认定,参照适用证人证言的有关规定。

三、被告人的供述与辩解的收集、审查与认定

1. 审查被告人的供述和辩解,应当结合控辩双方提供的所有证据以及被告人的全部供述和辩解进行。

2. 被告人供述具有下列情形之一的,不得作为定案的根据:

(1)讯问笔录没有经被告人核对确认的;

(2)讯问聋、哑人,应当提供通晓聋、哑手势的人员而未提供的;

(3)讯问不通晓当地通用语言、文字的被告人,应当提供翻译人员而未提供的;

(4)讯问未成年人,其法定代理人或者合适成年人不在场的。

3. 讯问笔录有下列瑕疵,经补正或者作出合理解释的,可以采用;不能补正或者作出合理解释的,不得作为定案的根据:

(1)讯问笔录填写的讯问时间、讯问地点、讯问人、记录人、法定代理人等有误或者存在矛盾的;

(2)讯问人没有签名的;

(3)首次讯问笔录没有记录告知被讯问人有关权利和法律规定的。

4. 被告人在庭审中翻供,但不能合理说明翻供原因或者其辩解与全案证据矛盾,而其庭前供述与其他证据相互印证的,可以采信其庭前供述。

被告人庭前供述和辩解存在反复,但庭审中供认,且与其他证据相互印证的,可以采信其庭审供述;被告人庭前供述和辩解存在反复,庭审中不供认,且无其他证据与庭前供述印证的,不得采信其庭前供述。

四、鉴定意见的收集、审查与认定

1. 鉴定意见具有下列情形之一的,不得作为定案的根据:

(1)鉴定机构不具备法定资质,或者鉴定事项超出该鉴定机构业务范围、技术条件的;

(2)鉴定人不具备法定资质,不具有相关专业技术或者职称,或者违反回避规定的;

(3)送检材料、样本来源不明,或者因污染不具备鉴定条件的;

(4)鉴定对象与送检材料、样本不一致的;

(5)鉴定程序违反规定的;

(6)鉴定过程和方法不符合相关专业的规范要求的;

(7)鉴定文书缺少签名、盖章的;

(8)鉴定意见与案件事实没有关联的;

(9)违反有关规定的其他情形。

2. 经法院通知,鉴定人拒不出庭作证的,鉴定意见不得作为定案的根据。

3. 鉴定人由于不能抗拒或者有其他正当理由无法出庭的,法院可以根据情况决定延期审理或者重新鉴定。

注意:鉴定意见不存在瑕疵补正的情况,稍有问题直接排除。

五、视听资料、电子数据的收集、审查与认定

1. 视听资料具有下列情形之一的,不得作为定案的根据:

(1)系篡改、伪造或者无法确定真伪的;

(2)制作、取得的时间、地点、方式等有疑问,不能作出合理解释的。

2. 电子数据的收集、提取程序有下列瑕疵,经补正或者作出合理解释的,可以采用;不能补正或者作出合理解释的,不得作为定案的根据:

(1)未以封存状态移送的;

(2)笔录或者清单上没有调查人员或者侦查人员,电子数据持有人、提供人,见证人签名或者盖章的;

(3)对电子数据的名称、类别、格式等注明不清的;

(4)有其他瑕疵的。

3. 电子数据具有下列情形之一的,不得作为定案的根据:

(1)系篡改、伪造或者无法确定真伪的;

(2)有增加、删除、修改等情形,影响电子数据真实性的;

(3)其他无法保证电子数据真实性的情形。

六、不同类型证据的衔接与运用

1. 行政证据向刑事证据转化:行政机关在行政执法和查办案件过程中收集的物证、书证、视听资料、电子数据等证据材料,经法庭查证属实,且收集程序符合有关法律、行政法规规定的,在刑事诉讼中可以作为定案的根据。

2. 监察证据向刑事证据转化:监察机关依法收集的证据材料,在刑事诉讼中可以作为证据使用。

考点六 非法证据排除规则

一、排除范围

1. 采取殴打、违法使用戒具等暴力方法或者变相肉刑的恶劣手段,使犯罪嫌疑人、被告人遭受难以忍受的痛苦而违背意愿作出的供述,应当予以排除。

2. 采用以暴力或者严重损害本人及其近亲属合法权益等进行威胁的方法,使犯罪嫌疑人、被告人遭受难以忍受的痛苦而违背意愿作出的供述,应当予以排除。

3. 采用非法拘禁等非法限制人身自由的方法收集的犯罪嫌疑人、被告人供述,应当予以排除。

4. 采用刑讯逼供方法使犯罪嫌疑人、被告人作出供述,之后犯罪嫌疑人、被告人受该刑讯逼供行为影响而作出的与该供述相同的重复性供述,应当一并排除,但下列情形除外:(1)侦查期间,根据控告、举报或者自己发现等,侦查机关确认或者不能排除以非法方法收集证据而更换侦查人员,其他侦查人员再次讯问时告知诉讼权利和认罪的法律后果,犯罪嫌疑人自愿供述的;(2)审查逮捕、审查起诉和审判期间,检察人员、审判人员讯问时告知诉讼权利和认罪的法律后果,犯罪嫌疑人、被告人自愿供述的。

5. 采用暴力、威胁以及非法限制人身自由等非法方法收集的证人证言、被害人陈述,应当予以排除。

6. 收集物证、书证不符合法定程序,可能严重影响司法公正的,应当予以补正或者作出合理解释;不能补正或者作出合理解释的,对有关证据应当予以排除。

二、排除的时间

在侦查、审查起诉、审判时发现有应当排除的证据的,应当依法予以排除,不得作为起诉意见、起诉决定和判决的依据。

1. 在侦查阶段:犯罪嫌疑人及其辩护人在侦查期间可以向人民检察院申请排除非法证据。犯罪嫌疑人及其辩护人提供相关线索或者材料的,人民检察院应当调查核实。调查结论应当书面告知犯罪嫌疑人及其辩护人。对确有以非法方法收集证据情形的,人民检察院应当向侦查机关提出纠正意见。

侦查机关对审查认定的非法证据,应当予以排除,不得作为提请批准逮捕、移送审查起诉的根据。

对重大案件,人民检察院驻看守所检察人员应当在侦查终结前询问犯罪嫌疑人,核查是否存在刑讯逼供、非法取证情形,并同步录音录像。经核查,确有刑讯逼供、非法取证情形的,侦查机关应当及时排除非法证据,不得作为提请批准逮捕、移送审查起诉的根据。

2. 审查起诉阶段:人民检察院接到报案、控告、举报或者发现侦查人员以非法方法收集证据的,应当进行调查核实。对于确有以非法方法收集证据情形的,应当提出纠正意见;构成犯罪的,依法追究刑事责任。

在审查逮捕、审查起诉期间,犯罪嫌疑人及其辩护人申请排除非法证据,并提供相关线索或者材料的,人民检察院应当调查核实。调查结论应当书面告知犯罪嫌疑人及其辩护人。

人民检察院在审查起诉期间发现侦查人员以刑讯逼供等非法方法收集证据的,应当依法排除相关证据并提出纠正意见,必要时人民检察院可以自行调查取证。

人民检察院对审查认定的非法证据,应当予以排除,不得作为批准或者决定逮捕、提起公诉的根据。被排除的非法证据应当随案移送,并写明为依法排除的非法证据。

3. 审判阶段:在法庭审理过程中,审判人员认为可能存在以非法方法收集证据情形的,应当对证据收集的合法性进行法庭调查。

当事人及其辩护人、诉讼代理人有权申请人民法院对以非法方法收集的证据依法予以排除。申请排除以非法方法收集的证据的,应当提供相关线索或者材料。

三、排除方式

1. 依申请:当事人及其辩护人、诉讼代理人有权在开庭审理前申请人民法院对以非法方法收集的证据依法予以排除。申请排除以非法方法收集的证据的,应当提供相关线索或者材料。

2. 依职权:在法庭审理过程中,审判人员认为可能存在法律规定的以非法方法收集证据情形的,应当对证据收集的合法性进行法庭调查。

考点七 刑事证明

一、免证事实

1. 为一般人所共同知晓的常识性事实;
2. 人民法院生效裁判所确认并且未依照审判监督程序重新审理的事实;
3. 法律、法规的内容以及适用等属于审判人员履行职务所应当知晓的事实;
4. 在法庭审理中不存在异议的程序事实;
5. 法律规定的推定事实;
6. 自然规律或定律。

二、待证事实

1. 被告人的身份;
2. 指控的犯罪事实是否存在,是否为被告人所实施;
3. 实施犯罪行为的时间、地点、方法、手段、结果,被告人犯罪后的表现等;
4. 犯罪集团或者其他共同犯罪案件中参与犯罪人员的各自地位和应负的责任;
5. 被告人有无刑事责任能力,有无故意或者过失,行为的动机、目的;
6. 有无依法不应当追究刑事责任的情况,有无法定的从重或者从轻、减轻以及免除处罚的情节;
7. 犯罪对象、作案工具的主要特征,与犯罪有关的财物的来源、数量以及去向;
8. 被告人全部或者部分否认起诉书指控的犯罪事实的,否认的根据和理由能否成立;
9. 与定罪、量刑有关的其他事实。

三、证明责任

1. 一般原则:刑事案件也遵循"谁主张,谁举证"的证明责任分配原则。

2. 控诉方负责:在公诉(自诉)案件中,由人民检察院(或者自诉人)承担证明被告人有罪的证明责任。

3. 被告方:在刑事案件中,被告人一般不必承担证明责任。但在持有型犯罪、巨额财产来源不明罪中,被告方在一定范围内承担证明责任。

考点八 强制措施之拘传、取保候审

一、拘传

1. 适用对象：根据案件情况有必要拘传的被告人，或者经过传唤拒不到庭的被告人。

2. 决定机关和执行机关：公安机关、人民检察院、人民法院。

3. 期限：不得超过12小时，案情特别重大、复杂，需要采取拘留、逮捕措施的，经县级以上公安机关负责人批准，拘传持续的时间不得超过24小时。不得以连续拘传的形式变相拘禁犯罪嫌疑人。

二、取保候审

1. 适用条件是满足下列条件的犯罪嫌疑人、被告人：

(1)可能判处管制、拘役或者独立适用附加刑的；

(2)可能判处有期徒刑以上刑罚，采取取保候审不致发生社会危险性的；

(3)患有严重疾病、生活不能自理，怀孕或者正在哺乳自己婴儿的妇女，采取取保候审不致发生社会危险性的；

(4)羁押期限届满，案件尚未办结，需要采取取保候审的。

对累犯，犯罪集团的主犯，以自伤、自残办法逃避侦查的犯罪嫌疑人，严重暴力犯罪以及其他严重犯罪的犯罪嫌疑人不得取保候审，但犯罪嫌疑人具有上述第3、4项规定情形的除外。

2. 决定机关是公安机关、人民检察院、人民法院，执行机关只能是公安机关。

3. 执行方式之保证人。

(1)保证人的条件：①与本案无牵连；②有能力履行保证义务；③享有政治权利，人身自由未受到限制；④有固定的住处和收入。

(2)保证人的义务：①监督被保证人遵守相应规定；②发现被保证人可能发生或者已经发生违反相关规定的行为的，应当及时向执行机关报告。

(3)对保证人的处罚：被保证人有违反法律规定的行为，保证人未履行保证义务的，对保证人处以罚款；构成犯罪的，依法追究刑事责任。

4. 执行方式之保证金。

犯罪嫌疑人的保证金起点数额为人民币1000元。具体数额应当综合考虑保证诉讼活动正常进行的需要、犯罪嫌疑人的社会危险性、案件的性质与情节、可能判处刑罚的轻重以及犯罪嫌疑人的经济状况等情况确定。

(1)对同一犯罪嫌疑人，不得同时责令其提出保证人和交纳保证金。

(2)对未成年人取保候审，应当优先适用保证人保证。

5. 被取保候审的犯罪嫌疑人、被告人应当履行的义务：

(1)未经执行机关批准不得离开所居住的市、县；

(2)住址、工作单位和联系方式发生变动的，在24小时以内向执行机关报告；

(3)在传讯的时候及时到案；

(4)不得以任何形式干扰证人作证；

(5)不得毁灭、伪造证据或者串供。

6. 视案件具体情况,部分被适用取保候审的犯罪嫌疑人、被告人应履行的义务:

(1)不得进入特定的场所;

(2)不得与特定的人员会见或者通信;

(3)不得从事特定的活动;

(4)将护照等出入境证件、驾驶证件交执行机关保存。

7. 处罚:使用保证金保证的被取保候审人违反《刑事诉讼法》第 71 条规定,依法应当没收保证金的,由公安机关作出没收部分或者全部保证金的决定,并通知决定机关。人民检察院、人民法院发现使用保证金保证的被取保候审人违反《刑事诉讼法》第 71 条规定的,应当告知公安机关,由公安机关依法处理。

对被取保候审人没收保证金的,决定机关应当区别情形,责令被取保候审人具结悔过,重新交纳保证金、提出保证人,或者变更强制措施,并通知执行机关。

8. 期限:取保候审最长不得超过 12 个月。

考点九 强制措施之监视居住

1. 符合逮捕条件,有下列情形之一的犯罪嫌疑人、被告人,可以监视居住:

(1)患有严重疾病、生活不能自理的;

(2)怀孕或者正在哺乳自己婴儿的妇女;

(3)系生活不能自理的人的唯一扶养人;

(4)因为案件的特殊情况或者办理案件的需要,采取监视居住措施更为适宜的;

(5)羁押期限届满,案件尚未办结,需要采取监视居住措施的;

(6)符合取保候审条件,但不能提出保证人,也不交纳保证金的。

2. 决定机关是公安机关、人民检察院、人民法院,执行机关是公安机关,监督机关是人民检察院。

3. 监视居住应当在犯罪嫌疑人、被告人的住处执行;无固定住处的,可以在指定的居所执行。对于涉嫌危害国家安全犯罪、恐怖活动犯罪,在住处执行可能有碍侦查的,经上一级公安机关批准,也可以在指定居所执行。但是,不得在羁押场所、专门的办案场所执行。

4. 被监视居住的犯罪嫌疑人、被告人应当履行的义务:

(1)未经执行机关批准不得离开执行监视居住的处所;

(2)未经执行机关批准不得会见他人或者通信;

(3)在传讯的时候及时到案;

(4)不得以任何形式干扰证人作证;

(5)不得毁灭、伪造证据或者串供;

(6)将护照等出入境证件、身份证件、驾驶证件交执行机关保存。

5. 对违反义务的惩罚。

(1)被监视居住的犯罪嫌疑人、被告人违反《刑事诉讼法》第 77 条第 1 款规定,情节严重的,可以予以逮捕;需要予以逮捕的,可以对犯罪嫌疑人、被告人先行拘留。

(2)犯罪嫌疑人有下列违反监视居住规定的行为,人民检察院应当对犯罪嫌疑人予以逮捕:①故意实施新的犯罪行为;②企图自杀、逃跑;③实施毁灭、伪造证据或者串供、干扰证人作证行为,足以影响侦查、审查起诉工作正常进行;④对被害人、证人、鉴定人、举报人、控告人及其他人员实施打击报复。

(3)犯罪嫌疑人有下列违反监视居住规定的行为,人民检察院可以对犯罪嫌疑人予以逮捕:①未经批准,擅自离开执行监视居住的处所,造成严重后果,或者两次未经批准,擅自离开执行监视居住的处所;②未经批准,擅自会见他人或者通信,造成严重后果,或者两次未经批准,擅自会见他人或者通信;③经传讯不到案,造成严重后果,或者经两次传讯不到案。

6. 期限:监视居住最长不得超过6个月。

7. 指定居所监视居住的期限应当折抵刑期。被判处管制的,监视居住1日折抵刑期1日;被判处拘役、有期徒刑的,监视居住2日折抵刑期1日。

注意:只有指定居所监视居住才可以折抵刑期,在住所监视居住的,不得折抵刑期。

考点十 强制措施之拘留

1. 公安机关对于现行犯或者重大嫌疑分子,如果有下列情形之一的,可以先行拘留:

(1)正在预备犯罪、实行犯罪或者在犯罪后即时被发觉的;

(2)被害人或者在场亲眼看见的人指认他犯罪的;

(3)在身边或者住处发现有犯罪证据的;

(4)犯罪后企图自杀、逃跑或者在逃的;

(5)有毁灭、伪造证据或者串供可能的;

(6)不讲真实姓名、住址,身份不明的;

(7)有流窜作案、多次作案、结伙作案重大嫌疑的。

2. 决定机关是公安机关和人民检察院,执行机关是公安机关。

3. 拘留的程序。

(1)公安机关拘留人的时候,必须出示拘留证。

(2)拘留后的程序。

①24小时内送看守所羁押:

拘留后,应当立即将被拘留人送看守所羁押,至迟不得超过24小时。

②24小时内通知家属:

除无法通知或者涉嫌危害国家安全犯罪、恐怖活动犯罪通知可能有碍侦查的情形以外,应当在拘留后24小时以内,通知被拘留人的家属。有碍侦查的情形消失以后,应当立即通知被拘留人的家属。

③24小时内讯问:

公安机关对被拘留的人,应当在拘留后的24小时以内进行讯问。

④在发现不应当拘留的时候,必须立即释放,发给释放证明。

(3)变更强制措施：

①依法可以取保候审或者监视居住的，按照规定办理取保候审或者监视居住手续；

②对被拘留的犯罪嫌疑人，需要逮捕的，按照规定办理逮捕手续；

③决定不予逮捕的，应当及时变更强制措施。

4. 期限。

(1)对被拘留的犯罪嫌疑人，经过审查认为需要逮捕的，应当在拘留后的3日以内，提请人民检察院审查批准。在特殊情况下，经县级以上公安机关负责人批准，提请审查批准逮捕的时间可以延长1日至4日。

(2)对流窜作案、多次作案、结伙作案的重大嫌疑分子，经县级以上公安机关负责人批准，提请审查批准逮捕的时间可以延长至30日。

考点十一 强制措施之逮捕

1. 应当逮捕的三种情况，符合任何一个即可予以逮捕：

(1)对有证据证明有犯罪事实，可能判处徒刑以上刑罚的犯罪嫌疑人、被告人，采取取保候审尚不足以防止发生下列社会危险性的，应当予以逮捕：①可能实施新的犯罪的；②有危害国家安全、公共安全或者社会秩序的现实危险的；③可能毁灭、伪造证据，干扰证人作证或者串供的；④可能对被害人举报人、控告人实施打击报复的；⑤企图自杀或者逃跑的。

(2)有证据证明有犯罪事实，可能判处10年有期徒刑以上刑罚的。

(3)有证据证明有犯罪事实，可能判处徒刑以上刑罚，曾经故意犯罪或者身份不明的。

2. 可以逮捕的情况：【转化型逮捕】被取保候审、监视居住的犯罪嫌疑人、被告人违反取保候审、监视居住规定，情节严重的。

3. 决定机关：人民法院决定或人民检察院批准，执行机关是公安机关。

4. 审查批准逮捕程序之讯问。有下列情形之一的，应当讯问犯罪嫌疑人：(1)对是否符合逮捕条件有疑问的；(2)犯罪嫌疑人要求向检察人员当面陈述的；(3)侦查活动可能有重大违法行为的。

5. 审查批准逮捕程序之询问：人民检察院审查批准逮捕，可以询问证人等诉讼参与人，听取辩护律师的意见；辩护律师提出要求的，应当听取辩护律师的意见。

6. 人民检察院审查批准逮捕由检察长决定，重大案件应当提交检委会讨论，只能作出批准逮捕或者不批准逮捕的决定。

7. 审查批准的期限：(1)已经被拘留的，人民检察院应当在收到提请批准逮捕书后7日以内作出是否批准逮捕的决定；(2)未被拘留的，应当在收到提请批准逮捕书后15日以内作出是否批准逮捕的决定，重大、复杂案件，不得超过20日。

8. 审查批准逮捕的结果：

(1)人民检察院在对于公安机关提请批准逮捕的案件进行审查后，应当根据情况分别作出批准逮捕或者不批准逮捕的决定。对于批准逮捕的决定，公安机关应当立即执行，并且将执行情况及时通知人民检察院。对于不批准逮捕的，人民检察院应当说明理由，需要补充侦查的，应当同时通知公安机关。

(2)人民检察院不批准逮捕的,公安机关应当在接到通知后立即释放,并且将执行情况及时通知人民检察院。对于需要继续侦查,并且符合取保候审、监视居住条件的,依法取保候审或者监视居住。

(3)公安机关对人民检察院不批准逮捕的决定,认为有错误的时候,可以要求复议,但是必须将被拘留的人立即释放。如果意见不被接受,可以向上一级人民检察院提请复核。上级人民检察院应当立即复核,作出是否变更的决定,并通知下级人民检察院和公安机关执行。

考点十二 羁押必要性审查

一、羁押必要性审查的启动

1. 依职权:人民检察院在办案过程中可以依职权主动进行羁押必要性审查。

2. 依申请:犯罪嫌疑人、被告人及其法定代理人、近亲属或者辩护人可以申请人民检察院进行羁押必要性审查。申请时应当说明不需要继续羁押的理由,有相关证据或者其他材料的,应当提供。

3. 依建议:看守所根据在押人员身体状况,可以建议人民检察院进行羁押必要性审查。

二、羁押必要性审查主体

1. 负责羁押必要性审查的主体为人民检察院负责捕诉的部门

(1)负责捕诉的部门依法对侦查和审判阶段的羁押必要性进行审查。经审查认为不需要继续羁押的,应当建议公安机关或者人民法院释放犯罪嫌疑人、被告人或者变更强制措施。

(2)审查起诉阶段,负责捕诉的部门经审查认为不需要继续羁押的,应当直接释放犯罪嫌疑人或者变更强制措施。

2. 其他部门应该及时移送申请或材料

(1)负责刑事执行检察的部门收到有关材料或者发现不需要继续羁押的,应当及时将有关材料和意见移送负责捕诉的部门。

(2)办案机关对应的同级人民检察院负责控告申诉检察的部门或者负责案件管理的部门收到羁押必要性审查申请后,应当在当日移送本院负责捕诉的部门。

三、羁押必要性审查方式

1. 审查犯罪嫌疑人、被告人不需要继续羁押的理由和证明材料;

2. 听取犯罪嫌疑人、被告人及其法定代理人、辩护人的意见;

3. 听取被害人及其法定代理人、诉讼代理人的意见,了解是否达成和解协议;

4. 听取办案机关的意见;

5. 调查核实犯罪嫌疑人、被告人的身体健康状况;

6. 需要采取的其他方式。

四、羁押必要性审查结果

1. 人民检察院发现犯罪嫌疑人、被告人具有下列情形之一的,应当向办案机关提出释放或者变更强制措施的建议:(1)案件证据发生重大变化,没有证据证明有犯罪事实或者犯罪行为系犯罪嫌疑人、被告人所为的;(2)案件事实或者情节发生变化,犯罪嫌疑人、被告人可能被判处拘役、管制、独立适用附加刑、免予刑事处罚或者判决无罪的;(3)继续羁押犯罪嫌疑人、被告人,羁押期限将超过依法可能判处的刑期的;(4)案件事实基本查清,证据已经收集固定,符合取保候审或者监视居住条件的。

2. 人民检察院发现犯罪嫌疑人、被告人具有下列情形之一,且具有悔罪表现,不予羁押不致发生社会危险性的,可以向办案机关提出释放或者变更强制措施的建议:(1)预备犯或者中止犯;(2)共同犯罪中的从犯或者胁从犯;(3)过失犯罪的;(4)防卫过当或者避险过当的;(5)主观恶性较小的初犯;(6)系未成年人或者已满75周岁的人;(7)与被害方依法自愿达成和解协议,且已经履行或者提供担保的;(8)认罪认罚的;(9)患有严重疾病、生活不能自理的;(10)怀孕或者正在哺乳自己婴儿的妇女;(11)系生活不能自理的人的唯一扶养人;(12)可能被判处一年以下有期徒刑或者宣告缓刑的;(13)其他不需要继续羁押的情形。

考点十三 刑事附带民事诉讼

一、提起诉讼

1. 因人身权利受到犯罪侵犯或者财物被犯罪分子毁坏而遭受物质损失。

注意:附带民事诉讼以刑事诉讼为前提,只有刑事诉讼成立,才可提起附带民事诉讼,否则只能另行起诉。

2. 因受到犯罪侵犯,提起附带民事诉讼或者单独提起民事诉讼要求赔偿精神损失的,人民法院一般不予受理。

3. 被告人非法占有、处置被害人财产的,应当依法予以追缴或者责令退赔。被害人提起附带民事诉讼的,人民法院不予受理。

4. 国家机关工作人员在行使职权时,侵犯他人人身、财产权利构成犯罪,被害人或者其法定代理人、近亲属提起附带民事诉讼的,人民法院不予受理,但应当告知其可以依法申请国家赔偿。

二、原告资格、被告条件

1. 被害人有权提起附带民事诉讼。

2. 被害人死亡或者丧失行为能力的,被害人的法定代理人、近亲属有权提起附带民事诉讼。

3. 国家财产、集体财产遭受损失,受损失的单位未提起附带民事诉讼的,人民检察院有权提起附带民事诉讼。

4. 共同犯罪案件,同案犯在逃的,不应被列为附带民事诉讼被告人。逃跑的同案犯到案后,被害人或者其法定代理人、近亲属可以对其提起附带民事诉讼,但已经从其他共同犯罪人处获得足额赔偿的除外。

5. 被害人或者其法定代理人、近亲属仅对部分共同侵害人提起附带民事诉讼的,人民法院应当告知其可以对其他共同侵害人,包括没有被追究刑事责任的共同侵害人,一并提起附带民事诉讼,但共同犯罪案件中同案犯在逃的除外。

三、赔偿范围

1. 对附带民事诉讼作出判决,应当根据犯罪行为造成的物质损失,结合案件具体情况,确定被告人应当赔偿的数额。

2. 犯罪行为造成被害人人身损害的,应当赔偿医疗费、护理费、交通费等为治疗和康复支付的合理费用,以及因误工减少的收入。造成被害人残疾的,还应当赔偿残疾生活辅助器具费等费用;造成被害人死亡的,还应当赔偿丧葬费等费用。

3. 驾驶机动车致人伤亡或者造成公私财产重大损失,构成犯罪的,依照《道路交通安全法》第76条的规定确定赔偿责任。

4. 附带民事诉讼当事人就民事赔偿问题达成调解、和解协议的,赔偿范围、数额不受第2项、第3项规定的限制。

四、保全措施

1. 人民法院对可能因被告人的行为或者其他原因,使附带民事判决难以执行的案件,根据附带民事诉讼原告人的申请,可以裁定采取保全措施,查封、扣押或者冻结被告人的财产;附带民事诉讼原告人未提出申请的,必要时,人民法院也可以采取保全措施。

2. 有权提起附带民事诉讼的人因情况紧急,不立即申请保全将会使其合法权益受到难以弥补的损害的,可以在提起附带民事诉讼前,向被保全财产所在地、被申请人居住地或者对案件有管辖权的人民法院申请采取保全措施。申请人在人民法院受理刑事案件后15日以内未提起附带民事诉讼的,人民法院应当解除保全措施。

考点十四 公安机关侦查行为

一、讯问

1. 讯问的地点:一般情况下,应当由不少于2人的侦查人员在公安机关执法办案场所的讯问室进行讯问。例外情形:①紧急情况下在现场进行讯问的;②对有严重伤病或者残疾、行动不便的,以及正在怀孕的犯罪嫌疑人,在其住处或者就诊的医疗机构进行讯问的。

(1)对于已送交看守所羁押的犯罪嫌疑人,应当在看守所讯问室进行讯问。

(2)对于正在被执行行政拘留、强制隔离戒毒的人员以及正在监狱服刑的罪犯,可以在其执行场所进行讯问。

(3)对于不需要拘留、逮捕的犯罪嫌疑人,经办案部门负责人批准,可以传唤到犯罪嫌疑人所在市、县公安机关执法办案场所或者到他的住处进行讯问。

注意:讯问同案的犯罪嫌疑人,应当个别进行。

2. 讯问程序。

(1)权利告知:①侦查人员在讯问犯罪嫌疑人时,应当首先讯问犯罪嫌疑人是否有犯罪行为,并告知犯罪嫌疑人享有的诉讼权利,如实供述自己罪行可以从宽处理以及认罪认罚的法律规定,让他陈述有罪的情节或者无罪的辩解,然后向他提出问题。②犯罪嫌疑人对侦查人员的提问,应当如实回答。但是对与本案无关的问题,有拒绝回答的权利。

注意:仅可以拒绝回答与本案无关的问题,因此我国犯罪嫌疑人不享有绝对的沉默权。

(2)讯问特殊对象要求:①讯问聋、哑的犯罪嫌疑人,应当有通晓聋、哑手势的人参加,并在讯问笔录上注明犯罪嫌疑人的聋、哑情况,以及翻译人员的姓名、工作单位和职业。②讯问不通晓当地语言文字的犯罪嫌疑人,应当配备翻译人员。

(3)讯问笔录:①讯问笔录应当交犯罪嫌疑人核对;对于没有阅读能力的,应当向他宣读。②如果记录有遗漏或者差错,应当允许犯罪嫌疑人补充或者更正,并捺指印。③笔录经犯罪嫌疑人核对无误后,应当由其在笔录上逐页签名、捺指印,并在末页写明"以上笔录我看过(或向我宣读过),和我说的相符"。④拒绝签名、捺指印的,侦查人员应当在笔录上注明。⑤侦查人员、翻译人员应当在讯问笔录上签名。

(4)录音录像。

公安机关讯问:①讯问犯罪嫌疑人,在文字记录的同时,可以对讯问过程进行录音录像。②对于可能判处无期徒刑、死刑的案件或者其他重大犯罪案件,应当对讯问过程进行录音录像。

检察机关讯问:人民检察院直接受理的自侦案件,每次讯问都应当对讯问过程全程录音录像,并在讯问笔录中注明。

监察机关讯问:监察机关进行讯问时,也应当全程录音录像,但该录音录像不会随案移送,仅供监察机关留存备查。

(5)自书供述:犯罪嫌疑人请求自行书写供述的,应当准许;必要时,侦查人员也可以要求犯罪嫌疑人亲笔书写供词。犯罪嫌疑人应当在亲笔供词上逐页签名、捺指印。侦查人员收到后,应当在首页右上方写明"于某年某月某日收到",并签名。

二、询问

1. 询问地点:(1)询问证人、被害人,可以在现场进行,也可以到证人、被害人所在单位、住处或者证人、被害人提出的地点进行。(2)在必要的时候,可以书面、电话或者当场通知证人、被害人到公安机关、人民检察院提供证言。**注意**:询问证人、被害人应当个别进行。

2. 询问程序:(1)在现场询问证人、被害人,侦查人员应当出示人民警察证。(2)到证人、被害人所在单位、住处或者证人、被害人提出的地点询问证人、被害人,应当经办案部门负责人批准,制作询问通知书。询问前,侦查人员应当出示询问通知书和人民警察证。(3)办案人员不得向证人、被害人泄露案情或者表示对案件的看法,不得采用拘禁、暴力、威胁、引诱、欺骗以及其他非法方法进行询问。

考生要注意讯问与询问的区别,主观题命题的时候可能会问到。

三、搜查

1. 搜查主体:执行搜查的侦查人员不得少于2人。对于证件的要求:(1)进行搜查,必须向被搜查人出示搜查证。(2)执行拘留、逮捕的时候,遇有下列紧急情况之一的,不用搜查证也可以进行搜查:①可能随身携带凶器的;②可能隐藏爆炸、剧毒等危险物品的;③可能隐匿、毁弃、转移犯罪证据的;④可能隐匿其他犯罪嫌疑人的;⑤其他突然发生的紧急情况。

2. 见证人要求:进行搜查时,应当有被搜查人或者他的家属、邻居或者其他见证人在场。

3. 强制搜查的规定:公安机关可以要求有关单位和个人交出可以证明犯罪嫌疑人有罪或者无罪的物证、书证、视听资料等证据。遇到阻碍搜查的,侦查人员可以强制搜查。**注意**:搜查妇女的身体,应当由女工作人员进行。

4. 搜查笔录:(1)搜查的情况应当制作笔录,由侦查人员和被搜查人或者他的家属,邻居或者其他见证人签名。(2)如果被搜查人拒绝签名,或者被搜查人在逃,他的家属拒绝签名或者不在场的，侦查人员应当在笔录中注明。

四、查封、扣押

1. 查封、扣押的对象：在侦查活动中发现的可用以证明犯罪嫌疑人有罪或者无罪的各种财物、文件。

2. 实施主体：执行查封、扣押的侦查人员不得少于2人。

3. 批准主体：(1)在侦查过程中需要扣押财物、文件的，应当经办案部门负责人批准，制作扣押决定书。(2)在现场勘查或者搜查中需要扣押财物、文件的，由现场指挥人员决定；但扣押财物、文件价值较高或者可能严重影响正常生产经营的，应当经县级以上公安机关负责人批准，制作扣押决定书。(3)在侦查过程中需要查封土地、房屋等不动产，或者船舶、航空器以及其他不宜移动的大型机器、设备等特定动产的，应当经县级以上公安机关负责人批准并制作查封决定书。

4. 财产返还：(1)查封、扣押的财物、文件、邮件、电报等，经查明确实与案件无关的，应当在3日以内解除查封、扣押，退还原主或者原邮电部门、网络服务单位；原主不明确的，应当采取公告方式告知原主认领。在通知原主或者公告后6个月以内，无人认领的，按照无主财物处理，登记后上缴国库。(2)有关犯罪事实查证属实后，对于有证据证明权属明确且无争议的被害人合法财产及其孳息，且返还不损害其他被害人或者利害关系人的利益，不影响案件正常办理的，应当在登记、拍照或者录音录像和估价后，报经县级以上公安机关负责人批准，开具发还清单返还，并在案卷材料中注明返还的理由，将原物照片、发还清单和被害人的领取手续存卷备查。

五、精神鉴定

1. 为了查明案情，解决案件中某些专门性问题，应当指派、聘请有专门知识的人进行鉴定。

需要聘请有专门知识的人进行鉴定，应当经县级以上公安机关负责人批准后，制作鉴定聘请书。

2. 鉴定意见：(1)鉴定人应当按照鉴定规则，运用科学方法独立进行鉴定。鉴定后，应当出具鉴定意见，并在鉴定意见书上签名，同时附上鉴定机构和鉴定人的资质证明或者其他证明文件。(2)多人参加鉴定，鉴定人有不同意见的，应当注明。**注意**：鉴定人必须在鉴定意见书上签名。

3. 质证：公诉人、当事人或者辩护人、诉讼代理人对鉴定意见有异议，经人民法院依法通知的，公安机关鉴定人应当出庭作证。

4. 对犯罪嫌疑人作精神病鉴定的时间不计入办案期限，其他鉴定时间都应当计入办案期限。

六、技术侦查

技术侦查措施是指由设区的市一级以上公安机关负责技术侦查的部门实施的记录监控、行踪监控、通信监控、场所监控等措施。

1. 决定机关：公安机关、国家安全机关、人民检察院。实施机关：公安机关、国家安全机关。

2. 适用对象：犯罪嫌疑人、被告人、与犯罪活动直接关联的人员。

3. 适用范围：(1)公安机关在立案后，对于危害国家安全犯罪、恐怖活动犯罪、黑社会性质的组织犯罪、重大毒品犯罪或者其他严重危害社会的犯罪案件，根据侦查犯罪的需要，经过严格的批准手续，可以采取技术侦查措施。(2)人民检察院在立案后，对于利用职权实施的严重侵犯公民人身权利的重大犯罪案件,根据侦查犯罪的需要,经过严格的批准手续,可以采取技术侦查措施,按照规定交有关机关执行。(3)追捕被通缉或者批准、决定逮捕的在逃的犯罪嫌疑人、被告人,经过批准,可以采取追捕所必需的技术侦查措施。

4. 审批程序:(1)需要采取技术侦查措施的,应当制作呈请采取技术侦查措施报告书,报设区的市一级以上公安机关负责人批准,制作采取技术侦查措施决定书。(2)人民检察院等部门决定采取技术侦查措施,交公安机关执行的,由设区的市一级以上公安机关按照规定办理相关手续后,交负责技术侦查的部门执行,并将执行情况通知人民检察院等部门。

5. 期限。(1)有效期限:批准采取技术侦查措施的决定自签发之日起3个月以内有效。(2)提前解除:在有效期限内,对不需要继续采取技术侦查措施的,办案部门应当立即书面通知负责技术侦查的部门解除技术侦查措施;负责技术侦查的部门认为需要解除技术侦查措施的,报批准机关负责人批准,制作解除技术侦查措施决定书,并及时通知办案部门。(3)期满解除:有效期限届满,负责技术侦查的部门应当立即解除技术侦查措施。(4)延长期限:对复杂、疑难案件,采取技术侦查措施的有效期限届满仍需要继续采取技术侦查措施的,经负责技术侦查的部门审核后,报批准机关负责人批准,制作延长技术侦查措施期限决定书。批准延长期限,每次不得超过3个月。

6. 具体实施。(1)匿名侦查:为了查明案情,在必要的时候,经公安机关负责人决定,可以由有关人员隐匿其身份实施侦查。但是,不得诱使他人犯罪,不得采用可能危害公共安全或者发生重大人身危险的方法。(2)特殊情形:对涉及给付毒品等违禁品或者财物的犯罪活动,公安机关根据侦查犯罪的需要,可以依照规定实施控制下交付。

7. 保密制度。(1)严格保密:侦查人员对在采取技术侦查措施过程中知悉的国家秘密、商业秘密和个人隐私,应当保密。(2)及时销毁:对采取技术侦查措施获取的与案件无关的材料,必须及时销毁。

8. 证据效力:采取技术侦查措施收集的材料在刑事诉讼中可以作为证据使用。**注意**:如果使用该证据可能危及有关人员的人身安全,或者可能产生其他严重后果的,应当采取不暴露有关人员身份、技术方法等保护措施,必要的时候,可以由审判人员在庭外对证据进行核实。

考点十五 审查起诉

一、人民检察院审查起诉

1. 审查起诉的主体:人民检察院。

2. 审查期限:(1)人民检察院对于监察机关、公安机关移送起诉的案件,应当在1个月以内作出决定。(2)重大、复杂的案件,可以延长15日。(3)犯罪嫌疑人认罪认罚,符合速裁程序适用条件的,应当在10日以内作出决定,对可能判处有期徒刑超过1年的,可以延长至15日。

注意:人民检察院审查起诉的案件,改变管辖的,从改变后的人民检察院收到案件之日起计算审查起诉期限。

3. 管辖:各级人民检察院提起公诉,应当与人民法院审判管辖相适应。

(1)就高不就低。一人犯数罪、共同犯罪或者其他需要并案审理的案件,只要其中一人或者一罪属于上级人民检察院管辖的,全案由上级人民检察院审查起诉。

(2)特殊情况。监察机关移送起诉的案件,需要依照刑事诉讼法的规定指定审判管辖的,人民检察院应当在监察机关移送起诉20日前协商同级人民法院办理指定管辖有关事宜。

二、补充侦查、调查

补充侦查,即人民检察院认为犯罪事实不清、证据不足或者存在遗漏罪行、遗漏同案犯罪嫌疑人等情形需要补充侦查的,应当制作补充侦查提纲,连同案卷材料一并退回公安机关补充侦查。人民检察院也可以自行侦查,必要时可以要求公安机关提供协助。

1. 特殊情况——审查起诉期间改变管辖的案件如何补充侦查?

对于在审查起诉期间改变管辖的案件,符合补充侦查条件的,可以经原受理案件的人民检察院协助,直接退回原侦查案件的公安机关补充侦查,也可以自行侦查。

2. 人民检察院在审查起诉中决定自行侦查的,应当在审查起诉期限内侦查完毕。

3. 退回监察机关补充调查、退回公安机关补充侦查的案件,均应当在一个月以内补充调查、补充侦查完毕。

注意:补充调查、补充侦查完毕移送起诉后,人民检察院重新计算审查起诉期限。

4. 次数:补充调查、补充侦查以2次为限。改变管辖前后退回补充侦查的次数总共不得超过2次。

5. 结果。

(1)起诉:人民检察院认为犯罪嫌疑人的犯罪事实已经查清,证据确实、充分,依法应当追究刑事责任的,应当作出起诉决定,按照审判管辖的规定,向人民法院提起公诉,并将案卷材料、证据移送人民法院。

犯罪嫌疑人认罪认罚的,人民检察院应当就主刑、附加刑、是否适用缓刑等提出量刑建议,并随案移送认罪认罚具结书等材料。

(2)不起诉:犯罪嫌疑人没有犯罪事实,或者有《刑事诉讼法》第16条规定的情形之一的,人民检察院应当作出不起诉决定。

对于犯罪情节轻微,依照刑法规定不需要判处刑罚或者免除刑罚的,人民检察院可以作出不起诉决定。

考点十六 不起诉

一、法定不起诉

1. 犯罪嫌疑人没有犯罪事实,或者有《刑事诉讼法》第16条规定的情形之一的,人民检察院应当作出不起诉决定。

2. 根据《刑事诉讼法》第16条规定,有下列情形之一的,不追究刑事责任,已经追究的,应当撤销案件,或者不起诉,或者终止审理,或者宣告无罪:(1)情节显著轻微、危害不大,不认为是犯罪的;(2)犯罪已过追诉时效期限的;(3)经特赦令免除刑罚的;(4)依照刑法告诉才处理的犯罪,没有告诉或者撤回告诉的;(5)犯罪嫌疑人、被告人死亡的;(6)其他法律规定免予追究刑事责任的。

二、酌定不起诉

1. 对于犯罪情节轻微，依照刑法规定不需要判处刑罚或者免除刑罚的，人民检察院可以作出不起诉决定。

2. 补充。

犯罪嫌疑人认罪认罚，人民检察院酌定不起诉后犯罪嫌疑人反悔的，人民检察院应当进行审查，视情况进行如下处理：

(1)发现犯罪嫌疑人没有犯罪事实，或者符合《刑事诉讼法》第16条规定的情形之一的，应当撤销原不起诉决定，依照《刑事诉讼法》第177条第1款的规定重新作出不起诉决定；

(2)犯罪嫌疑人犯罪情节轻微，依照刑法不需要判处刑罚或者免除刑罚的，可以维持原不起诉决定；

(3)排除认罪认罚因素后，符合起诉条件的，应当根据案件具体情况撤销原不起诉决定，依法提起公诉。

三、存疑不起诉

1. 二次补充侦查仍证据不足。

人民检察院对于二次退回补充调查或者补充侦查的案件，仍然认为证据不足，不符合起诉条件的，经检察长批准，依法作出不起诉决定。

2. 一次补充侦查证据不足。

人民检察院对于经过一次退回补充调查或者补充侦查的案件，认为证据不足，不符合起诉条件，且没有再次退回补充调查或者补充侦查必要的，经检察长批准，可以作出不起诉决定。

3. 补充：何为证据不足？

具有下列情形之一，不能确定犯罪嫌疑人构成犯罪和需要追究刑事责任的，属于证据不足，不符合起诉条件：(1)犯罪构成要件事实缺乏必要的证据予以证明的；(2)据以定罪的证据存在疑问，无法查证属实的；(3)据以定罪的证据之间、证据与案件事实之间的矛盾不能合理排除的；(4)根据证据得出的结论具有其他可能性，不能排除合理怀疑的；(5)根据证据认定案件事实不符合逻辑和经验法则，得出的结论明显不符合常理的。

注意：二次补充侦查后存疑不起诉的案件，在发现新的证据，符合起诉条件时，可以提起公诉。

四、附条件不起诉

1. 附条件不起诉的适用条件。

(1)未成年人。

(2)涉《刑法》分则第四章、第五章、第六章规定的犯罪，即涉嫌侵犯公民人身权利、民主权利罪，侵犯财产罪，妨害社会管理秩序罪。

(3)可能判处一年有期徒刑以下刑罚。

(4)符合起诉条件，但犯罪嫌疑人有悔罪表现。

注意：人民检察院在作出附条件不起诉的决定以前，应当听取公安机关、被害人的意见。

2. 救济：(1)对附条件不起诉的决定，公安机关要求复议、提请复核或者被害人申诉的，适用《刑事诉讼法》第179、180条的规定；(2)未成年犯罪嫌疑人及其法定代理人对人民检察院决定附条件不起诉有异议的,人民检察院应当作出起诉的决定。

3.考验期:附条件不起诉的考验期为6个月以上1年以下,从人民检察院作出附条件不起诉的决定之日起计算。

4.【另行提起公诉】被附条件不起诉的未成年犯罪嫌疑人,在考验期内有下列情形之一的,人民检察院应当撤销附条件不起诉的决定,提起公诉:(1)实施新的犯罪或者发现在决定附条件不起诉以前还有其他犯罪需要追诉的;(2)违反治安管理规定或者考察机关有关附条件不起诉的监督管理规定,情节严重的。

被附条件不起诉的未成年犯罪嫌疑人,在考验期内没有上述情形,考验期满的,人民检察院应当作出不起诉的决定。

五、核准不起诉

犯罪嫌疑人自愿如实供述涉嫌犯罪的事实,有重大立功或者案件涉及国家重大利益的,经最高人民检察院核准,公安机关可以撤销案件,人民检察院可以作出不起诉决定,也可以对涉嫌数罪中的一项或者多项不起诉。

六、不起诉救济

1.【公安机关不服】对于公安机关移送起诉的案件,人民检察院决定不起诉的,应当将不起诉决定书送达公安机关。公安机关认为不起诉的决定有错误时,可以要求复议,如果意见不被接受,可以向上一级人民检察院提请复核。

2.【监察委员会不服】监察机关认为不起诉的决定有错误的,可以向上一级人民检察院提请复议。

3.【被害人不服】对于有被害人的案件,决定不起诉的,人民检察院应当将不起诉决定书送达被害人。被害人如果不服,可以自收到决定书后7日以内向上一级人民检察院申诉,请求提起公诉。人民检察院应当将复查决定告知被害人。对人民检察院维持不起诉决定的,被害人可以向人民法院起诉。被害人也可以不经申诉,直接向人民法院起诉。人民法院受理案件后,人民检察院应当将有关案件材料移送人民法院。

4.【被追诉人不服】对于人民检察院酌定不起诉的案件,被不起诉人如果不服,可以自收到决定书后7日以内向人民检察院申诉。人民检察院应当作出复查决定,通知被不起诉的人,同时抄送公安机关。

考点十七 审判概述

一、审判组织

1.第一审案件的合议庭要求:

(1)基层人民法院、中级人民法院审判第一审案件,应当由审判员3人或者由审判员和人民陪审员共3人或者7人组成合议庭进行。

注意:基层人民法院审理适用简易程序、速裁程序的案件可以由审判员一人独任审判。

(2)高级人民法院审判第一审案件,应当由审判员3人至7人或者由审判员和人民陪审员共3人或者7人组成合议庭进行。

(3)最高人民法院审判第一审案件,应当由审判员3人至7人组成合议庭进行。

2. 上诉、抗诉案件的要求:

人民法院审判上诉和抗诉案件,由审判员3人或者5人组成合议庭进行。**注意**:无论是第一审还是第二审案件,无论哪级人民法院审理,合议庭成员人数必须是单数。

二、审判委员会

1. 合议庭应当提请院长决定提交审判委员会讨论决定的案件:

(1)高级人民法院、中级人民法院拟判处死刑立即执行的案件,以及中级人民法院拟判处死刑缓期执行的案件;

(2)本院已经发生法律效力的判决、裁定确有错误需要再审的案件;

(3)人民检察院依照审判监督程序提出抗诉的案件。

2. 合议庭可以提请院长决定提交审判委员会讨论决定的案件:

(1)合议庭成员意见有重大分歧的案件、新类型案件、社会影响重大的案件;

(2)其他疑难、复杂、重大的案件,合议庭认为难以作出决定的案件。

三、庭前会议

1. 案件具有下列情形之一的,人民法院可以决定召开庭前会议:

(1)证据材料较多、案情重大复杂的;

(2)控辩双方对事实、证据存在较大争议的;

(3)社会影响重大的;

(4)需要召开庭前会议的其他情形。

2. 控辩双方可以申请人民法院召开庭前会议,提出申请应当说明理由。人民法院经审查认为有必要的,应当召开庭前会议;决定不召开的,应当告知申请人。

3. 庭前会议内容:

(1)就程序性事项向控辩双方了解情况,听取意见。

(2)审判人员可以询问控辩双方对证据材料有无异议,对有异议的证据,应当在庭审时重点调查;无异议的,庭审时举证、质证可以简化。

4. 庭前会议一般不公开进行,根据案件情况,庭前会议可以采用视频等方式进行。

5. 庭前会议的结果:

(1)人民法院在庭前会议中听取控辩双方对案件事实、证据材料的意见后,对于事实明显不清、证据不足的案件,可以建议人民检察院补充材料或者撤回起诉。建议撤回起诉的案件,人民检察院不同意的,在开庭审理后,没有新的事实和理由,一般不准许撤回起诉。

(2)对召开庭前会议的案件,可以在开庭时告知庭前会议情况。对在庭前会议中达成一致意见的事项,法庭在向控辩双方核实后,可以当庭予以确认;未达成一致意见的事项,法庭可以归纳控辩双方争议焦点,听取控辩双方意见,依法作出处理。

控辩双方在庭前会议中就有关事项达成一致意见,在庭审中反悔的,除有正当理由外,法庭一般不再进行处理。

考点十八 第一审程序

一、法庭审理程序

1. 公开审理:人民法院对提起公诉的案件进行审查后,对于起诉书中有明确的指控犯罪事实的,应当决定开庭审判。案件涉及国家秘密或者个人隐私的,不公开审理;涉及商业秘密,当事人提出申请的,法庭可以决定不公开审理。

注意:不公开审理的,应当当庭宣布不公开的理由。

2. 开庭:核对基本信息,告知诉讼权利。

3. 法庭调查阶段:

(1)对起诉书指控的罪名及事实发表意见。

(2)发问:在审判长主持下,公诉人可以就起诉书指控的犯罪事实讯问被告人—被告人答辩,辩护人发问—被告人答辩,同案其他当事人发问—被告人答辩。审判人员发问—被告人答辩。

(3)举证、质证:①公诉人举证(物证,书证,证人证言,被害人陈述,犯罪嫌疑人、被告人供述和辩解,检查笔录,勘验笔录,鉴定意见等)—被告人发表质证意见—辩护人发表质证意见。

②被告人举证,辩护人/被告人/诉讼代理人申请通知新的证人到庭,调取新的证据,申请重新鉴定或勘验、检查—公诉人发表质证意见。

(4)法庭辩论:公诉方发表公诉意见—被告人发表辩护观点—辩护人发表辩护观点。

(5)最后陈述阶段:不可剥夺,必须要有。审判长宣布法庭辩论终结后,合议庭应当保证被告人充分行使最后陈述的权利。被告人在最后陈述中提出新的事实、证据,合议庭认为可能影响正确裁判的,应当恢复法庭调查;被告人提出新的辩解理由,合议庭认为可能影响正确裁判的,应当恢复法庭辩论。

(6)评议与宣判:评议秘密,宣判必须公开。

二、审理期限

1.【延期审理】在法庭审判过程中,遇有下列情形之一,影响审判进行的,可以延期审理:(1)需要通知新的证人到庭,调取新的物证,重新鉴定或者勘验的;(2)检察人员发现提起公诉的案件需要补充侦查,提出建议的;(3)由于申请回避而不能进行审判的。

依照《刑事诉讼法》第204条第2项的规定延期审理的案件,人民检察院应当在一个月以内补充侦查完毕。

2.【中止审理】在审判过程中,有下列情形之一,致使案件在较长时间内无法继续审理的,可以中止审理:(1)被告人患有严重疾病,无法出庭的;(2)被告人脱逃的;(3)自诉人患有严重疾病,无法出庭,未委托诉讼代理人出庭的;(4)由于不能抗拒的原因。

中止审理的原因消失后,应当恢复审理。中止审理的期间不计入审理期限。

3.【审理期限】(1)人民法院审理公诉案件,应当在受理后2个月以内宣判,至迟不得超过3个月。(2)对于可能判处死刑的案件或者附带民事诉讼的案件,以及符合《刑事诉讼法》第158条规定情形之一的,经上一级人民法院批准,可以延长3个月。(3)因特殊情况还需要延长的,报请最高人民法院批准。

▶▶ **提示** 1. 下列案件在《刑事诉讼法》第156条规定的期限届满时不能侦查终结的,经省、自治区、直辖市人民检察院批准或者决定,可以延长2个月:(1)交通十分不便的边远地区的重大复杂案件;(2)重大的犯罪集团案件;(3)流窜作案的重大复杂案件;(4)犯罪涉及面广,取证困难的重大复杂案件。

2. 人民法院改变管辖的案件,从改变后的人民法院收到案件之日起计算审理期限。

3. 人民检察院补充侦查的案件,补充侦查完毕移送人民法院后,人民法院重新计算审理期限。

三、特殊情况处理

1. 发现新事实:

(1)审判期间,人民法院发现新的事实,可能影响定罪量刑的,或者需要补查补证的,应当通知人民检察院,由其决定是否补充、变更、追加起诉或者补充侦查。

(2)人民检察院不同意或者在指定时间内未回复书面意见的,人民法院应当就起诉指控的事实,依照《刑诉解释》第295条的规定作出判决、裁定。

2. 合议庭人员更换:

(1)在庭审结束后、评议前,部分合议庭成员不能继续履行审判职责的,人民法院应当依法更换合议庭组成人员,重新开庭审理。

(2)在评议后、宣判前,部分合议庭成员因调动、退休等正常原因不能参加宣判,在不改变原评议结论的情况下,可以由审判本案的其他审判员宣判,裁判文书上仍署审判本案的合议庭成员的姓名。

考点十九 简易程序

一、适用范围

1. 基层人民法院管辖的案件,且案件符合下列条件:(1)案件事实清楚、证据充分的;(2)被告人承认自己所犯罪行,对指控的犯罪事实没有异议的;(3)被告人对适用简易程序没有异议的。

人民检察院在提起公诉的时候,可以建议人民法院适用简易程序。

2. 有下列情形之一的案件,不适用简易程序:(1)被告人是盲、聋、哑人的;(2)被告人是尚未完全丧失辨认或者控制自己行为能力的精神病人的;(3)案件有重大社会影响的;(4)共同犯罪案件中部分被告人不认罪或者对适用简易程序有异议的;(5)辩护人作无罪辩护的;(6)被告人认罪但经审查认为可能不构成犯罪的;(7)不宜适用简易程序审理的其他情形。

二、启动程序

1.【依职权】基层人民法院受理公诉案件后,经审查认为案件事实清楚、证据充分的,在将起诉书副本送达被告人时,应当询问被告人对指控的犯罪事实的意见,告知其适用简易程序的法律规定。被告人对指控的犯罪事实没有异议并同意适用简易程序的,可以决定适用简易程序,并在开庭前通知人民检察院和辩护人。

2.【依建议、申请】对人民检察院建议或者被告人及其辩护人申请适用简易程序审理的案件,人民法院应当依法进行审查。符合条件的,可以适用简易程序审理;不符合简易程序适用条件的,应当通知人民检察院或者被告人及其辩护人。

三、审判组织

1. 对可能判处3年有期徒刑以下刑罚的,可以组成合议庭进行审判,也可以由审判员一人独任审判。

2. 对可能判处有期徒刑超过3年的,应当组成合议庭进行审判。

注意:适用简易程序审理公诉案件,人民检察院应当派员出席法庭。

四、被告人权利保障

1. 自由选择权。适用简易程序审理案件,审判长或者独任审判员应当当庭询问被告人对指控的犯罪事实的意见,告知被告人适用简易程序审理的法律规定,确认被告人是否同意适用简易程序。

2. 法律援助权。适用简易程序审理的案件,符合《刑事诉讼法》第35条第1款规定的,人民法院应当告知被告人及其近亲属可以申请法律援助。

3. 辩护权。适用简易程序审理案件,被告人有辩护人的,应当通知其出庭。

4. 最后陈述权。适用简易程序审理案件,判决宣告前应当听取被告人的最后陈述。

五、审理期限

适用简易程序审理案件,人民法院应当在受理后20日以内审结;对可能判处的有期徒刑超过3年的,可以延长至一个半月。

六、程序转换

适用简易程序审理案件,在法庭审理过程中,具有下列情形之一的,应当转为普通程序审理:

1. 被告人的行为可能不构成犯罪的;

2. 被告人可能不负刑事责任的;

3. 被告人当庭对起诉指控的犯罪事实予以否认的;

4. 案件事实不清、证据不足的;

5. 不应当或者不宜适用简易程序的其他情形。

决定转为普通程序审理的案件,审理期限应当从作出决定之日起计算。

考点二十 速裁程序

一、适用范围

1. 案件符合下列情形,可以适用速裁程序:

(1)由基层人民法院管辖的;(2)可能判处3年有期徒刑以下刑罚;(3)案件事实清楚,证据确实、充分;(4)被告人认罪认罚并同意适用速裁程序。

2. 不得适用速裁程序的情形:(1)被告人是盲、聋、哑人的;(2)被告人是尚未完全丧失辨认或者控制自己行为能力的精神病人的;(3)被告人是未成年人的;(4)案件有重大社会影响的;(5)共同犯罪案件中部分被告人对指控的犯罪事实、罪名、量刑建议或者适用速裁程序有异议的;(6)被告人与被害人或者其法定代理人没有就附带民事诉讼赔偿等事项达成调解、和解协议的;(7)辩护人作无罪辩护的;(8)其他不宜适用速裁程序的情形。

二、程序启动

1. 检察院建议。人民检察院在提起公诉的时候,可以建议人民法院适用速裁程序。

2. 法院决定。对人民检察院未建议适用速裁程序的案件,人民法院经审查认为符合速裁程序适用条件的,可以决定适用速裁程序。

3. 被告方申请。被告人及其辩护人可以向人民法院提出适用速裁程序的申请。

三、具体程序

1. 征得同意:在将起诉书副本送达被告人时,应当告知被告人适用速裁程序的法律规定,询问其是否同意适用速裁程序。

2. 提前通知:被告人同意适用速裁程序的,可以决定适用速裁程序,并在开庭前通知人民检察院和辩护人。适用速裁程序审理案件,人民法院应当在开庭前将开庭的时间、地点通知人民检察院、被告人、辩护人,也可以通知其他诉讼参与人。

3. 审理:

(1)适用速裁程序审理案件,可以集中开庭,逐案审理。在公诉人简要宣读起诉书后,审判人员应当当庭询问被告人对指控事实、证据、量刑建议以及适用速裁程序的意见,核实具结书签署的自愿性、真实性、合法性,并核实附带民事诉讼赔偿等情况。

(2)适用速裁程序审理案件,一般不进行法庭调查、法庭辩论,但在判决宣告前应当听取辩护人的意见和被告人的最后陈述。

注意:保障被告人的最后陈述权。

4. 宣判:适用速裁程序审理案件,应当当庭宣判。

四、审理组织与期限

由审判员一人独任审判。适用速裁程序审理案件,人民法院应当在受理后10日以内审结;对可能判处的有期徒刑超过1年的,可以延长至15日。

五、程序转换

1. 适用速裁程序审理案件,在法庭审理过程中,具有下列情形之一的,应当转为普通程序或者简易程序审理:(1)被告人的行为可能不构成犯罪或者不应当追究刑事责任的;(2)被告人违背意愿认罪认罚的;(3)被告人否认指控的犯罪事实的;(4)案件疑难、复杂或者对适用法律有重大争议的;(5)其他不宜适用速裁程序的情形。

2. 决定转为普通程序或者简易程序审理的案件,审理期限应当从作出决定之日起计算。

六、发回重审

1. 适用速裁程序审理的案件,第二审人民法院依照《刑事诉讼法》第236条第1款第3项的规定发回原审人民法院重新审判的,原审人民法院应当适用第一审普通程序重新审判。

2.《刑事诉讼法》第236条第1款第3项规定,原判决事实不清楚或者证据不足的,可以在查清事实后改判;也可以裁定撤销原判,发回原审人民法院重新审判。

考点二十一 第二审程序

一、第二审的启动

1. 被告人上诉。地方各级人民法院在宣告第一审判决、裁定时,应当告知被告人、自诉人及其法定代理人不服判决和准许撤回起诉、终止审理等裁定的,有权(口头或者书面)上诉。被告人的辩护人和近亲属上诉,需要经过被告人同意。

2. 检察院主动抗诉。地方各级人民检察院认为本级人民法院第一审的判决、裁定确有错误的,应当向上一级人民法院提出(书面)抗诉。

3. 检察院依被害人一方申请抗诉。被害人及其法定代理人不服地方各级人民法院第一审判决的,自收到判决书后5日以内,有权请求人民检察院提出抗诉。人民检察院自收到被害人及其法定代理人的请求后5日以内,应当作出是否抗诉的决定并且答复请求人。

二、第二审受理

1.【第一审人民法院】上诉人通过第一审人民法院提出上诉的,第一审人民法院应当审查。上诉符合法律规定的,应当在上诉期满后3日以内将上诉状连同案卷、证据移送上一级人民法院,并将上诉状副本送交同级人民检察院和对方当事人。

2.【第二审人民法院】上诉人直接向第二审人民法院提出上诉的,第二审人民法院应当在收到上诉状后3日以内将上诉状交第一审人民法院。第一审人民法院应当审查上诉是否符合法律规定。符合法律规定的,应当在接到上诉状后3日以内将上诉状连同案卷、证据移送上一级人民法院,并将上诉状副本送交同级人民检察院和对方当事人。

3.【撤回上诉】(1)上诉期内撤回上诉,人民法院应当准许。(2)上诉期满撤诉,第二审人民法院经审查,认为原判认定事实和适用法律正确,量刑适当的,应当裁定准许;认为原判确有错误的,应当不予准许,继续按照上诉案件审理。(3)被判处死刑立即执行的被告人提出上诉,在第二审开庭后宣告裁判前申请撤回上诉的,应当不予准许,继续按照上诉案件审理。

4.【撤回抗诉】(1)抗诉期内:人民检察院在抗诉期限内要求撤回抗诉的,人民法院应当准许;(2)抗诉期满:人民检察院在抗诉期满后要求撤回抗诉的,第二审人民法院可以裁定准许,但是认为原判存在将无罪判为有罪、轻罪重判等情形的,应当不予准许,继续审理。

注意:上级人民检察院如果认为抗诉不当,可以向同级人民法院撤回抗诉,并且通知下级人民检察院。

三、全面审查原则

1. 对于一般案件,第二审人民法院应当就第一审判决认定的事实和适用法律进行全面审查,不受上诉或者抗诉范围的限制。

2. 共同犯罪的案件只有部分被告人上诉的,应当对全案进行审查,一并处理。

共同犯罪案件,上诉的被告人死亡,其他被告人未上诉的,第二审人民法院应当对死亡的被告人终止审理;但有证据证明被告人无罪,经缺席审理确认无罪的,应当判决宣告被告人无罪。在该种情形下,第二审人民法院仍应对全案进行审查,对其他同案被告人作出判决、裁定。

四、上诉不加刑原则

1. 适用范围:(1)同案审理的案件,只有部分被告人上诉的,既不得加重上诉人的刑罚,也不得加重其他同案被告人的刑罚。(2)原判认定的罪名不当的,可以改变罪名,但不得加重刑罚或者对刑罚执行产生不利影响。(3)原判认定的罪数不当的,可以改变罪数,并调整刑罚,但不得加重决定执行的刑罚或者对刑罚执行产生不利影响。(4)原判对被告人宣告缓刑的,不得撤销缓刑或者延长缓刑考验期。(5)原判没有宣告职业禁止、禁止令的,不得增加宣告;原判宣告职业禁止、禁止令的,不得增加内容、延长期限。(6)原判对被告人判处死刑缓期执行没有限制减刑、决定终身监禁的,不得限制减刑、决定终身监禁。(7)原判判处的刑罚不当、应当适用附加刑而没有适用的,不得直接加重刑罚、适用附加刑。原判判处的刑罚畸轻,必须依法改判的,应当在第二审判决、裁定生效后,依照审判监督程序重新审判。

注意:若上述案件为检察院抗诉案件,则不受“上诉不加刑”原则的限制。

2. 人民检察院只对部分被告人的判决提出抗诉,或者自诉人只对部分被告人的判决提出上诉的,第二审人民法院不得对其他同案被告人加重刑罚。

3. 对被告人或者其法定代理人、辩护人、近亲属提出上诉,人民检察院未提出抗诉的案件,第二审人民法院发回重新审判后,除有新的犯罪事实且人民检察院补充起诉的以外,原审人民法院不得加重被告人的刑罚。

4. 对第 3 项规定的案件,原审人民法院对上诉发回重新审判的案件依法作出判决后,人民检察院抗诉的,第二审人民法院不得改判为重于原审人民法院第一次判处的刑罚。

五、审理方式

1. 以下案件应当开庭审理:(1)被告人、自诉人及其法定代理人对第一审认定的事实、证据提出异议,可能影响定罪量刑的上诉案件;(2)被告人被判处死刑的上诉案件(**注意**:被判处死刑的被告人没有上诉,同案的其他被告人上诉的案件,第二审人民法院应当开庭审理);(3)人民检察院抗诉的案件;(4)应当开庭审理的其他案件。

2. 以下案件可以不开庭审理:(1)原判事实不清、证据不足;(2)具有《刑事诉讼法》第 238 条规定的违反法定诉讼程序的情形,需要发回重新审判的。

六、审理期限

1. 第二审人民法院受理上诉、抗诉案件,应当在 2 个月以内审结。

2. 对于可能判处死刑的案件或者附带民事诉讼的案件,以及有《刑事诉讼法》第 158 条规定情形之一的案件,经省、自治区、直辖市高级人民法院批准或者决定,可以延长 2 个月;因特殊情况还需要延长的,报请最高人民法院批准。

《刑事诉讼法》第 158 条规定的情形:

(1)交通十分不便的边远地区的重大复杂案件;

(2)重大的犯罪集团案件;

(3)流窜作案的重大复杂案件;

(4)犯罪涉及面广,取证困难的重大复杂案件。

七、第二审判决

1. 原判决认定事实和适用法律正确、量刑适当的——裁定驳回上诉或者抗诉,维持原判。

2. 原判决认定事实没有错误,但适用法律有错误,或者量刑不当的——应当改判。

3. 原判决事实不清楚或者证据不足的——可以在查清事实后改判,也可以裁定撤销原判,发回原审人民法院重新审判。

注意:发回重审仅限一次,发回重新审判的案件作出判决后,被告人提出上诉或者人民检察院提出抗诉的,第二审人民法院应当依法作出判决或者裁定,不得再发回原审人民法院重新审判。

4. 第一审存在以下程序违法情形之一的,应当裁定撤销原判,发回原审人民法院重新审判:(1)违反《刑事诉讼法》有关公开审判的规定的;(2)违反回避制度的;(3)剥夺或者限制了当事人的法定诉讼权利,可能影响公正审判的;(4)审判组织的组成不合法的;(5)其他违反法律规定的诉讼程序,可能影响公正审判的。

考点二十二 审判监督程序

一、审判监督程序的提起

1. 针对对象:已经发生法律效力的判决、裁定。

2. 当事人及其法定代理人、近亲属提出申诉。

3. 受理机关:

(1)法院。申诉由终审人民法院审查处理。但是,第二审人民法院裁定准许撤回上诉的案件,申诉人对第一审判决提出申诉的,可以由第一审人民法院审查处理。

上一级人民法院对未经终审人民法院审查处理的申诉,可以告知申诉人向终审人民法院提出申诉,或者直接交终审人民法院审查处理,并告知申诉人;案件疑难、复杂、重大的,也可以直接审查处理。对未经终审人民法院及其上一级人民法院审查处理,直接向上级人民法院申诉的,上级人民法院应当告知申诉人向下级人民法院提出。

最高人民法院或者上级人民法院可以指定终审人民法院以外的人民法院对申诉进行审查。被指定的人民法院审查后,应当制作审查报告,提出处理意见,层报最高人民法院或者上级人民法院审查处理。

对死刑案件的申诉,可以由原核准的人民法院直接审查处理,也可以交由原审人民法院审查。原审人民法院应当制作审查报告,提出处理意见,层报原核准的人民法院审查处理。

(2)检察院。当事人及其法定代理人、近亲属认为人民法院已经发生法律效力的判决、裁定确有错误,向人民检察院申诉的,由作出生效判决、裁定的人民法院的同级人民检察院依法办理。

当事人及其法定代理人、近亲属直接向上级人民检察院申诉的,上级人民检察院可以交由作出生效判决、裁定的人民法院的同级人民检察院受理;案情重大、疑难、复杂的,上级人民检察院可以直接受理。

当事人及其法定代理人、近亲属对人民法院已经发生法律效力的判决、裁定提出申诉,经人民检察院复查决定不予抗诉后继续提出申诉的,上一级人民检察院应当受理。

对不服人民法院已经发生法律效力的判决、裁定的申诉,经两级人民检察院办理且省级人民检察院已经复查的,如果没有新的证据,人民检察院不再复查,但原审被告人可能被宣告无罪或者判决、裁定有其他重大错误可能的除外。

二、提起审判监督的结果

1. 不能停止判决、裁定的执行。**注意**:申诉不必然引起审判监督程序。

2. 有下列情形之一的,人民法院应当重新审判:

(1)有新的证据证明原判决、裁定认定的事实确有错误,可能影响定罪量刑的;

(2)据以定罪量刑的证据不确实、不充分、依法应当予以排除,或者证明案件事实的主要证据之间存在矛盾的;

(3)原判决、裁定适用法律确有错误的;

(4)违反法律规定的诉讼程序,可能影响公正审判的;

(5)审判人员在审理该案件的时候,有贪污受贿、徇私舞弊、枉法裁判行为的。

注意:申诉不必然启动审判监督程序,只有在符合上述情形时人民法院才应当重新审判。

三、审理

1. 审判组织:人民法院按照审判监督程序重新审判的案件,由原审人民法院审理的,应当另行组成合议庭进行。

2. 审理程序:如果原来是第一审案件,应当依照第一审程序进行审判,所作的判决、裁定,可以上诉、抗诉;如果原来是第二审案件,或者上级人民法院提审的案件,应当依照第二审程序进行审判,所作的判决、裁定,是终审的判决、裁定。**注意**:再审适用什么程序进行审理,取决于原审的程序。

3. 人民检察院派员出庭。人民法院开庭审理的再审案件,同级人民检察院应当派员出席法庭。

4. 强制措施。人民法院决定再审的案件,需要对被告人采取强制措施的,由人民法院依法决定。人民检察院办理按照第二审程序、审判监督程序抗诉的案件,需要对被告人采取强制措施的,由人民检察院依法决定。

5. 中止执行。人民法院按照审判监督程序审判的案件,可以决定中止原判决、裁定的执行。

6. 再审不加刑。除人民检察院抗诉的以外,再审一般不得加重原审被告人的刑罚。再审决定书或者抗诉书只针对部分原审被告人的,不得加重其他同案原审被告人的刑罚。

四、审判监督程序审理结果

1. 原判决、裁定认定事实和适用法律正确、量刑适当的——裁定驳回申诉或者抗诉,维持原判决、裁定。

2. 原判决、裁定定罪准确、量刑适当,但在认定事实、适用法律等方面有瑕疵的——应当裁定纠正并维持原判决、裁定。

3. 原判决、裁定认定事实没有错误,但适用法律错误或者量刑不当的——应当撤销原判决、裁定,依法改判。

4. 依照第二审程序审理的案件,原判决、裁定事实不清、证据不足的——可以在查清事实后改判,也可以裁定撤销原判,发回原审人民法院重新审判。

5. 原判决、裁定认定被告人姓名等身份信息有误,但认定事实和适用法律正确、量刑适当的——作出生效判决、裁定的人民法院可以通过裁定对有关信息予以更正。

6. 原判决、裁定事实不清或者证据不足:(1)经审理事实已经查清的——应当根据查清的事实依法裁判；(2)事实仍无法查清，证据不足，不能认定被告人有罪的——应当撤销原判决、裁定，判决宣告被告人无罪。

考点二十三 死刑复核程序

一、死刑复核主体

1. 中级人民法院判处死刑且被告人不上诉的第一审案件，由高级人民法院复核后，报请最高人民法院核准。高级人民法院不同意判处死刑的，可以提审或者发回重新审判。

2. 高级人民法院判处死刑且被告人不上诉的第一审案件/判处死刑的第二审案件，应当报请最高人民法院核准。

3. 中级人民法院判处死刑缓期2年执行的案件，由高级人民法院核准。

二、死刑复核程序

1. 组成合议庭。最高人民法院复核死刑案件，高级人民法院复核死刑缓期执行的案件，应当由审判员3人组成合议庭进行。

2. 讯问被告人。高级人民法院复核死刑缓期执行案件，应当讯问被告人。

3. 提出意见。在复核死刑案件过程中，最高人民检察院可以向最高人民法院提出意见。最高人民法院应当将死刑复核结果通报最高人民检察院。

4. 听取意见。复核死刑、死刑缓期执行案件，应当重视审查被告人及其辩护人的辩解、辩护意见。最高人民法院复核死刑案件，辩护律师提出要求的，应当听取辩护律师的意见。

5. 全面审查。复核死刑、死刑缓期执行案件，应当全面审查以下内容：(1)被告人的年龄，被告人有无刑事责任能力、是否系怀孕的妇女；(2)原判认定的事实是否清楚，证据是否确实、充分；(3)犯罪情节、后果及危害程度；(4)原判适用法律是否正确，是否必须判处死刑，是否必须立即执行；(5)有无法定、酌定从重、从轻或者减轻处罚情节；(6)诉讼程序是否合法；(7)应当审查的其他情况。

三、死刑复核结果

1. 死刑立即执行：

(1)原判认定事实和适用法律正确、量刑适当、诉讼程序合法的——应当裁定核准。

(2)原判认定的某一具体事实或者引用的法律条款等存在瑕疵，但判处被告人死刑并无不当的——可以在纠正后作出核准的判决、裁定。

(3)原判事实不清、证据不足的——应当裁定不予核准，并撤销原判，发回重新审判。

(4)复核期间出现新的影响定罪量刑的事实、证据的——应当裁定不予核准，并撤销原判，发回重新审判。

(5)原判认定事实正确、证据充分，但依法不应当判处死刑的——应当裁定不予核准，并撤销原判，发回重新审判；根据案件情况，必要时，也可以依法改判。

(6)原审违反法定诉讼程序，可能影响公正审判的——应当裁定不予核准，并撤销原判，发回重新审判。

2. 死刑缓期执行：

(1)原判认定事实和适用法律正确、量刑适当、诉讼程序合法的——应当裁定核准。

(2)原判认定的某一具体事实或者引用的法律条款等存在瑕疵,但判处被告人死刑缓期执行并无不当的——可以在纠正后作出核准的判决、裁定。

(3)原判认定事实正确,但适用法律有错误,或者量刑过重的——应当改判。

(4)原判事实不清、证据不足的——可以裁定不予核准,并撤销原判,发回重新审判,或者依法改判。

(5)复核期间出现新的影响定罪量刑的事实、证据的——可以裁定不予核准,并撤销原判,发回重新审判,或者依照《刑诉解释》第 271 条的规定在审理后依法改判。

(6)原审违反法定诉讼程序,可能影响公正审判的——应当裁定不予核准,并撤销原判,发回重新审判。

注意:复核死刑缓期执行案件,不得加重被告人的刑罚。

四、发回重审

1. 最高人民法院裁定不予核准死刑的,根据案件情况,可以发回第二审人民法院或者第一审人民法院重新审判。

2. 对最高人民法院发回第二审人民法院重新审判的案件,第二审人民法院一般不得发回第一审人民法院重新审判。

3. 第一审人民法院重新审判的,应当开庭审理。第二审人民法院重新审判的,可以直接改判;必须通过开庭查清事实、核实证据或者纠正原审程序的,应当开庭审理。

4. 高级人民法院依照复核程序审理后报请最高人民法院核准死刑,最高人民法院裁定不予核准,发回高级人民法院重新审判的,高级人民法院可以依照第二审程序提审或者发回重新审判。

5. 最高人民法院裁定不予核准死刑,发回重新审判的案件,原审人民法院应当另行组成合议庭审理,但《刑诉解释》第 429 条第 4、5 项规定的情形除外。

《刑诉解释》第 429 条第 4、5 项规定:复核期间出现新的影响定罪量刑的事实、证据的,应当裁定不予核准,并撤销原判,发回重新审判。原判认定事实正确、证据充分,但依法不应当判处死刑的,应当裁定不予核准,并撤销原判,发回重新审判;根据案件情况,必要时,也可以依法改判。

考点二十四 未成年人刑事案件诉讼程序

1. 处理未成年人刑事案件的原则:人民法院审理未成年人刑事案件,应当贯彻教育、感化、挽救的方针,坚持教育为主、惩罚为辅的原则,加强对未成年人的特殊保护。

2. 人民法院、人民检察院和公安机关办理未成年人刑事案件,应当保障未成年人行使其诉讼权利,保障未成年人得到法律帮助,并由熟悉未成年人身心特点的审判人员、检察人员、侦查人员承办。

3. 分案处理:(1)对分案起诉至同一人民法院的未成年人与成年人共同犯罪案件,可以由同一个审判组织审理;不宜由同一个审判组织审理的,可以分别审理。(2)未成年人与成年人共同犯罪案件,由不同人民法院或者不同审判组织分别审理的,有关人民法院或者审判组织应当互相了解共同犯罪被告人的审判情况,注意全案的量刑平衡。

4. 特殊保护。

(1)谨慎逮捕:①对未成年被告人应当严格限制适用逮捕措施。②人民法院决定逮捕,应当讯问未成年被告人,听取辩护律师的意见。③对被逮捕且没有完成义务教育的未成年被告人,人民法院应当与教育行政部门互相配合,保证其接受义务教育。

(2)法律援助:未成年被害人及其法定代理人因经济困难或者其他原因没有委托诉讼代理人的,人民法院应当帮助其申请法律援助。

(3)简易程序:对未成年人刑事案件,人民法院决定适用简易程序审理的,应当征求未成年被告人及其法定代理人、辩护人的意见。上述人员提出异议的,不适用简易程序。

(4)相关人员到场:人民法院审理未成年人刑事案件,在讯问和开庭时,应当通知未成年被告人的法定代理人到场。法定代理人无法通知、不能到场或者是共犯的,也可以通知合适成年人到场,并将有关情况记录在案。

到场的法定代理人或者其他人员,除依法行使《刑事诉讼法》第281条第2款规定的权利外,经法庭同意,可以参与对未成年被告人的法庭教育等工作。

适用简易程序审理未成年人刑事案件,适用上述规定。询问未成年被害人、证人,适用上述规定。审理未成年人遭受性侵害或者暴力伤害案件,在询问未成年被害人、证人时,应当采取同步录音录像等措施,尽量一次完成;未成年被害人、证人是女性的,应当由女工作人员进行。

(5)不公开审理:开庭审理时被告人不满18周岁的案件,一律不公开审理。经未成年被告人及其法定代理人同意,未成年被告人所在学校和未成年人保护组织可以派代表到场。到场代表的人数和范围,由法庭决定。经法庭同意,到场代表可以参与对未成年被告人的法庭教育工作。

(6)公开宣判:对于未成年人刑事案件,宣告判决应当公开进行。

5. 档案封存。

(1)犯罪的时候不满18周岁,被判处5年有期徒刑以下刑罚的,应当对相关犯罪记录予以封存。

(2)犯罪记录被封存的,不得向任何单位和个人提供,但司法机关为办案需要或者有关单位根据国家规定进行查询的除外。依法进行查询的单位,应当对被封存的犯罪记录的情况予以保密。

(3)对依法公开审理,但可能需要封存犯罪记录的案件,不得组织人员旁听;有旁听人员的,应当告知其不得传播案件信息。

考点二十五 认罪认罚从宽制度

一、认罪认罚含义

1. 何为认罪:

(1)犯罪嫌疑人、被告人自愿如实供述自己的罪行;

(2)对指控的犯罪事实没有异议。

注意：

(1)犯罪嫌疑人、被告人承认主要的犯罪事实，但对个别事实情节提出异议，或者虽然对行为性质提出辩解但表示接受司法机关认定意见的，构成此处的"认罪"。

(2)一人犯数罪：犯罪嫌疑人、被告人实施了多个犯罪行为，但仅承认其中一罪或部分罪名的，全案不作"认罪"处理，不适用认罪认罚从宽制度，但是对其如实供述的部分，人民检察院可以提出从宽处罚的建议，人民法院可以从宽处罚。

(3)数人犯一罪(共同犯罪)：数人共同实施同一犯罪行为的，部分犯罪嫌疑人、被告人认罪，其他犯罪嫌疑人、被告人不认罪的，仅对认罪的犯罪嫌疑人、被告人作"认罪"处理。

(4)犯罪嫌疑人、被告人表示认罪，但暗中串供、干扰证人作证、毁灭或伪造证据的，不适用认罪认罚从宽制度。

2. 何为认罚：

(1)犯罪嫌疑人、被告人真诚悔罪，愿意接受处罚。

(2)具体表现：

①侦查阶段：表示愿意接受处罚；

②审查起诉阶段：接受人民检察院拟作出的起诉或不起诉决定，认可人民检察院的量刑建议，签署认罪认罚具结书；

③审判阶段：当庭确认自愿签署具结书，愿意接受刑罚处罚。

注意：

(1)"认罚"的重点是犯罪嫌疑人、被告人的悔罪态度和悔罪表现，应当结合退赃退赔、赔偿损失、赔礼道歉等因素来考量。犯罪嫌疑人、被告人虽然表示"认罚"，但却暗中串供、干扰证人作证、毁灭或伪造证据，或者隐匿、转移财产，有赔偿能力而不赔偿损失，则不能适用认罪认罚从宽制度。

(2)对于认罪认罚案件而言，应当根据案件具体情况，依法适用速裁程序、简易程序或者普通程序进行审理(认罪认罚案件并不必然适用速裁程序或简易程序。换言之，犯罪嫌疑人、被告人享有选择审判程序的权利，如果其不同意适用速裁程序或简易程序，不影响"认罚"的认定)。

二、认罪认罚从宽制度的适用

1. 认罪认罚从宽制度适用于包括侦查、起诉、审判在内的刑事诉讼各个阶段。

2. 认罪认罚从宽制度适用于各类刑事案件，没有罪名和刑罚的限制，不得因为罪轻、罪重、罪名特殊而剥夺犯罪嫌疑人、被告人自愿认罪认罚获得从宽处罚的机会。

3. 具体适用规则。

(1)犯罪嫌疑人、被告人认罪认罚的，可以从宽处罚，而非应当从宽处罚。

根据犯罪的事实、性质、情节和对社会的危害程度，结合法定、酌定的量刑情节，综合考虑认罪认罚的具体情况，依法决定是否从宽、如何从宽。对犯罪性质和危害后果特别严重、犯罪手段特别残忍、社会影响特别恶劣的犯罪嫌疑人、被告人，认罪认罚不足以从轻处罚的，依法不予从宽处罚。

(2)"从宽"针对的是量刑，而非定罪。

(3)"从宽"包括两方面：实体上，给予量刑减免；程序上，可以适用简化程序。

(4)主动认罪优于被动认罪,早认罪优于晚认罪,彻底认罪优于不彻底认罪,稳定认罪优于不稳定认罪。

(5)认罪认罚从宽与自首、坦白从宽不进行重复评价。

4.影响因素:

(1)被害方意见:被害人及其诉讼代理人的意见只是参照,而非遵循,无法直接决定是否适用认罪认罚从宽制度。

(2)赔偿,获得谅解,达成和解协议、调解协议等只是在认定认罪认罚时应当考量的因素,而非适用认罪认罚从宽制度的直接决定因素。若未达到前述情形,从宽时应当予以酌减。

(3)认罪认罚后反悔:分阶段处理。

①在检察机关作出酌定不起诉决定后反悔:a.无犯罪事实或者符合法定不起诉条件的,撤销原不起诉决定,重新作出不起诉决定;b.犯罪情节轻微,依照刑法不需要判处刑罚或者免除刑罚的,可以维持原不起诉决定;c.排除认罪认罚因素后,符合起诉条件的,撤销原不起诉决定,提起公诉。

②起诉前反悔:犯罪嫌疑人认罪认罚,签署认罪认罚具结书,但在检察机关提起公诉前反悔的,已签署的具结书失效,检察院应当在全面审查事实证据的基础上,依法提起公诉。

③审判阶段反悔:法院应当根据查明的事实依法作出裁判。

三、认罪认罚具结书

1.犯罪嫌疑人自愿认罪,同意量刑建议和程序适用的,应当在辩护人或者值班律师在场的情况下签署认罪认罚具结书。

2.例外:

犯罪嫌疑人认罪认罚,有下列情形之一的,不需要签署认罪认罚具结书。

(1)犯罪嫌疑人是盲、聋、哑人,或者是尚未完全丧失辨认或者控制自己行为能力的精神病人的;

(2)未成年犯罪嫌疑人的法定代理人、辩护人对未成年人认罪认罚有异议的;

(3)其他不需要签署认罪认罚具结书的情形。

注意:认罪认罚制度与值班律师制度联合命题考查。

四、精编模拟预测

(一)

李某于2018年6月的一天晚上,和几个朋友聚会,饭后又一起去酒吧继续喝酒。在酒吧喝酒期间搭讪认识了陈某。次日2时结束后,李某在开车送陈某回家的路上起了色心,于是把车开至偏僻处,强行与陈某发生性关系。陈某极力反抗。李某见陈某反抗,即产生杀害陈某的念头,遂在车前排右座位上用双手紧扼陈某的颈部,致陈某当场死亡。

甲省A市人民检察院对李某故意杀人一案提起公诉。A市中级人民法院审理了此案,于

2019 年 3 月 4 日作出刑事判决:被告人李某犯故意杀人罪,判处死刑,剥夺政治权利终身,并处没收个人全部财产。宣判后,被告人李某不服,提出上诉。甲省高级人民法院审理后,于 2019 年 5 月 16 日作出刑事裁定,驳回上诉,维持原判。甲省高级人民法院将被告人李某的死刑判决依法报请最高人民法院核准。最高人民法院对该案进行了复核,认为甲省高级人民法院没有开庭审理,可能影响正确判决,因此于 2019 年 9 月 23 日裁定不核准死刑,撤销原判,发回重审。

【问题】

1. 在本案中,除最高人民法院有权核准李某的死刑判决外,甲省高级人民法院是否也有权核准?为什么?

2. 最高人民法院复核李某的死刑判决的审判组织有何要求?是否可以采用书面审理的方式复核李某的死刑判决?

3. 最高人民法院在裁定不核准李某的死刑判决的同时,将该案发回重审。请问,可以发回哪几个法院重审?若发回甲省高级人民法院重审,该院应当如何处理?

4. 如果最高人民法院核准死刑并下达执行死刑命令后,死刑执行前,A 市中级人民法院发现李某可能另案犯有抢劫罪,A 市中级人民法院应当如何处理?

—— 参考答案 ——

1. 甲省高级人民法院无权核准。理由是:根据《刑诉解释》第 423 条第 1 款第 2 项规定,中级人民法院判处死刑的第一审案件,被告人上诉或者人民检察院抗诉,高级人民法院裁定维持的,应当在作出裁定后 10 日内报请最高人民法院核准。据此,甲省高级人民法院二审维持死刑的,无须复核而直接报请最高人民法院核准。

2. 最高人民法院复核李某的死刑判决,应当由审判员 3 人组成合议庭进行复核。

最高人民法院复核李某的死刑立即执行案件不能采用书面审理方式。理由是:根据《刑事诉讼法》第 251 条第 1 款及相关司法解释规定:死刑案件的复核除了审查书面材料外,还必须讯问被告人,辩护律师提出要求的,还应当听取辩护律师的意见。最高人民检察院也可以向最高人民法院提出意见。因此,死刑复核的方式不是单纯的书面审理,而是调查讯问式审理。

3. 根据《刑诉解释》第 430 条第 1 款的规定,最高人民法院裁定不予核准死刑的,根据案件情况,可以发回第二审人民法院或者第一审人民法院重新审判。因此,本案可以将案件发回甲省高级人民法院重审,也可以发回 A 市中级人民法院重审。

若发回甲省高级人民法院重审,甲省高级人民法院一般不能再发回 A 市中级人民法院重新审判。甲省高级人民法院重新审判的,可以直接改判,但必须通过开庭查清事实、核实证据或者纠正原审程序的,应当开庭审理。

4. 根据《刑诉解释》第 500 条第 1 款的规定,A 市中级人民法院应当暂停死刑的执行,并将请求停止执行死刑的报告和发现的漏罪的相关材料层报至最高人民法院。

(二)

张某在二环路上驾驶黑色的奥迪车,由于频繁变道及灯光问题惹怒了后面的博某。博某为了发泄情绪不顾交通信号灯指示，强行超到奥迪车前面，行驶一段后突然停车，阻碍奥迪车及后面车辆行驶，见奥迪车变道又继续追赶。

张某发现博某的行为想要逃离，5分钟后博某再次追上奥迪车，由于躲闪不及两车相撞，博某的汽车砸坏了辅路上路人甲的轿车。经过验伤，张某为轻微伤。

公安机关迅速出警，查看了道路交通监控视频，将张某、博某二人以涉嫌危险驾驶罪进行立案，并向检察院提请批捕。检察院对博某进行批捕，对张某没有批捕。一个半月后，博某申请羁押必要性审查，检察院审查后向公安机关发出了变更强制措施建议书并告知相关事项，公安机关于15日后回复将在10日内对博某变更强制措施。

移送审查起诉以后，博某认罪认罚，同意检察院起诉书中指控的犯罪事实及量刑建议。法院审理博某案件后认为起诉指控的事实清楚，证据确实、充分，但是博某与张某的行为性质不同。博某在遭受他人别车的情况下才如此，并且在二环主路上追逐，置不特定人生命、健康财产安全于不顾，符合以危险方法危害公共安全罪的构成要件。

【问题】

1. 在立案前，公安机关调取道路交通监控视频的行为是否合法？道路交通监控视频能否当作证据使用？为什么？

2. 博某申请羁押必要性审查，公安机关回复变更强制措施意见书的做法是否正确？检察院对此应如何处理？

3. 博某的认罪认罚过程，是否需要有律师在场？如果博某没有委托律师，应如何处理？

4. 张某的奥迪车发生的修车费用可否向博某主张赔偿？如何主张赔偿？

5. 法院认为博某构成以危险方法危害公共安全罪，应该如何处理？

6. 如果博某的供述是在引诱下形成的，法院应如何认定？为什么？

—— 参考答案 ——

1. 公安机关行为合法，道路交通监控视频可以当作证据使用。根据《公安部规定》第174条第2款的规定，在调查核实过程中，公安机关可以依法依规采取调取证据材料等不限制被调查对象人身、财产权利的措施。同时，根据《关于办理刑事案件收集提取和审查判断电子数据若干问题的规定》第6条的规定，初查过程中收集、提取的电子数据，以及通过网络在线提取的电子数据，可以作为证据使用。

2. 不正确。根据《高检规则》第581条第1款的规定，公安机关应在10日以内针对变更强制措施建议书回复处理情况。检察院对此应当提出纠正意见。

3. 签署认罪认罚具结书时需要有辩护人或者值班律师在场。如果没有委托律师，就应当在值班律师在场的情况下签署认罪认罚具结书。

4. 不能。虽然张某和博某未被同案处理，但张某也是涉嫌危险驾驶罪的犯罪嫌疑人，其受伤和轿车受损系危险变道所致，因此不具有被害人的身份。根据《刑诉解释》第175条第1款的规定，张某无权在刑事诉讼过程中提起附带民事诉讼。

5. 法院应当在判决之前，听取控辩双方的意见，保障被告人、辩护人充分行使辩护权。必要时，可以再次开庭，组织控辩双方围绕被告人的行为构成何罪及如何量刑进行辩论。根据《刑诉解释》第295条第1款第2项、第3款的规定:起诉指控的事实清楚,证据确实、充分,但指控的罪名不当的,应当依据法律和审理认定的事实作出有罪判决。法院应当在判决前听取控辩双方的意见,保障被告人、辩护人充分行使辩护权。必要时,可以再次开庭,组织控辩双方围绕被告人的行为构成何罪及如何量刑进行辩论。

6. 不能排除。《刑事诉讼法》第56条规定,采用刑讯逼供等非法方法收集的犯罪嫌疑人、被告人供述,应当予以排除。引诱下获得的供述不排除。

民法综合

一、考情分析

表4　近七年民法综合考查分值及占卷面分值比重情况

年份	2024	2023	2022	2021	2020	2019	2018
分值/分	56	56	56	56	56	51	53
占卷面分值比重/%	31.1	31.1	31.1	31.1	31.1	28.3	29.4

2024年民法综合题分值为56分,占试卷分值比重为31.1%,一共9问。其分值和难度基本延续了2021年至2023年的水平。但从表格数据来看,民法综合题的分值呈上升趋势,本题分值约占到整张试卷的1/3,绝对是关系到能否考过的第一因素。从考查角度来看,不再考查直接能以记忆和抄法条解决的问题,而是要求考生综合研判,切实把民法、民事诉讼法和商法中有关知识点融会后才能作出准确的判断和说理分析。

1. 着重关注重点考点,提高复习性价比。

从考点来看,买卖合同的效力、连带责任、违约责任、担保效力、担保性质、让与担保、管辖法院、证据证明力等考查频次较高。以上考点只是从大的框架方面进行分析,具体到真题时,往往会从一个意想不到的角度考查,如2023年对抵押预告登记的效力进行了考查,对法院查封不动产何时生效进行了考查。这会让考生顿生无从下手分析的感觉。

在学习这些重要考点的时候,除了内核要扎实之外,外延还要周全,这样才能快速反应、准确作答。比如考生在平常需要多看法条,做到对某一部法律或解释说了哪些重要问题心中有数,而这一点印象在考场上往往就能发挥很大作用。

2. 民法综合题也有观点展示,平时要多留心。

观点展示一般在刑法中进行考查,但在民法综合题中有时也会出现。例如,2022年有4个小问均存在观点展示,对证据的分类定性和证明力、法院对案件的受理、股东举证义务等均有不同观点,且均可找到法律依据。这难免让考生在平时学习中感到头痛,只有对相关制度的规定很熟悉才能顺利作答。而要想熟悉,就要在平时的训练中不断地操练。

二、历年真题

2024年

【案情】

张龙是京州市从事建筑行业的甲公司法定代表人,因资金周转困难,找姐姐张凤帮忙寻找资金。张凤是上市公司乙公司的法定代表人和控股股东,为此找到了李丽。李丽同意出借资金,但要求张凤以乙公司的名义提供担保。张凤表示,以乙公司名义对外担保需经过公司内部股东会决议并履行信息披露等程序,较为复杂,愿以个人名义提供保证。李丽表示,可以由张龙、张凤、乙公司与其签订借款协议,不签订担保合同。

基于此,李丽提出可以通过订立四方《借款合同》规避上市公司的审查流程。于是李丽与张凤达成了《备忘录》,记载了乙公司担保流程较为复杂,故订立借款合同的原因和经过,并约定张凤以乙公司的名义作为共同借款人。《备忘录》一式两份,由张凤和李丽各持一份。后甲公司(张龙代表)、乙公司(张凤代表)、张凤、李丽四方签署了《借款合同》,各方约定甲公司、乙公司、张凤共同向李丽借款1500万元,且三方借款人承担连带还款责任。合同订立后,李丽将该笔借款打入指定账户,该笔款项实际上由甲公司使用。随后,乙公司的法定代表人发生变更,张凤不再担任法定代表人。

借款到期后,甲公司无力偿还。李丽向法院起诉只起诉了乙公司,要求乙公司承担连带还款责任。乙公司辩称:(1)该借款合同由张凤私自订立,没有经过乙公司内部决策程序,系其个人行为,乙公司对此并不知情,与乙公司无关;(2)本案有三个债务人,应追加其他两个债务人为共同被告,乙公司并未实际使用该笔借款;(3)张凤与李丽之间订立了《备忘录》,只要提交至法院,案件事实就非常清楚了,法院可以向李丽调查取证。

甲公司承揽了金山市丙公司开发建设的房地产业务,双方订立了《建设工程施工合同》,丙公司欠付甲公司2000万元工程款项未能偿还。甲公司与丙公司订立的《抵债协议1》,约定:将丙公司名下位于光明区的7号楼、8号楼、9号楼的所有权转让给甲公司,用以抵扣2000万元工程款。李丽知晓此事后,找张龙要钱,张龙表示愿意将7号楼和8号楼抵给李丽来偿还1500万元债务,甲公司与李丽订立《抵债协议2》并在该协议中写明上述抵债事由。丙公司在《抵债协议2》上加盖合同专用章,并写明:已知晓该协议的效力,到时直接将房屋过户给李丽。

丙公司一直未履行房屋变更手续,李丽将甲公司、丙公司诉至法院,要求履行《抵债协议2》,将7号楼和8号楼过户至自己名下。甲公司辩称:丙公司并未给自己过户,所以自己无法给李丽过户。丙公司辩称:(1)房屋尚登记在自己名下,其与甲公司的《抵债协议1》并未生效;(2)丙公司与李丽无合同关系,无权请求丙公司为其办理房屋所有权变更登记。

【问题】

1. 关于借款合同纠纷,李丽仅向法院起诉了乙公司,法院是否应当追加其他债务人为共同被告?请结合《民法典》和《民事诉讼法》及相关司法解释规定作答并说明理由。(6分)

2. 张凤和李丽各自保存了一份的《备忘录》，乙公司作为被告，能依据何种证据规则找到该书证？请结合《民事诉讼法》及其司法解释说明理由。(6分)

3. 李丽能否主张甲公司和张凤承担还款义务？请结合《民法典》及其司法解释说明理由。(6分)

4. 张凤作为乙公司的控股股东和法定代表人，在借款合同纠纷中乙公司能否追究张凤的法律责任？请说明理由。(6分)

5. 李丽和乙公司签订的《借款合同》的法律性质是什么？李丽能否要求乙公司承担法律责任？(7分)

6. 甲公司与丙公司订立的《抵债协议1》的法律性质和效力如何？请说明理由。(6分)

7. 李丽要求将7号楼和8号楼过户给自己的主张，能否得到支持？(6分)

8. 李丽向法院起诉要求甲公司和丙公司过户7号楼和8号楼，哪些法院有管辖权？(6分)

9. 若2023年12月，法院判决甲公司、丙公司配合李丽办理7号楼、8号楼的过户手续。涉案房屋的抵押权人中华银行认为该判决损害了自身权益，欲于2024年3月提起第三人撤销之诉，法院是否应当受理？(7分)

—— 参考答案 ——

1. 应当追加甲公司为共同被告，但是不能直接追加张凤为共同被告。

依据《民法典》第699条，同一债务有两个以上保证人的，保证人应当按照保证合同约定的保证份额，承担保证责任；没有约定保证份额的，债权人可以请求任何一个保证人在其保证范围内承担保证责任。本题中，李丽是债权人，甲公司是债务人，乙公司、张凤是共同保证人，本案并未约定保证份额，则乙公司和张凤承担连带责任。

依据《最高人民法院关于审理民间借贷案件适用法律若干问题的规定》第4条第1款，保证人为借款人提供连带责任保证，出借人仅起诉借款人的，法院可以不追加保证人为共同被告；出借人仅起诉保证人的，法院可以追加借款人为共同被告。本题中，甲公司是借款人，而出借人李丽仅起诉了保证人乙公司，法院可以追加甲公司为共同被告，不能追加张凤为共同被告。

2. 可以根据文书提出命令的证据规则。

依据《民诉解释》第112条，书证在对方当事人控制之下的，承担举证证明责任的当事人可以在举证期限届满前书面申请法院责令对方当事人提交。对方当事人无正当理由拒不提交的，法院可以认定申请人所主张的书证内容为真实。本题中《备忘录》由李丽持有，对案件事实的认定具有重要意义。乙公司可以依据上述规定，向法院申请文书提出命令，如果李丽拒不提交，且无正当理由，法院可以推定乙公司的主张成立。

3. 李丽可以要求甲公司和张凤承担连带还款责任。

依据《民法典》第699条，同一债务有两个以上保证人的，保证人应当按照保证合同约定的保证份额，承担保证责任；没有约定保证份额的，债权人可以请求任何一个保证人在其保证范围内承担保证责任。本题中，甲公司的债务有乙公司和张凤两个保证人，属于共同保证，在未约定保证份额时，李丽作为债权人可请求保证人张凤承担连带还款责任。

4. 乙公司能追究张凤的法律责任。

依据《公司法》及相关规定，公司法定代表人应当遵守法律、行政法规和公司章程，忠实履行职责。《九民纪要》第 21 条规定，法定代表人的越权担保行为给公司造成损失，公司请求法定代表人承担赔偿责任的，法院依法予以支持。本题中，张凤作为乙公司的法定代表人，未经公司相关机关决议擅自为他人提供担保，属于越权担保，给公司造成损失，乙公司可以要求张凤向公司承担赔偿损失的民事责任。

▶▶ **提示** 本题还可以根据《民法典》第 62 条第 2 款和《民法典合同编通则解释》第 20 条第 3 款来作答。《民法典》第 62 条第 2 款规定："法人承担民事责任后，依照法律或者法人章程的规定，可以向有过错的法定代表人追偿。"《民法典合同编通则解释》第 20 条第 3 款规定："法人、非法人组织承担民事责任后，向有过错的法定代表人、负责人追偿因越权代表行为造成的损失的，人民法院依法予以支持。法律、司法解释对法定代表人、负责人的民事责任另有规定的，依照其规定。"据此，乙公司可能因张凤的越权代表行为而承担民事责任，乙公司承担民事责任后，有权向有过错的张凤追偿，请求其承担损害赔偿责任。

5. (1)《借款合同》名为借款，实为担保。

依据《民法典》第 146 条，行为人与相对人以虚假的意思表示实施的民事法律行为无效。以虚假的意思表示隐藏的民事法律行为的效力，依照有关法律规定处理。本题中，李丽与乙公司之间并非真实借款关系，且双方对此都是明知的，符合通谋虚伪行为，双方真实意思是形成担保关系。

(2)李丽无权要求乙公司担责。

依据《公司法》第 15 条第 1 款，公司向其他企业投资或者为他人提供担保，按照公司章程的规定，由董事会或者股东会决议。本题中，张凤实施了越权担保行为，且李丽不是善意的，乙公司并未对此进行追认，因此乙公司与李丽订立的合同对乙公司不生效，李丽无权要求乙公司承担担保责任。

6.《抵债协议 1》的性质属于代物清偿或履行期限届满后的以物抵债协议，效力是有效。

依据《民法典合同编通则解释》第 27 条第 1 款，债务人或者第三人与债权人在债务履行期限届满后达成以物抵债协议，不存在影响合同效力情形的，法院应当认定该协议自当事人意思表示一致时生效。本题中，债权人甲公司与债务人丙公司订立以 7 号楼、8 号楼、9 号楼抵偿 2000 万元工程欠款的《抵债协议 1》属于在债务履行期限届满后达成的以物抵债协议，且双方均具有相应的民事行为能力，意思表示真实，且不违反法律、行政法规的强制性规定，不违反公序良俗，不存在影响合同效力的情形，因此应当认定《抵债协议 1》自当事人意思表示一致时生效。

7. 可以得到支持。

《抵债协议 2》属于履行期限届满后的以物抵债协议，且属于新债清偿。该抵债协议生效时，原债与新债并存。原则上，债权人李丽只能请求债务人甲公司将 7 号楼和 8 号楼过户给自己。若甲公司又拒绝履行新债导致《抵债协议 2》的合同目的不能实现的，李丽享有选择权，其可以继续请求甲公司履行"新债"，也可以选择请求甲公司履行"原债"。综上，李丽要求将 7 号楼和 8 号楼过户给自己的主张可以得到支持。

8. 京州市、金山市和光明区基层法院有管辖权。

依据《民诉解释》第 28 条第 1 款，不动产纠纷指因不动产的权利确认、分割、相邻关系等引起的物权纠纷。本题涉及不动产转让合同纠纷，应适用合同特殊地域管辖规定。因合同纠纷提起的诉讼，由被告住所地或者合同履行地法院管辖。据此，本案被告甲公司和丙公司分别在京州市和金山市，两地法院均享有管辖权。被告的合同义务是交付不动产，不动产所在地视为合同履行地，故光明区法院也有管辖权。

9. 应当受理。

依据《民诉解释》第290条，第三人对已经发生法律效力的判决、裁定、调解书提起撤销之诉的，应当自知道或者应当知道其民事权益受到损害之日起6个月内，向作出生效判决、裁定、调解书的人民法院提出。

本案中，中华银行对7号楼、8号楼享有抵押权，法院判决丙公司将7号楼、8号楼过户给李丽，可能影响中华银行的抵押权实现，损害其民事权益。因此，中华银行作为与案件有法律上利害关系的第三人，可以提起第三人撤销之诉，中华银行在2024年3月提起第三人撤销之诉，未超过法定期限，法院应当受理。

2023年

【案情】

王某于2020年2月10日在东山区开甲公司，王某作为甲公司的唯一股东并担任甲公司经理，后于2021年3月10日与李某结婚，结婚后李某作为甲公司财务，于2022年3月15日与西河区乙公司签订设备买卖合同，价款200万元，甲公司首付100万元，剩余100万元在2023年支付完，每次支付10万元，于每月月初支付，双方在合同中约定产生纠纷由西河区法院管辖。王某承诺，如果甲公司还不了款就由王某还款，后甲公司、王某、乙公司在合同上签字，李某未签字。甲公司支付了2期后，就不再支付剩余款项。乙公司了解到甲公司对设备操作不熟导致产量低无法支付设备价款，乙公司又与甲公司签订培训合同，由乙公司派人对甲公司员工进行培训，培训费20万元。之后乙公司反复催告甲公司支付设备价款和培训费，但甲公司并不配合，只在2023年1月，给乙公司转账15万元，注明“履行合同款”，乙公司询问这笔款项是哪一笔价款，甲公司并未回应。乙公司起诉到法院，要求解除合同并支付两个合同项下的价款，后乙公司查明，甲公司无力支付价款，起诉没有意义，遂在一审开庭前撤回起诉，法院准许。另查明甲公司的财产跟王某的财产混乱，之后乙公司再次起诉，要求支付货款，并要求王某和李某对甲公司债务承担连带责任。

诉讼过程中，甲公司向法院提出以下抗辩：(1)甲公司认为西河区法院没有管辖权，此案应该由自己所在地东山区法院管辖，因为设备已经完成安装，无法拆除，应属于不动产，协议管辖无效，西河区法院没有管辖权。(2)甲公司认为买卖合同约定的管辖是西河区法院，但是培训合同并没有约定管辖，合同履行地与被告住所地法院都是东山区法院，因此西河区法院对培训合同没有管辖权。(3)买卖合同和培训合同没有实质关联，法院不能合并审理。(4)乙公司的起诉状副本已经送达甲公司，故在第一次起诉时，甲公司与乙公司的设备买卖合同已经解除，乙公司第二次起诉要求履行合同的请求是不成立的，且乙公司并非适格原告。王某同意甲公司的抗辩，承认自己对设备买卖合同承担连带保证责任，但主张自己不应就培训合同承担连带责任。李某同意甲公司的抗辩,并且认为自己在两份合同中都没有签字,不应当承担连带责任,自己不是适格被告。

诉讼过程中,乙公司提出了保全申请,申请查封山河小区A房屋。法院经审查发现,2021年时,王某曾与丁房地产开发商签订A房屋买卖合同,该合同价款为600万元,王某支付了400万元首付款,剩余房款在丙银行办理了按揭贷款,并于2021年12月为丙银行办理了A房屋抵押预告登记。2022年1月,房屋建成,开发商办理了所有权首次登记。乙公司申请保全时,房屋尚未过户给王某,且查明王某是故意拖延不办过户。于是法院作出准予查封A房屋裁定,但由于王某没有取得房屋所有权,故无法进行查封登记,法院只进行了公告。法院还查明,王某曾经转移甲公司的财产用于A房屋的装修等。后A房屋被乙公司申请执行,丙银行提出异议,认为该房屋上有自己的抵押预告登记,不能被执行。另外,王某的律师也提出抗辩:认为该房屋属于王某的唯一住房(属实)。

【问题】

1. 原告申请撤诉,法院没有经过被告同意就同意撤诉了(甲公司无力偿还,并且乙公司认为诉讼没有意义),法院同意撤诉是否正确?(6分)

2. 针对乙公司起诉,甲公司、王某、李某对管辖、诉讼请求、诉讼参与人、两个诉讼请求能否合并等抗辩进行分析。(7分)

3. 法院对山河小区A房屋的查封有没有生效?(6分)

4. 对于买卖合同,王某和李某是否承担连带责任?并进行分析。(6分)

5. 对于培训合同,王某和李某是否承担连带责任?并进行分析。(6分)

6. 对于丙银行执行异议法院是否支持?(6分)

7. 乙公司能否请求支付买卖合同项下的款项80万元和赔偿迟延损失?(6分)

8. 乙公司能否请求支付培训合同项下的款项20万元和赔偿迟延损失?(6分)

9. 债务人王某用房子给丙银行设置了抵押预告登记,请分析债务人只有一处住房且银行未正式办理抵押登记对优先受偿权的影响。(7分)

—— 参考答案 ——

1. 法院同意撤诉正确。

根据《民事诉讼法》第148条规定,宣判前,原告申请撤诉的,是否准许,由人民法院裁定。人民法院裁定不准许撤诉的,原告经传票传唤,无正当理由拒不到庭的,可以缺席判决。本案中,原告申请撤诉自愿且没有违反法律法规的规定,没有损害国家、集体和他人利益,法院同意撤诉正确。

2. (1)①甲公司提出的第1个抗辩不成立。

根据《民诉解释》第28条第1款、第2款的规定,不动产的权利确认、分割、相邻关系等引起的物权纠纷,以及农村土地承包经营合同纠纷、房屋租赁合同纠纷、建设工程施工合同纠纷、政策性房屋买卖合同纠纷按照不动产纠纷确定管辖。本案中设备已经安装、不能拆除并不影响双方法律关系的实质只是动产买卖合同法律关系,并非适用不动产专属管辖。设备买卖合同中约定的管辖法院属于原告住所地法院,与争议有实际联系,且不违反级别和专属管辖,因此协议管辖有效。

②甲公司提出的第 2 个抗辩不成立。

培训合同的纠纷是关于付款问题纠纷,即给付货币纠纷。根据《民诉解释》第 18 条第 2 款的规定,给付货币的,接收货币一方所在地为合同履行地。本案中的合同履行地就是原告住所地,即西河区。另外,虽然只有设备买卖合同中约定了管辖协议,但法院是将设备买卖合同与培训合同两个诉合并审理的,根据诉的合并理论,合并的诉讼标的部分存在管辖协议的,法院应当按照管辖协议确定全案管辖。故培训合同纠纷西河区法院有管辖权。

③甲公司提出的第 3 个抗辩不成立。

诉的合并审理是指法院将两个或者两个以上彼此有关联的诉合并到同一法院管辖,并适用同一程序审判。诉的合并的意义在于提高诉讼的效率,防止在相互关联的问题上作出互相矛盾的裁判。

(2)王某对培训合同不承担连带责任的抗辩得不到支持。

根据《公司法》第 23 条第 3 款的规定,一人公司的股东无法证明自己的财产独立于公司财产的,则应当对公司的债务承担连带责任。甲公司属于王某的一人公司,且王某有转移公司财产归个人使用的情形,有公司人格否认的事实,故应当对公司债务承担连带责任。

(3)李某的抗辩理由也不成立。

虽然甲公司是王某的一人公司,但李某作为配偶担任公司重要职务,实质参与公司经营管理,故甲公司实际上属于夫妻共同事业,所以即便李某未签字也不可否认两个债务都属于夫妻共同债务。

3. 已经发生效力。

《查封、扣押、冻结财产规定》第 7 条规定:查封不动产的,法院应当张贴封条或者公告,并可以提取保存有关财产权证照。查封、扣押、冻结已登记的不动产、特定动产及其他财产权,应当通知有关登记机关办理登记手续。未办理登记手续的,不得对抗其他已经办理了登记手续的查封、扣押、冻结行为。从这条可看出,未办理查封扣押保全登记的,并不影响查封的生效,只是不得对抗其他办理了登记手续的查封、扣押、冻结而已。

另外,该司法解释第 8 条规定,查封尚未进行权属登记的建筑物,法院应当通知其管理人、实际占有人,并在显著位置张贴公告。本题中,从王某进行装修可知王某已经实际占有该房屋,该房屋只是因为王某恶意逃避法律义务而未过户,查封该房屋并无不妥,由于王某未办理所有权登记,法院也进行了公告,可以视为已经完成了公告,查封已经生效。

4. 王某承担连带责任,李某承担连带责任。

王某在买卖合同中作为一般保证人签字,但其作为一人公司股东,股东与公司财产混同,因此对买卖合同项下的债务承担连带责任。李某作为王某合法妻子,其共同财产可被甲公司债权人申请连带责任赔偿,因此李某除个人财产外,其与王某的夫妻共同财产也在承担连带责任的范围内。

5. 王某和李某需要承担连带责任。

根据《民法典》规定,甲公司属于一人公司,根据《公司法》第 23 条第 3 款之规定,一人公司的股东在无法证明自身财产独立于公司财产时,需要承担连带责任。夫妻一方设立一人公司,如果配偶实质参与公司经营管理,则该一人公司属于夫妻共同事业,应由夫妻共同财产承担连带责任。本案中,法院查明存在法人人格混同的情形,因此承担连带责任的请求能够得到支持。

6. 不支持。

根据《民法典担保制度解释》第 52 条第 1 款规定,当只存在抵押预告登记时,经审查已经办理建筑物所有权首次登记,且不存在预告登记失效等情形的,法院应予支持,并应当认定抵押权自预告登记之日起设立。本题中房屋已经办理了首次登记,王某基于规避合同义务而拖延过户导致无法办理抵押权正式登记,预告登记并未失效,故丙银行享有对 A 房屋的抵押权。因此丙银行确实可以提出执行异议,法院应受理。但法院并不会中止对该房屋的执行,因为享有担保物权等优先权的异议人,享有的是一种顺位权,完全可以通过参与分配等方式保证其利益,故其所享有的权益不属于足以排除强制执行的民事权益,法院不能中止执行。另外,《最高人民法院关于人民法院办理执行异议和复议案件若干问题的规定》第 27 条规定,申请执行人对执行标的依法享有对抗案外人的担保物权等优先受偿权,法院对案外人提出的排除执行异议不支持。

7. 均能得到支持。

根据《民法典》第 634 条第 1 款规定,分期付款的买卖合同中买受人未支付到期价款的数额达到总价款的 1/5 时,经催告后在合理期限内仍未支付到期价款的出卖人即可要求一次性付清全部价款或者主张解除合同。本题中,甲公司未支付价款达到了总价款的 1/5,而乙公司并没有发出有效的解除意思,故其后主张付清价款能够得到支持。

甲公司无正当理由迟延履行合同义务,应当承担迟延履行责任,根据《民法典》第 577 条的规定,当事人一方不履行合同义务或者履行合同义务不符合约定的,应当承担继续履行、采取补救措施或者赔偿损失等违约责任。而对于金钱之债,迟延履行的损失赔偿标准在没有约定时,应参照民间借贷一年期贷款市场报价利率的 4 倍支付迟延履行部分利息,该利息本质属于法定违约金。

8. 乙公司只能请求支付培训合同中的 5 万元。

《民法典》第 560 条规定:债务人对同一债权人负担的数项债务种类相同,债务人的给付不足以清偿全部债务的,除当事人另有约定外,由债务人在清偿时指定其履行的债务。债务人未作指定的,应当优先履行已经到期的债务;数项债务均到期的,优先履行对债权人缺乏担保或者担保最少的债务;均无担保或者担保相等的,优先履行债务人负担较重的债务;负担相同的,按照债务到期的先后顺序履行;到期时间相同的,按照债务比例履行。

本案中,第一笔款项由王某提供了连带责任保证,而第二笔款项是没有担保的,故这 15 万元应视为对第二个合同的履行,即 15 万元债务因履行而消灭,故乙公司提出的支付 20 万元的请求无法得到支持,法院只能判决支持支付 5 万元的请求。该债务依然属于金钱债务,故迟延履行的损失即为迟延履行利息,也是可以得到支持的。

9. (1)不影响丙银行享有优先受偿权。

《民法典》第 221 条规定:当事人签订买卖房屋的协议或者签订其他不动产物权的协议,为保障将来实现物权,按照约定可以向登记机构申请预告登记。预告登记后,未经预告登记的权利人同意,处分该不动产的,不发生物权效力。预告登记后,债权消灭或者自能够进行不动产登记之日起 90 日内未申请登记的,预告登记失效。本题中,王某于 2021 年 12 月为丙银行设立抵押预告登记,2022年1月作了不动产首次登记,此时丙银行享有对A房屋的抵押权。

(2)唯一住房可以被申请强制执行,不影响优先受偿权。

根据《最高人民法院关于人民法院办理执行异议和复议案件若干问题的规定》第20条的规定,如果被执行人名下的住房,超出了被执行人及其所扶养家属生活必需的范围,人民法院可以执行。

2022年

【案情】

2021年1月,南峰市鹿台区的甲公司因扩大经营需要,拟发行公司债券融资。甲公司股东李某同时也是平远市凤凰区乙公司的大股东兼法定代表人,他找到平远市金龙区丙公司的总经理吴某,请丙公司帮忙购买甲公司债券。

2021年4月,甲公司债券(3年期,年利率8%)正式发行。2021年4月5日,甲公司与丙公司在南峰市鹿台区签订了《债券认购及回购合同》,约定丙公司认购甲公司5000万元债券;甲公司允诺1年后以5500万元进行回购,如逾期未回购,甲公司向丙公司支付1000万元的违约金。合同还载明"因本合同产生的一切纠纷,均应提交甲公司所在地的南峰市鹿台区法院解决"。

2021年4月8日,李某代表乙公司与丙公司在平远市金龙区签订了《担保合同》,约定乙公司为甲公司的回购义务及违约责任等提供"充分且完全的担保"。该担保合同载明:"因本合同发生的纠纷,双方应友好协商,协商无法解决的,应提交平远仲裁委员会解决。"在签约前,丙公司询问李某是否获得了股东会的同意,李某向丙公司提供了一份微信群聊天记录,显示李某曾就担保一事征求乙公司其他两位股东张某、孙某的意见,二人均在微信上回复"无异议"。

同日,李某个人应丙公司请求就甲公司回购义务向丙公司提供担保,并明确约定担保方式:丙公司曾向李某个人借款3000万元,将于2021年7月31日到期;到期后,丙公司可以暂不返还该笔借款,以此作为李某为甲公司回购义务提供的担保。2021年7月31日,丙公司未向李某支付该笔借款。

2022年4月,回购日期届至,甲公司未履行回购义务。丙公司沟通无果,遂向鹿台区法院起诉甲公司、乙公司,提出诉讼请求一:甲公司履行回购义务并支付违约金1000万元;诉讼请求二:乙公司对甲公司上述义务承担连带责任。甲公司在答辩期间提交答辩状,认为违约金过高,请求法院予以减少。乙公司在答辩期间也提交了答辩状,未提出管辖权异议,但在开庭中提出《担保合同》中存在仲裁协议,鹿台区法院对案件无管辖权。乙公司股东张某、孙某在知悉该诉讼的消息后,向法院表示,依照公司章程,公司对外担保应经过股东会决议,乙公司为甲公司提供的保证,仅为李某个人的意思,未经公司股东会决议,《担保合同》应为无效。李某则表示,虽未召开股东会,但通过微信聊天征求过张某和孙某的意见,他们均未表示反对。李某提供了一份三人微信聊天记录截图的纸质打印件,并表示因为手机更换,只能提供当时聊天记录截图的纸质打印件。丙公司另行向平远市金龙区法院(李某住所地)起诉李某,请求确认李某对其的3000万元债权已因承担担保责任而消灭。

后来丙公司发现,乙公司本身已无有价值的财产,但其全资控股了主营建筑业务的丁公司。

丙公司认为，丁公司长期与乙公司混用财务人员、其他工作人员和工作场所，账目不清，其财产无法与乙公司财产相区分，应与乙公司承担连带责任。丁公司承揽的戊公司的建设工程已竣工验收，但戊公司尚未按合同约定时间支付 1000 万元价款，因此丙公司希望丁、戊两公司一并承担责任。

【问题】

根据以上事实，请回答下列问题（对于有不同观点的问题，请展示各种观点并说明理由）：

1. 根据丙公司的诉讼请求一，甲公司是否应当履行回购义务？为什么？（5 分）

2. 根据丙公司的诉讼请求一，甲公司是否应当支付违约金？为什么？关于甲公司请求法院予以减少违约金的主张能否得到法院支持？为什么？（5 分）

3. 张某和孙某提出乙公司签订的《担保合同》无效的主张是否成立？为什么？（5 分）

4. 根据丙公司的诉讼请求二，乙公司应当承担何种担保责任？为什么？（5 分）

5. 请具体分析李某向丙公司提供的担保的性质。（3 分）

6. 关于乙公司在开庭过程中提出的管辖权异议，法院应当如何处理？（5 分）

7. 在丙公司提起的诉讼中，张某和孙某是否有权提出乙公司签订的《保证合同》无效的主张并提交相应证据？为什么？（5 分）

8. 请分析微信聊天记录截图的纸质打印件的证据能力和证明力，并说明理由。（5 分）

9. 关于丙公司对李某提起的诉讼，请结合受理条件，回答法院应当如何处理？（7 分）

10. 丙公司是否有权要求丁公司承担连带责任？为什么？（3 分）

11. 如法院判决支持了丙公司对乙公司的诉讼请求，那么丙公司在执行过程中，申请法院追加丁、戊两公司为被执行人，法院应当如何处理？如法院裁定追加，丁、戊两公司不同意追加，有何救济措施？（8 分）

—— 参考答案 ——

1. 甲公司应履行回购义务。

根据《民法典担保制度解释》第 63 条的规定，债权人与担保人订立担保合同，约定以法律、行政法规尚未规定可以担保的财产权利设立担保，当事人主张合同无效的，法院不予支持。本题的《债券认购及回购合同》属于民间借贷与债券让与担保法律关系，即甲公司将债券让与丙公司以担保丙公司对甲公司的借贷之债。公司债券作为一种有价证券，可以用来设立担保，是一种非典型担保。该合同没有其他无效情形，故有效。因此甲公司应履行回购义务。

2. 甲公司应当支付违约金，违约金调整的请求能得到法院支持。

本案中，甲公司和丙公司之间存在合法有效的协议，回购日期届至，甲公司未履行回购义务构成违约且不存在法定或约定的免责事由，应当支付违约金。该违约金的本质属于借贷合同的逾期利息。根据《最高人民法院关于审理民间借贷案件适用法律若干问题的规定》第 28 条第 1 款的规定，借贷双方对逾期利率有约定的，从其约定，但是以不超过合同成立时一年期贷款市场报价利率 4 倍为限。本案中的逾期利率为 20%，高于一年期贷款市场报价利率的 4 倍，故可以主张调整违约金。（另一个角度：《民法典》第 585 条第 1 款、第 2 款规定：当事人可以约定一方违约时应当向另一方支付一定数额违约金，也可约定因违约产生的损失赔偿额的计算方法。如果违约金过分高于实际损失,可以主张调整。对于借贷合同的违约金是否过分高于实际损失,可以参照民间借贷利率规则。本案中违约金折合年利率20%,属于过分高于实际损失,所以甲公司主张调整违约金可以得到支持。)

3. 答案一,不成立。

根据《民法典担保制度解释》第8条第1款的规定,担保合同系由单独或共同持有公司2/3以上对担保事项有表决权的股东签字同意,则公司对外担保不再需要召开股东会。本案中,李某以公司名义提供担保的事项经过其他两位股东同意,虽未写在《担保合同》中,但从该制度规定的目的来看,对公司对外担保作出限制是为了保护公司其他股东的利益,只要能确定是其他股东的真实意思表示,即无须否认《担保合同》效力。

答案二,成立。

根据《民法典担保制度解释》第8条第1款的规定,担保合同系由单独或共同持有公司2/3以上对担保事项有表决权的股东签字同意,则公司对外担保即不需要召开股东会。基于对股东和公司利益的保护,该规定不能作扩大解释。本案中,其他两位股东并未在《担保合同》上签字,故仍然需要由股东会决议,债权人未审查相关决议,不构成善意,故《担保合同》无效。

4. 应按照一般保证承担保证责任。

根据《民法典担保制度解释》第36条第1款的规定,第三人向债权人提供差额补足、流动性支持等类似承诺文件作为增信措施,具有提供担保的意思表示,债权人请求第三人承担保证责任的,法院应当依照保证的有关规定处理。根据《民法典》第686条第2款的规定,当事人在保证合同中对保证方式没有约定或约定不明确的,按照一般保证承担保证责任。本题中,约定乙公司提供"充分且完全的担保"可以视为有明确的担保意思,但因没有明确的承担责任顺序类表述,故应视为约定不明,应按照一般保证承担保证责任。

5. 该约定属于以债权为担保的担保合同,属于非典型担保,是双方真实意思表示,满足《民法典》第143条规定的有效要件,所以有效。至于是否能够设立担保权,存在不同的两种观点。

观点一:以债权提供担保属于应收账款担保。根据物权法定主义,应该以登记为设立方式,丙公司对该债权没有办理登记,故不享有债权担保权。

观点二:以债权提供担保应该属于金钱质权,因此只要债权人控制金钱即可认定已经交付,债权质权设立。本案中,丙公司已经实际占有该笔3000万元的金钱,故金钱质权设立。

6. 法院应当驳回异议。

有效的仲裁协议虽然排斥诉讼管辖,但根据《仲裁法》第26条的规定可知,另一方在首次开庭前未对法院受理该案提出异议的,视为放弃仲裁协议,法院应当继续审理。本案中,乙公司虽然为被告,但已经应诉答辩,应当视为双方当事人放弃了仲裁协议的约定,法院有管辖权。

7. 观点一:无权。本案是有关公司纠纷的诉讼,股东与公司诉讼的结果之间固然有间接利害关系,但不具有直接利害关系。股东与公司进行的民事诉讼的处理结果具有法律上的间接利害关系,但股东的利益和意见已经在诉讼过程中由公司代表和表达,则不应再追加股东作为第三人参加诉讼。至于不同股东之间的利益分歧所导致的利益冲突,应由股东和股东之间,股东和公司之间依法另行处理。本题中,股东并非第三人,不属于该诉当事人,故没有举证的权利。

观点二:有权。虽然本案是有关公司纠纷的诉讼,股东在正常情形下不具有诉讼当事人资格,但本案存在特殊情形。公司利益可能受到损害,而公司在诉讼中并没有采取积极措施防止损害结果发生。本题中,法定代表人的特殊身份已经决定了不存在交叉请求的可能性,根据《九民纪要》第25条的规定,应该允许公司股东基于代位诉讼权而采取相应措施来维护公司利益,即两个股东有权替公司进行举证。

8. (1)关于该证据是否属于电子数据,存在不同观点:一种观点认为,该证据已经被打印出来,不再依赖专业设备,以内容证明待证事实,故属于书证。另一种观点认为,微信聊天记录属于电子数据,是在案发过程中形成的,以数字化形式存储、处理、传输的,是能够证明案件事实的数据。取证时的证据状态确定后,对该证据的复制、打印、拍照、录制等传来形式,均不影响证据的原始属性。所以,即便是打印出来,也不改变其电子数据的属性。

(2)关于该证据的证明力,存在不同观点:微信聊天记录作为证据,必须具有真实性、关联性、合法性。一种观点认为微信聊天记录的纸质打印件要成为证据,必须通过法定方式进行取证,必须能与原设备进行核对,能够进行真实性比较,否则不能作为证据。另一种观点认为,微信聊天记录的纸质打印件无法与原件进行核对,只能说明证明力较弱,无法单独作为定案依据,需要与其他证据进行印证。

9. 观点一:法院应当受理,并在受理后中止审理,等待丙公司与甲公司、乙公司的诉讼终结后再继续审理。丙公司所提的诉讼为以抵销为目的的消极确认之诉,丙公司的抵销权的实现以李某是否需要承担担保责任为前提,即此诉讼必须以原债之诉的裁判结果为依据。丙公司与李某之间存在债权债务关系,具有原告资格,金龙区法院作为被告李某住所地法院也有管辖权,故根据《民事诉讼法》第122条的规定,此案满足起诉条件,法院应当受理。但由于此诉讼必须以前一个诉讼的结果作为依据,故应当中止审理。

观点二:法院不应受理,应告知其向鹿台区法院提出反诉,由鹿台区法院一并审理。丙公司的请求以实现担保权作为基础,而担保权具有从属性,《民法典担保制度解释》第21条第2款、第3款规定:债权人一并起诉债务人和担保人的,应当根据主合同确定管辖法院。债权人依法可以单独起诉担保人且仅起诉担保人的,应当根据担保合同确定管辖法院。而本题中,李某承担一般保证责任,享有先诉抗辩权,不属于依法可以单独起诉担保人的情形,故应该根据主合同确定管辖法院,即由鹿台区法院管辖,也即本案不满足《民事诉讼法》第122条规定的受理条件,应当不予受理。

10. 答案一:可以要求承担连带责任。根据《公司法》第23条第3款的规定,一人公司的股东无法证明自己的财产独立于公司财产的,应当对公司承担连带责任。从这条可以看出,一人公司的股东与公司原则上承担连带责任,故而股东负债,要求一人公司承担连带责任并无不妥,其同样有助于对股东滥用公司独立地位和股东有限责任以逃避债务的行为进行规制。本案中,丁公司属于全资子公司,即一人公司,同时根据案情交代其已经与股东财产混同,满足法人人格否认情形,应当承担连带责任。

答案二:不能要求承担连带责任。因为《公司法》规定的法人人格否认制度仅限于否认公司人格从而要求股东对公司债务承担责任,不能逆向要求公司为股东个人债务承担责任,故不应支持连带责任请求。

11. (1)观点一:法院可以追加丁公司为被执行人;丁公司对法院追加其为被执行人的裁定

不服的,可以另行起诉。

理由:《公司法》第23条第3款规定,只有一个股东的公司,股东不能证明公司财产独立于股东自己的财产的,应当对公司债务承担连带责任。反之,股东的财产不足以清偿债务的,公司亦应当对股东的债务承担连带责任。故本案被执行人乙公司不能清偿债务,且乙公司与丁公司的财产混同时,申请人丙公司可以申请追加丁公司为被执行人,对乙公司的债务承担连带责任。当然,追加丁公司为被执行人需要满足乙公司和丁公司财产混同这一实体条件,故对裁定不服的应当另行起诉。

观点二:法院不能追加丁公司为被执行人;丁公司对法院追加其为被执行人的裁定不服的,应当向上一级法院申请复议一次。

理由:《公司法》第23条第3款规定,只有一个股东的公司,股东不能证明公司财产独立于股东自己的财产的,应当对公司债务承担连带责任。但是,法律并未规定在股东的财产不足以清偿债务时,公司应当对股东的债务承担连带责任,故丙公司申请追加丁公司为被执行人于法无据。当然,无论是否满足公司与股东财产混同这一实体条件,都不能追加丁公司为被执行人,故此时不需要解决实体纠纷,对裁定不服的应当通过上级复议的方式予以救济。

(2)法院不能追加戊公司为被执行人;戊公司对法院追加其为被执行人的裁定不服的,可以向上一级法院申请复议。

理由:戊公司作为丁公司的债务人,无须对乙公司的债务承担责任,故不能追加戊公司为被执行人。戊公司无论是否满足某种实体条件都不需要对乙公司的债务承担责任,故无须解决实体纠纷。戊公司对裁定不服的,可以向上一级法院申请复议。

2021年

【案情】

T市Y区的枫桥公司是一家大型的资产管理公司,Z市W区的恒通公司是一家具备多种金融牌照的大型集团公司。

2019年1月2日,枫桥公司因债务人抵债(抵偿金额10亿元),接手了位于S市A区的一项在建工程(枫叶写字楼项目)。2020年1月3日,枫桥公司将该完工后的枫叶写字楼(共20层的单体高层建筑)整体产权办理至自己名下,并按照枫桥公司的经营理念耗资1亿元,进行了统一风格的装饰装修,保留了第19层和第20层自用,其余18层只接受整层(每层1000平方米)出租,每平方米月租金300元。

2019年12月1日,恒通公司基于业务需要,分拆并新设了三家子公司:甲融资租赁有限公司(全资子公司,以下简称甲公司)、乙商业保理公司(控股子公司,以下简称乙公司)和丙典当有限责任公司(参股子公司,以下简称丙公司)。经恒通公司与枫桥公司洽谈,甲、乙、丙三家公司分别承租了枫叶写字楼的第16层、第17层、第18层,格式租赁合同核心条款如下:一是租金每月30万元,3个月一付,试租1年,到期后如无特别约定,续租2年,2020年1月15日起租,无免租期;二是承租方不得改动任何墙体装修(俗称“硬装”),可以自行决定改动不与墙体关联的可拆卸的装饰(俗称“软装”);三是如有纠纷应提交T市Y区法院通过诉讼解决。此外,恒通公司向枫桥公司出具了书面的《担保承诺书》,承诺为三家子公司的租金支付义务承担连带责任保证。2020 年 1 月 14 日,甲、乙、丙三家公司正式入住枫叶写字楼第 16 层、第 17 层、第 18 层。

2020 年 2 月 14 日,甲公司租赁场地的空调、通风系统突发故障,枫桥公司派人多次维修未果。甲公司无奈,只得自行找人更换相关设备,支付设备和维修费共 60 万元。后甲公司向枫桥公司明确表示,该 60 万元要在下个季度的租金交付时予以抵扣,但枫桥公司表示不同意。2020 年 4 月 16 日,甲公司向枫桥公司转账 30 万元。2020 年 6 月,枫桥公司起诉甲公司和恒通公司,要求甲公司支付拖欠的第二季度租金 90 万元,由恒通公司承担连带责任。诉讼中,甲公司抗辩称,自己已经向枫桥公司支付了第二季度 1 个月的房租 30 万元,而枫桥公司应当支付自己垫付的设备和维修费共计 60 万元,二者相抵。甲公司并不拖欠枫桥公司的租金。枫桥公司不认可甲公司垫付的数额,同时主张甲公司曾明确表示,其于 2020 年 4 月 16 日向枫桥公司转账的 30 万元,系为清偿双方另一买卖合同的货款债务。法院经审查作出判决:甲公司向枫桥公司支付租金 90 万元和利息(按同期一年期贷款市场报价利率,从 2020 年 4 月 16 日起计算至清偿之日),恒通公司承担连带责任,恒通公司清偿后,可以向甲公司追偿本金和相关利息。

2020 年 3 月 27 日,乙公司的客户丁某代表公司来乙公司洽谈签约,丁某将车停在枫叶写字楼的地上停车位。不料,一阵狂风刮过,竟然刮倒一棵大树,将丁某停放的车辆砸毁,此事直接导致一笔金额约 5000 万元的保理合同未能缔结。乙公司事后了解到,该大树数天前就已摇摇晃晃,枫叶写字楼的多个用户曾向枫桥公司工作人员提示风险、要求加固,但枫桥公司工作人员接到反映后,未作记载,以致该事项被遗忘。

2020 年 4 月 18 日,丙公司全体工作人员经过 2 个多月的体验后,深感枫桥公司写字楼内部装修与其业务风格不一致,遂提出适当地改变内部装修风格。此提议遭到枫桥公司拒绝,丙公司见沟通无果,又有鉴于甲公司和乙公司相关人员的入住体验,便将枫叶写字楼第 18 层转租给了另一家公司,并拟 1 年到期后不再续租。

后枫桥公司对枫叶写字楼的管理能力也未得到有效提升,各种投诉层出不穷,部分相对严重的纠纷也纷纷进入诉讼阶段。2021 年 1 月 2 日,枫桥公司将整栋写字楼转让给了峰塔公司。该消息发布后,甲公司拟主张对其所租住的枫叶写字楼第 16 层的优先购买权,乙公司要求枫桥公司赔偿损失,丙公司则顺势主张不再续约。而枫桥公司在此之前,已经起诉甲公司和丙公司,并要求恒通公司承担连带责任。

【问题】

1. 乙公司客户丁某的财产损失,可以向谁主张?请说明理由。(6 分)

2. 乙公司未能与客户丁某所在的公司缔约的经济损失,能否主张赔偿?请说明理由。(6 分)

3. 丙公司能否将枫叶写字楼第 18 层转租?请说明理由。(5 分)

4. 枫桥公司将整栋写字楼转让给峰塔公司后,与甲公司等的租赁合同是否自动解除?请说明理由。(5 分)

5. 甲公司能否主张对枫叶写字楼第 16 层的优先购买权?请说明理由。(6 分)

6. 恒通公司是否需要对甲、丙公司的债务承担连带责任保证?为什么?(5 分)

7. 枫桥公司起诉甲公司和恒通公司拖欠租金的诉讼,应当由哪一法院管辖?为什么?(5 分)

8. 关于甲公司 2020 年 4 月 16 日转账 30 万元的行为是否属于支付租金,应当由谁承担证明

责任？如果法院最终无法形成心证，应当如何处理？（6分）

9. 甲公司提出的用设备和维修费60万元抵租金的主张属于抗辩还是反诉，法院应当如何处理？（6分）

10. 恒通公司代替甲公司清偿后，是否可以根据上述法院判决申请执行？为什么？（6分）

—— 参考答案 ——

1. 枫桥公司。

林木致害责任的构成要件有三：（1）发生林木倾倒的事实；（2）因林木倾倒造成了他人损害；（3）林木的所有人或管理人不能证明自己没有过错。本案中，枫桥公司作为大树的所有人和管理人，未对可能发生倾倒的大树采取加固措施并设置明显警示标志，具有过错，依法应当承担侵权责任。

2. 不能。

缔约过失责任的构成要件有四：（1）在缔约的过程中；（2）一方违反基于诚信原则而产生的先合同义务；（3）导致对方信赖利益损失；（4）一方违反先合同义务与他方所受损失之间存在因果关系。本案中，丁某所在公司并不存在恶意缔约的行为，没有过错。同时，枫桥公司并非缔约方，亦不具有承担缔约过失责任的主体资格。因此，二者均无须承担赔偿责任，该经济损失系正常的商业风险，应由乙公司自行承担。

3. 不能。

未经出租人同意，承租人不得擅自转租。否则，出租人可以解除合同。本案中，枫桥公司和丙公司签订的租赁合同中并未约定承租人是否可以转租，因此，转租必须经出租人同意。

4. 未自动解除。

租赁期内，租赁物发生所有权变动的，不影响租赁合同的效力。本案中，枫桥公司与甲公司等的租赁权成立在先，基于“买卖不破租赁”的规则，承租人的租赁权不受影响，可以继续承租直至租期届满，租赁合同的目的可以继续实现。因此，租赁合同不会自动解除。

5. 答案一：能。

租赁期内，出租人出卖租赁房屋的，承租人在同等条件下享有优先购买权。房屋承租人的优先购买权系法定权利，不得进行实质性剥夺。本案中，甲公司承租了枫叶写字楼第16层，现枫桥公司出卖包括第16层在内的整栋写字楼，作为承租人的甲公司在同等条件下享有优先购买权。

答案二：不能。

出租人整体转让房屋，该房屋为不可分割或分割明显降低其整体价值或其承租面积未达到整体房屋面积的50%以上，对承租人主张行使优先购买权的诉讼请求，不予支持。本案中，枫桥公司将整栋写字楼转让给峰塔公司，该写字楼为共20层的单体高层建筑，租赁物不可分割或分割出售明显降低其整体价值，且甲公司仅承租20层中的一层。因此，甲公司不能主张优先购买权。

6. 需要。

第三人单方以书面形式向债权人作出保证，债权人接收且未提出异议的，保证合同成立。同时，当事人明确表示承担连带责任保证。本案中，第三人恒通公司向债权人枫桥公司出具了书面的《担保承诺书》,承诺为三家子公司的租金支付义务承担连带责任保证,债权人枫桥公司接收且未提出异议。因此,保证合同成立且恒通公司需要承担连带责任保证。

7. 应当由 S 市 A 区法院管辖。

首先,根据《民法典担保制度解释》第 21 条第 2 款的规定,债权人一并起诉债务人和担保人的,应当根据主合同确定管辖法院;其次,本案主合同是房屋租赁合同,根据《民诉解释》第 28 条第 2 款的规定,由不动产所在地(S 市 A 区)法院专属管辖;最后,虽然当事人在租赁合同中约定由 T 市 Y 区法院管辖,但该管辖协议因违反专属管辖规定而无效。

8. (1)转账 30 万元是否构成对租金的支付应当由甲公司承担证明责任。甲公司主张债务已经履行,应当由甲公司对债务已经履行的事实承担证明责任。

(2)如果法院无法形成心证,在事实认定上应当推定甲公司主张的事实不成立,即推定债务人甲公司未对其履行的义务进行指定。在法律适用上应当按照《民法典》第 560 条第 2 款的规定进行处理,即债务人未作指定的,应当优先履行已经到期的债务;数项债务均到期的,优先履行对债权人缺乏担保或者担保最少的债务;均无担保或者担保相等的,优先履行债务人负担较重的债务;负担相同的,按照债务到期的先后顺序履行;到期时间相同的,按照债务比例履行。

9. 甲公司的主张构成反诉,法院可以将其与本诉合并审理。

根据《民诉解释》第 233 条第 2 款的规定,反诉与本诉的诉讼请求基于相同法律关系、诉讼请求之间具有因果关系,或者反诉与本诉的诉讼请求基于相同事实的,法院应当合并审理。

10. 可以申请强制执行。

根据司法解释的规定,申请执行应当满足下列条件:(1)申请或移送执行的法律文书已经生效;(2)申请执行人是生效法律文书确定的权利人或其继承人、权利承受人;(3)申请执行的法律文书有给付内容,且执行标的和被执行人明确;(4)义务人在生效法律文书确定的期限内未履行义务;(5)属于受申请执行的法院管辖。本案满足上述条件。

2020 年

【案情】

甲公司(西上市东河区)有两个自然人股东 A 和 B(各持股 50%),在南下市北山区拥有一地块的土地使用权(正在准备拆迁)。乙公司(东下市西河区)是明达公司(北上市南海区)的全资子公司,是一家专门从事房地产开发的有限责任公司。

A 和 B 以个人名义与乙公司签订了房地产开发合同,约定:(1)A 和 B 以甲公司的土地使用权出资,给乙公司开发房地产,取得乙公司 40% 的股权。(2)A 和 B 只负责出资,不参与乙公司的经营管理以及开发房地产的任何过程,包括土地使用权融资、建房等。(3)项目完成后,A 和 B 先分得房产的 40%(各占 20%),A 和 B 取得房产后,将乙公司 40% 的股权无偿转让给明达公司。(4)若因履行该协议发生争议,则由被告住所地法院管辖。后 A 和 B 将甲公司的土地使用权作为出资交付转移给了乙公司,并办理了登记手续。乙公司亦办理了工商变更登记:"乙公司股权中 A 和 B 各占 20%,明达公司占 60%。"

乙公司为了融资:(1)乙公司与丙公司签订了融资租赁合同,丙公司租给乙公司两台铲车,租金2000万元,未办理登记。(2)乙公司向丁公司借款2亿元,以公司现有的及将有的一系列动产、设备(包括向丙公司租赁的两台铲车)与丁公司签订了动产浮动抵押协议,并办理了登记;丁公司认为不稳妥,要求乙公司提供担保,乙公司找到C、D提供连带责任保证。(3)乙公司与戊信托公司办理了信托,自己提供了动产质押担保,子提供一般保证、丑用自己价值1500万元的房屋作抵押,并办理了抵押登记,两个担保人(子、丑)之间互相不知彼此的存在。后丑害怕房屋被执行,就替乙公司偿还了债务。(4)后乙公司擅自将两台铲车出卖给自然人E,E支付了1950万元,后来E在使用铲车的过程中发现铲车有质量问题和设计缺陷,向乙公司主张责任,乙公司一直未回复。

乙公司为了响应《民法典》经营者社会责任号召,承诺每年向青少年成长基金会捐款1000万元,新闻媒体对此进行了大力宣传。

乙公司将房屋建好后,开始卖房。房屋购买人F发现房屋面积、容积率、配套设施与宣传不符,走廊(楼道)没有宣传中说的那么宽敞,于是向法院主张解除合同。

乙公司出售到总房产的15%时被A和B发现。A、B以乙公司违约为由请求法院裁判乙公司承担违约责任,后来A、B又撤诉。撤诉后A、B就乙公司向法院提起破产重整申请,法院受理了该重整申请,后A、B再次起诉乙公司,要求乙公司根据合同约定向A、B交付合同约定的40%房产。

【问题】

1. 甲公司债权人是否可以请求A、B承担连带责任?为什么?(4分)

2. 若债务履行期限届满但乙公司不能清偿债务,丁公司如何主张担保责任?当事人如何列明?(4分)

3. E能否取得铲车的所有权?乙公司为丁公司设立的动产浮动抵押权可否对抗自然人E?为什么?(5分)

4. 对于铲车的质量问题和设计缺陷,自然人E可以向乙公司主张何种类型的民事责任?为什么?(4分)

5. 乙公司债权人可否行使撤销权,撤销乙公司对青少年成长基金会的赠与?乙公司是否可以对青少年成长基金会的捐款行使任意撤销权,为什么?(7分)

6. 若债务到期但乙公司无法清偿债务,戊信托公司应如何主张自己的担保责任?为什么?(4分)

7. 丑为了自己的房子不被拍卖,就主动偿还了借款,是否可以向子追偿?(4分)

8. A、B可否宣告乙公司的卖房合同无效?为什么?乙公司是否应当对A、B承担违约责任?为什么?(5分)

9. A、B起诉乙公司要求交付合同约定的40%房产应当由哪些(个)法院管辖?为什么?(5分)

10. E针对两辆铲车质量问题以及设计缺陷,有权向谁主张法律责任?(4分)

11. 购房人F对房屋的面积、容积率、配套设施与宣传不符事宜,可以何种方式寻求救济?(3分)

12. F向法院起诉,诉讼中需要对房屋面积、容积率、配套设施等进行鉴定,鉴定的启动方式和鉴定人应当如何确定?如果当事人对鉴定意见提出异议,法院应当如何处理?(7分)

—— 参考答案 ——

1. 可以。

营利法人的出资人滥用法人独立地位和出资人的有限责任,逃避债务,严重损害债权人利益的,应当对法人债务承担连带责任。本案中,甲公司的自然人股东A和B未经任何表决程序,在未形成团体意思决议的情形下,擅自将甲公司的土地使用权出资,与乙公司签订房地产开发合同,损害了甲公司债权人的利益。因此,依法应当承担连带责任。

2. (1)应当先就乙公司自己提供的物保实现债权,不足部分再请求保证人C和D承担保证责任。

被担保的债权既有债务人自己提供物的担保又有保证的,除当事人另有约定外,债权人应当先就该物的担保实现债权。本案中,丁公司的债权既有债务人乙公司提供的动产浮动抵押权,又有C和D提供的保证,且当事人无特别约定。因此,应当先就该动产浮动抵押权实现债权,不足部分再请求保证人承担责任。

(2)若丁公司仅起诉借款人乙公司,则法院可以不追加连带责任保证人C和D为共同被告;若丁公司仅起诉连带责任保证人C和D,则法院可以追加借款人乙公司为共同被告;若丁公司将借款人乙公司和连带责任保证人C和D作为共同被告一并起诉,则法院无须追加共同被告。

3. (1)能。

乙公司擅自将融资租赁而来且设定抵押权的两台铲车出卖给自然人E的行为系无权处分,自然人E善意取得两台铲车的所有权。

(2)可以。

乙公司将融资租赁而来的两台铲车为丁公司设定动产浮动抵押权系无权处分,丁公司善意取得动产浮动抵押权。乙公司作为房地产开发公司将设定抵押权的两台铲车又出卖给自然人E属于非正常经营活动。因此,作为抵押权人的丁公司可以向E主张行使抵押权。

4. 违约责任。

违约责任的构成要件有三:(1)存在合法有效的合同;(2)存在违约行为;(3)不存在法定或约定的免责事由。本案中,虽然乙公司无权处分,但不影响乙公司和E签订的铲车买卖合同合法有效,乙公司出售的铲车有质量问题和设计缺陷,乙公司存在违约行为且不存在法定或约定的免责事由。

5. (1)乙公司债权人可以行使撤销权。

债权人撤销权的构成要件有四:①债权人对债务人有合法债权;②主观上,债务人具有诈害债权的恶意;③客观上实施了诈害债权的行为;④债务人的行为已危害债权人的债权。本案中,债务人乙公司无偿转让财产权益影响债权人的债权实现,债权人可以请求法院撤销债务人的行为。

(2)乙公司不可以行使任意撤销权。

赠与合同赠与人的任意撤销权的行使包括三个例外情形,分别是:①经过公证的赠与合同;②具有救灾、扶贫、助残等公益性质的赠与合同;③道德义务性质的赠与合同。本案中,乙公司对青少年成长基金会的赠与依法属于公益性质的赠与,乙公司不可以行使任意撤销权。

6. 戊信托公司应当先执行乙公司提供的动产质权,不足部分,再向子和丑主张。

当债务人提供的物的担保和保证并存的,除当事人有特别约定外,应当先执行债务人自己提供的物的担保。

7. 不能。

同一债务有两个以上第三人提供担保,担保人之间互相追偿的情形有三:(1)担保人之间约定相互追偿即分担份额;(2)担保人之间系连带共同担保;(3)各担保人在同一份合同书上签章、按指印。本题中,丑和子互相不知对方的存在,属于“背靠背担保”,互相之间不享有追偿权。

8. (1)不可。

民事法律行为的有效要件有四,分别是:①不违反法律、行政法规的强制性规定;②不违背公序良俗;③主体具有相应的民事行为能力;④意思表示真实。本案中,乙公司的卖房行为完全符合上述构成要件。因此,乙公司的卖房合同合法有效。

(2)应当。

违约责任的构成要件有三,分别是:①存在合法有效的合同;②存在违约行为;③不存在法定或约定的免责事由。本案中,A、B和乙公司存在合法有效的合作协议,乙公司对外销售的行为构成违约行为且不存在免责事由。因此,应当承担违约责任。

9. 应当由东下市西河区法院管辖。

根据司法解释规定,财产纠纷,当事人可以书面协议选择与争议有实际联系地点的法院管辖,但违反级别管辖和专属管辖的除外。故本案应当根据管辖协议的约定,由被告乙公司住所地东下市西河区法院管辖。

10. E如果主张违约责任,应当向乙公司主张;E如果主张侵权责任,可以向乙公司以及铲车的生产企业主张。

11. F可以与乙公司和解、调解、达成仲裁协议向仲裁委申请仲裁或向法院起诉。

12. 本案应当由当事人申请进行鉴定。

根据司法解释规定,鉴定的启动方式有两种,一是由当事人申请鉴定,二是符合法院依职权调查收集证据情形的,法院可以依职权决定鉴定。同时,法院依职权调查收集证据的情形包括5类:(1)涉及可能损害国家利益、社会公共利益的;(2)涉及身份关系的;(3)涉及《民事诉讼法》第58条规定诉讼的;(4)当事人有恶意串通损害他人合法权益可能的;(5)涉及依职权追加当事人、中止诉讼、终结诉讼、回避等程序性事项的。本案不属于法院依职权决定鉴定的情形,故只能由当事人申请鉴定。

关于鉴定人的确定,可以由法院组织双方当事人协商确定具备相应资格的鉴定人,当事人协商不成的,由法院指定。

当事人对鉴定意见有异议的,可以书面形式向法院提出;法院应当要求鉴定人作出解释、说明或者补充。当事人收到鉴定人书面答复后仍有异议的,法院应当要求有异议的当事人预交鉴定人出庭费用,并通知鉴定人出庭。

2019年

【案情】

甲公司向乙公司借款8000万元,借款期限未到,双方签订以物抵债协议。约定将甲公司的办公楼过户给乙公司,以抵偿8000万元债务,但尚未办理过户登记。甲公司的债权人丙公司认为,办公楼价值1.2亿元,该抵债价格过低,遂向法院提起诉讼,要求撤销该协议。乙公司认为,甲公司还有大量财产可以偿还丙公司债务,丙公司主张撤销的理由并不成立。

其后,甲公司又向丁公司借款,这时公司财产已经全部被抵押或出质。无奈,甲公司股东A在未与妻子商量的情况下,向丁公司作了保证。丁公司认为这种保证尚无法保障甲公司履行义务,于是甲公司又将一张以自己为收款人的汇票出质,并在汇票上背书“出质”后,交付给丁公司。但出票人在该汇票上记载有“不得转让”的字样。

为获得更多融资,甲公司又与戊公司签订生产车间租赁合同。在戊公司签订租赁合同时,因某个车间尚有原材料、半成品没有清点,戊公司便使用了这些原材料和半成品。甲公司的债权人罗马轮胎公司认为,虽然甲公司不能偿还到期债务,但因上述与戊公司的租赁合同履行时财产没有清点清楚,造成财产混同,遂在向法院要求甲公司偿还债务的同时,主张甲公司与戊公司“人格混同”而要求戊公司承担连带清偿责任。在案件审理过程中,法院根据罗马轮胎公司的请求对甲公司相关的财产采取了诉讼保全措施。

另外,甲公司与己公司签订了一份轮胎买卖合同,己公司已经支付货款,但甲公司一直没有交付轮胎。对此,己公司向法院起诉要求甲公司履行合同交付轮胎。胜诉判决生效后,己公司认为,甲公司交付的轮胎质量已经大不如前,于是向法院提出解除合同、返还货款并赔偿损失的诉讼。

此外,为了资金周转,甲公司利用其控制地位,向其全资子公司多次无偿调取资金,各个子公司之间如果短缺,甲公司就在所有全资子公司之间统一调度资金使用,且关联公司之间账目不清。甲公司的某全资子公司的两个债权人庚公司、辛公司,因到期债权不能获得清偿,向法院申请对甲公司及其所有全资子公司进行合并重整。

【问题】

1. 以物抵债协议的效力如何?(6分)

2. 债权人的撤销权之诉应当如何列明当事人?(3分)

3. 如果能够证明甲公司还有大量财产可以清偿债务,是否可以阻却债权人丙公司行使撤销权?(6分)

4. 股东A的保证是否属于夫妻共同债务?(3分)

5. 汇票上有“不得转让”的记载,甲公司对丁公司的出质是否有效?(3分)

6. 罗马轮胎公司认为甲公司与戊公司履行租赁合同时,财产没有清点清楚,存在财产混同的主张是否成立?(6分)

7. 庚公司、辛公司是否可以请求甲公司及其所有全资子公司进行合并重整?(6分)

8. 甲公司及其全资子公司开始合并重整后,对所有债权人有何种影响?(6分)

9. 己公司在判决生效后，又提起解除合同并赔偿损失的诉讼，是否构成重复起诉？(6 分)

10. 假设甲公司及其全资子公司可以进行合并重整，则重整程序开始后，对于相关公司已经开始的民事诉讼程序有何影响？(6 分)

—— 参考答案 ——

1. 答案一：无效。

在履行期限届满前，甲公司与乙公司之间的代物清偿协议的性质属于流押协议，该协议因违反法律的效力性强制性规定而无效。

答案二：合法有效。

在履行期限届满前，甲公司与乙公司之间的代物清偿协议的性质属于让与担保协议，该协议：(1) 不违反法律、行政法规的强制性规定；(2) 不违背公序良俗；(3) 主体具有相应的民事行为能力；(4) 意思表示真实。因此，符合民事法律行为有效要件。

2. 原告：丙公司；被告：甲公司；无独立请求权的第三人：乙公司。

债权人提起撤销权诉讼，只以债务人为被告，未将受益人或受让人列为第三人的，法院可以追加该受益人或受让人为第三人。

3. 可以。

债权人撤销权的构成要件有四：(1) 债权人对债务人有合法债权；(2) 主观上，债务人具有诈害债权人债权的恶意；(3) 客观上，债务人实施了诈害债权的行为；(4) 债务人的行为已危害债权人债权。本案中，如果能够证明债务人甲公司还有大量财产可以清偿债务，则说明债务人的行为不会危害债权人的债权。因此，债权人丙公司不得行使债权人撤销权。

4. 不属于。

股东 A 的行为系个人行为，并非为处理夫妻共同生活、共同生产经营或基于夫妻双方共同意思表示而产生的债务而作出。

5. 无效。

根据《票据法》第 27 条第 2 款的规定，出票人在汇票上记载“不得转让”字样的，汇票不得转让，即出票人在票据上记载“不得转让”字样，其后手以此票据进行质押的，通过质押取得票据的持票人不得主张票据权利。本案中，甲公司质押给丁公司的汇票，因为出票人记载了“不得转让”，所以甲公司对丁公司的质押行为无效，丁公司不得主张票据权利。但是甲公司和丁公司的质押合同成立并生效，丁公司可要求甲公司承担违约责任作为救济。

6. 不能成立。

(1) 根据《公司法》有关规定，人格混同需要满足关联关系，本案中甲公司与戊公司仅存在租赁的法律关系，并不存在直接或间接的控制关系，也不存在直接或间接的同为第三者控制等关系。

(2) 戊公司只是使用了甲公司生产车间的闲置原材料和半成品，甲公司有权对戊公司主张不当得利返还请求权或者侵权之债请求权作为救济手段。但两个公司在人员、财务、管理运作方面都是独立的，各自具有独立的法人人格，并不存在财务混同的现象，不应适用法人人格否认制度。

7. 答案一:可以请求合并重整。

本案中,甲公司滥用其控股地位,造成各子公司财务混同,存在法人人格高度混同情形,应适用法人人格否认制度,因区分各关联企业成员财产的成本过高且严重损害债权人公平清偿利益,所以债权人庚公司、辛公司可申请对其进行合并重整。

答案二:不可以请求合并重整。

现有的《企业破产法》及相应司法解释等法律规范中对合并重整并无明文规定。在适用破产或重整制度时,原则上应当尊重企业法人的独立性,避免对债权人造成不公平的影响。针对甲公司滥用权利、过度操控各子公司的情况,债权人可通过追究其连带责任等其他途径保护自己的合法权益。

8. (1)实体方面:①甲公司及各子公司内部的债权归于消灭;②外部债权人不得单独请求或接受甲公司及其子公司的清偿。

(2)程序方面:债权人应当向受理破产案件的法院申报债权。

(3)债务人、债权人对债权表记载的债权有异议的,根据《破产法解释(三)》第 8 条的规定,应当说明理由和法律依据。经管理人解释或调整后,异议人仍然不服的,或者管理人不予解释或调整的,异议人应当在债权人会议核查结束后 15 日内向人民法院提起债权确认的诉讼。所以债权人若对债权有争议,可以通过债权异议或者诉讼程序确认债权。

9. 不构成重复起诉。

根据《民诉解释》第 247 条第 1 款的规定可知,重复起诉的构成要件有三:(1)后诉与前诉的当事人相同;(2)后诉与前诉的诉讼标的相同;(3)后诉与前诉的诉讼请求相同,或者后诉的诉讼请求实质上否定前诉裁判结果。己公司前诉为请求甲公司履行合同交付轮胎,后诉为请求解除合同、返还货款并赔偿损失。后诉的诉讼请求并未实质上否定前诉的裁判结果,因此不构成重复起诉。

10. 根据《企业破产法》第 19 条和第 20 条的规定,法院受理破产申请后,有关债务人财产的保全措施应当解除,执行程序应当中止。受理破产申请后,已经开始而尚未终结的有关债务人的民事诉讼或者仲裁应当中止;在管理人接管债务人的财产后,该诉讼或者仲裁继续进行。故法院应当解除甲公司的保全措施,受理破产申请后,已经开始而尚未终结的有关债务人的民事诉讼应当中止。

2018 年

【案情】

甲公司中标了某块地的开发权,与乙公司签订合同。合同约定由乙公司负责建筑施工。但甲公司未支付工程款 8000 万元,于是甲公司和乙公司协商又重新达成协议:将甲公司之前的欠款本金及利息共计 8500 万元作为对乙公司的借款。乙公司同意将未完成的工程进行抵押向银行贷款 2 亿元,双方约定甲公司先偿还借款中的 5000 万元,剩余的 1.5 亿元作为资本继续开发。但甲公司的公章要交由乙公司保管,甲公司对外签订合同要经过乙公司同意。甲、乙公司约定若发生争议,由 A 省 B 市仲裁委员会管辖。

乙公司拿到甲公司的公章后，私自重新制作了补充协议，并加盖了甲公司的公章，并且将仲裁委员会改成A省C市仲裁委员会。后来，乙公司以甲公司的名义与丁公司签订购货合同，并加盖甲公司公章。

后甲、乙公司发生争议，乙公司向A省C市仲裁委员会提出仲裁申请。仲裁委员会受理后，甲公司提出管辖异议，A省C市仲裁委员会认为仲裁协议有效，继续审理，并作出裁决。甲公司向法院申请撤销仲裁裁决。

后甲公司与丙公司的韩某签订房屋销售委托合同，经乙公司同意，加盖了甲公司的公章，但合同上只有韩某的签名，没有丙公司的公章。后由丙公司负责销售甲公司的楼房，而甲、乙公司事后才知道丙公司刚换了法定代表人，但未办理变更登记，韩某是被替换的法定代表人（甲、乙公司派律师打听了该消息，并获知实情）。

后丙公司销售不力，造成楼房滞销严重，甲公司以此向法院起诉解除委托合同。一审法院判决甲公司败诉。甲公司不服提起上诉，在上诉中变更了诉讼请求，请求判决合同无效，并赔偿损失。

后来甲公司负债严重，于是和丁公司签订了借款合同，同时签订了房屋买卖合同，约定丁公司借款2亿元给甲公司，若甲公司到期无法清偿则房屋归丁公司所有。

甲公司没有资金向乙公司支付工程款，乙公司遂罢工，导致甲公司建成房屋出售后的盈利无法实现，遂提出解除与乙公司的合同。

后甲公司负债累累，有债权人向X省Y市法院提出破产申请，X省Y市法院受理了申请。之前与甲公司有购货合同的丁公司向甲公司发货，在发货后，收到了破产通知，遂通知卡车返回。丁公司申报破产债权，被甲公司拒绝。丁公司遂向法院提起诉讼。

【问题】

1. 乙公司签订补充协议的行为是否属于表见代理？为什么？（4分）
2. 甲公司与丙公司的合同是否有效？为什么？韩某的行为如何定性？为什么？（4分）
3. 甲公司是否有权解除与丙公司的委托合同？为什么？（4分）
4. 若甲公司到期无力偿还债务，丁公司是否可以直接取得房屋的所有权？（4分）
5. 甲公司与丁公司的房屋买卖合同能否看成担保物权？为什么？（4分）
6. 甲公司是否有权解除与乙公司之间签订的合同？为什么？（4分）
7. 丁公司中止向甲公司运货的做法是否具有法律依据？为什么？（4分）
8. 乙公司对甲公司的工程房屋是否有优先受偿权？为什么？优先受偿权的范围是什么？（5分）
9. 若甲公司能证明仲裁协议是乙公司私自用甲公司公章盖的，A省C市仲裁委员会的仲裁效力如何？为什么？（4分）
10. 若甲公司要撤销仲裁裁决，应向哪个（些）法院提起？（4分）
11. 甲公司在上诉中能否变更诉讼请求？为什么？（4分）
12. 若甲公司被受理破产，X省Y市法院能否将债务人诉讼交由其他法院管辖？（4分）
13. 乙公司将本金和利息分两次提起诉讼，是否属于重复起诉？（4分）

—— 参考答案 ——

1. 不属于表见代理。

乙公司私自盖章的行为，是无权代理（自我代理）行为，因其自身无法构成善意，故不属于表见代理。

2. (1)有效。

韩某是丙公司的原法定代表人，丙公司变更法定代表人而未办理变更登记，不得对抗善意相对人。故甲公司、丙公司的合同有效。

(2)韩某构成表见代表。

韩某系无权代表，但因甲公司属于善意，故构成表见代表。

3. 有权。

委托合同，双方均有任意解除权，故甲公司有权解除合同。

4. 不可以。

本案中，甲公司与丁公司签订借款合同时约定，若甲公司到期无法清偿，则房屋归丁公司所有。该约定属于流押条款，该条款本身无效。因此，若甲公司到期无法偿债，丁公司无法直接取得房屋所有权。

5. 能。

作为不动产抵押合同的隐藏行为系双方当事人真实的意思表示。因此，该买卖合同合法有效。本案中，甲公司与丁公司签订的房屋买卖合同的目的系担保2亿元借款的偿还。因房屋买卖合同系双方虚假的意思表示，因而无效。但是，在让与担保中，被隐藏的行为即不动产抵押合同系双方当事人真实的意思表示，因为完全符合民事法律行为的有效要件而合法有效。因此，二者的房屋买卖合同应当按照抵押合同处理，即看成物权担保。

6. 无权。

乙公司因甲公司未付款而罢工，因享有顺序履行抗辩权而不构成违约，故甲无权解除合同。

7. 具有法律依据。

根据《企业破产法》第39条的规定，法院在受理破产申请时，出卖人已将买卖标的物向作为买受人的债务人发运，债务人尚未收到且未付清全部价款的，出卖人可以取回在运途中的标的物。但是，管理人可以支付全部价款，请求出卖人交付标的物。

8. (1)乙公司对甲公司的工程房屋有优先受偿权。

根据《民法典》第807条的规定，发包人未按照约定支付价款的，承包人可以催告发包人在合理期限内支付价款。发包人逾期不支付的，除根据建设工程的性质不宜折价、拍卖外，承包人可以与发包人协议将该工程折价，也可以请求法院将该工程依法拍卖。建设工程的价款就该工程折价或者拍卖的价款优先受偿。因此，乙公司对甲公司的工程房屋有优先受偿权。

(2)范围仅限于建设工程款，包括承包人为建设工程应当支付的工作人员报酬、材料款等实际支出的费用，不包括承包人因发包人违约所造成的损失。

9. 仲裁委员会的仲裁无效。

乙公司私自加盖甲公司的公章，不应视为甲公司的意思表示，甲、乙公司之间变更仲裁协议不成立。同时,乙公司私自盖章的行为,可视为无权代理(自我代理),效力待定。本案中,可推知甲公司拒绝追认,故该仲裁决议无效。

10. 应向A省C市法院提起。

根据《仲裁法》第58条第1款的规定,当事人提出证据证明裁决有该条所述情形之一的,可以向仲裁委员会所在地的中级人民法院申请撤销仲裁裁决。本案中,仲裁裁决所在地的中级人民法院是A省C市中级人民法院,故应向A省C市中级人民法院申请撤销仲裁裁决。

11. 不能变更诉讼请求。

根据《民诉解释》第326条第1款的规定,在二审程序中,原审原告增加独立的诉讼请求或者原审被告提出反诉的,二审法院可以根据当事人自愿的原则就新增加的诉讼请求或者反诉进行调解;调解不成的,告知当事人另行起诉。但是,对于二审中能否变更诉讼请求,没有直接的法条依据,因此根据上述法条内容推定甲公司在上诉中不能变更诉讼请求。

另外,二审中,当事人提出变更诉讼请求的,若二审法院直接对变更后的诉讼请求进行审理,其所作判决为终审判决,将会剥夺当事人对变更后诉讼请求的上诉权,违反两审终审制度。因此,甲公司在上诉中不能变更诉讼请求。

12. 可以。

根据《民诉解释》第42条的规定,破产程序中有关债务人的诉讼案件交下级法院审理的,应当报请其上级法院批准。故经X省高级人民法院批准,Y市法院可以将破产案件交由下级法院审理。

13. 不构成重复起诉。

《民诉解释》第247条规定:"当事人就已经提起诉讼的事项在诉讼过程中或者裁判生效后再次起诉,同时符合下列条件的,构成重复起诉:(一)后诉与前诉的当事人相同;(二)后诉与前诉的诉讼标的相同;(三)后诉与前诉的诉讼请求相同,或者后诉的诉讼请求实质上否定前诉裁判结果。当事人重复起诉的,裁定不予受理;已经受理的,裁定驳回起诉,但法律、司法解释另有规定的除外。"本案中,虽然前后诉讼的双方当事人均为甲公司、乙公司,均为工程合同纠纷,但是前诉的诉讼请求为归还借款,后诉的诉讼请求为归还利息,前后两诉的诉讼请求不同,因此不构成重复起诉。

三、考点全解

(一)民法—考点全解

考点一 法人人格否认

一、构成要件

1. 营利法人的出资人滥用法人独立地位和出资人有限责任。

2. 严重损害法人债权人的利益。

3. 滥用行为与损害法人债权人的利益之间具有因果关系。

二、滥用的认定

1. 人格混同(认定公司人格与股东人格是否存在混同,最根本的判断标准是公司是否具有独立意思和独立财产,最主要的表现是公司的财产与股东的财产是否混同且无法区分)。

2. 过度支配与控制(公司控制股东对公司过度支配与控制,操纵公司的决策过程,使公司完全丧失独立性,沦为控制股东的工具或躯壳,严重损害公司债权人利益的,应当否认公司人格,由滥用控制权的股东对公司债务承担连带责任)。

3. 资本显著不足:公司设立后在经营过程中,股东实际投入公司的资本数额与公司经营所隐含的风险相比明显不匹配。

三、法律后果

1. 滥用法人独立地位的股东、实际控制人与法人承担连带责任,其他股东不承担。

2. 设立法人人格否认制度的目的在于使实施滥用行为的股东、实际控制人与法人承担连带责任,而非消灭法人主体资格。法人灭失,须经过解散、清算、注销三阶段。

3. 个案认定,法院判决仅适用于个案,不涉及法人的其他案件。

四、诉讼地位

1. 债权人对公司的债权已有生效判决确认的,其另行提起公司人格否认诉讼,请求特定股东承担连带责任:债权人为原告;股东为被告;公司为第三人。

2. 债权人对债务人公司享有的债权提起诉讼的同时,一并提起公司人格否认诉讼,请求股东对公司债务承担连带责任的,列公司和股东为共同被告。

3. 债权人对公司的债权未经生效判决确认,直接提起公司人格否认诉讼,请求特定股东承担连带责任的:法院应释明,告知债权人追加公司为共同被告,债权人拒绝的,法院裁定驳回起诉。

考点二 法人对外担保

一、法人对外担保

法人的法定代表人或者非法人组织的负责人超越权限订立的合同,除相对人知道或者应当知道其超越权限外,该代表行为有效,订立的合同对法人或者非法人组织发生效力。

总结:相对人善意,不知道也不应当知道越权代表的,代表行为有效。相对人恶意,知道或者应当知道越权代表的,代表行为无效。

二、公司法相关规定

1. 公司向其他企业投资或者为他人提供担保,按照公司章程的规定,由董事会或者股东会决议;公司章程对投资或者担保的总额及单项投资或者担保的数额有限额规定的,不得超过规定的限额。

2. 公司为公司股东或者实际控制人提供担保的,应当经股东会决议。

3. 接受担保的股东或者受上述第 2 项的实际控制人支配的股东,不得参加上述第 2 项规定事项的表决。该项表决由出席会议的其他股东所持表决权的过半数通过。

总结：要注重保护中小股东的利益。

4. 公司的法定代表人违反公司法关于公司对外担保决议程序的规定，超越权限代表公司与相对人订立担保合同，人民法院应当依照《民法典》第61条和第504条等规定处理：

(1)相对人善意的，担保合同对公司发生效力；相对人请求公司承担担保责任的，人民法院应予支持。

(2)相对人非善意的，担保合同对公司不发生效力；相对人请求公司承担赔偿责任的，参照适用《民法典担保制度解释》第17条的有关规定。

法定代表人超越权限提供担保造成公司损失，公司请求法定代表人承担赔偿责任的，人民法院应予支持。

前述所称善意，是指相对人在订立担保合同时不知道且不应当知道法定代表人超越权限。相对人有证据证明已对公司决议进行了合理审查，人民法院应当认定其构成善意，但是公司有证据证明相对人知道或者应当知道决议系伪造、变造的除外。

总结：相对人善意，担保合同有效，承担担保责任；相对人恶意，担保合同对公司不发生效力。

何为"善意"：相对人负审查义务、举证责任。相对人没有审查，推定为恶意。

三、例外情况

公司对外担保，虽无决议，但担保有效的情形：

1. 金融机构开立保函、担保公司提供担保。

2. 公司为其全资子公司开展业务提供担保。

3. 担保合同由三分之二以上有表决权的股东签字同意。

4. 一人有限公司为其股东担保。

四、"真人假章、假人真章"辨析

1. 使用公章的意义在于：表明以公司名义实施民事法律行为。

2. 真人假章：行为人具有代表权、代理权，使用假章的，行为有效。

3. 假人真章：行为人不具有代表权、代理权，使用真章的，效力分两步判断。

(1)构成表见代表、表见代理的，行为有效。

(2)不构成表见代表、表见代理，且未经公司追认的，行为无效。

考点三 可撤销的民事行为

一、可撤销民事法律行为的类型

可撤销的民事法律行为指因意思表示有重大瑕疵，可以通过诉讼或仲裁的方式予以撤销的民事法律行为。常考的有：重大误解、欺诈、胁迫、显失公平。

二、重大误解的构成要件

1. 表意人对行为的内容产生重大错误认识，包括对行为的性质，对方当事人，标的物的品种、质量、规格、价格、数量等的错误认识。

2. 因为误解，表意人表示出来的意思与其内心的真实意思不一致。

注意：

(1)对当事人行为能力的错误认识不属于重大误解，当事人不能以重大误解为由撤销。

所谓行为能力认识错误，是指误将无民事行为能力人或限制民事行为能力人当成完全民事行为能力人。

(2)动机错误不属于重大误解，当事人不能以重大误解为由撤销动机。动机是指当事人在实施民事法律行为时所追求的目的；动机错误，则是指当事人追求的目的与最终的事实不一致。由于重大误解是对行为内容的错误认识，行为动机的错误无法被重大误解所涵盖。

三、欺诈

(一)欺诈的构成要件

1. 一方或第三人故意实施欺诈行为，即故意告知虚假事实或者隐瞒真实的事实。

2. 对方因此而陷入错误认识，即欺诈与认识错误之间有因果关系。

3. 对方因错误认识作出不真实的意思表示，即认识错误与不真实的意思表示之间有因果关系。

(二)第三人欺诈

第三人实施欺诈行为，使一方在违背真实意思的情况下实施的民事法律行为，对方知道或者应当知道该欺诈行为的，受欺诈方有权请求人民法院或者仲裁机构予以撤销。

四、胁迫

1. 胁迫的构成要件。

(1)一方或第三人故意预告实施危害，即故意实施胁迫行为。

(2)对方因此陷入恐惧，即胁迫与恐惧之间有因果关系。

(3)对方因恐惧而作出意思表示，即恐惧和作出意思表示之间有因果关系。

(4)胁迫具有不正当性。所谓不正当，即违背诚实信用原则和公认的道德准则。注：欺诈不要求不法性，欺诈本身即不法，而胁迫未必如此。

2. 第三人胁迫。

第三人以胁迫手段，使对方在违背真实意思的情况下实施民事法律行为。无论合同相对人在合同成立时是否知道或者是否应当知道第三人胁迫，受胁迫人均有权撤销。

五、显失公平

1. 一方利用对方处于危困状态、缺乏判断能力等情形，致使民事法律行为成立时显失公平的，受损害方有权请求人民法院或者仲裁机构予以撤销。

2. 构成要件：

(1)主观要件(乘人之危)+客观要件(显失公平)。

(2)显失公平发生在民事法律行为成立之时。成立后，相关制度为情势变更。

六、效力

可撤销的法律行为，撤销前民事法律行为已成立并生效。但一经撤销，民事法律行为自始无效。

七、享有撤销权的主体

1. 受重大误解、受不利益、受欺诈、受胁迫的当事人享有撤销权。

2. 在代理关系中,是否具有重大误解、欺诈、胁迫、显失公平的情况,以代理人的状况为判断依据;如具有撤销权,由被代理人享有。

八、撤销权的行使方式

必须以起诉或申请仲裁的方式进行(形成诉权)。

考点四 代理

一、无权代理

1. 情形

(1)根本没有经过被代理人授权,但代理人仍然进行代理;

(2)虽然经过被代理人授权但代理人却越权实施代理;

(3)虽然曾经有被代理人授权但已经终止,代理人却仍然进行代理;

(4)在共同代理中,某一代理人未经其他代理人同意而擅自实施代理行为。

2. 法律后果

(1)被代理人的追认权

因无权代理订立的合同效力待定,在经被代理人追认后,该合同自始有效;未经被代理人追认的,对被代理人不发生效力,此时,善意相对人有权请求无权代理人履行合同或者就其受到的损害请求行为人赔偿。在确定赔偿的范围时,不得超过被代理人追认时相对人所能获得的利益。

(2)相对人的催告权

相对人可以催告被代理人自收到通知之日起30日内予以追认。被代理人未作表示的,视为拒绝追认。

(3)善意相对人的撤销权

行为人实施的行为被追认前,善意相对人有撤销的权利。撤销以通知的方式作出。需要考生注意的是,此处的撤销权,只有善意的相对人才能享有;而前述催告权,则不论相对人善意与否,均享有该权利。

二、表见代理

1. 构成要件

(1)须行为人是无权代理;

(2)须相对人善意(相对人不知行为人无代理权,且无过失);

(3)须有表见事由,即存在使相对人相信代理人有代理权的事实和理由。

常考的表见事由:授权委托书、介绍信、盖有公章的空白合同书、长期的业务往来关系、交易习惯等。

2. 法律后果

(1)表见代理发生和有权代理同样的效力,即代理人从事代理行为的后果直接归属于被代理人。

(2)被代理人因此遭受损失的,可以向代理人追偿。

▶▶ **提示** 处理代理题目时的基本思路,可以分三步:(1)判断是否属于无权代理;(2)如果是无权代理,再判断是否构成表见代理;(3)如果不构成表见代理,则按一般的无权代理处理,即效力待定。

考点五 不动产物权

一、需要办理登记的不动产权利

集体土地所有权;房屋等建筑物、构筑物所有权;森林、林木所有权;耕地、林地、草地等土地承包经营权;建设用地使用权;宅基地使用权;海域使用权;地役权;抵押权;法律规定需要登记的其他不动产权利。

二、不动产物权变动

1. 在基于法律行为的物权变动中,应区分物权变动效果的发生与债权效果的发生。法律行为(合同)是否生效,应依照法律行为制度确定。物权变动是否发生,应依物权变动的规则确定。因欠缺公示不能发生物权变动效果的,法律行为的效力不因此受到影响。

2. 房地一体。

(1)建筑物转让、互换、出资或者赠与的,占用范围内的建设用地使用权一并处分。

(2)建设用地使用权转让、互换、出资或者赠与的,附着的建筑物一并处分。

考点六 动产物权

一、普通动产物权变动:交付生效

1. 原则:动产物权变动 = 法律行为有效 + 有权处分 + 交付。

2. 例外:

(1)动产抵押权设立 = 法律行为有效 + 有权处分。

(2)部分权利质权设立 = 法律行为有效 + 有权处分 + 登记。

具体为:没有权利凭证的有价证券;基金、股权;知识产权;应收账款;等等。

二、交付

1. 现实交付:双方基于交付的合意移转占有,单纯的移转占有,不是交付。

例,甲卖画给乙,乙唆使儿子从甲处取画给自己,非现实交付。

2. 简易交付:标的物在订立合同前已为买受人占有,合同生效时间为交付时间。

例,庞某、黄某之间先借用后买卖自行车,为简易交付,买卖合同成立时即交付。

3. 指示交付:存在两个合意,转移标的物所有权的合意 + 让与返还原物请求权的合意;转让人与受让人有关转让返还原物请求权的协议生效时间为交付时间。

4. 占有改定:动产物权转让时,当事人又约定由出让人继续占有该动产的,物权变动自该约定生效时发生效力。

注意:占有改定不能作为设立质权、动产善意取得的交付方式。

多重买卖:交付 > 先行支付价款 > 合同成立在先。

考点七 异议登记

一、适用条件

因登记名义人不同意更正且未办理更正的，将事实上的权利人以及利害关系人对不动产登记簿记载的权利提出的异议记入登记簿。

二、法律效力

1. 利害关系人申请异议登记，无须登记人同意。

2. 异议登记期间不动产登记簿记载的权利人并未丧失处分权，转让他人的合同有效，办理登记后发生物权变动的效力。

3. 异议登记的目的：阻却第三人善意取得。

4. 异议登记不成立时的效力：异议登记不当，造成权利人损害的，权利人可要求赔偿损失。

5. 失效：登记机构予以异议登记的，申请人在异议登记之日起15日内不起诉的，异议登记失效；异议登记失效后不影响真实权利人针对物权归属的起诉权和胜诉权。

考点八 预告登记

一、适用条件

商品房等不动产预售、买卖、抵押的，为了保全债权的实现、保全物权的顺位等而进行的提前登记。

二、法律效力

1. 仅适用于买卖房屋或者其他不动产物权。

2. 预告登记后，未经预告登记的权利人同意，处分该不动产的，不发生物权效力，但合同的效力不受影响。

3. 预告登记后，债权消灭或自能够进行不动产登记之日起90日内未申请登记，预告登记失效。

三、案例解读

甲先与乙签订买卖合同，又与丙签订买卖合同，并为丙办理了过户登记。

问：

1. 甲、丙之间的合同效力如何？为什么？

2. 房屋所有权归属于谁？为什么？

3. 乙如何救济？是否可以解除合同？

答：

1. 甲、丙的合同有效。甲、丙的合同是双方当事人的真实意思表示，且未违反法律、行政法规的强制性规定，未违背公序良俗，故有效。同时，一物二卖不影响甲、丙之间合同的效力。

2. 房屋归丙所有。甲、丙的合同有效，甲具有处分权，且甲为丙办理了过户登记，故丙取得了房屋的所有权。

3. 乙可以甲根本违约为由解除与甲的买卖合同，并要求甲承担违约责任。

考点九 善意取得

一、善意取得

1. 善意取得=权利外观+无权处分+善意+合理价格+公示。

2. 理解：

(1)善意取得的出发点是无权处分，在无权处分中，行为人以自己的名义对他人标的物进行处分。

此点区别于无权代理，在无权代理中，行为人以被代理人的名义对被代理人的标的物进行处分。如甲之电脑交给乙保管，乙以自己的名义将电脑出卖给丙，就是无权处分，可能会引发丙的善意取得；如果乙以甲的名义将电脑出卖给丙，就是无权代理，可能会引发丙主张表见代理。

(2)善意取得的最终结果，是让善意第三人取得标的物的所有权，原所有权人丧失所有权，其目的是优先保护善意第三人。善意第三人从无权处分人那里购买了标的物，其是以买方的身份出现的，代表的是交易安全，需要民法对其提供优先保护。

3. 权利外观。

不动产：权属登记错误。动产：占有委托物。

4. 无权处分：行为人以自己的名义实施无权处分；以他人名义实施的，可能是无权代理。

5. 善意：受让人不知道转让人无处分权且无重大过失。不动产登记中存在有效的“异议登记或预告登记”的，即可认定受让人不构成善意。

时间节点：不动产物权登记时；动产物权交付时。事后知道的，不影响善意取得。

善意的举证责任：推定受让人善意，由原权利人举证证明第三人不善意。

6. 合理价格转让。

(1)合理价格，不要求实际支付。

(2)必须是交易行为。如企业间吸收合并、分公司间的买卖行为均不属于交易转让。

(3)排除赠与、继承等无偿取得。

7. 完成公示。

不动产：过户登记。动产：交付，现实交付、指示交易、简易交付，不含占有改定。

二、法律效果

1. 物权法上的效果：

所谓物权法上的效果，重点解决的是标的物归谁所有的问题。

受让人通过善意取得制度，原始取得标的物的所有权；原所有权人丧失所有权，其不得向受让人主张返还原物请求权。之所以是原始取得而不是继受取得，是因为受让人取得标的物所有权的依据是符合法律的规定，而不是来自标的物真正所有权人的意志。

2. 债权法上的效果：

所谓债权法上的效果，重点解决的是如何赔偿的问题。

原所有权人丧失所有权之后，有权向无权处分人请求损害赔偿。

考点十 借新还旧的担保物权

一、适用条件

1. 主合同当事人协议以新贷偿还旧贷，债权人请求旧贷的担保人承担担保责任的，人民法院不予支持。

2. 债权人请求新贷的担保人承担担保责任的，按照下列情形处理：

(1)新贷与旧贷的担保人相同的，人民法院应予支持；

(2)新贷与旧贷的担保人不同，或者旧贷无担保新贷有担保的，人民法院不予支持，但是债权人有证据证明新贷的担保人提供担保时对以新贷偿还旧贷的事实知道或者应当知道的除外。

3. 主合同当事人协议以新贷偿还旧贷，旧贷的物的担保人在登记尚未注销的情形下同意继续为新贷提供担保，在订立新的贷款合同前又以该担保财产为其他债权人设立担保物权，其他债权人主张其担保物权顺位优先于新贷债权人的，人民法院不予支持。

二、法律后果

1. 旧贷因清偿而消灭，为旧贷设立的担保物权也随之消灭。

2. 对新贷设立的担保物权是否有效。由于新贷还旧贷，会对新贷的担保人不公平，所以在新贷还旧贷的情况下，原则上不能要求新贷的担保人承担担保责任，除非新贷和旧贷的担保人是一个人，或者新贷担保人明知以新贷还旧贷，依然愿意担保。

考点十一 担保合同无效处理

1. 主合同有效，担保合同无效。

债权人无过错，担保人有过错，担保人对债务人不能清偿的部分承担赔偿责任。

债权人、担保人均有过错的，担保人承担的赔偿责任不应超过债务人不能清偿部分的1/2(是不能清偿部分的1/2，非全部的1/2)。

担保人无过错的，不承担赔偿责任。

2. 主合同无效，导致担保合同无效。

担保人无过错的，担保人不承担赔偿责任。担保人有过错的，此时为债权人、债务人、担保人三方过错，因此担保人承担赔偿责任的部分，不应超过债务人不能清偿部分的1/3(是不能清偿部分的1/3，非全部的1/3)。

3. 主合同解除时，担保合同仍然有效。

担保人仍然承担担保责任，非缔约过失责任。

合同解除后，尚未履行的，终止履行；已经履行的，根据履行情况和合同性质，当事人可以请求恢复原状或者采取其他补救措施，并有权请求赔偿损失。

合同因违约解除的，解除权人可以请求违约方承担违约责任，但是当事人另有约定的除外。

主合同解除后，担保人对债务人应当承担的民事责任仍应当承担担保责任，但是担保合同另有约定的除外。

考点十二 抵押物转让

一、适用条件

1. 抵押期间,抵押人可以转让抵押财产。当事人另有约定的,按照其约定。抵押财产转让的,抵押权不受影响。

2. 抵押人转让抵押财产的,应当及时通知抵押权人。抵押权人能够证明抵押财产转让可能损害抵押权的,可以请求抵押人将转让所得的价款向抵押权人提前清偿债务或者提存。转让的价款超过债权数额的部分归抵押人所有,不足部分由债务人清偿。

总结:抵押人转让抵押财产无须经抵押权人同意,通知抵押权人即可。

二、法律后果

1. 抵押权的追及效力:物之所在,权利之所在。不动产辗转多手,抵押权仍在物上。

2. 例外:未登记的动产抵押权,对善意买受人,不具追及力;动产抵押权,无论是否登记,对正常经营活动中支付合理对价并取得抵押财产的买受人不具追及力。

3. 当事人约定禁止或者限制转让抵押财产但是未将约定登记,抵押人违反约定转让抵押财产,抵押权人请求确认转让合同无效的,人民法院不予支持;抵押财产已经交付或者登记,抵押权人请求确认转让不发生物权效力的,人民法院不予支持,但是抵押权人有证据证明受让人知道的除外;抵押权人请求抵押人承担违约责任的,人民法院依法予以支持。

4. 当事人约定禁止或者限制转让抵押财产且已经将约定登记,抵押人违反约定转让抵押财产,抵押权人请求确认转让合同无效的,人民法院不予支持;抵押财产已经交付或者登记,抵押权人主张转让不发生物权效力的,人民法院应予支持,但是因受让人代替债务人清偿债务导致抵押权消灭的除外。

总结:

(1)禁止转让抵押物的约定,未登记:①合同效力不受影响;②办理公示的,物权发生变动;③抵押权人可请求原抵押人承担违约责任。

(2)禁止转让抵押物的约定,已登记:①合同效力不受影响;②即便办理公示,物权也不发生变动。

考点十三 动产浮动抵押

一、特点

1. 主体特定:企业、个体工商户、农业生产经营者等商事主体。

2. 客体特定:现有的以及将有的生产设备、原材料、半成品、产品;不包括房屋、土地、银行存款等动产。

3. 抵押财产范围不确定性,只有在抵押权人行使抵押权时确定。

4. 合同生效时抵押权设立(意思主义)。

即使登记,不得对抗正常经营活动中已支付合理价款并取得抵押财产的买受人。

二、抵押财产确定时间

1. 债务履行期限届满,债权未实现。

2. 抵押人被宣告破产或者解散。

3. 出现当事人约定的实现抵押权的情形。

4. 出现严重影响债权实现的其他情形。

考点十四 超级动产抵押权

一、概念

动产抵押担保的主债权是抵押物的价款,标的物交付后 10 日内办理抵押登记的,该抵押权人优先于抵押物买受人的其他担保物权人受偿,但是留置权人除外。

二、重要考点归纳

1. 担保的债权是抵押物的价款 + 抵押物交付后 10 日内办理抵押登记。

2. 理解:甲向乙银行借款,并为乙银行办理了动产浮动抵押。后甲又向丙银行借款买新的设备,设备交付后 10 日内为丙银行办理了抵押登记。

问:就该新设备,乙丙抵押权的优先顺序?

答:丙的超级动产抵押权优先于乙的动产浮动抵押权。

故其目的是满足企业融资的需要,案例中丙若无超级动产抵押权,可能不会放款给甲。

三、特殊规定

1. 担保人在设立动产浮动抵押并办理抵押登记后又购入或者以融资租赁方式承租新的动产,下列权利人为担保价款债权或者租金的实现而订立担保合同,并在该动产交付后 10 日内办理登记,主张其权利优先于在先设立的浮动抵押权的,人民法院应予支持:

(1)在该动产上设立抵押权或者保留所有权的出卖人;

(2)为价款支付提供融资而在该动产上设立抵押权的债权人;

(3)以融资租赁方式出租该动产的出租人。

2. 买受人取得动产但未付清价款或者承租人以融资租赁方式占有租赁物但是未付清全部租金,又以标的物为他人设立担保物权,上述所列权利人为担保价款债权或者租金的实现而订立担保合同,并在该动产交付后 10 日内办理登记,主张其权利优先于买受人为他人设立的担保物权的,人民法院应予支持。

3. 同一动产上存在多个价款优先权的,人民法院应当按照登记的时间先后确定清偿顺序。

考点十五 抵押权和租赁权

一、抵押权

1. 为保障债权的实现,当事人设定的不转移占有的担保物权。担保物权的本质功能,在于确保债权的实现,所谓确保债权的实现,是指设有担保物权的债权可以获得优先受偿的机会,即谁的债权之上有担保物权,谁就能获得优先保护。这一功能,简称为担保物权的优先受偿性。

2. 抵押权设立前,抵押财产已经出租并转移占有的,原租赁关系不受该抵押权的影响。

3. 动产抵押合同订立后未办理抵押登记,动产抵押权的效力按照下列情形分别处理:

(1)抵押人转让抵押财产,受让人占有抵押财产后,抵押权人向受让人请求行使抵押权的,人民法院不予支持,但是抵押权人能够举证证明受让人知道或者应当知道已经订立抵押合同的除外;

(2)抵押人将抵押财产出租给他人并移转占有,抵押权人行使抵押权的,租赁关系不受影响,但是抵押权人能够举证证明承租人知道或者应当知道已经订立抵押合同的除外;

(3)抵押人的其他债权人向人民法院申请保全或者执行抵押财产,人民法院已经作出财产保全裁定或者采取执行措施,抵押权人主张对抵押财产优先受偿的,人民法院不予支持;

(4)抵押人破产,抵押权人主张对抵押财产优先受偿的,人民法院不予支持。

二、租赁权

1. 租赁权是基于租赁合同而产生的,其性质属于债权。

2. 租赁物在承租人按照租赁合同占有期限内发生所有权变动的,不影响租赁合同的效力。

三、混合适用规则

1. 先租后抵、先抵后租+抵押未登记:原租赁关系不受该抵押权的影响,承租人继续承租。

2. 先抵后租+抵押登记:破除租赁关系。

(1)租赁时,若有书面告知已设立抵押,则承租人自行承担后果。

(2)若未书面告知,则抵押人承担后果。

考点十六 非典型担保

一、让与担保

甲向乙出借100万元,甲是债权人,乙是债务人。为担保债务的履行,乙将其自有房屋所有权转移至甲的名下,作为担保。同时约定,乙到期未清偿债务的,该房屋归甲所有。

1. 房屋登记在甲的名下,所有权是否属于甲?不属于,甲、乙并无转移房屋所有权的意思表示。

2. 甲享有何种权利?享有担保权,有优先受偿的权利。

3. 同时约定,乙届期未偿还借款的,房屋归甲(该条款属流押条款,无效)。

二、后让与担保

1. 当事人以订立买卖合同作为民间借贷合同的担保,借款到期后借款人不能还款,出借人请求履行买卖合同的,人民法院应当按照民间借贷法律关系审理。当事人根据法庭审理情况变更诉讼请求的,人民法院应当准许。

2. 按照民间借贷法律关系审理作出的判决生效后,借款人不履行生效判决确定的金钱债务,出借人可以申请拍卖买卖合同标的物,以偿还债务。就拍卖所得的价款与应偿还借款本息之间的差额,借款人或者出借人有权主张返还或者补偿。

三、让与担保、后让与担保、流押条款

1. 借款合同 + 为担保借款合同签订买卖合同 + 办理公示 = 让与担保,有优先受偿权。

2. 借款合同 + 为担保借款合同签订买卖合同 = 后让与担保,无优先受偿权。

3. 合同中约定,到期不履行债务,标的物(直接)归债权人所有的,属流押,无效。

注意:后让与担保中的买卖合同约定,到期不履行债务,标的物转让给债权人的,不属于流押;流押条款是无效的。

考点十七 担保物权

一、担保物权的特征

1. 优先受偿性:设有担保物权的债权可以获得优先受偿的机会,即谁的债权之上有担保物权,谁就能获得优先保护。

2. 从属性:担保物权从属于所担保的债权(也可称为主债权)。

3. 不可分性:担保物权始终是一个整体,无论是债权的变更还是担保物的变更都不影响担保物权的存在。

4. 物上代位性:在担保期间,担保财产毁损、灭失或者被征收等,担保物权人可以就获得的保险金、赔偿金或者补偿金等优先受偿。在此种情况下,如果被担保的债权的履行期尚未届满,债权人也可以要求提存该保险金、赔偿金或者补偿金等。可以将物上代位性通俗地理解为"用后面的钱代替前面的物"。

二、反担保

反担保发生在如下场合:第三人为债权人提供了担保,第三人就可能会有如下担心。一旦债务人到期不还债,自己就必须要承担担保责任,承担担保责任后,其有权向债务人追偿,但如果追偿难以成功怎么办呢?于是第三人又要求债务人为自己的追偿权再提供一个担保,这样自己的追偿权就获得了保障。可以简单理解为:第三人为债权人提供担保,债务人再为第三人的追偿权提供担保。

三、混合担保

1. 被担保的债权既有物的担保又有人的担保的,债务人不履行到期债务或者发生当事人约定的实现担保物权的情形,债权人应当按照约定实现债权;没有约定或者约定不明确,债务人自己提供物的担保的,债权人应当先就该物的担保实现债权;第三人提供物的担保的,债权人可以就物的担保实现债权,也可以请求保证人承担保证责任。提供担保的第三人承担担保责任后,有权向债务人追偿。

2. 追偿问题。

(1)同一债务有两个以上第三人提供担保,担保人之间约定相互追偿及分担份额,承担了担保责任的担保人请求其他担保人按照约定分担份额的,人民法院应予支持。

(2)担保人之间约定承担连带共同担保,或者约定相互追偿但是未约定分担份额的,各担保人按照比例分担向债务人不能追偿的部分。

(3)同一债务有两个以上第三人提供担保,担保人之间未对相互追偿作出约定且未约定承担连带共同担保,但是各担保人在同一份合同书上签字、盖章或者按指印,承担了担保责任的担保人请求其他担保人按照比例分担向债务人不能追偿部分的,人民法院应予支持。

(4)除上述三种情形外,承担了担保责任的担保人请求其他担保人分担向债务人不能追偿部分的,人民法院不予支持。

总结:只有在上述三种情况下,担保人之间才能追偿。只有在第一种情况下,担保人可直接向担保人追偿;在另外两种情况下,担保人只能先向债务人追偿,再向其他担保人追偿,具有顺序限制。

考点十八 保证

一、保证方式

1. 一般保证:保证人有先诉抗辩权,但下列情形例外,按连带保证处理。

(1)债务人下落不明,且无财产可供执行。

(2)法院已经受理债务人破产案件。

(3)债权人有证据证明债务人的财产不足以履行全部债务或者丧失履行债务能力。

(4)保证人书面表示放弃先诉抗辩权。

2. 一般保证诉讼当事人:

(1)债权人将债务人和一般保证人一并起诉的,法院可以受理,但应在判决书主文中明确,保证人仅对债务人财产依法强制执行后仍不能履行的部分承担保证责任。

(2)债权人未就主合同纠纷提起诉讼或者申请仲裁,仅起诉一般保证人的,法院应当驳回起诉。

(3)债权人仅起诉债务人的,法院可以不追加一般保证人为共同被告。

3. 连带保证:债权人可以要求债务人履行债务,也可以要求保证人承担责任。

二、保证期间

1. 有约定依约定,无约定时:自主债务履行期限届满之日起 6 个月,约定期间早于或者等于主债务履行期限的,视为未约定。保证期间是不变期间,不因任何事由发生中断、中止、延长。

2. 激活方式:一般保证,债权人应在保证期间内对债务人提起诉讼或申请仲裁。连带责任保证,债权人应在保证期间内要求保证人承担保证责任。

三、诉讼时效

1. 前提是在保证期间激活保证效力。

2. 一般保证:对主债务人提起诉讼或申请仲裁,从保证人拒绝承担保证责任的权利消灭之日起算一般保证诉讼时效期间(3 年)。

3. 连带保证:从债权人请求保证人承担保证责任之日起开始计算诉讼时效期间。

四、保证债务从属性

1. 主债务诉讼时效中止,一般保证与连带责任保证诉讼时效中止。

2. 主债权转让,主债权人转让债权须通知保证人,才对保证人发生效力。

3. 主债务转让,保证期间,债权人许可债务人转让债务的,应当取得保证人书面同意;保证人对未经其同意转让的债务,不再承担保证责任。

考点十九 债权人的代位权

一、构成要件

1. 债权人对债务人享有合法、有效债权,且原则上应当已到期。

2. 债务人对次债务人的债权合法、有效、到期,且不具有专属性。

具有专属性的债权包括:基于扶养关系、抚养关系、赡养关系、继承关系产生的给付请求权;劳动报酬、退休金、养老金、抚恤金、安置费、人寿保险、人身损害赔偿请求权等权利。

注意:不具有专属性的要求,是就债务人对次债务人的债权而言的,至于债权人对债务人的债权,即使是专属性的债权,债权人照样可以行使代位权。

3. 债务人怠于行使对次债务人的债权,并因此影响债权人债权的实现。

"怠于行使"是指债务人没有通过诉讼或者仲裁方式向次债务人主张其享有的债权。因此,要特别注意的是,此处的"怠于行使",并不是"不要钱",而是不以诉讼或仲裁的方式要钱。题目中经常出现债务人通过电话、书信等方式向次债务人主张债权,在这些情况下,仍然要认定为怠于行使债权。

(1)怠于:债务人未对次债务人起诉或申请仲裁。

(2)损害:债务人除了对次债务人的金钱债权之外,其他财产不足以偿还对债权人的债务。

(3)若债务人与次债务人的合同中有仲裁条款,亦不妨碍债权人以起诉方式行使代位权(仲裁条款具有相对性,无法约束债权人)。

(4)代位权只能通过法院来行使,不能通过仲裁等机构来行使,也不能由债权人直接向次债务人索要。

二、通过诉讼行使

1. 原告:债权人(以自己的名义行使)。

2. 被告:相对人(次债务人)。

3. 第三人:债务人(原告未列的,法院可以追加为无独立请求权的第三人)。

4. 管辖:被告住所地法院。

5. 效果:直接清偿。

6. 诉讼费用由败诉的相对人承担;必要费用由债务人承担。

7. 行使代位权无须经过债务人同意或与债务人协商。

8. 代位权诉讼主张的范围:不得超过债务人所负担的债务额、不得超过相对人对债务人所负的债务额,两个债权额就低不就高。

考点二十 债权人的撤销权

一、构成要件

1. 债权人对债务人的债权合法、有效。

注意:债权人主张撤销权时,并不要求债权已经到期,只要债权已经成立即可。当然,对于债权成立之前的行为,债务人是不能主张撤销的。

2. 债务人实施了减少其财产的行为,影响债权人债权的实现,如无偿转让财产、放弃债权担保、恶意延长到期债权的履行期限、以明显不合理的价格转让财产且受让人知道该情形,对债权人造成损害。

3. 不可行使撤销权的情形:

(1)债务人实施的身份行为;

(2)债务人拒绝接受赠与;

(3)债务人放弃继承;

(4)债务人拒绝第三人代为清偿债务。

4. 行使期限为自债权人知道或应当知道撤销事由之日起1年内,行为发生之日起5年内。

二、通过诉讼行使

1. 原告是债权人,被告是债务人,可追加受益人或受让方为无独立请求权的第三人。

2. 依法撤销的,该行为自始无效;第三人需要返还不当处分的财产的,向债务人返还。

3. 行使撤销权的必要费用如律师代理费、差旅费等,由债务人负担。

4. 管辖法院:撤销权诉讼中,由被告住所地法院管辖。

三、除斥期间

1. 自债权人知道或者应当知道撤销事由之日起1年。

2. 自债务人的行为发生之日起5年。

考点二十一 格式条款

一、内容要求

1. 采用格式条款订立合同的,提供格式条款的一方应当遵循公平原则确定当事人之间的权利和义务,并采取合理的方式提示对方注意免除或者减轻其责任等与对方有重大利害关系的条款,按照对方的要求,对该条款予以说明。

2. 提供格式条款的一方未履行提示或者说明义务,致使对方没有注意或者理解与其有重大利害关系的条款的,对方可以主张该条款不成为合同的内容。

二、无效的情形

1. 具有民事法律行为无效情形、造成对方人身损害的免责条款、因故意或重大过失造成对方财产损失的免责条款。

2. 提供格式条款一方不合理地免除或减轻其责任、加重对方责任、限制对方主要权利。

3. 提供格式条款一方排除对方主要权利。

三、格式条款解释

1. 格式条款和非格式条款不一致的,应当采用非格式条款。

2. 对格式条款的理解发生争议的,应按照通常理解予以解释。

3. 对格式条款有两种以上解释的,应作出不利于提供格式条款一方的解释。

考点二十二 合同相对性

一、合同相对性

1. 当事人订立的合同是为自己确定权利义务的合同属于束己合同。

2. 束己合同严格遵守合同相对性原则,不涉及第三人。

二、合同相对性的例外

1. 向第三人履行

(1)当事人约定由债务人向第三人履行债务,债务人未向第三人履行债务或者履行债务不符合约定的,应当向债权人承担违约责任。

(2)法律规定或者当事人约定第三人可以直接请求债务人向其履行债务,第三人未在合理期限内明确拒绝,债务人未向第三人履行债务或者履行债务不符合约定的,第三人可以请求债务人承担违约责任;债务人对债权人的抗辩,可以向第三人主张。

2. 由第三人履行

当事人约定由第三人向债权人履行债务,第三人不履行债务或者履行债务不符合约定的,债务人应当向债权人承担违约责任。

3. 第三人依法代债务人履行

债务人不履行债务,第三人对履行该债务具有合法利益的,第三人有权向债权人代为履行。

考点二十三 责任承担

一、缔约过失责任

1. 在订立合同的过程中,当事人故意或过失导致合同未能成立、未能生效、被撤销或无效,给另一方造成损失的,其应当承担赔偿责任。

2. 情形:

(1)假借订立合同,恶意进行磋商;

(2)故意隐瞒与订立合同有关的重要事实或者提供虚假情况;

(3)有其他违背诚实信用原则的行为。当事人泄露或者不正当地使用在订立合同过程中知悉的商业秘密,造成对方损失的,应当承担赔偿责任。

二、违约责任

1. 当事人一方不履行合同义务或履行合同义务不符合约定的,应当承担违约责任。

注:违约责任,一般不要求过错要件;侵权责任,一般要求过错要件。

2. 过错责任：

(1)债务人有过错时承担责任：有偿委托、有偿保管。

(2)债务人只对故意或重大过失负责：赠与合同、无偿委托、无偿保管。

3. 承担方式。

继续履行(强制履行)：金钱债务、非金钱债务，原则上应当继续履行。非金钱债务不适用继续履行：(1)法律上或者事实上不能履行；(2)标的不适于强制履行或履行费用过高；(3)债权人在合理期限内未请求履行。

4. 损害赔偿。

(1)完全赔偿：包括实际损失和可得利益损失。

(2)可预见性规则：违约方只就在缔约时能预见的损失负赔偿责任。

(3)减损规则：当事人一方违约后，对方未采取适当防范措施致使损失扩大的，不能就扩大的损失要求赔偿(不真正义务)。

三、侵权责任

1. 民事主体因实施侵权行为而应承担的民事法律后果。

2. 构成要件：

(1)实施了侵害行为；

(2)产生了损害后果；

(3)行为人主观上有过错；

(4)侵害行为与损害后果之间具有因果关系。

3. 归责原则：

(1)过错责任：过错责任和过错推定责任。

(2)过错责任构成要件：一般构成要件，即违法行为、损害后果、因果关系、主观过错。

(3)过错推定特殊情形：搁置物、悬挂物脱落、坠落致害；堆放物倒塌、林木折断致害；公共场所、道路施工致害；窨井等地下设施致害；无行为能力人在学校受到人身损害；医疗机构违反诊疗规定，隐匿或拒绝提供病历，遗失、伪造、篡改、销毁病历。

(4)无过错责任：根据法律明文规定，不考虑加害人是否具有过错，只要有行为、损害结果及因果关系，就应承担侵权责任。

4. 共同侵权行为：

(1)二人以上共同实施侵权行为造成他人损害，应当承担连带责任。

(2)共同侵权行为需要共同故意或过失，包括教唆、帮助行为。

5. 共同危险行为，二人以上实施危及他人人身、财产安全的行为，其中一人或者数人的行为造成他人损害：

(1)能够确定具体侵权人的，由侵权人承担责任；

(2)不能确定具体侵权人的，行为人承担连带责任。

免责事由：行为人只有证明谁是真正侵权人，才能主张免责。

考点二十四 标的物风险负担

一、适用条件

标的物的风险负担,也称标的物风险责任负担,指在买卖合同履行过程中,因不可归责于当事人的事由,标的物毁损、灭失的,应由哪一方当事人承担损失的问题。

二、负担的规则

1. 风险转移采用交付主义

(1)标的物毁损灭失的风险,自交付时由买受人承担。

(2)标的物交付是风险转移的依据,与所有权是否变动无关。

(3)交付,有约定交付地点,依约定地点交付,风险在约定地点完成交付时转移。无约定交付地点,依运输方式推定如下:

①如果买受人上门取货,则在出卖人提供货物的地点转移;

②如果出卖人送货上门,则买受人指定的收货地点为风险转移的地点;

③如果约定由出卖人代办托运,则自货交第一承运人时风险转移。

2. 特殊情形

(1)在途标的物毁损、灭失风险自合同成立时起由买受人承担;

(2)无法确定交付地点且需要运输,在标的物交付给第一承运人后,视为完成交付;

(3)买受人违约未受领,风险自买受人违反约定之日转移。

考点二十五 租赁合同

一、不定期租赁

1. 主要情形:

(1)未约定租赁期限且当事人未协议补充的;

(2)租赁期间届满,承租人继续使用租赁物,出租人没有提出异议的;

(3)租赁期限在6个月以上,未采用书面形式,无法确定租赁期限的。

2. 不定期租赁合同的性质:不定期租赁合同的双方当事人可随时解除合同,但应在合理期限内通知对方。

二、承租人的主要权利

1. 主张优先购买权,即当出租人出卖房屋时,承租人在同等条件下,享有优先于其他人购买房屋的权利。

2. 行使规则:

(1)承租人的优先购买权发生于出租人转让房屋所有权时,这是承租人享有优先购买权的前提和基础。

(2)出租人出卖租赁房屋,应通知承租人,否则即可认定侵犯了承租人的优先购买权。

(3)承租人仅在同等条件下可享有优先购买权。此处的同等条件,主要是指出价条件,包括价格、交付房价期限、付款方式等。

3. 主张买卖不破租赁,即租赁物在承租人按照租赁合同占有期限内发生所有权变动的,不影响租赁合同的效力。

三、转租

1. 合法转租(经同意):

(1)两个租赁合同原则上均有效。

(2)承租人即使与第三人(次承担人)约定了高于出租人与承租人之间的租金,亦不构成不当得利。

(3)出租人不能直接向次承租人主张支付租金或违约责任。

(4)次承租人享有代为清偿请求权。

2. 非法转租(未经同意):

(1)承租人非法转租的,构成根本违约,出租人可以解除合同;

(2)出租人知道或者应当知道承租人转租,但在6个月内未提出异议的,视为出租人同意转租。

四、买卖不破租赁

1. 构成要件:

(1)租赁合同合法有效;

(2)出租人已将租赁物交付承租人,承租人依约占有使用;

(3)因买卖、互易、赠与、投资等,租赁物所有权发生变化。

2. 例外情形:

(1)租赁物因没收、征收发生所有权变动;

(2)在出租前已设立抵押权,且抵押权已登记(或抵押权未经登记,但承租人恶意);

(3)房屋在出租前已被人民法院依法查封的。

考点二十六 融资租赁合同

一、适用条件

1. 融资租赁合同,指出租人根据承租人对出卖人、租赁物的选择,向出卖人购买租赁物,提供给承租人使用,承租人支付租金的合同。

2. 出卖人和承租人还可以合二为一,即其既扮演出卖人的角色。又扮演承租人的角色。一方面,承租人将其自有物出卖给出租人;另一方面,再通过融资租赁合同将租赁物从出租人处租回。

二、法律后果

1. 出卖人与出租人之间,出租人应向出卖人支付标的物的价款。

2. 出卖人与承租人之间:

(1)出卖人负有按照约定向承租人(而非出租人)直接交付标的物的义务;

(2)当出卖人交付的标的物质量有瑕疵时,由承租人行使索赔的权利。承租人行使索赔权利的,出租人应当协助。

3. 出租人与承租人之间，出租人可享有以下特殊的法律利益：

(1)租赁物不符合约定或者不符合使用目的的，出租人不承担责任。因此，即使租赁物本身质量有瑕疵，出租人也无须减免租金，承租人由此遭受的损失，应向出卖人主张。例外的是，如果承租人是依赖出租人的技能选择的租赁物，或者经出租人干预选择租赁物的，出租人应承担责任。

(2)承租人在占有租赁物期间承担维修租赁物的义务。在融资租赁合同中，由承租人而不是出租人履行租赁期间的维修义务。

考点二十七 保理合同

一、有追索权保理

1. 保理人可以向应收账款债权人主张返还保理融资款本息或者回购应收账款债权，也可以向应收账款债务人主张应收账款债权。保理人向应收账款债务人主张应收账款债权，在扣除保理融资款本息和相关费用后有剩余的，剩余部分应当返还给应收账款债权人。

(1)选择回购债权：债权人退还融资本息。

(2)选择行使债权：保理人退还剩余款项。

2. 行权方式：保理人有权起诉债权人或债务人，也可以一并将其作为共同被告起诉。

二、其他保理

1. 无追索权保理

保理人应当向应收账款债务人主张应收账款债权，保理人取得超过保理融资款本息和相关费用的部分，无须向应收账款债权人返还。无追索权的保理即买断，该债权与原债权人再无关系。

2. 虚构债权保理

应收账款债权人与债务人虚构应收账款作为转让标的，与保理人订立保理合同的，应收账款债务人不得以应收账款不存在为由对抗保理人，但是保理人明知虚构的除外。

3. 多重保理

应收账款债权人就同一应收账款订立多个保理合同，致使多个保理人主张权利的，已经登记的先于未登记的取得应收账款；均已经登记的，按照登记时间的先后顺序取得应收账款；均未登记的，由最先到达应收账款债务人的转让通知中载明的保理人取得应收账款；既未登记也未通知的，按照保理融资款或者服务报酬的比例取得应收账款。

三、通知规则

1. 保理人向应收账款债务人发出应收账款转让通知的，应当表明保理人身份并附有必要凭证。

注意：债权人亦可通知。

2. 应收账款债务人接到应收账款转让通知后，应收账款债权人与债务人无正当理由协商变更或者终止基础交易合同，对保理人产生不利影响的，对保理人不发生效力。

考点二十八 用人单位责任

一、适用范围

1. 用人单位的工作人员因执行工作任务造成他人损害的，由用人单位承担侵权责任。用人单位承担侵权责任后，可以向有故意或者重大过失的工作人员追偿。

2. 劳务派遣期间，被派遣的工作人员因执行工作任务造成他人损害的，由接受劳务派遣的用工单位承担侵权责任；劳务派遣单位有过错的，承担相应的责任。

二、职务侵权和非职务侵权

1. 工作人员因执行工作任务致人损害：

(1)用人单位承担无过错的替代侵权责任。

(2)用人单位承担侵权责任后，可以向有故意或者重大过失的工作人员追偿。

(3)工作人员无论故意或过失，对外均不承担责任。

2. 非职务行为：由雇员承担责任。

3. 职务行为的判断标准：

(1)客观上采取外观说，只需要行为外观和职务行为客观上有联系即属于职务行为。

(2)主观上为了执行职务的相关行为也是职务行为。

注：两个标准满足任何一个即可。

三、因劳务自己受损

1. 提供劳务一方因劳务而自己受到损害的：根据双方过错承担责任(过错责任)。

2. 因第三人的行为造成提供劳务一方损害的：

(1)接受劳务方无过错的，不承担责任。

(2)接受劳务方有过错的，承担责任。承担责任后，可向第三人追偿。

四、劳务侵权

1. 提供劳务一方因劳务造成他人损害的，由接受劳务一方承担无过错替代责任。

2. 接受劳务一方承担侵权责任后，可向故意或者重大过失的提供劳务一方追偿。

考点二十九 环境污染责任

一、适用范围

因污染环境、破坏生态造成他人损害的，侵权人应当承担侵权责任。

二、构成要件

1. 环境污染行为：行为人不得以排污符合国家规定的标准或行为不具有违法性为由主张免责。

2. 受害人遭受损害：

提起环境损害赔偿诉讼的时效期间为3年，从当事人知道或应当知道其受到损害时计算；被侵权人提起诉讼，请求污染者停止侵害、排除妨碍、消除危险的，不受时效期间限制。

3. 环境污染行为与损害结果之间存在因果关系：

受害人无须证明行为与结果间存在因果关系，但并不意味受害人无任何举证责任；污染者就行为与结果间不存在因果关系承担举证责任。

注：环境污染适用无过错责任原则。

三、因果关系否定

1. 排放的污染物、释放的生态因素、产生的生态影响未到达损害发生地。

2. 行为在损害发生后才实施且未加重损害后果。

3. 行为不可能导致损害发生的其他情形的。

四、不真正连带责任

1. 被侵权人可以向污染者请求赔偿，也可以向第三人请求赔偿。

2. 污染者赔偿后，有权向第三人追偿。

3. 受害人请求第三人承担赔偿责任的，法院应根据第三人过错程度确定其相应赔偿责任。

五、免责事由

1. 受害人故意。

2. 不可抗力。

3. 证明排污与损害间无因果关系。

4. 污染者不能以第三人的过错污染环境造成损害为由主张不承担责任或减轻责任。

考点三十 教育机构侵权责任

一、适用范围

1. 教育机构未尽教育、管理职责对无民事行为能力人、限制民事行为能力人在教育机构学习、生活期间遭受人身损害而承担的责任。

2. 监护人将被监护人送至学校，并非将监护权转移。监护人对被监护人因侵权行为造成他人损害的后果承担侵权责任。

二、构成要件

1. 行为人实施侵权行为，包括教育机构直接侵权或第三人侵权。

2. 受害人仅限于无民事行为能力人、限制民事行为能力人。

3. 时间条件：仅限于在教育机构学习、生活期间，一般不包括上学前及放学后。

4. 教育机构未尽到教育、管理职责。

5. 遭受的损害类型仅限人身损害。

三、责任承担

1. 教育机构工作人员＋被侵权人在教育机构学习、生活＋未尽到教育、管理责任＋受害人为无民事行为能力人时，采用过错推定原则，教育机构只有在证明自己尽到职责时才能免责/受害人为限制民事行为能力人时，采用过错责任原则，受害人必须证明教育机构未尽到职责，侵权责任才成立。

2. 教育机构以外的第三人＋教育机构未尽到管理责任＋侵权人承担侵权责任；教育机构未

尽到管理职责的,承担相应的补充责任。

(二)民事诉讼法—考点全解

考点一 反诉

一、适用范围

1. 反诉,是指在诉讼程序进行中,本诉被告针对本诉原告向法院提出的独立的反请求。

2. 特点:

(1)当事人的同一性和特定性;

(2)诉讼请求的独立性(本诉撤诉后,反诉继续进行,不受影响);

(3)诉讼目的具有对抗性。

3. 反诉与反驳的区别:反诉是独立的诉,反驳是被告在诉讼中采用的防御手段。

二、提起反诉的条件

1. 主体:须由本诉的被告向本诉的原告提出。

2. 程序:须在本诉进行中提出。

反诉应当在法庭辩论终结前提出,但是为了避免证据突袭和诉讼迟延,一般应当在举证时限届满前提出;超出举证时限提出的,如果法院认为应当合并审理,须重新指定举证期限。

3. 管辖法院:须向受理本诉的法院提出,且受诉法院对反诉有管辖权。

本诉法院对反诉可以基于牵连管辖或应诉管辖获得管辖权,但违背专属管辖和级别管辖的除外。

4. 须与本诉适用同一诉讼程序。

5. 须本诉与反诉之间存在牵连关系。

存在牵连关系,是指两者存在法律上或事实上的联系。另外,受英美法的影响,对于某些没有牵连关系的案件,如果双方当事人希望合并审理,法院也认为合并审理有利于提高效率的,那么也可以将本诉与反诉合并审理。

三、审理

被告提出反诉后,法院认为符合起诉和反诉条件的,应予受理。

原则上,法院应当将本诉与反诉一并审理,合并调查和辩论,一并作出裁判;但如果其中一诉已经达到可作出判决的程度,可以先行作出判决。

考点二 地域管辖

一、专属管辖构成要件

1. 因不动产纠纷提起的诉讼,由不动产所在地人民法院管辖。

(1)不动产纠纷,是指因不动产的权利确认、分割、相邻关系等引起的物权纠纷。

(2)不动产已登记的,以不动产登记簿记载的所在地为不动产所在地;不动产未登记的,以不动产实际所在地为不动产所在地。

(3)农村土地承包经营合同纠纷、房屋租赁合同纠纷、建设工程施工合同纠纷、政策性房屋买卖合同纠纷,按照不动产纠纷确定管辖。

2. 因港口作业中发生纠纷提起的诉讼,由港口所在地人民法院管辖。

3. 因继承遗产纠纷提起的诉讼,由被继承人死亡时住所地或者主要遗产所在地人民法院管辖。

二、协议管辖(合意管辖/约定管辖)

1. 协议管辖必须具备的条件:

(1)适用于合同纠纷或者其他财产权益纠纷的第一审案件。**注意**:身份关系不可。

(2)必须采取书面形式,包括书面合同中的协议管辖条款(独立性)或者诉讼前以书面形式达成的选择管辖的协议。

(3)可供当事人选择的法院包括:被告住所地、合同履行地、合同签订地、原告住所地、标的物所在地等与争议有实际联系的地点的法院。

(4)不得违反级别管辖和专属管辖的规定。

2. 另外需要注意的地方:

(1)根据管辖协议,起诉时能够确定管辖法院的,从其约定;不能确定的,依照《民事诉讼法》的相关规定确定管辖;

(2)管辖协议约定两个以上与争议有实际联系的地点的法院管辖,原告可以向其中一个法院起诉;

(3)经营者使用格式条款与消费者订立管辖协议,未采取合理方式提请消费者注意的,消费者有权主张管辖协议无效;

(4)管辖协议约定由一方当事人住所地法院管辖,协议签订后当事人住所地变更的,由签订管辖协议时的住所地法院管辖,但当事人另有约定的除外;

(5)合同转让的,合同的管辖协议对合同受让人有效,但转让时受让人不知道有管辖协议,或者转让协议另有约定且原合同相对人同意的除外;

(6)当事人因同居或者在解除婚姻、收养关系后发生财产争议,约定管辖的,可以适用协议管辖制度。

三、一般地域管辖

1. 原则规定——被告所在地法院管辖(原告就被告)

(1)被告是公民的,先看经常居住地(就医除外),再看住所地/户籍所在地,具体如下所述:

①原、被告均被注销户籍的,被告居住地法院;

②户籍迁出后未落户的,先看被告经常居住地,再看被告原户籍所在地;

③原、被告均被监禁或采取强制性教育措施的,1年内被告原住所地法院,1年以上监禁地或强制措施所在地法院;

④夫妻双方离开住所地超过1年,一方起诉离婚的,先看被告经常居住地,再看起诉时被告居住地。

(2)被告是法人或其他组织的,具体如下所述。

①注册登记的法人:先看主要办事机构所在地,再看注册地/登记地。

②没有办事机构的个人合伙、合伙型联营体:先看注册登记地,再看几个被告住所地。

2. 例外规定——原告所在地法院管辖(被告就原告)

(1)《民事诉讼法》的规定:

①对不在中华人民共和国领域内居住的人提起的有关身份关系的诉讼;

②对下落不明或者宣告失踪的人提起的有关身份关系的诉讼;

③对被采取强制性教育措施的人提起的诉讼;

④对被监禁的人提起的诉讼。

(2)《民诉解释》的规定:

①被告被注销户籍的——原告经常居住地;

②追索赡养费、扶养费、抚养费案件的几个被告住所地不在同一辖区的,可以原告住所地(也可以被告所在地);

③夫妻一方离开住所地超过1年,另一方起诉离婚的,可以原告住所地(也可以被告所在地)。

四、特殊地域管辖

1. 因合同纠纷提起的诉讼,由被告住所地或者合同履行地法院管辖。

(1)合同已经实际履行:

①合同约定履行地点的,以约定的履行地点为合同履行地;实际履行地与约定履行地不一致时,以约定履行地为准作为合同的履行地。

②合同对履行地点没有约定或者约定不明确,争议标的为给付货币的,接收货币一方所在地为合同履行地;交付不动产的,不动产所在地为合同履行地;其他标的,履行义务一方所在地为合同履行地。即时结清的合同,交易行为地为合同履行地。

③财产租赁合同、融资租赁合同以租赁物使用地为合同履行地。

④以信息网络方式订立的买卖合同,通过信息网络交付标的的,以买受人住所地为合同履行地;通过其他方式交付标的的,收货地为合同履行地。

(2)合同没有实际履行:

①当事人双方住所地都不在合同约定的履行地的,由被告住所地法院管辖。

②如果合同没有实际履行,但当事人有一方的住所地在约定的履行地,那么被告住所地和合同约定履行地均有权管辖。

2. 因保险合同纠纷提起的诉讼,由被告住所地或者保险标的物所在地法院管辖。

(1)财产保险:如果保险标的物是运输工具或者运输中的货物,可以由运输工具登记注册地、运输目的地、保险事故发生地法院管辖。

(2)人身保险:可以由被保险人住所地法院管辖。

3. 因票据纠纷提起的诉讼,由票据支付地或被告住所地法院管辖。

4. 因公司设立、确认股东资格、分配利润、解散等纠纷提起的诉讼,由公司住所地法院管辖。

公司诉讼还包括:股东名册记载、请求变更公司登记、股东知情权、公司决议、公司合并、公司分立、公司减资、公司增资等纠纷。

5. 因铁路、公路、水上、航空运输和联合运输合同纠纷提起的诉讼，由运输始发地、目的地或被告住所地法院管辖。

6. 因侵权行为提起的诉讼，由侵权行为地或者被告住所地法院管辖。侵权行为地，包括侵权行为实施地和侵权结果发生地。

(1)信息网络侵权行为实施地包括实施被诉侵权行为的计算机等信息设备所在地，侵权结果发生地包括被侵权人住所地。

(2)因产品、服务质量不合格造成他人财产、人身损害提起的诉讼，产品制造地、产品销售地、服务提供地、侵权行为地和被告住所地人民法院都有管辖权。

(3)当事人申请诉前保全后没有在法定期间起诉或者申请仲裁，给被申请人、利害关系人造成损失引起的诉讼，由采取保全措施的法院管辖。

当事人申请诉前保全后在法定期间内起诉或者申请仲裁，被申请人、利害关系人因保全受到损失提起的诉讼，由受理起诉的人民法院或者采取保全措施的法院管辖。

7. 因铁路、公路、水上和航空事故请求损害赔偿提起的诉讼，由事故发生地或者车辆、船舶最先到达地、航空器最先降落地或者被告住所地法院管辖。

8. 因船舶碰撞或者其他海损事故请求损害赔偿提起的诉讼，由碰撞发生地、碰撞船舶最先到达地、加害船舶被扣留地或者被告住所地法院管辖。

9. 因海难救助费用提起的诉讼，由救助地或被救助船舶最先到达地法院管辖，不包括被告所在地法院。

10. 因共同海损提起的诉讼，由船舶最先到达地、共同海损理算地或者航程终止地法院管辖，不包括被告所在地法院。

五、应诉管辖

应诉管辖，是指原告起诉被法院受理后，被告未在答辩期内提出管辖异议并作出应诉答辩的，视为受诉法院对案件享有管辖权。注意，不得违反级别管辖和专属管辖。

另外，被告没有就起诉进行答辩，法院在开庭前发现本院对案件没有管辖权的，应当裁定移送有管辖权的法院。

六、共同管辖与选择管辖

1. 共同管辖(法院角度)：法律规定两个以上的法院对某类诉讼都有管辖权。

2. 选择管辖(当事人角度)：当两个以上的法院对诉讼都有管辖权时，当事人可以选择其中一个法院提起诉讼。

3. 原告向两个以上有管辖权的法院起诉的，应当由最先立案的法院管辖。

因管辖权发生争议的，由相关法院协商，协商不成，报相关法院的共同上级法院指定管辖。

考点三 裁定管辖

一、移送管辖

移送管辖，是指法院在受理民事案件后，发现自己对案件并无管辖权，依法将案件移送到有管辖权的法院审理。

1. 本质是错误立案的纠错程序，通常发生在同级法院之间（地域管辖错误），有时也发生在上下级之间（级别管辖错误）。

2. 构成要件：法院已受理 + 移送的法院没有管辖权 + 认为受移送的法院有管辖权。

3. **注意**：

（1）受移送的人民法院认为受移送的案件依照规定不属于本院管辖的，应当报请上级法院指定管辖，不得再自行移送。（移送管辖只能移送一次）

（2）两个以上法院均有管辖权的，先立案的法院不得将案件移送其他有管辖权的法院。

二、指定管辖

适用情形及注意事项：

（1）受移送法院认为自己对受移送的案件无管辖权，报上级法院指定管辖。

（2）有管辖权的法院由于特殊原因不能行使管辖权的，由上级法院指定管辖。

（3）法院之间因管辖权发生争议，由争议双方协商解决；协商不成，报请共同上级法院指定管辖。

（4）对报请上级法院指定管辖的案件，下级法院应当中止审理。指定管辖裁定作出前，下级法院对案件作出判决、裁定的，上级法院应当在裁定指定管辖的同时，一并撤销下级法院的判决、裁定。

三、管辖权转移

1. 向上转移

上级法院有权审理下级法院管辖的第一审民事案件：

（1）上级法院认为下级法院管辖的案件应由自己管辖，下达裁定将管辖权转移即可；

（2）下级法院认为自己管辖的案件需要由上级法院管辖，经上级法院同意后方可转移。

2. 向下转移

上级法院认为确有必要将本院管辖的第一审民事案件交下级法院审理的，应当报请其上级法院批准。上级法院批准后，应当裁定将案件交下级法院审理。

（1）可以在开庭前交下级法院审理的第一审民事案件包括：

①破产程序中有关债务人的诉讼案件；

②当事人人数众多且不方便诉讼的案件；

③最高人民法院确定的其他类型案件。

（2）**注意**：对于应由上级法院管辖的第一审民事案件，下级法院不得报请上级法院交其审理。

考点四 管辖权异议

一、适用范围

1. 提出管辖权异议的主体须是本案的当事人：通常为被告，诉讼中的第三人（包括有独立请求权的第三人和无独立请求权的第三人）无权提管辖权异议。

2. 管辖权异议的客体是第一审民事案件的管辖权，包括地域管辖和级别管辖，均可以提出管辖权异议；但是对第二审民事案件不得提出管辖权异议。

3. 提出管辖权异议的时间须在提交答辩状期间（被告收到起诉状副本之日起15日内）。

二、法院对管辖权异议的处理

1. 法院对当事人提出的异议，应当审查。异议成立的，裁定将案件移送有管辖权的法院；异议不成立的，裁定驳回异议。

2. 裁定应当送达双方当事人，当事人不服的，可以在10日内向上一级法院提出上诉。当事人未提出上诉或上诉被驳回的，受诉法院应通知当事人参加诉讼。当事人对管辖权问题提出申诉的，不影响受诉法院对案件的审理。

考点五 原告与被告

一、诉讼当事人

1. 原告，是指为维护自己或自己所管理的他人的民事权益，而以自己的名义向法院起诉，从而引起民事诉讼程序发生的人。

2. 被告，是指被原告诉称侵犯原告民事权益或与原告发生民事争议，而由法院通知应诉的人。

二、类别

1. 公民

(1)个体工商户：

①以营业执照上登记的经营者为当事人；

②有字号的，以登记的字号为当事人，但应同时注明经营者的基本信息；

③营业执照上登记的经营者与实际经营者不一致的，以登记的经营者和实际经营者为共同诉讼人。

(2)以行为人为当事人的情形：

①行为人以应登记而未登记的法人或其他组织名义进行民事活动的；

②行为人没有代理权、超越代理权或者代理权终止后以被代理人名义进行民事活动的，但相对人有理由相信行为人有代理权的除外；

③行为人以已经依法终止的法人或其他组织名义进行民事活动的。

(3)一方当事人不履行人民调解委员会组织的调解协议的，另一方当事人应以对方当事人为被告提起诉讼。

(4)对侵害死者遗体、遗骨以及姓名、肖像、名誉、荣誉、隐私等行为提起诉讼的，死者的近亲属为当事人。

2. 法人

法人以自己的名义起诉或应诉，由其法定代表人进行诉讼；法定代表人变更的，由新的法定代表人继续进行诉讼，已经进行的诉讼对法人仍然有效。

3. 其他非法人组织

其他非法人组织作为当事人的,由其主要负责人进行诉讼。

4. 外国人、无国籍人

外国人、无国籍人,包括自然人、法人、其他非法人组织,都可以成为我国民事诉讼中的当事人。

考点六 共同诉讼

一、必要共同诉讼

1. 必要共同诉讼是指当事人一方或双方为两人以上,诉讼标的是同一的,法院必须合一审理并在裁判中对诉讼标的合一确定的共同诉讼。目的:防止矛盾裁判。

2. 特征:

(1)当事人一方或双方为两人以上;

(2)诉讼标的同一;

(3)法院必须合并审理、合一判决。

3. 必要共同诉讼人的追加:可由法院依职权进行,也可由法院根据参加诉讼的当事人申请追加。

法院追加共同诉讼的当事人时,应当通知其他当事人。

应当追加的原告,已明确表示放弃实体权利的,可不予追加;既不愿意参加诉讼,又不放弃实体权利的,仍应追加为共同原告,其不参加诉讼,不影响法院对案件的审理和依法作出判决。

4. 必要共同诉讼人的内部关系:

共同诉讼的一方当事人对诉讼标的有共同权利义务的,其中一人的诉讼行为经其他共同诉讼人承认,对其他共同诉讼人发生效力。该承认包括明示承认和默示承认。

默示承认,是指只要共同诉讼人未对其他共同诉讼人实施的诉讼行为表示异议,即表明该共同诉讼人已经承认。例外:共同诉讼人中一人对判决不服提起上诉的,如果上诉后为不可分之诉,不管其他共同诉讼人是否承认该上诉行为,上诉的效力都及于共同诉讼人全体。

二、普通共同诉讼

1. 普通共同诉讼,是指当事人一方或双方为两人以上,诉讼标的是同一种类的,法院认为可以合并审理并且当事人也同意合并审理的共同诉讼。目的:实现诉讼的经济性。

2. 特征:

(1)当事人一方或双方为两人以上。

(2)诉讼标的同种类。

构成诉讼标的同种类的情形主要有:基于同类事实或法律上的同类原因形成的同种类诉讼标的;基于同一事实或法律上的原因形成的同种类诉讼标的;基于数人对同一权利义务的确认形成的同种类诉讼标的。

(3)各共同诉讼人与对方当事人之间一定存在两个以上的诉讼请求。

(4)可分之诉。

(5)法院对普通共同诉讼的各个请求不是合一确定,而是分别确定。

3. 普通共同诉讼人的内部关系:

由于普通共同诉讼是可分之诉,普通共同诉讼人各自拥有独立的诉讼实施权。其中任何一个共同诉讼人的诉讼行为,对其他共同诉讼人均不发生效力。

考点七 第三人

一、有独立请求权的第三人

1. 有独立请求权的第三人,是指对原告和被告争议的诉讼标的有独立的请求权,而参加诉讼的人。

2. 诉讼地位:原告(原诉讼中的原告和被告都作为参加诉讼中的被告)。

3. 参加诉讼的条件:

(1)对本诉中的原告和被告争议的诉讼标的,主张独立的请求权。这种独立请求权的实体权利依据一般是物上请求权,即物权请求权。通常表现为第三人对他人之间争议的标的物主张所有权。

(2)所参加的诉讼正在进行中。原则上第三人参加诉讼应在第一审程序中参加诉讼,但也允许其在第二审程序中参加诉讼。

(3)以起诉的方式参加。应当符合起诉的条件,预交案件受理费。

二、无独立请求权的第三人

1. 无独立请求权的第三人,是指虽然对原告和被告之间争议的诉讼标的没有独立的请求权,但与案件的处理结果有法律上的利害关系而参加诉讼的人。

2. 诉讼地位:

(1)以自己名义参加诉讼;

(2)可以独立地行使诉讼权利,承担诉讼义务,不受他人制约;

(3)一审判决其承担民事责任的,享有上诉权;

(4)本诉当事人之间的调解涉及无独立请求权的第三人承担责任时,应经其同意;

(5)无权提出管辖异议,无权放弃、变更诉讼请求或者申请撤诉。

3. 参加诉讼的条件:

(1)与案件处理结果有法律上的利害关系;

(2)所参加的诉讼正在进行中,一审、二审均允许其参加(同有独立请求权的第三人);

(3)自己申请参加诉讼或由法院通知其参加诉讼。

考点八 人民法院调解

一、调解的开始

人民法院受理案件后,经审查,认为法律关系明确、事实清楚,在征得当事人双方同意后,可以径行调解。

1. 法院在开庭审理时,应当先行调解的案件包括:

(1)婚姻家庭纠纷和继承纠纷;

(2)劳务合同纠纷;

(3)交通事故和工伤事故引起的权利义务关系较为明确的损害赔偿纠纷;

(4)宅基地和相邻关系纠纷;

(5)合伙合同纠纷;

(6)诉讼标的额较小的纠纷。

但是根据案件的性质和当事人的实际情况不能调解或者显然没有调解必要的除外。

2. 适用特别程序、督促程序、公示催告程序的案件,婚姻等身份关系确认案件以及其他根据案件性质不能进行调解的案件,不得调解。

3. 一审、二审和再审的各个阶段均可以进行调解,本节所称调解指的是诉讼阶段的调解,执行程序不适用。

二、调解的进行

1. 调解协议可以约定一方提供担保或者案外人为当事人提供担保。案外人提供担保的,调解书应当列明担保人,担保人拒不签收调解书不影响调解书生效;担保的效力在符合《民法典》规定的条件时生效。

2. 调解需由无独立请求权的第三人承担责任的,应当经其同意;其在调解书送达前反悔的,法院应当及时裁判。

3. 调解的公开:

(1)调解过程不公开,但当事人同意公开的除外。

(2)调解协议内容不公开,但为保护国家利益、社会公共利益、他人合法权益,人民法院认为确有必要公开的除外。

(3)主持调解以及参与调解的人员,对调解过程以及调解过程中获悉的国家秘密、商业秘密、个人隐私和其他不宜公开的信息,应当保守秘密,但为保护国家利益、社会公共利益、他人合法权益的除外。

4. 调解的结束:

调解因当事人拒绝继续调解或双方达成调解协议而结束。调解达成协议,法院应当制作调解书。

三、调解书

1. 调解达成协议,人民法院应当制作调解书。调解书经双方当事人签收后,即具有法律效力。

2. 可以不制作调解书的情形:

(1)调解和好的离婚案件;

(2)调解维持收养关系的案件;

(3)能够即时履行的案件;

(4)其他不需要制作调解书的案件。

对不需要制作调解书的协议,应当记入笔录,由双方当事人、审判人员、书记员签名或者盖章后,即具有法律效力。当事人拒收调解书的,不影响调解协议的效力。

3.当事人自行和解或者调解达成协议后,请求人民法院按照和解协议或者调解协议的内容制作判决书的,人民法院不予准许。

4.无民事行为能力人的离婚案件,由其法定代理人进行诉讼。法定代理人与对方达成协议要求发给判决书的,可根据协议内容制作判决书。

四、调解的法律效力

1.诉讼结束,当事人不得以同一事实和理由再次起诉。

2.一审终审,不得上诉。

3.当事人之间的纠纷争议归于消灭,实体权利义务关系得以确定。

4.具有给付内容的调解书,具有强制执行力。

五、调解程序中,相关问题的处理

1.当事人以民事调解书与调解协议的原意不一致为由提出异议,法院审查后认为异议成立的,应当根据调解协议裁定补正民事调解书的相关内容。

2.当事人就部分诉讼请求达成调解协议的,法院可以就此先行确认并制作调解书。当事人就主要诉讼请求达成调解协议,请求法院对未达成协议的诉讼请求提出处理意见并表示接受该处理结果的,法院的处理意见是调解协议的一部分内容,制作调解书的记入调解书。

3.调解书确定的担保条款条件或者承担民事责任的条件成就时,当事人申请执行的,法院应当依法执行。

六、诉讼中的和解

1.当事人在诉讼过程中自行达成和解协议的,法院可以根据当事人的申请依法确认和解协议制作调解书。双方当事人申请庭外和解的期间,不计入审限。

2.诉讼中当事人自行达成和解协议后,可以通过如下方式结案:

(1)请求依据和解协议制作调解书——对方当事人不履行,可以强制执行。

(2)申请撤诉——撤诉后视为从未起诉,当事人可以再次起诉。

考点九 保全与先予执行

一、诉前保全与诉中保全的区别

1.适用条件不同:

(1)诉前保全是不立即采取保全措施将会使申请人合法权益受到难以弥补的损害。

(2)诉中保全是可能因当事人一方的行为或者其他原因使判决难以执行或造成当事人其他损害。

2.启动方式不同:

诉前保全只能依申请启动;诉中保全既可以依申请,也可以依职权启动。

3.是否需要提供担保不同:

诉前保全应当提供担保;诉中保全可以责令申请人提供担保。

4. 管辖法院不同:

诉前保全的管辖法院为被保全财产所在地、被申请人住所地或者对案件有管辖权的法院;诉中保全只能是受诉法院。

5. 出裁定时间不同:

诉前保全是48小时内作出裁定;诉中保全是5日内,情况紧急的48小时内出裁定。

二、先予执行

1. 适用范围:

(1)追索赡养费、扶养费、抚养费、抚恤金、医疗费用的;

(2)追索劳动报酬的;

(3)因情况紧急需要先予执行的。情况紧急包括:需要立即停止侵害、排除妨碍的;需要立即制止某项行为的;追索恢复生产、经营急需的保险理赔费的;需要立即返还社会保险金、社会救助资金的;不立即返还款项,将严重影响权利人生活和生产经营的。

2. 构成要件:

(1)当事人之间权利义务关系明确;

(2)申请人有实现权利的迫切需要;

(3)当事人向法院提出了申请(法院不能依职权);

(4)被申请人有履行的能力。

3. 救济途径:

(1)法院可以责令申请人提供担保,申请人不提供担保的,驳回申请。申请人败诉的,应当赔偿被申请人因先予执行遭受的财产损失。

(2)救济:当事人对先予执行裁定不服的,可以自收到裁定书之日起5日内向作出裁定的法院申请复议。法院应当在收到复议申请后10日内审查。裁定正确的,驳回当事人的申请;裁定不当的,变更或者撤销原裁定。

(3)复议期间不停止裁定的执行。

考点十 一审普通程序

一、起诉的条件(积极条件)

1. 原告是与本案有直接利害关系的公民、法人和其他组织。

2. 有明确的被告。

3. 有具体的诉讼请求和事实、理由。

4. 属于人民法院受理民事诉讼的范围和受诉人民法院管辖。

二、重复起诉

1. 构成要件:

(1)后诉与前诉的当事人相同;

(2)后诉与前诉的诉讼标的相同;

(3)后诉与前诉的诉讼请求相同,或者后诉的诉讼请求实质上否定前诉裁判结果。

2. 当事人重复起诉的,法院应当裁定不予受理。

3. **注意**:不得重复起诉的核心在于,防止出现相同或相冲突的判决。

三、对当事人起诉时几种特殊情况的处理

1. 裁定不予受理、驳回起诉的案件,原告再次起诉,符合起诉条件且不属于《民事诉讼法》第127条规定情形的,法院应予受理。原告撤诉或法院按撤诉处理后,原告以同一诉讼请求再次起诉的,法院应予受理。但是,在二审或再审程序中,经其他当事人同意原审原告撤回起诉的除外。

2. 当事人达成的仲裁条款、仲裁协议无效、失效或内容不明确无法执行的,法院有权依法受理当事人一方的起诉。当事人一方向法院起诉时未声明有仲裁协议,法院受理后,对方应诉答辩,且未在首次开庭前提出异议的,视为该法院有管辖权。

3. 夫妻一方下落不明,另一方诉至法院,只要求离婚,不申请宣告下落不明人失踪或者死亡的案件,法院应当受理,对下落不明人公告送达诉讼文书。

4. 赡养费、扶养费、抚养费案件,裁判发生法律效力后,因新情况、新理由,一方当事人再行起诉要求增加或者减少费用的,法院应作为新案受理。

5. 当事人超过诉讼时效期间起诉的,法院应予受理。受理后对方当事人提出诉讼时效抗辩,法院经审理认为抗辩事由成立的,判决驳回原告的诉讼请求。

四、撤诉

1. 申请撤诉的条件:

(1)有合格的主体:原告,有独立请求权的第三人,提起反诉的被告,法定、委托诉讼代理人。

(2)必须是当事人自愿:是当事人对自己诉讼权利的处分。

(3)必须在法定期间内提出:应当在法院立案后、宣告判决前提出。

(4)必须经法院审查同意:当事人申请撤诉或者依法可以按撤诉处理的案件,如果当事人有违反法律的行为需要依法处理,法院可以不准许撤诉或者不按撤诉处理;法庭辩论终结后原告申请撤诉,被告不同意的,法院可以不予准许。

2. 按撤诉处理的情形:

(1)原告经传票传唤,无正当理由拒不到庭;

(2)原告未经法庭许可中途退庭;

(3)原告应当预交而未预交案件受理费,法院应当通知其预交,通知后仍不预交或者申请减、缓、免未获批准而仍不预交的;

(4)无民事行为能力的原告的法定代理人,经传票传唤无正当理由拒不到庭的;

(5)有独立请求权的第三人经传票传唤,无正当理由拒不到庭,或未经法庭许可中途退庭的。

3. 对有独立请求权的第三人参加诉讼后原告的撤诉问题。

有独立请求权的第三人参加诉讼后,原告申请撤诉,法院在准许原告撤诉后,有独立请求权的第三人作为另案原告,原案原告、被告作为另案被告,诉讼继续进行。

4. 原告撤回本诉对反诉的影响。

基于反诉的独立性，本诉撤诉后，反诉不受其影响，应当作为一个独立的案件由法院继续审理。

5. 撤诉的法律后果：

(1)终结诉讼程序，但是原告仍可起诉(离婚6个月内的除外)；

(2)诉讼费用由撤诉的当事人负担，但减半收取；

(3)诉讼时效重新开始计算。

五、缺席判决

1. 缺席判决的适用情形：

(1)原告经传票传唤不出庭或中途退庭按撤诉处理，被告反诉的；

(2)被告经传票传唤，无正当理由拒不到庭的，或未经法庭许可中途退庭的；

(3)法院裁定不准撤诉的，原告经传票传唤，无正当理由拒不到庭的；

(4)无民事行为能力的被告的法定代理人，经传票传唤无正当理由拒不到庭的。

2. 缺席判决与对席判决具有同等的法律效力。法院同样应当依照法定程序和方式，向缺席的一方当事人送达判决书，并保障当事人上诉权利的充分行使。

3. **注意**：无民事行为能力人的离婚案件中，无论是原告方的法定代理人还是被告方的法定代理人不到庭的，均为缺席判决。

六、延期审理

1. 法院决定延期开庭审理的法定情形：

(1)必须到庭的当事人和其他诉讼参与人有正当理由没有到庭的；

(2)当事人临时提出回避申请的；

(3)需要通知新的证人到庭，调取新的证据，重新鉴定、勘验，或者需要补充调查的；

(4)其他应当延期的情形，指因不可抗力或意外事件导致庭审无法正常进行的情形。

2. 本质：诉讼出现障碍致使庭审无法继续进行，需要推迟开庭或者择日开庭(换个时间再开庭)。

七、诉讼中止

1. 法院裁定诉讼中止的法定情形：

(1)一方当事人死亡，需要等待继承人表明是否参加诉讼的；

(2)一方当事人丧失诉讼行为能力，尚未确定法定代理人的；

(3)作为一方当事人的法人或者其他组织终止，尚未确定权利义务承受人的；

(4)一方当事人因不可抗拒的事由，不能参加诉讼的；

(5)本案必须以另一案的审理结果为依据，而另一案尚未审结的；

(6)其他应当中止诉讼的情形。

2. 中止诉讼的原因消除后，恢复诉讼。

3. 本质：发生障碍后导致诉讼是否需要继续、谁来继续、如何继续等处于一种不确定的状态，需要等障碍消除后方可确定(诉讼何去何从，法官没办法确定)。

八、诉讼终结

1. 法院裁定终结诉讼的法定情形：

(1)原告死亡,没有继承人,或者继承人放弃诉讼权利的;

(2)被告死亡,没有遗产,也没有应当承担义务的人的;

(3)离婚案件一方当事人死亡的;

(4)追索赡养费、扶养费、抚养费以及解除收养关系案件的一方当事人死亡的。

2. 本质:诉讼终结的情形均为一方当事人死亡后要么不需要继承(没有继承人、继承人放弃权利、没有遗产也没有义务继承人),要么无法继承(身份关系)。

考点十一 简易程序及小额诉讼程序

一、简易程序的适用范围

1. 适用简易程序的法院:

(1)基层人民法院;

(2)基层人民法院的派出法庭,包括:基层人民法院在其辖区内的乡、镇常设的人民法庭;基层人民法院为巡回审判,临时派出的审判组织。

2. 适用简易程序审理的案件:

(1)简单民事案件,指事实清楚、权利义务关系明确、争议不大的简单的民事案件;

(2)当事人双方约定适用简易程序的案件。

3. 不得适用简易程序的法定情形:

(1)起诉时被告下落不明的;

(2)发回重审的;

(3)当事人一方人数众多的;

(4)适用审判监督程序的;

(5)涉及国家利益、社会公共利益的;

(6)第三人起诉请求改变或者撤销生效判决、裁定、调解书的;

(7)其他不宜适用简易程序的案件。

4. 当事人对适用简易程序的异议及其处理:

(1)当事人就案件适用简易程序提出异议,法院经审查,异议成立的,裁定转为普通程序;异议不成立的,裁定驳回。裁定以口头方式作出的,应当记入笔录。

(2)转为普通程序的,法院应当将审判人员及相关事项以书面形式通知双方当事人。转为普通程序前,双方当事人已确认的事实,可以不再进行举证、质证。

二、小额诉讼程序适用的条件及范围

1. 适用小额诉讼程序审理的条件:

基层人民法院和它派出的法庭审理事实清楚、权利义务关系明确、争议不大的简单金钱给付民事案件,标的额为各省、自治区、直辖市上年度就业人员年平均工资50%以下的,适用小额诉讼的程序审理,实行一审终审。

2. 当事人选择适用小额诉讼程序:

基层人民法院和它派出的法庭审理上述规定的民事案件,标的额超过各省、自治区、直辖市上年度就业人员年平均工资 50% 但在 2 倍以下的，当事人双方也可以约定适用小额诉讼的程序。

3. 不适用小额诉讼程序审理的案件：

(1)人身关系、财产确权案件；

(2)涉外案件；

(3)需要评估、鉴定或者对诉前评估、鉴定结果有异议的案件；

(4)一方当事人下落不明的案件；

(5)当事人提出反诉的案件；

(6)其他不宜适用小额诉讼的程序审理的案件。

三、小额诉讼案件审理程序的特别规定

1. 法院的告知义务：法院应当告知当事人审判组织、一审终审、审理期限、诉讼费用交纳标准等事项。

2. 期间的特别规定：举证期限一般不超过 7 日，最长不超过 15 日；审理期限自立案之日起 2 个月内审结，院长批准可延长 1 个月。

3. 裁判效力：一审终审、不得上诉，包括实体判决，也包括对当事人提出的管辖权异议裁定驳回起诉等程序性事项。

4. 程序转换：因当事人申请增加或者变更诉讼请求、提出反诉、追加当事人等，致使案件不符合小额诉讼案件条件的，应当适用简易程序的其他规定审理；应当适用普通程序审理的，裁定转为普通程序。

5. 对按照小额诉讼案件审理有异议的处理：在开庭前提出，法院经审查，异议成立的，适用简易程序的其他规定审理或者裁定转为普通程序；异议不成立的，裁定驳回。

6. 裁判文书的简化：裁判文书可以简化，主要记载当事人基本信息、诉讼请求、裁判主文等内容。

考点十二 二审程序

一、审理范围

1. 第二审人民法院应当对上诉请求的有关事实和适用法律进行审查。

2. 二审应当围绕当事人的上诉请求进行审理，当事人没有提出请求的，不予审理，但一审判决违反法律禁止性规定，或者损害国家利益、社会公共利益、他人合法权益的除外。

二、组织形式

1. 原则：由审判员组成合议庭，人民陪审员不能参加。

2. 例外：中级人民法院对第一审适用简易程序审结或者不服裁定提起上诉的第二审民事案件，事实清楚、权利义务关系明确的，经双方当事人同意，可以由审判员一人独任审理。

三、审理方式及地点

1. 原则：开庭审理。

2. 例外：可以书面审理。经过阅卷、调查和询问当事人，对没有提出新的事实、证据或者理

由,法院认为不需要开庭审理的,可以不开庭审理。法定情形包括以下几种:

(1)不服不予受理、管辖权异议和驳回起诉裁定的;

(2)当事人提出的上诉请求明显不能成立的;

(3)原判决、裁定认定事实清楚,但适用法律错误的;

(4)原判决严重违反法定程序,需要发回重审的。

3. 地点:二审法院审理上诉案件,可以在本院进行,也可以到案件发生地或者原审法院所在地进行。

四、上诉案件的调解

1. 二审可以调解。

调解达成协议,应当制作调解书,由审判人员、书记员署名,加盖法院印章。调解书送达后,原审法院的判决即视为撤销。注意,二审调解书中不写"撤销原判"。

2. 为提高二审诉讼效力,对如下特殊情形可以优先通过调解解决纠纷,具体包括:

(1)对当事人在第一审程序中已经提出的诉讼请求,原审法院未作审理、判决的,二审法院可以根据当事人自愿的原则进行调解;调解不成的,发回重审。

(2)必须参加诉讼的当事人或者有独立请求权的第三人,在第一审程序中未参加诉讼,二审法院可以根据当事人自愿的原则予以调解;调解不成的,发回重审。

(3)二审中,原审原告增加独立的诉讼请求或者原审被告提出反诉的,二审法院可以根据当事人自愿的原则就新增加的诉讼请求或者反诉进行调解;调解不成的,告知当事人另行起诉。

双方当事人同意由二审法院一并审理的,二审法院可以一并裁判。

(4)一审判决不准离婚的案件,上诉后,二审法院认为应当判决离婚的,可以根据当事人自愿的原则,与子女抚养、财产问题一并调解;调解不成的,发回重审。

双方当事人同意由二审法院一并审理的,二审法院可以一并裁判。

3. 二审中的和解。

当事人在第二审程序中达成和解协议的,法院可以根据当事人的请求,对双方达成的和解协议进行审查并制作调解书送达当事人;因和解而申请撤诉,经审查符合撤诉条件的,法院应予准许。

五、上诉的撤回

1. 申请撤回上诉必须具备的条件:

(1)主体只限于提起上诉的上诉人及其法定代理人;

(2)必须在二审宣判前提出;

(3)必须取得二审法院的同意。

2. 二审法院准许撤回上诉的法律后果:二审程序终结,同时一审判决生效。撤回上诉的当事人承担上诉费用,减半收取。

3. 二审原则上不得撤回起诉。

在二审中,原审原告申请撤回起诉,经其他当事人同意,且不损害国家利益、社会公共利益、他人合法权益的,法院可以准许。准许撤诉的,应当一并裁定撤销一审裁判。

原审原告在二审中撤回起诉后重复起诉的,法院不予受理。

六、上诉案件的裁判

1. 二审法院对上诉案件，经过审理，按照下列情形，分别处理：

(1)原判决、裁定认定事实清楚，适用法律正确的，以判决、裁定方式驳回上诉，维持原判决、裁定；

(2)原判决、裁定认定事实错误或者适用法律错误的，以判决、裁定方式依法改判、撤销或者变更；

(3)原判决认定基本事实不清的，裁定撤销原判决，发回原审人民法院重审，或者查清事实后改判；

(4)原判决遗漏当事人或者违法缺席判决等严重违反法定程序的，裁定撤销原判决，发回原审人民法院重审。其中，严重违反法定程序的情形包括以下几种：①审判组织的组成不合法的；②应当回避的审判人员未回避的；③无诉讼行为能力人未经法定代理人代为诉讼的；④违法剥夺当事人辩论权利的。

原审法院对发回重审的案件作出判决后，当事人提起上诉的，二审法院不得再次发回重审。

2. 关于对第一审裁定提起上诉案件的特殊规定：

(1)二审法院查明一审法院作出的不予受理裁定有错误的，应当在撤销原裁定的同时，指令一审法院立案受理；

(2)查明一审法院作出的驳回起诉裁定有错误的，应当在撤销原裁定的同时，指令一审法院审理；

(3)二审法院认为一审法院受理案件违反专属管辖规定的，应当裁定撤销原裁判并移送有管辖权的法院；

(4)法院依照二审程序审理案件，认为依法不应由法院受理的，可以由二审法院直接裁定撤销原裁判，驳回起诉。

考点十三 审判监督程序

一、申请再审的条件

1. 申请再审的主体必须合法。

(1)原审当事人，包括原告、被告、有独立请求权的第三人、承担责任的无独立请求权的第三人，上诉人和被上诉人。

(2)必须共同进行诉讼(必要共同诉讼)，因不能归责于本人或者其诉讼代理人的事由，未参加诉讼的当事人。

(3)认为原判内容错误且损害其合法权益，在提出的执行异议被驳回后的案外人(**注意**：案外人并非有权直接申请再审，其提起再审是有前提条件的)。

2. 申请再审的对象是已经发生法律效力的判决、裁定和调解书。

(1)判决：

①地方各级法院作为一审法院作出的依法可以上诉，但当事人在法定期限内未提出上诉的判决；

②二审法院作出的终审判决；

③最高人民法院作出的一审判决。

(2)裁定：

地方各级法院作出的不予受理、驳回起诉的裁定。

注意：原则上不包括管辖权异议的裁定，但是对违反海事案件专门管辖的管辖权异议的裁定可以申请再审。

(3)调解书：当事人在一审或二审中达成调解协议后法院制作的民事调解书。

(4)离婚案件：

①当事人对已经发生法律效力的解除婚姻关系的判决书、调解书，不得申请再审；

②但是，当事人可以就生效的判决书、调解书中确定的财产分割问题申请再审；

③如果当事人就原离婚判决书、调解书中未处理的夫妻共同财产申请再审，再审法院应当告知其另行起诉。

3. 申请再审必须符合法定的事由。

(1)当事人申请再审的法定事由：

①有新的证据，足以推翻原判决、裁定的；

②原判决、裁定认定的基本事实缺乏证据证明的；

③原判决、裁定认定事实的主要证据是伪造的；

④原判决、裁定认定事实的主要证据未经质证的；

⑤对审理案件需要的主要证据，当事人因客观原因不能自行收集，书面申请人民法院调查收集，人民法院未调查收集的；

⑥原判决、裁定适用法律确有错误的；

⑦审判组织的组成不合法或者依法应当回避的审判人员没有回避的；

⑧无诉讼行为能力人未经法定代理人代为诉讼或者应当参加诉讼的当事人，因不能归责于本人或者其诉讼代理人的事由，未参加诉讼的；

⑨违反法律规定，剥夺当事人辩论权利的；

⑩未经传票传唤，缺席判决的；

⑪原判决、裁定遗漏或者超出诉讼请求的；

⑫据以作出原判决、裁定的法律文书被撤销或者变更的；

⑬审判人员审理该案件时有贪污受贿，徇私舞弊，枉法裁判行为的；

⑭调解违反自愿原则或调解协议内容违法。

(2)当事人申请再审以一次申请为原则。不再受理再审申请的法定情形：

①再审申请被驳回后再次提出申请的；

②对再审判决、裁定提出申请的；

③在检察院对当事人的申请作出不予提出再审检察建议或抗诉决定后又提出申请的；

④在上一次再审中撤回了再审申请或者按撤回再审申请处理的。

4. 申请再审必须在法定期限内提出。

(1)原审当事人：原则上，应当在判决、裁定、调解书发生法律效力后 6 个月内提出。

(2)案外人:自执行异议裁定送达之日起6个月内。

(3)自知道或应当知道之日起6个月内的包括:《民事诉讼法》第211条第1、3、12、13项规定情形之一,以及因不能归责于本人或者其诉讼代理人的事由未参加诉讼的必须共同进行诉讼的当事人。

5.申请再审须向有管辖权的法院提出。

(1)原则:向作出生效判决、裁定、调解书的上一级法院申请再审。

(2)例外:当事人一方人数众多(10人以上)或双方均为公民的案件,也可以向原生效判决作出的法院申请再审。当事人分别向原审法院和上一级法院申请再审且不能协商一致的,由原审法院受理。

6.申请再审应当提交必要的材料。

再审法院在收到再审申请书等材料之日起5日内向再审申请人发送受理通知书,并将应诉通知书和再审申请书副本等材料发送对方当事人。

二、再审审理的管辖法院

1.原则上,再审审理的案件管辖权,归属作出再审裁定的法院:

(1)法院自行提起再审的,为裁定再审的法院;

(2)检察院抗诉提起再审的,为受理抗诉并裁定再审的法院;

(3)当事人申请再审的,为审查再审申请并裁定再审的法院。

2.再审审理管辖权的转移:

(1)法院依职权启动的再审,不能转移再审管辖权,由作出再审裁定的法院负责审理再审。

(2)检察院抗诉启动再审和当事人申请再审时,应分别满足如下条件,方可转移再审审理的管辖权:

①检察院抗诉案件:原审裁判系因为证据问题(再审法定事由的第①~⑤项,即《民事诉讼法》第211条第1~5项)而事实认定出现不当或错误,上级法院可转移再审审理管辖权,将案件交给下一级法院审理,但经该下一级法院再审的除外。

②当事人申请再审的情形下,最高人民法院和高级人民法院在下列情形下,可以转移再审审理管辖权,将案件指令原审人民法院再审。

a.依据再审法定事由的第④、⑤、⑨项(《民事诉讼法》第211条第4、5、9项)裁定再审的。

b.生效的判决、裁定、调解书是由第一审法院作出的。

c.当事人一方人数众多或双方都是公民的。

d.经审委会讨论决定的其他情形。

注意:中级人民法院无权将案件指定或指令给基层法院再审。

③另外,即便符合上述转移管辖权的条件,上级法院也应当自行提审的情形有以下几种。

a.原判决、裁定系经原审法院再审审理后作出的。

b.原判决、裁定系经原审法院审委会讨论作出的。

c.原审审判人员在审理该案件时有贪污受贿,徇私舞弊,枉法裁判行为的。

d.原审法院对该案无再审管辖权的。

e.需要统一法律适用或裁量权行使标准的。

三、再审审理的审判程序

再审并无独立的程序,须根据原审案件的审理程序和再审审理法院的审级来确定审判程序的适用。

1. 发生法律效力的判决、裁定是由第一审法院作出的,按照第一审程序审理,所作的判决、裁定,当事人可以上诉。

2. 发生法律效力的判决、裁定是由第二审法院作出的,按照第二审程序审理,所作的判决、裁定为终审裁判。

3. 上级法院按照审判监督程序提审的,按照第二审程序审理,所作的判决、裁定是终审裁判。

四、再审审理的特殊性

1. 裁定中止原法律文书的执行。

原则上,法院决定再审后,应当在作出再审裁定的同时,中止原判决、裁定、调解书的执行;但追索赡养费、扶养费、抚养费、抚恤金、医疗费用、劳动报酬等案件,可以不中止执行。

2. 人民法院审理再审案件,应当另行组成合议庭。

3. 再审审理范围如下所述。

(1)原则:再审案件应当围绕再审请求进行;当事人的再审请求超出原审诉讼请求的,不予审理;符合另案诉讼条件的,告知当事人可以另行起诉。

(2)例外:已经发生法律效力的判决违反法律的禁止性规定,或者损害国家利益、社会公共利益、他人合法权益,当事人没有提出请求的,应当一并审理。

(3)再审裁定撤销原判决、裁定发回重审的案件,当事人申请变更、增加诉讼请求或者提出反诉,符合下列情形之一的,法院应当准许:

①原审未合法传唤缺席判决,影响当事人行使诉讼权利的;

②追加新的诉讼当事人的;

③诉讼标的物灭失或者发生变化致使原诉讼请求无法实现的;

④当事人申请变更、增加的诉讼请求或者提出的反诉,无法通过另诉解决的。

4. 再审审理时当事人的确定。

(1)原审案件的当事人。

(2)必须共同进行诉讼的当事人:

①适用一审程序再审的,应当追加其为当事人,作出新判决;

②适用二审程序再审的,可以先行调解,调解不成的,应当撤销原判决、裁定,发回原审法院重审,重审时应追加其为当事人。

(3)案外人申请再审,应当以提出执行异议被驳回为前提,程序同上。

5. 再审审理的方式:原则上开庭审理,也可以不开庭书面审理。

6. 撤回抗诉、撤回再审申请和撤回起诉。

(1)撤回抗诉:检察院撤回抗诉的,法院可以裁定终结再审程序,原生效判决自动恢复执行。

(2)撤回再审申请:是否准予,由法院裁定。撤回后,再审程序终结,自动恢复对原生效判决的执行。

(3)撤回起诉:是否准予,由法院裁定。准许的,应当同时裁定撤销原判决、裁定、调解书;后重复起诉的,不予受理。

7. 再审审理的裁判方式。

(1)对民事裁判文书的再审:

①原判决、裁定认定事实清楚,适用法律正确的,应予维持;

②原判决、裁定认定事实错误或者适用法律错误的,依法改判、撤销或变更;

③原判决、裁定在认定事实、适用法律、阐述理由方面虽有瑕疵,但裁判结果正确的,应在再审判决、裁定中纠正上述瑕疵后予以维持;

④适用二审程序再审的案件,不符合法定起诉条件,或符合法定不予受理情形的,应当裁定撤销一、二审判决,驳回起诉;

⑤原审法院严重违反法定程序,再审法院应当撤销原判、发回重审;

⑥原审法院对基本事实审查不清,再审法院在查清事实后改判或者裁定撤销原判决,发回原审法院重审;

⑦再审调解结案的,应当制作调解书;原判决、裁定视为被撤销。

(2)对民事调解书的再审:

①若原调解协议内容不违反自愿合法原则,应当驳回再审申请,并恢复原调解书的执行;

②若违反自愿合法原则,可以作出新的裁判,解决纠纷;也可以再次调解,重新达成有效的调解协议,并据此作出调解书。

考点十四 第三人撤销之诉

一、第三人撤销之诉与审判监督程序

1. 第三人撤销之诉,是指第三人因不可归责于己的事由而未参加原案审理,但原案的生效判决、裁定、调解书使其民事权益受到损害,其可以请求法院撤销或改变原案生效判决、裁定、调解书中对其不利部分的诉讼程序。

2. 第三人撤销之诉与审判监督程序的关系:

(1)案外人已经提起第三人撤销之诉的,不可以再向法院申请再审;反之亦然。

(2)案外人已经提起第三人撤销之诉后,法院因其他原因对原案裁定再审的,再审程序可以吸纳第三人撤销之诉。

①再审按照第一审程序审理的,法院应当对第三人的诉讼请求一并审理,所作的判决可以上诉;

②再审按照第二审程序审理的,法院可以调解,调解达不成协议的,应当裁定撤销原判决、裁定、调解书,发回一审法院重审,重审时应当列明第三人。

二、程序设置

1. 诉讼主体。

(1)实体上,有权提起第三人撤销之诉的第三人应当具备诉的利益,即其民事权益受到了原判决、裁定、调解书的损害。该权益指的是绝对权,即标的物所有权、担保物权或优先受偿权等。

(2)程序上,因不能归责于本人的事由未参加诉讼,是指没有被列为生效判决、裁定、调解书

的当事人,且无过错或者无明显过错的情形。具体包括以下几种:

①不知道诉讼而未参加的;

②申请参加未获准许的;

③知道诉讼,但因客观原因无法参加的;

④因其他不能归责于本人的事由未参加诉讼的。

(3)当事人诉讼地位:以第三人为原告,原审当事人为被告,原审中不承担责任的无独立请求权的第三人列为第三人。

2. 诉讼客体。

损害了第三人民事权益,并发生法律效力的判决、裁定、调解书。

3. 提起诉讼的期限、条件与受理法院。

(1)期限:第三人自知道或者应当知道其民事权益受到损害之日起6个月内。

(2)条件:

①因不能归责于本人的事由未参加诉讼;

②发生法律效力的判决、裁定、调解书的全部或者部分内容错误;

③发生法律效力的判决、裁定、调解书内容错误损害其民事权益。

(3)受理法院:作出该判决、裁定、调解书的法院。

(4)法院应当在收到起诉状和证据材料之日起5日内送交对方当事人,对方当事人可以自收到起诉状之日起10日内提出书面意见。

经审查,符合起诉条件的,法院应当在收到起诉状之日起30日内立案。不符合起诉条件的,应当在收到起诉状之日起30日内裁定不予受理。

(5)对下列情形提起第三人撤销之诉的,法院不予受理:

①适用特别程序、督促程序、公示催告程序、破产程序等非讼程序处理的案件;

②婚姻无效、撤销或者解除婚姻关系等判决、裁定、调解书中涉及身份关系的内容;

③未参加登记的权利人对代表人诉讼案件的生效裁判;

④损害社会公共利益行为的受害人对公益诉讼案件的生效裁判。

4. 审理方式与相关制度。

法院应当组成合议庭开庭审理。

(1)该第三人作为原告可以在诉讼中提供担保,请求受诉法院中止执行;

(2)也可以直接在执行过程中向执行法院提出执行标的异议,执行法院认为异议成立的,可以裁定中止执行。

5. 裁判的作出与裁判的法律效力。

(1)请求成立且确认其民事权利的主张全部或部分成立的,改变原判决、裁定、调解书内容的错误部分;

(2)请求成立,但确认其全部或部分民事权利的主张不成立,或者未提出确认其民事权利请求的,撤销原判决、裁定、调解书内容的错误部分;

(3)请求不成立的,驳回诉讼请求。

对第三人撤销之诉裁判不服的,当事人可以上诉。

原判决、裁定、调解书的内容未改变或未撤销的部分继续有效。

考点十五 执行程序

一、执行根据

1. 人民法院制作的具有执行内容的生效法律文书,包括民事判决、裁定、调解书和支付令,刑事和行政裁判中的财产部分。

2. 其他机关制作的由人民法院执行的法律文书,包括公证机关依法赋予强制执行效力的债权文书,仲裁机构制作的依法由法院强制执行的仲裁裁决书,以及行政机关依法制作的行政处罚决定和行政处理决定。

3. 人民法院制作的承认并执行外国法院判决、裁定或者国外仲裁机构裁决的裁定书。

二、执行管辖

1. 生效的民事判决、裁定,以及刑事判决、裁定中的财产部分,由第一审法院或者与之同级的被执行财产所在地法院执行。

2. 发生法律效力的确认调解协议裁定、实现担保物权裁定以及支付令,由作出裁定、支付令的法院或者与之同级的被执行财产所在地法院执行。

3. 法律规定的由法院执行的其他法律文书,由被执行人住所地或者被执行的财产所在地法院执行。

4. 两个以上法院都有管辖权的,当事人可以向其中一个法院申请执行,当事人向两个以上法院申请执行的,由最先立案的法院管辖;法院在立案前发现其他有管辖权的法院已先立案的,不得重复立案;立案后发现其他有管辖权的法院已先立案的,裁定将案件移送给先立案的法院。

5. 执行管辖异议:

当事人对执行管辖权有异议的,应当自收到执行通知书之日起 10 日内提出;异议成立的,撤销执行案件,并告知当事人向有管辖权的法院申请执行;异议不成立的,裁定驳回。对裁定不服的,可以向上一级法院申请复议。

6. 向上一级法院申请执行:

人民法院自收到申请执行书之日起超过 6 个月未执行的,申请执行人可以向上一级人民法院申请执行。上一级人民法院经审查,可以责令原人民法院在一定期限内执行,也可以决定由本院执行或者指令其他人民法院执行。

7. 已被其他法院采取保全措施的财产的执行管辖:

在执行过程中,应当由首先查封、扣押、冻结法院负责处分查封、扣押、冻结财产。但已进入其他法院执行程序的债权对查封、扣押、冻结财产有顺位在先的担保物权、优先权,自首先查封、扣押、冻结之日起已超过 60 日,且首先查封、扣押、冻结法院就该查封、扣押、冻结财产尚未发布拍卖公告或者进入变卖程序的,优先债权执行法院可以要求将该查封、扣押、冻结财产移送执行。

三、执行和解

1. 执行过程中的和解:经法院确认批准的执行和解具有中止本案执行程序的效力,法院可以根据双方当事人的申请,裁定中止执行或终结执行。

2. 执行外和解:不产生中止执行的效力,因此,如果债务人不履行和解协议,债权人要么向执行法院申请恢复对原执行根据的执行,要么就履行执行和解协议另行提起诉讼。

注意:一旦恢复执行,债权人不得就履行执行和解协议提起诉讼;另外,和解协议已经履行的部分应当扣除。

四、执行担保

1. 条件:

(1)执行义务人向法院提出申请。

(2)担保方式:财产担保或第三人担保。

(3)征得执行权利人的同意。

(4)须经法院许可。

2. 法律后果:

(1)执行担保成立后,由法院决定暂缓执行或暂缓执行的期限。

(2)担保书中有担保期间的,暂缓执行的期限应与担保书约定一致,但最长不得超过1年;担保期间自暂缓执行期限届满之日起计算。

(3)在暂缓执行期限届满后,被执行人仍不履行义务的,法院可以依申请执行人的申请恢复执行,并直接裁定执行担保财产或者保证人的财产,不得将担保人变更、追加为被执行人。

3. 担保人权利保障:

①执行范围限制:执行担保财产或保证人财产,以担保人应当履行义务部分的财产为限。

②担保期间限制:担保期间届满后,申请执行人申请执行担保财产或者保证人财产的,人民法院不予支持。

③追偿权:担保人承担担保责任后,可以通过诉讼方式向被执行人追偿。

五、执行承担

1. 概念:执行承担,是指在执行程序中由于出现法定情况,债权人的权利应由其他主体享有,或者债务人的义务应由其他主体履行,法院可以变更、追加相关主体进入执行程序。

2. 执行承担发生的主要原因:

(1)原执行根据确定的当事人已经失去权利能力,由相应的主体来承担其权利义务;

(2)原执行根据确定的债权经法定程序转移给第三人;

(3)依法应当对执行根据确定的义务承担清偿责任的人,在被执行人的财产不足以清偿债务时,可以被申请变更为被执行人。

六、参与分配

1. 概念:参与分配,是指在执行过程中,因债务人的财产不足以清偿多个债权人的债权,申请执行人以外的其他债权人凭借有效的执行根据加入已经开始的执行过程中,使各个债权能够公平受偿的制度。

对法院查封、扣押、冻结的财产有优先权、担保物权的债权人,可以直接申请参与分配,主张优先受偿权。

2. 条件:

(1)被申请人是公民或者其他组织(法人适用破产制度);

(2)有多个申请人对该被申请人享有到期债权,并且已经取得执行依据;

(3)债权人的债权必须是金钱债权或者已经转换为金钱请求权的债权;

(4)被执行人的财产不足以清偿所有债权;

(5)参与分配应当在执行程序开始后,被执行人的财产被执行完毕之前。

3. 程序:法院制作财产分配方案,送达各债权人和被执行人。

(1)其他债权人和被执行人未提出异议——按照财产分配方案进行分配。

(2)其他债权人和被执行人提出异议——通知未提出异议的债权人、被执行人。

①未提出异议的债权人、被执行人不反对的,执行法院依照异议人的异议对方案进行修正后分配;

②未提出异议的债权人、被执行人反对的,异议人以提出反对意见的人为被告,向执行法院起诉。

七、执行回转

概念:执行回转,是指执行完毕后,据以执行的法律文书确有错误被法院撤销的,对已经执行的财产,法院应当作出裁定,责令取得财产人的返还;拒不返还的,强制执行。其目的在于纠正因生效法律文书错误而造成的执行失误。

八、执行救济

1. 当事人、利害关系人异议

概念:也称为执行行为异议,是指当事人、利害关系人对法院的执行行为提出书面异议,从而要求法院变更或停止执行行为的请求。

(1)异议的对象为法院违法的执行行为,具体包括:

①查封、扣押、冻结、拍卖、变卖、以物抵债、暂缓执行、中止执行、终结执行等执行措施中存在的程序违法行为;

②执行的期间、顺序等未遵守法定程序;

③法院作出的其他侵害当事人、利害关系人合法权益的行为。

(2)异议的提出主体:

仅限于案件的当事人和利害关系人。**注意**:如果案外人认为执行法院的行为具有实体违法性,应当通过执行标的异议予以救济。

(3)异议的管辖法院为执行法院。

(4)法院的处理:自收到书面异议之日起 15 日内审查。异议成立的,裁定撤销或改正;异议不成立的,裁定驳回。

(5)不服裁定的救济:对裁定不服的,可在裁定送达之日起 10 日内向上一级法院申请复议。

注意:执行行为异议审查和复议期间,不停止执行。被执行人、利害关系人提供充分、有效的担保请求停止相应处分措施的,法院可以准许;申请执行人提供充分、有效的担保请求继续执行的,应当继续执行。

2. 案外人异议

概念:又称案外人对执行标的的异议,是指在执行过程中,案外人对被执行的财产的全部或一部分主张实体权利并要求负责执行的法院停止并变更执行的书面请求。

(1)法院针对案外人执行标的的异议进行形式审查的内容包括：

①案外人是否系权利人；

②该权利的合法性和真实性；

③该权利能否排除执行。

(2)审查结果：

①异议不成立的，裁定驳回，执行程序继续进行；

②异议成立的，裁定中止执行。

注意：如果申请执行人没有及时提起诉讼解决实体权利归属，法院应当解除对该执行标的采取的执行措施；如果申请执行人提出了确认执行标的是否适当的民事诉讼，法院应当等待诉讼的结果，并根据该结果裁定是否解除执行措施。

(3)案外人、当事人对上诉裁定不服的：

①原判决、裁定对执行标的的处分结果本身有误(与原判有关)，则案外人或当事人可以按照审判监督程序向法院申请再审；

②原判决、裁定并未直接涉及执行标的的权利归属(与原判无关)，则案外人或申请执行人可以自裁定送达之日起15日内向执行法院提起新的诉讼，即案外人执行异议之诉和许可执行之诉。

3. 分配方案异议

概念：是指在金钱债权的执行中，当多个债权人对同一被执行人申请执行或者对执行财产申请参与分配时，债权人或被执行人对法院制作的财产分配方案不服提出的申请。

(1)债权人或者被执行人对分配方案提出书面异议的，执行法院应当通知未提出异议的债权人、被执行人。

未提出异议的债权人、被执行人自收到通知之日起15日内未提出反对意见的，执行法院依异议人的意见对分配方案审查修正后进行分配；提出反对意见的，应当通知异议人。异议人可以自收到通知之日起15日内，以提出反对意见的债权人、被执行人为被告，向执行法院提起诉讼；异议人逾期未提起诉讼的，执行法院按照原分配方案进行分配。

(2)诉讼期间进行分配的，执行法院应当提存与争议债权数额相应的款项。

九、执行异议之诉

1. 案外人执行异议之诉。

(1)起诉时间：应当在收到执行法院对执行标的异议作出驳回裁定后15日内。

(2)管辖法院：执行法院。

(3)主体：以案外人为原告，申请执行人为被告，如果被执行人反对案外人对执行标的所主张的实体权利，则应当以申请执行人和被执行人为共同被告，反之列其为第三人。

(4)程序：依照普通程序进行审理。

(5)案外人执行异议之诉审理期间，法院不得对执行标的进行处分。申请执行人请求法院继续执行并提供相应担保的，法院可以准许。

2. 许可执行之诉。

（1）起诉时间：应当在收到执行法院对执行标的异议作出中止裁定后15日内。

（2）管辖法院：执行法院。

（3）主体：以申请执行人为原告，案外人为被告，如果被执行人反对申请执行人请求，则应当以案外人和被执行人为共同被告，反之列其为第三人。

（4）程序：依照普通程序进行审理。

3. 分配方案异议之诉。

（1）起诉时间：在收到未提出异议的债权人或被执行人提出的反对意见通知之日起15日内。

（2）管辖法院：执行法院。

（3）主体：原告为提出分配方案异议的债权人或被执行人，被告为对分配方案异议提出反对意见的债权人或被执行人。

（4）程序：依照普通程序进行审理。

（5）裁判结果：分配方案异议理由成立，判决原告诉讼请求成立；反之，判决驳回诉讼请求。

四、精编模拟测试

（一）

张大明与前妻李小丽育有一女张晓晓（2021年1月满8周岁），张晓晓跟随张大明居住在张大明于2016年购买的蓝丽小区A102栋5楼的一套房屋内。蓝丽小区的物业服务合同于2021年5月到期后，业主既未另聘，亦未续聘，但原物业服务公司仍然继续提供物业服务。张大明的妹妹张水悦与丈夫王旭龙育有一子王小淘，王小淘与张晓晓同年，但晚一周出生。

2021年6月6日早上8点，张水悦一家三口来到张大明家做客，物业服务公司的保安照例打电话给张大明核实来访客人身份并在登记后允许张水悦一家三口进入蓝丽小区。刚过9点，张晓晓与王小淘经大人同意后出门去玩，出门前，王旭龙叮嘱两个孩子说："只能下楼玩，不能上楼玩，更不能从楼上往下扔东西，那是犯罪。"进入电梯后，张晓晓欲按1楼，但王小淘已经按了20楼，说想到楼顶去看看。二人来到20楼后发现去不了楼顶天台，有两个灭火器放在地上，没有放入消防箱。二人于是尝试着将灭火器放入消防箱，但尝试了几次都没成功。二人转念一想："我们把灭火器从窗户扔到楼下，物业发现后，就会放到该放的位置。"于是二人合力推开20楼的窗户后，一人扔了一个，为了防止砸到人，二人还特意沿着窗户边缘扔下去。

郝源与甲公司约定于2021年6月6日上午10点于蓝丽小区A102栋一楼街面的茶餐厅6号包间签订合同。郝源9点就到了，坐了一会儿，感到无聊，郝源决定先出门去逛逛。出门时，见无人在旁，郝源将6号包间的收款二维码换成自己的收款二维码。出门后，郝源见蓝丽小区的风景不错，决定进去逛逛。郝源于是谎称自己是业主忘带门禁卡，要保安开门让自己进入。蓝丽小区管理严格，原物业服务合同约定，外来人员须通过业主核实身份并登记后才允许进入，因保安正忙于打电话，遂未加核实便给郝源开门。

郝源进入蓝丽小区行走一段路程后，因有人占用道路晾晒陈皮，遂绕道至A105栋楼下的道路上行走，又因A105栋楼上有空调漏水，遂再次绕道至A102栋楼下道路上靠墙一边行走。此时，一个从天而降的灭火器坠落在郝源身旁，郝源因此受惊跌倒受伤，造成胫骨骨折。甲公司的签约代表到达6号包间等候多时，不见郝源出现，愤怒离去，决定不再与郝源签订合同，郝源因此遭受损失约100万元。

张大明带着张晓晓探视住院治疗的郝源期间，医生见张晓晓气色不好，建议顺便检查一下。检查后，见抽血化验结果显示张晓晓为A型血，而张大明与李小丽均为O型血，张大明便怀疑张晓晓不是自己亲生的。张大明立即找李小丽质问，发现李小丽因贩毒已被收监羁押，但李小丽拒不说出张晓晓的生父。张大明又去找李小丽的父母，发现李小丽的父母无经济来源，不具有抚养张晓晓的能力。在住院的一个月中，郝源通过更换的茶餐厅6号包间二维码共收到客人支付的餐费2万元，茶餐厅月底感觉金额不对后才发现原因，准备起诉追究郝源的民事责任。

因通过调取小区监控录像等措施仍不能确定坠落在郝源身旁的灭火器究竟是张晓晓扔下的还是王小淘扔下的，同时，也不能确定在道路上晾晒陈皮的人，又不能确定致郝源绕道的漏水空调是谁家的，在评估了相关人员的赔偿能力后，郝源以张晓晓及其监护人、王小淘及其监护人为共同被告起诉，请求被告共同承担侵权责任。诉讼中，张大明主张张晓晓非自己亲生，自己不是张晓晓的监护人，无须承担责任。王旭龙主张由于不能证明致郝源受伤的那个灭火器是王小淘所扔，并且自己当时尽到了教育等监护责任，因此，王小淘及其监护人无须承担责任。因张晓晓、王小淘个人无财产，一审法院判决张晓晓的监护人张大明与王小淘的监护人张水悦、王旭龙对郝源承担10万元的连带侵权损害赔偿责任，并向郝源赔礼道歉。

一审判决书送达时，因王旭龙不在家，张水悦一人签收了判决书，由于夫妻双方多次因为此案争吵关系不睦，所以，直到上诉期间届满后，张水悦才将一审判决书已经送达的事实告诉王旭龙，王旭龙知情后立即提起上诉。

一审上诉期限届满后，郝源申请强制执行。执行阶段，张水悦与郝源达成执行和解协议，约定："协议订立后的一个月内，张水悦向郝源的账户打入10万元；不再对郝源赔礼道歉。"之后因资金紧张，张水悦未按协议约定履行。郝源于是申请法院恢复对原判决的执行，法院裁定同意。一周后，法院执行前，张水悦向郝源的账户打入10万元。郝源在知悉赔偿款已经支付后，仍请求法院依照原判决对赔礼道歉的责任强制执行。

【问题】

1. 张晓晓的监护人应如何确定？

2. 就抛掷灭火器给郝源造成的人身损害，除张晓晓、王小淘及二人的监护人外，还有哪些民事主体有可能承担侵权损害赔偿责任？为什么？

3. 占用小区道路晾晒陈皮的业主、A105栋楼上空调漏水的业主，是否应当承担损害赔偿责任？为什么？

4. 郝源更换6号包间的收款二维码致使客人支付给郝源2万元，茶餐厅对郝源享有哪些请求权？

5. 蓝丽小区的物业公司未经业主核实来客身份即允许郝源进入小区，是否属于违约行为，应承担何种责任？

6. 就因抛掷灭火器受伤未能与甲公司签订合同所遭受的100万元损失，郝源是否有权主张损害赔偿？为什么？

7. 请结合《民法典》第1188条和《民诉解释》第67条的规定，分析张晓晓和王小淘是不是本案的适格被告？

8. 在诉讼中，就导致郝源人身损害的灭火器系张晓晓还是王小淘所扔，应当由谁来承担证明责任？

9. 王旭龙以一审判决书由张水悦代收以及自己在上诉期间届满后才得知一审判决送达的事实为由提起上诉，能否得到法院的支持？

10. 在张水悦向郝源的账户打入10万元的赔款后，郝源请求法院依照原判决对赔礼道歉的责任强制执行，这一申请能否得到法院的支持？为什么？

—— 参考答案 ——

1. 原则上，应当确定张晓晓的监护人为张大明。

理由在于：根据通说，我国承认婚生子女推定制度，张晓晓于张大明与李小丽婚姻关系存续期间受胎或者出生，推定张晓晓为张大明的婚生子女。同时，张晓晓系未成年人，母亲李小丽因贩毒被收监羁押无监护能力，根据《民法典》第27条的规定，张大明为张晓晓的监护人。

若张大明提起婚生子女否认之诉，并获得胜诉判决，应当确定张晓晓的监护人为张晓晓住所地的民政部门或者居民委员会、村民委员会。

理由在于：根据通说，我国承认婚生子女否认制度，张大明能够提供证据证明自己与李小丽不可能生出A型血的张晓晓，张大明可向法院提起婚生子女否认之诉，张大明胜诉的判决生效时，张大明与张晓晓自始无亲生父母子女关系。

同时，由于除张大明外，张晓晓的母亲、外祖父母均无监护能力，生父暂时不能确定，又没有其他依法具有监护资格的人。根据《民法典》第27条与第32条的规定，张晓晓的监护人应当由民政部门担任，也可以由具备履行监护职责条件的被监护人住所地的居民委员会、村民委员会担任。

2. 蓝丽小区的物业服务公司。

根据《民法典》第1254条第2款的规定，物业服务公司对于小区内高空抛物致人损害的情形负有采取必要的安全保障措施的义务，若其未采取必要的安全保障措施，应当依法承担未履行安全保障义务的侵权责任。

3. 不应承担。

虽然占用小区道路晾晒陈皮与A105栋楼上空调漏水为郝源因高空抛物遭受损害的前提条件，但没有法律上的因果关系，缺乏相当性。

4. 茶餐厅有权选择对郝源主张侵权损害赔偿或者不当得利返还。

过错侵权：郝源故意实施了加害行为，给茶餐厅造成了2万元的纯粹经济损失，损失与行为之间有因果关系，而且郝源主观上有过错，成立过错侵权，茶餐厅可以主张侵权损害赔偿责任。

侵害权益型不当得利：郝源没有法律上的原因获得2万元的财产性利益，并因此给茶餐厅造成损失，而且获利与损失之间有因果关系。

同一内容的给付，既成立侵权，又成立不当得利，属于请求权基础的竞合，应择其一，避免重复救济。

5. 属于违约行为,应负违约责任。

《民法典》第942条规定,物业服务人应当按照约定和物业的使用性质,妥善维修、养护、清洁、绿化和经营管理物业服务区域内的业主共有部分,维护物业服务区域内的基本秩序,采取合理措施保护业主的人身、财产安全。对物业服务区域内违反有关治安、环保、消防等法律法规的行为,物业服务人应当及时采取合理措施制止、向有关行政主管部门报告并协助处理。本案中,蓝丽小区的物业公司未经业主核实来客身份即允许郝源进入小区的行为属于违约行为,应当承担没有履行合同义务的违约责任,即实际履行、采取补救措施等。

6. 无权。

这100万元损失,并非侵害郝源的人格权所造成的直接损失(所受损失)与间接损失(所失利益),只是给郝源造成的一笔单纯金钱上的损失,性质上属于纯粹经济损失,与两个孩子的行为并无法律上的因果关系。一方面,该100万元的损失不属于因违约行为造成的纯粹经济损失,郝源无权主张违约损害赔偿;另一方面,其既不是加害人故意造成的纯粹经济损失,也不属于法律明文规定可以主张侵权损害赔偿的纯粹经济损失。因此,郝源无权主张侵权损害赔偿。

7. 张晓晓和王小淘是本案的适格被告。

根据《民诉解释》第67条的规定,无民事行为能力人、限制民事行为能力人造成他人损害的,无民事行为能力人、限制民事行为能力人和其监护人为共同被告。本案中,张晓晓和王小淘均为限制民事行为能力人,造成他人损害的,限制民事行为能力人张晓晓和王小淘和其监护人为共同被告。根据《民法典》第1188条第1款的规定,由监护人来承担侵权责任,如果监护人尽到监护职责,可以减轻其侵权责任。本案中,由于张晓晓和王小淘无个人财产,应由张晓晓和王小淘的监护人赔偿。

8. 根据《民法典》第1254条第1款的规定,禁止从建筑物中抛掷物品。从建筑物中抛掷物品或者从建筑物上坠落的物品造成他人损害的,由侵权人依法承担侵权责任;经调查难以确定具体侵权人的,除能够证明自己不是侵权人的外,由可能加害的建筑物使用人给予补偿。可能加害的建筑物使用人补偿后,有权向侵权人追偿。

由此可知,原告郝源不用证明被告两个孩子扔了灭火器,而应当由被告来证明自己没有扔灭火器。

9. 不能得到支持。

根据《民事诉讼法》第88条的规定,送达诉讼文书,应当直接送交受送达人。受送达人是公民的,本人不在交他的同住成年家属签收。受送达人的同住成年家属,法人或者其他组织的负责收件的人,诉讼代理人或者代收人在送达回证上签收的日期为送达日期。当张水悦签收文书时,送达行为就已经生效,就已经开始起算上诉期。在上诉期届满后,才提起上诉,不会获得法院支持。

本案中,法院将判决书交给与王旭龙同住的妻子张水悦,即视为完成直接送达,而无须考虑张水悦是否告知并交给王旭龙。因此,上诉期限届满后,王旭龙不得上诉。

10. 法院不得再执行原判决书中的赔礼道歉。

在履行和解协议的过程中,申请执行人因被执行人迟延履行申请恢复执行的同时,又继续接受并积极配合被执行人的后续履行,直至和解协议全部履行完毕的,属于《民诉解释》规定的和解协议已经履行完毕不予恢复执行原生效法律文书的情形。

在本案中,郝源由于被执行人迟延履行而申请恢复执行,但是同时接受了被执行人的继续履行,即接受被执行人赔偿的10万元。此时执行和解协议已经全部履行完毕,法院不得再执行原判决中的赔礼道歉。

如果因为被执行人迟延履行而导致损失,可以另诉主张赔偿,即和解协议不管按时履行完毕还是迟延履行完毕,一旦履行完毕,原判决的强制执行就不可能再恢复。

(二)

一审法院查明:2014年3月20日,A汽车(中国)销售有限公司(以下简称A公司)从英国进口一辆宾利慕尚汽车,中华人民共和国外高桥出入境检验检疫局出具了中华人民共和国出入境检验检疫进口机动车辆随车检验单,中华人民共和国上海海关出具了货物进口证明书。

2014年6月24日,杨某与B汽车销售服务有限责任公司(以下简称B公司)签订销售合同,约定B公司向杨某销售尊贵版宾利慕尚汽车一台,单价550万元。B公司保证所售车辆具有合法手续,符合国家商检部门检验标准,车辆的质量标准和保修期限按厂家规定。如发生质量问题,B公司协助解决。预计交车日期为2014年7月30日,以杨某全部车款到达B公司账户为前提,最终交车日期以B公司的通知为准。杨某在交车地点现场验收车辆,B公司将车辆交由杨某实际支配并向杨某交付车辆的海关及商检单证、维修保养手册、交车清单等文件。车辆交接书的签订视为车辆的正式交付,其后一切风险责任由杨某承担。销售合同对所售车辆的发动机号、车架号等未作约定。

B公司随后从A公司购入前述进口宾利慕尚汽车。2014年7月30日,该车辆运抵B公司,B公司拟将该车辆交付杨某。同日,B公司进行车辆移交检查时发现车辆左前门下有漆面损伤,通过抛光打蜡清除了漆面损伤,这一处理操作记载于该车辆的维修记录中。2014年10月8日,因汽车右后窗帘存在异响,B公司更换了窗帘总成,该维修操作亦记载于车辆的维修记录中。

2014年9月26日,B公司向杨某开具机动车销售统一发票。2014年10月14日,杨某取得出入境检验检疫局出具的中华人民共和国进口机动车辆检验检疫证明。2014年10月30日,杨某为所购车辆办理了机动车登记手续。

2016年5月31日,杨某通过车鉴定网查询所购车辆的维修保养记录时,查询到涉案车辆的前述处理、维修记录,遂以B公司和A公司在车辆交付之时未向其告知前述情形构成欺诈,给其造成巨大损失为由提起本案诉讼。

杨某一审诉讼请求:(1)撤销B公司与杨某签订的销售合同;(2)B公司退还杨某购车款550万元、车辆购置税47万元,共计597万元;(3)B公司向杨某支付车辆价款3倍的惩罚性赔偿金1650万元;(4)A公司对第2项和第3项诉请承担连带责任;(5)本案涉诉费用由B公司和A公司承担。

在审理过程中,一审法院要求B公司提供车辆交接书,或者能证明车辆交付时间的其他证据,B公司均无法提供。经一审法院释明,杨某不同意对涉案车辆现有价值进行估价。

一审法院认为：(1)B公司不能证明其已告知过杨某相关情况，可认定B公司在车辆交付前故意隐瞒了车辆的前述问题，剥夺了杨某的知情权和选择权，B公司的行为构成欺诈，销售合同应予撤销。(2)依据《消费者权益保护法》第55条第1款的规定，B公司应承担购车款3倍的惩罚性赔偿责任。(3)因A公司并非销售合同的销售方，未直接对杨某进行销售及服务，对杨某要求A公司承担连带责任的诉讼请求，不予支持。

综上所述，一审法院判决：(1)撤销杨某与B公司2014年6月24日签订的销售合同；(2)杨某于判决生效之日起10日内将涉案汽车退还给B公司；(3)B公司在判决生效之日起10日内，返还杨某购车款550万元，车辆购置税47万元；(4)B公司在判决生效之日起10日内，支付杨某车辆赔偿金1650万元；(5)驳回杨某的其他诉讼请求。案件受理费14,150.40元、诉讼保全费5000元，由B公司负担。

B公司不服一审判决，上诉至二审法院。审理过程中，二审法院要求杨某提供涉案车辆的机动车行驶证。根据机动车行驶证的记载，涉案车辆使用性质为"非营运"。杨某当庭承认其以经商为业，涉案车辆主要用于商务接待等活动。二审法院经审理，对一审法院查明的事实予以确认。

二审法院另查明：(1)涉案窗帘配件市场价为3831.80元，工时耗时为0.6小时，工时费为561.60元。(2)截至2018年1月23日，涉案车辆使用已超过3年，行驶里程超过2000公里。(3)杨某庭审中称其以经商为业，B公司和A公司未予以反驳。

【问题】

1. 在一审中，杨某以B公司和A公司为共同被告诉至法院，这两个公司作为诉讼主体是否适格？为什么？

2. 本案应否适用《消费者权益保护法》？杨某将涉案车辆主要用于商务接待，是否影响其消费者资格的认定？为什么？

3. 在庭审中，杨某称其以经商为业，涉案车辆主要用于商务接待等活动，但并未举证证明该事实，B公司和A公司也未予以反驳。法院能否认定该事实？为什么？

4. 一审法院就涉案车辆估价的证据意义向杨某作出释明，这是否符合民事诉讼法的规定？为什么？

5. 一审法院判决A公司不承担连带责任，是否正确？为什么？

6. 依据一审法院和二审法院认定的事实，能否认定B公司对杨某违反了告知义务？为什么？

7. 依据一审法院和二审法院认定的事实，能否认定B公司对杨某实施了欺诈行为？为什么？

8. 一审法院判决B公司对杨某予以3倍赔偿，是否正确？为什么？

9. 二审法院认为一审法院认定事实清楚但适用法律错误，能否发回重申？为什么？

—— 参考答案 ——

1. 适格。依据《民事诉讼法》第51条第1款的规定，法人可以作为民事诉讼的当事人。B公司与A公司属于法人，能够作为诉讼主体。

2. 首先，本案应当适用《消费者权益保护法》。因为：(1)《消费者权益保护法》适用于消费者为生活消费需要购买、使用商品或者接受服务的情形。(2)杨某在购买涉案车辆后尽管将其主要用于商务接待,但与工作有关的用途乃个人消费者日常用车的常见情形,因而仍然属于“为生活消费需要购买”,属于《消费者权益保护法》的适用范围。

其次,杨某将涉案车辆主要用于商务接待不影响其消费者资格的认定。因为:(1)消费者的认定应当具备两个要件,一是出于生活消费需要的目的,二是有购买、使用商品或者接受服务的行为。(2)本案中杨某将涉案车辆主要用于商务接待不影响其“为生活消费需要”目的的认定,同时其亦存在购买行为,因此不影响其消费者资格的认定。

3. 能认定该事实。因为对于一方当事人陈述的事实,另一方当事人既未表示承认也未否认的,经审判人员充分说明并询问后,仍不明确表示肯定或否定的,视为对该项事实的承认。一方当事人在法庭审理中对于其不利的事实承认的,另一方当事人无须举证证明,法院可以直接认定。

4. 符合。因为法院有权在当事人举证的事项上进行释明,使不明确的事项加以明确,促使当事人提出证据。

5. 正确。因为合同关系具有相对性,A 公司并非合同的当事人,不受 B 公司与杨某之间签订的销售合同的约束,杨某无权要求 A 公司承担责任。

6. B 公司对涉案车辆的漆面瑕疵问题及处理未违反告知义务,但对窗帘总成问题及处理违反了告知义务。因为:(1)漆面瑕疵问题及其处理行为显著轻微,不涉及消费者人身健康及安全,亦几乎不涉及消费者实质性财产利益,经营者未告知的行为不应当构成对法定告知义务的违反。(2)窗帘总成问题及处理行为属于对新车局部轻微问题的修复措施,而非简单的新车瑕疵整理行为,会对消费者的消费心理及财产利益产生一定的影响,经营者有如实告知消费者的义务。

7. 不能。因为:(1)B 公司的行为尽管违反了一定的告知义务,但该行为并未影响杨某缔约的根本目的。双方签订的销售合同中对类似问题未进行约定,存在的问题亦未影响涉案车辆的主要性能及基本用途,更未对杨某的人身及财产安全造成不利影响。(2)B 公司未告知的行为不存在隐瞒相关信息的主观故意。一是 B 公司在与杨某签订销售合同时并不知晓问题已存在;二是在涉案车辆交付杨某之前,B 公司已经将相关记录上传至网络,消费者可以通过一定途径查询,经营者并无隐瞒的意图。

8. 不正确。因为 B 公司的行为不构成《消费者权益保护法》第 55 条规定的欺诈行为,不得适用 3 倍惩罚性赔偿规定。

9. 不能。因为依据《民事诉讼法》第 177 条第 1 款第 2 项的规定,一审判决认定事实清楚但适用法律错误的,不属于法定的发回重审的情形,而应当依法改判、撤销或者变更。

商　法

一、考情分析

表 5　近七年商法考查分值及占卷面分值比重情况

年份	2024	2023	2022	2021	2020	2019	2018
分值/分	28	28	28	28	28	28	28
占卷面分值比重/%	15.6	15.6	15.6	15.6	15.6	15.6	15.6

2024 年商法主观题共 28 分,6 个问题。考查的方式一如既往:在传统重要考点中夹杂生僻考点,需要考生对相关的法条规定逻辑结构做到心中有数。

1. 运用法律人思维解决司法实务问题,对核心考点进行高频率命题。

从这几年的主观题目看,考试很大程度上参考借鉴实际中发生的真实案例,取材于实务,这与书本知识相比就是,在规范的知识中夹杂着不规范的特殊情况。这就要求考生在高频次练习这些重点考点时关注一些生僻的规则,尤其是《九民纪要》里的一些商事规定。

2. 公司法的重点相对集中,且常与其他法律进行交叉考查,考生需要将几部重点法律的交叉点融会贯通。例如,2022 年试题中甲公司通过决议成立合伙企业,并将股东们的股权转入合伙企业,由合伙企业持股,让考生分析股东会决议效力、合伙企业是否成立、股东会决议对持不同意见的股东是否有约束力的问题。这就把股东会决议和成立合伙企业的两套规则进行了交叉融汇,大部分考生对此颇感踌躇,思维很难在考场上将这些交叉点迅速厘清,一旦陷入某一套规则而罔顾另一套规则必然做错。

二、历年真题

2024 年

【案情】

2021 年 9 月,甲、乙、丙、丁、戊共同设立了胜达有限公司(以下简称胜达公司),公司注册资本1000万元，持股比例为37%、5%、5%、5%、48%，戊担任董事长，甲、乙为董事。后将法定代表人由戊变更为甲。甲于公司成立时实际缴纳了认缴注册资本份额的一半，公司章程规定，剩余注册资本需在三年内缴清。

2022年4月，甲报告董事会并经其同意，代表胜达公司与其妻子控制的A公司签订设备租赁合同，租期两年，租金400万元。合同签订后，A公司交付设备，胜达公司支付了400万元租金。后胜达公司发现，该设备租金明显过高，且因该设备故障造成较大损失。

2024年10月，甲将全部股份以400万元的价格转让给金某，并告诉金某其认缴的注册资本已经全部缴清。金某向甲支付了400万元现金。甲书面通知胜达公司其他股东自己已将股权全部转让给金某。胜达公司其余四名股东召开股东大会，作出不同意甲转让股权给金某的决议，没有办理相关股东名册变更和工商登记变更手续。金某书面通知胜达公司请求办理变更股东名册和登记，胜达公司予以拒绝。之后金某以胜达公司为被告向法院提起变更登记的诉讼请求。

2024年11月，甲代表胜达公司和B公司签订150万元的货物买卖合同，B公司向胜达公司交付货物后，胜达公司拒绝付款，称甲已将股权全部转让，不能代表胜达公司签订合同。

2024年12月中旬，胜达公司以甲和金某为共同被告，向法院提起诉讼，要求甲和金某承担未实际缴纳的出资。金某以甲曾告知已经全部缴清，自己不知情为由进行抗辩。

【问题】

1. 关于与A公司的设备租赁，胜达公司是否有权要求甲赔偿？（4分）

2. 甲未经股东会同意对外转让股权是否有效？（4分）

3. 金某是否有权直接书面通知其他股东要求变更股东名册？若胜达公司拒绝，金某是否有权直接对胜达公司提起诉讼？（6分）

4. 甲转让全部股权后，是否立即丧失董事和法定代表人身份？（4分）

5. 胜达公司拒绝向B公司付款的理由是否合法？（4分）

6. 胜达公司是否有权要求甲和金某承担缴纳出资的连带责任？金某的抗辩理由能否得到法院的支持？（6分）

—— 参考答案 ——

1. 有权。

依据《公司法》及相关规定，公司的控股股东、实际控制人、董事、监事、高级管理人员不得利用关联关系损害公司利益。违反前款规定，给公司造成损失的，应当承担赔偿责任。本题中甲代表胜达公司与其妻子控制的A公司签订设备租赁合同，虽然已经向董事会报告并经同意满足了程序上的要件，但是实际上该笔关联交易因设备故障和租金过高损害了胜达公司的利益，也即法定代表人甲利用关联关系损害了公司利益，应当对胜达公司的损失承担赔偿责任。

2. 有效。

依据《公司法》的规定，股东向股东以外的人转让股权的，应当将股权转让的数量、价格、支付方式和期限等事项书面通知其他股东，其他股东在同等条件下有优先购买权。本题中股东甲对外转让股权给金某，无须公司其他股东同意，只需要将同等条件通知其他股东即可。其他股东作出反对股权转让的股东会决议也不影响甲与金某之间股权转让的效力。

3. (1)无权。根据《公司法》的规定,股东转让股权的,应当书面通知公司,请求变更股东名册。股东转让股权的,应当书面通知公司,请求变更股东名册;需要办理变更登记的,并请求公司向公司登记机关办理变更登记。本题中金某是股权的受让人,只有股东甲有权书面通知并请求胜达公司向公司登记机关办理变更登记。

(2)有权。根据《公司法》的规定,公司拒绝或者在合理期限内不予答复的,转让人、受让人可以依法向人民法院提起诉讼。本题中若胜达公司拒绝变更登记股东名册,受让人金某有权直接起诉胜达公司。

4. (1)不会立即丧失董事身份。

根据《公司法》的规定,股东会有选举和更换董事、监事,决定有关董事、监事的报酬事项的职权。本题中,甲转让全部股权,不意味着股东会作出罢免甲董事职务的决定,甲亦未辞任董事职务,故甲仍然是胜达公司的董事。

(2)不会立即丧失法定代表人身份。

根据《公司法》的规定,公司的法定代表人按照公司章程的规定,由代表公司执行公司事务的董事或者经理担任。担任法定代表人的董事或者经理辞任的,视为同时辞去法定代表人。公司章程也应载明变更法定代表人的变更办法,公司未作出变更法定代表人的决议,甲亦未辞任法定代表人,甲仍然是胜达公司的法定代表人。

5. 胜达公司的拒绝理由不合法。

依据《公司法》的规定,法定代表人以公司名义从事的民事活动,其法律后果由公司承受。本题中甲不因股权转让而丧失法定代表人身份,甲作为法定代表人,代表胜达公司与B公司签订买卖合同,对胜达公司发生效力。

6. (1)有权要求。依据《公司法》的规定,未按照公司章程规定的出资日期缴纳出资的股东转让股权的,转让人与受让人在出资不足的范围内承担连带责任。本题中甲的第二期出资期限于2024年9月届满,10月未按公司章程规定缴纳出资甲便将股权转让给金某,属于瑕疵股权转让。甲作为转让人与作为受让人的金某应当就未缴纳的出资承担连带责任。

(2)能得到支持。依据《公司法》的规定,未按照公司章程规定的出资日期缴纳出资或者作为出资的非货币财产的实际价额显著低于所认缴的出资额的股东转让股权的,转让人与受让人在出资不足的范围内承担连带责任;受让人不知道且不应当知道存在上述情形的,由转让人承担责任。本题中甲告知金某已经缴清,且金某不知道且不应当知道甲未按期足额缴纳出资,其抗辩理由成立。(关于第二问的回答根据情况讨论也可得分,重点是根据案情交代的判断"金某能否证明自己不知情",参考《公司法》第88条作答即可得分。)

2023年

【案情】

2019年3月,张三、李四和甲公司、乙公司出资设立A公司,持股比例分别为13%、7%、49%、31%。公司章程规定自然人股东的出资在公司设立时一次性实缴到位,法人股东的出资分两期，第一期出资50%，在公司设立时实缴到位，第二期剩余50%出资在公司设立10年后履行；法定代表人对外签订合同的金额不得超过100万元，超出的需经董事会决议。董事会由甲公司指派的赵六，乙公司指派的王七和张三组成，赵六是A公司董事长兼法定代表人。

2021年，C公司与D公司有60万元的贷款合同，C公司请求A公司为该笔贷款提供担保，赵六遂以A公司名义签订了担保合同。

2022年，经其他股东同意，甲公司将股权转让给了丙公司。A公司提议召开股东会，商定5年内股东不得对外转让股权，李四对该决议表示反对，其他股东表示同意，并修改了公司章程，但因公司职工疏忽，没有将章程进行变更登记。

后李四欲对外转让股权，伪造了其他股东同意其对外转让股权并放弃优先购买权的文书，将股权转让给不知情的王五，签订转让协议后王五支付了股权转让价款。王五向A公司主张变更登记其为公司股东，A公司予以拒绝。

2023年2月，因赵六与其他董事不和，经营理念存在矛盾冲突，赵六遂书面向A公司提出辞职，但是并没有进行工商登记变更。

2023年3月，赵六提出辞呈后，B公司找到赵六，主张与赵六签订买卖合同，并提出该合同利润丰厚，对A公司发展有利。赵六为了A公司利益，遂又以A公司名义对外签订了该买卖合同。B公司对赵六辞任法定代表人一事并不知情。

A公司拖欠E公司600万元债务到期，法院判决该债权有效并被强制执行，E公司主张强制执行A公司股东尚未履行的出资。

【问题】

1. 法定代表人赵六签订债务担保合同是否有效？D公司能否向A公司主张担保责任？(6分)

2. A公司关于5年内不能对外转让股权的决议是否有效？李四否认该决议后，是否对其生效？(5分)

3. 王五能否善意取得李四转让的股权？(4分)

4. 赵六辞去法定代表人职务是否有效？(4分)

5. 赵六与B公司签订的买卖合同是否有效？(4分)

6. E公司能否主张对A公司股东尚未履行的出资予以执行？(5分)

—— 参考答案 ——

1. 法定代表人赵六签订的债务担保合同无效，D公司不能向A公司主张担保责任。

首先，根据《公司法》第15条的规定，公司为他人提供担保，按照公司章程的规定，由董事会或者股东会决议。可见，公司为他人提供担保并非法定代表人可自行决定的，而是必须以相关机构决议为前提。其次，根据《民法典担保制度解释》第7条的规定，公司的法定代表人违反公司法关于公司对外担保决议程序的规定，超越权限代表公司与相对人订立担保合同，人民法院应当依照《民法典》第61条和第504条等规定处理：(1)相对人善意的，担保合同对公司发生效力；相对人请求公司承担担保责任的，人民法院应予支持。(2)相对人非善意的，担保合同对公司不发生效力；相对人请求公司承担赔偿责任的，参照适用本解释第17条的有关规定。此处所称善意，是指相对人在订立担保合同时不知道且不应当知道法定代表人超越权限。如果相对人有证据证明已经对公司决议进行了合理审查,人民法院应当认定其构成善意。

本题中,赵六作为A公司法定代表人并没有公司相关机构的决议,相对人D公司虽然不知道A公司对赵六的权限限制,但理应依法审查赵六提供的A公司的相关决议,但D公司没有审查,故应认定D公司非善意,此时担保合同无效,D公司不能要求A公司承担担保责任。

2. A公司5年内禁止股权外转的决议有效,李四虽然否认该决议,但决议依旧对其生效。

首先,根据《公司法》第84条第3款的规定,公司章程对股权转让另有规定的,从其规定。可见股权转让虽然是股东的权利,但法律尊重公司章程的意思自治。其次,根据《公司法》第66条第3款的规定,股东会作出修改公司章程的决议,必须经代表2/3以上表决权的股东通过。可见,公司章程的修改不以登记为生效条件,员工疏忽未能及时登记无须考虑。本题中,除李四反对外,其他股东均同意,表决权为93%,符合法律规定。综上所述,A公司5年内禁止转让股权的决议合法有效,李四虽然否认,但依然对李四生效。

3. 王五不能善意取得李四转让的股权。

根据《公司法解释(三)》第25条的规定,名义股东将名下登记的股权转让给他人的,可以参照适用《民法典》第311条善意取得制度的规定处理。根据该解释第27条的规定,股东已经转让股权,但未办理登记,原股东又将登记在其名下的股权转让的,可以参照《民法典》第311条善意取得制度的规定处理。本题中,李四转让其名下的股权,是有权转让,李四既非名义股东也非一股二卖,不适用善意取得制度,故王五不能善意取得李四转让的股权。

4. 赵六辞去董事职务有效,辞去法定代表人无效。

根据《公司法》第70条第3款的规定,董事辞任的,应当以书面形式通知公司,公司收到通知之日辞任生效。所以,赵六辞去董事职务是有效的。《公司法》第10条第3款规定,法定代表人辞任的,公司应当在法定代表人辞任之日起30日内确定新的法定代表人。从理论上讲,法定代表人和公司并非简单的劳动合同关系,而是委任关系,不能如同普通劳动者一样通过辞职解任,必须办理变更登记。本题中,并未办理变更登记,所以赵六无法辞去法定代表人职务。

5. 买卖合同有效。

根据《公司法》第11条第1款的规定,法定代表人以公司名义从事的民事活动,其法律后果由公司承受。根据《公司法》第34条的规定,公司登记事项发生变更的,应当依法办理变更登记。公司登记事项未经登记或者未经变更登记,不得对抗善意相对人。本题中,赵六虽然提出辞职,但尚未办理变更登记,仍然是公司的法定代表人,并且B公司对赵六辞任法定代表人一事毫不知情,所以该合同有效。

6. E公司可以主张执行。

根据《公司法》第54条的规定,公司不能清偿到期债务的,公司或者已到期债权的债权人有权要求已认缴出资但未届出资期限的股东提前缴纳出资。本题中,E公司作为A公司的债权人,有权主张对A公司股东尚未履行的出资予以执行来清偿A公司欠E公司的债务。

2022 年

【案情】

甲有限责任公司(以下简称甲公司)成立于2015年6月,主要从事软件开发,股东分别为A、B、C、D、E,各股东的持股比例依次为55%、26%、11%、5%、3%,公司董事长兼法定代表人为A。公司运行状况良好,产品开发也很成功。甲公司成立后一直未对股东分红,对此,E很有意见,遂打算将其股权转让给经营相同业务的乙公司,并与乙公司进行了初步洽谈。为便于其股权估价,2019年5月,E提出查账要求,要求查阅甲公司成立后所有的会计账簿。A得知E转让股权的意图后,以乙公司与甲公司经营相同业务,E查账具有不正当目的为由拒绝提供查阅。

2019年12月,A为担保其对丙公司所负2年期借款债务的履行,将其所持甲公司27%的股权转让给丙公司,并约定在A到期不偿还借款本息时,丙公司有权以该股权优先受偿。但在双方达成约定后,A并未为丙公司在甲公司的登记中办理相应的股东登记。

2020年3月,A召集股东会,提议:第一,A、B、C、D、E 5人在甲公司之外,再行设立丁合伙企业(有限合伙),A为普通合伙人,其余四人均为有限合伙人(决议一);第二,A对丁合伙企业的出资为其所持甲公司54%的股权,其余各合伙人的出资为各自所持甲公司的全部股权(决议二)。就该项提议,除E表示强烈反对外,其余股东均表示赞同,遂形成了相应的股东会决议。

2020年5月,丁合伙企业成立,合伙人分别为A、B、C、D。甲公司股东的持股比例相应变更为:A持股1%,丁合伙企业持股96%,E持股3%;企业的法人代表仍为A。

2022年年初,A无法清偿其对丙公司的债务,丙公司遂就丁合伙企业所持甲公司27%的股权,主张优先受偿。

【问题】

1. 甲公司拒绝E的查阅请求是否合法?为什么?(5分)

2. 如何评价股东A和丙公司之间的约定?请说明理由。(5分)

3. 甲公司形成的设立丁合伙企业的股东会决议(决议一)是否有效?为什么?(5分)

4. 甲公司形成的将其股东股权转入丁合伙企业的股东会决议(决议二)是否有效?为什么?(5分)

5. 对甲公司股东会决议持反对意见的E能否向甲公司主张股权回购请求权?为什么?(4分)

6. 丙公司的优先受偿请求是否合理?为什么?(4分)

—— 参考答案 ——

1. 不合法。

根据《公司法》第57条第2款以及《公司法解释(四)》第8条的规定,公司有合理根据认为股东查阅会计账簿有不正当目的的,可能损害公司合法利益的,可以拒绝提供查阅。所谓“不正当目的”包括:股东自营或为他人经营与公司主营业务有实质性竞争关系业务,但公司章程另有规定或全体股东另有约定的除外;股东为了向他人通报有关信息查阅公司会计账簿,可能损害公司合法利益等情形。

本题中，股东E是为了便于合理评估股权转让价值而请求查账，由于我国法律并未禁止具有竞争关系方成为股权受让人，并且，只有对股权价值进行合理评估才能完成股权转让的交易。因此，甲公司不能证明E有不正当目的，案情也无法证明E的查账请求可能损害甲公司合法利益，所以甲公司的拒绝理由不合法。

2. 该约定的性质为股权让与担保协议，合法有效。

根据《民法典担保制度解释》第68条第1款的规定，当事人之间通过合同约定，债务人将财产（股权）形式上转移至债权人名下，但目的是为债务清偿提供担保的，构成让与担保。即使没有办理财产变更手续，该约定也仍然有效，只是债务人不履行到期债务时，债权人无权就财产折价或者以拍卖、变卖该财产所得价款优先受偿。

3. 合伙协议未生效。

决议一的本质是由A、B、C、D、E 5人成立丁合伙企业（有限合伙），由A担任普通合伙人，B、C、D、E担任有限合伙人。各合伙人的出资形式为其所持有的甲公司股权。根据《合伙企业法》第19条第1款的规定，合伙协议经全体合伙人签名、盖章后生效。因E对此表示反对，所以丁合伙企业（包括E作为有限合伙人在内）的合伙协议未生效。

4. 决议有效，但对股东E不发生效力。

本题中决议二的内容为确定设立丁合伙企业时各合伙人的出资比例和合伙人身份，实际是对决议一的细化。根据第3问的分析，甲公司股东会对此事进行讨论并无不妥，决议内容合法，会议召集程序和表决方式合法。并且丁合伙企业的设立并未改变E在甲公司的股权架构，也没有侵害E的现有权利，因此，该决议有效。由于E明确反对成为合伙人，不得强迫E加入合伙企业，该决议对E不生效。

5. E不能主张股权回购。

根据《公司法》第89条第1款所列明的三种情形，即公司连续5年不分红，公司合并、分立或转让主要财产，公司存续上的续期，以及第3款规定的控股股东滥用股东权利，严重损害公司或其他股东利益的情形下，对股东会决议有异议的股东可以提起股权回购请求。本题中，E只是反对设立丁合伙企业作为股权受让平台，不符合上述可回购情形。

6. 不合理。

本案债务人A和债权人丙公司达成有效的股权让与担保协议，是以股权转让形式达到担保目的，不产生股东实质变更的效力，债务人A将该股权转让给丁合伙企业，不构成无权处分。另外，由于作为担保财产的股权没有进行变更登记，债权人丙公司不享有向债务人A主张优先受偿的权利，更无权向丁合伙企业主张优先受偿权。

2021年

【案情】

甲公司有A、B、C、D、E 5名股东，其中E为法人股东，其董事长为张三。甲公司注册资本为1000万元。A在公司设立时一次性履行完毕出资义务；B、C、D在公司设立时实缴出资50%，剩余50%在5年内缴纳完毕；E公司以一栋价值300万元的厂房进行出资，E公司剩余部分在第8

年缴清。

公司董事会由C、D和E公司指派的人员组成,董事长由E公司指派的张三担任,公司章程规定:董事长为公司法定代表人。

B股东向第三人赵六借款,为了担保按期还款,B将其持有的甲公司股权转移至赵六名下,双方同时约定若债权到期无法进行清偿,该股权归债权人赵六所有,并对股东名册、工商登记进行了变更。

甲公司召开股东会对公司利润进行分配,股东之间对按照认缴出资比例进行表决,还是按照实缴出资比例进行表决产生分歧,无法达成一致意见。该事项遂被搁置。

2021年7月,因公司内部治理问题,甲公司经营陷入困境,甲公司遂召开股东会:张三提名,股东会全体股东表决权过半数通过,聘巫某为总经理,同时担任法定代表人。

巫某接任公司后进行管理,公司经营状况有所好转。后因股东之间的矛盾,甲公司通过董事会,在合同到期之前,将巫某予以解聘。

后经查证,E公司用于出资的厂房实为李四所有,但是因为登记错误,登记在了E公司名下,E公司法定代表人对此知情。

【问题】

1. 甲公司能否善意取得厂房?(4分)
2. 股东B与赵六的约定是否有效?(5分)
3. 股东B向赵六转让股权时,其他股东是否可以主张优先购买权?(5分)
4. 2021年7月以后,甲公司法定代表人是否有效变更为巫某?(5分)
5. 甲公司股东会进行利润分配决议时,股东应当如何表决?(5分)
6. 董事会解聘巫某总经理的决议是否有效?(4分)

—— 参考答案 ——

1. 甲公司不能善意取得该厂房。

厂房属于李四所有,错误登记在E公司名下,E公司用于出资属于无权处分。张三系E公司董事长,且在甲公司担任董事长、法定代表人,故可以推定甲公司对于E公司无权处分是知情的,故甲公司不符合善意取得条件。

2. 有效。

在股权质押中,质权人可就已办理出质登记的股权优先受偿。根据《民法典担保制度解释》第68条第2款的规定,在股权让与担保中,担保权人就作为担保的股权享有优先受偿的权利。B和赵六之间的担保构成股权让与担保,该担保有效。

3. 其他股东并无优先购买权。

根据《民法典担保制度解释》第69条的规定,股权让与担保"名义股东"赵六并不承担股东的相应责任。故股东B虽然将股权"转让"给赵六,但两者之间属于股权让与担保关系,而非对外转让股权,其他股东并无优先购买权。

4. 没有变更。

根据《公司法》第10条的规定,公司的法定代表人按照公司章程的规定,由代表公司执行公司事务的董事或者经理担任。根据《公司法》第32条的规定,公司法定代表人属于公司登记事项的内容。甲公司章程规定法定代表人由张三担任,现甲公司拟通过股东会决议将法定代表人更换为巫某,实质上就是对公司章程的修改。根据《公司法》第66条的规定,该决议必须经代表2/3以上表决权的股东通过。由于甲公司股东会表决时,仅经合计持有半数表决权的股东通过,未达到《公司法》所规定的通过比例,该项决议不成立。

5. 应按照各股东的认缴出资比例进行表决。

根据《公司法》第65条的规定,股东会会议由股东按照出资比例行使表决权;但是,公司章程另有规定的除外。本案中,公司章程无另外约定,因此各股东按照认缴出资比例进行表决。

6. 有效。

依据《公司法》第67条第2款的规定,董事会有权聘任或解聘公司经理。本案中,甲公司召开了董事会会议,进行了表决,解聘总经理的决议成立,董事会解聘经理不受其任期限制,此次董事会会议的召集、表决方式符合法律、法规、公司章程,故有效。

2020年

【案情】

甲公司为一家集体所有制企业转制的有限责任公司,注册资本2000万元,股东张一持股26%,关二持股8%,刘三持股15%,工会代表全体职工持股51%(工会已登记为法人)。各股东均已经缴足出资。张一担任甲公司的董事长和法定代表人,关二担任总经理。工会组织职工大会选举曹四、袁五作为甲公司的董事,与张一、关二、刘三共同组成董事会。董六担任甲公司的监事。曹四私下转让其股权给赵七,一个月后,工会得知此事,遂召开全体职工大会,以曹四私下买卖股权为由决议取消曹四的股东权益,并撤销曹四在甲公司的董事职位。该决议交由袁五转交甲公司股东会,但股东会忙于公司增资事宜,并未作出处理。

甲公司经营情况良好,拟与乙公司达成战略合作关系。甲、乙公司约定:(1)甲公司增资3000万元。(2)由乙公司认缴全部增资,增资后乙公司持有甲公司60%的股份。乙公司分三期履行出资义务:协议签订后15日内缴纳200万元,股权变更登记后半年内缴纳800万元,余款在甲公司上市前缴纳完毕。甲公司重组董事会,由乙公司委派潘八、钱九、温十,三位董事进入甲公司董事会,由潘八担任甲公司的董事长和法定代表人,张一担任总经理。一个月后,甲公司就增资事宜召开股东会,职工股持有人黄十一知情后煽动其他持有职工股的员工均来参会。会上,张一反对增资,关二同意增资,但主张优先认缴500万元新股,职工股持有人黄十一的持股份额是0.5%,主张按此比例优先认缴新股。其他股东均同意甲、乙公司约定的增资方案,甲公司按照此方案作出了股东会决议。乙公司被登记为甲公司股东,并依约实缴前两期出资。出资后第三天,乙公司委派到甲公司的董事潘八,在乙公司的指示下代表甲公司与乙公司的全资子公司丙公司签订无息借款700万元的合同,借款期限8年。一年后,甲公司经营不善,乙公司与甲公司的原有股东因经营理念不合,矛盾日渐激化,甲公司业绩堪忧。后甲公司原股东在未通知乙公司的情况下,召开股东会,通过了解除乙公司股东资格的决议。

【问题】

1. 曹四将其股权对外转让给赵七的行为,效力如何?(5分)
2. 工会撤销曹四在甲公司的董事职位是否产生效力?(5分)
3. 甲公司针对增资的股东会决议,效力如何?(4分)
4. 关二、黄十一关于优先认缴新股的主张是否可以获得支持?(4分)
5. 甲公司与丙公司签订的借款合同,效力如何?(5分)
6. 甲公司的股东会解除乙公司股东资格的行为效力如何?(5分)

—— 参考答案 ——

1. 不发生股权转让的效力。

依据《公司法》第84条的规定,有限责任公司的股东对外转让股权依公司章程的规定,公司章程没有规定的,应当将股权转让的数量、价格、支付方式和期限等事项书面通知其他股东,其他股东在同等条件下有优先购买权,股东自接到书面通知之日起30日内未答复的,视为放弃优先购买权。本案中职工股东曹四将其股权对外转让,没有告知工会,案情中也未提到书面通知其他股东,因此可以得出曹四对外转让股权的行为不发生效力。

2. 不产生。

根据《公司法》第59条的规定,董事应当由股东会选举和更换。本案中,甲公司工会代表持股员工行使股东权利,它只是职工股权的管理主体,不能把"工会"等同于"股东会"。当工会决议更换董事时,仍要向股东会提出议案,需要由股东会表决通过。所以,工会可提出更换董事的议案,但无权撤销曹四的董事资格。

3. (1)甲公司增资3000万元的决议有效。

根据《公司法》第66条的规定,增资需要代表2/3以上表决权的股东通过。本案中张一(持股比例26%)不同意该增资方案,其他股东(持股比例74%)同意该增资方案,因此该部分内容是有效的。

(2)由乙公司认购全部新增股本是无效的。

根据《公司法》第227条的规定,有限责任公司增加注册资本时,股东在同等条件下有权优先按照实缴的出资比例认缴出资。但是,全体股东约定不按照出资比例优先认缴出资的除外。本案中,甲公司增资3000万元,其他股东有权按实缴出资比例行使优先认缴权。股东会决议中,定向增资3000万元全部由外部投资者乙公司认缴,该部分内容侵犯了现有股东的优先认缴权,因此是无效的。

4. (1)关二的主张不能完全支持。

根据《公司法》第227条的规定,有限责任公司增加注册资本时,股东在同等条件下有权优先按照实缴的出资比例认缴出资。但是,全体股东约定不按照出资比例优先认缴出资的除外。本案中,关二实缴出资的比例为8%,在此范围(240万元新股)内,关二有优先认缴权。在无其他股东一致同意的情况下,关二主张优先认缴500万元新股超出了法定范围,关二对超出部分的主张于法无据。

(2)黄十一的主张不能支持。

根据《公司法》第227条的规定，公司新增资本时，享有优先认缴权的是公司的股东。本案中，黄十一的职工股并非由黄十一直接持股，而是由工会作为集体持股平台统一持股并将工会登记为股东。黄十一不是甲公司直接的股东，无权主张优先认缴权。

5. 该借款合同有效。

根据《公司法》第22条及《公司法解释（五）》第1条的规定，公司的控股股东、董事利用关联关系损害公司利益，给公司造成损失的，应当承担赔偿责任。本案中，潘八在乙公司的指示下以甲公司名义与丙公司签署的无息借款合同，虽然属于控股股东乙公司、董事兼法定代表人潘八实施的关联交易，但法律并未否认关联交易效力，只是需要行为人对因此给公司造成的损失承担赔偿责任。

6. 无效。

根据《公司法解释（三）》第17条的规定，有限责任公司的股东未履行出资义务或者抽逃全部出资，经公司催告缴纳或者返还，其在合理期间内仍未缴纳或者返还出资，公司有权以股东会决议解除该股东的股东资格。本案中，乙公司实际缴纳了出资1000万元，且没有经催告的程序，不能被解除股东资格，甲公司股东会解除其股东资格的行为无效。

2019年

【案情】

甲有限责任公司（以下简称甲公司）由A公司、B公司、C公司和D公司四个股东共同组建，其中A公司持股50%、B公司持股37%、C公司持股10%以及D公司持股3%。甲公司注册资本为1000万元且各股东均已经实缴出资。B公司持股的37%中有B公司为E公司代持的17%，双方签订代持协议，实际由E公司出资。对代持股一事A公司、B公司、C公司以及D公司均知晓且并不反对；另E公司还派代表参加过甲公司的股东会会议，但甲公司对E公司代表参加股东会会议一事未置可否。

甲公司董事会由5名董事组成，5名董事由A公司委派2名、B公司委派2名以及C公司委派1名，D公司不委派代表；在A公司委派的2名董事中，有1人出任董事长，在B公司委派的2名董事中有1人实际为E公司指派。

现甲公司拟引入新的股东乙公司，拟增资1000万元全部由乙公司认购，A公司、B公司和D公司均放弃优先认缴权。C公司表明：

（1）按照自己实缴出资比例行使优先认缴权；

（2）要求行使其他原股东放弃优先认缴权的份额（但A公司、B公司和D公司均反对C公司行使其他股东放弃部分的优先认缴权）。

B公司向D公司借款，B公司用其自有的甲公司的20%的股权向D公司出质；B公司又向丙公司借款，以其持有的剩余的也即为E公司代持的17%的股权向丙公司出质。两次股权质押均办理了登记，同时丙公司对代持一事不知情。现因B公司到期未清偿债务，D公司向法院主张实现担保物权。另查明，E公司的债权人丁公司请求法院强制执行E公司的财产，法院查明B公司代持E公司股权的事实，因此法院对该代持的17%的股权进行处置。

【问题】

1. 甲公司增资时,股东 C 公司是否有权在实缴出资比例范围内行使优先认缴权?(4 分)

2. 甲公司增资时,股东 C 公司是否有权优先认缴其他股东放弃的优先认缴部分份额?(4 分)

3. D 公司能否取得该股权质权,为什么?(5 分)

4. 丙公司能否取得该股权质权,为什么?(5 分)

5. 实际出资人 E 公司得知名义股东 B 公司代持的 17% 的股权被法院强制执行后,实际出资人 E 公司应如何救济?若进入执行程序,E 公司又该如何救济?(5 分)

6. 如果 E 公司的债权人丁公司对名义股东 B 公司代持的 17% 的股权申请强制执行,那么 B 公司、C 公司、D 公司、E 公司以及丙公司是否有权提执行异议?(5 分)

—— 参考答案 ——

1. 甲公司增资时,股东 C 公司有权在实缴出资比例范围内行使优先认缴权。

《公司法》第 227 条规定:"有限责任公司增加注册资本时,股东在同等条件下有权优先按照实缴的出资比例认缴出资。但是,全体股东约定不按照出资比例优先认缴出资的除外。"本案中,甲公司在增资时,全体股东并没有对实缴出资范围内的优先认缴权进行约定,所以股东的新股优先认缴权应适用法律规定。

2. 甲公司增资时,股东 C 公司无权优先认缴其他股东放弃的优先认缴部分份额。

《公司法》第 227 条规定:"有限责任公司增加注册资本时,股东在同等条件下有权优先按照实缴的出资比例认缴出资。但是,全体股东约定不按照出资比例优先认缴出资的除外。"也就是说,股东的优先认缴权有限定的范围。本案中,A 公司、B 公司和 D 公司均反对 C 公司行使其他股东放弃部分的优先认缴权,未形成全体股东的约定。

3. D 公司可以取得该股权质权。

《民法典》第 443 条第 1 款规定:"以基金份额、股权出质的,质权自办理出质登记时设立。"本案中 B 公司将其自有的 20% 的股权质押给 D 公司,且已经进行了登记。

4. 丙公司可以取得该股权质权。

依据《公司法解释(三)》第 25 条第 1 款的规定,名义股东将登记于其名下的股权转让、质押或者以其他方式处分,实际出资人以其对于股权享有实际权利为由,请求认定处分股权行为无效的,人民法院可以参照《民法典》第 311 条的规定处理(善意取得制度)。B 公司为丙公司设定质押符合善意取得要件,且股权质押办理了登记。

5. (1)在实现担保物权的审理程序中,E 公司可以提出异议。

《民诉解释》第 369 条规定,人民法院应当就主合同的效力、期限、履行情况,担保物权是否有效设立、担保财产的范围、被担保的债权范围、被担保的债权是否已届清偿期等担保物权实现的条件,以及是否损害他人合法权益等内容进行审查。被申请人或者利害关系人提出异议的,人民法院应当一并审查。本案中,丙公司向法院申请实现担保物权,适用的是《民事诉讼法》的特别程序。由此可知,E 公司在审理程序中可以提出异议,法院应当一并审查。

(2)若进入执行程序,E 公司认为损害了自己的利益,可以根据《民事诉讼法》第 238 条的规定向执行法院提起执行标的异议,主张被执行股权为自己所有。如果执行标的异议被裁定驳回,还可以提起执行异议之诉,不服一审判决的还可以上诉。

6. (1)B公司无权提出执行异议。

B公司与E公司之间存在代持股协议,该代持股协议不存在无效等瑕疵事由因而有效,故B公司与E公司应受该代持股协议的约束。B公司不能向E公司主张股权是自己的,也就无权对被执行人E公司主张执行异议。

(2)C公司无权提出执行异议。

本案中,C公司与B公司、E公司并无实际牵连关系。

(3)D公司无权提出执行异议。

根据第3问的论述可知,D公司是对B公司自己享有的20%的股权享有质权,而对于B公司代持E公司的17%的股权无质权,因此无权提出执行异议。

(4)E公司无权提出执行异议。

本案中是E公司的债权人丁公司对E公司的财产申请执行,E公司作为被执行人无权对执行标的提出执行异议。若执行机关的执行行为存在违法,则E公司可以对执行行为提出执行异议,但本案未涉及,故E公司无权提出执行异议。

(5)丙公司有权提出执行异议。

根据第4问的论述可知,丙公司对B公司代持E公司的17%的股权享有质权,因此其作为利害关系人有权提出执行异议。

2018年

【案情】

大林、刘可和孙秒是木豆公司的股东,大林担任公司法定代表人,与刘可是恋人关系。

2015年4月,木豆公司与大林、刘可、郝郝、季季设立遥远公司,签订了投资人协议,签署了遥远公司章程,规定遥远公司的注册资本是5000万元。其中,木豆公司认缴2000万元,大林认缴1000万元,刘可认缴500万元,郝郝认缴1000万元,季季认缴500万元。遥远公司章程还规定,木豆公司和郝郝的出资应在公司设立时一次性缴足,大林、刘可、季季认缴的出资在公司设立后3年内缴足。同一天,郝郝与孙秒签订了委托持股协议,约定:郝郝在遥远公司认缴的出资由孙秒实际缴纳,股权实际为孙秒所有,孙秒与郝郝之间系委托代持股关系。孙秒与郝郝将委托持股协议进行了公证。

遥远公司顺利成立并领取了企业法人营业执照,营业执照上注明:注册资本5000万元,实缴3000万元,认缴2000万元。刘可是遥远公司的法定代表人。木豆公司和孙秒均按公司章程的规定以向公司账户汇款的方式足额缴纳了出资,汇款单用途栏内写明“认缴股款投资款”。

2016年12月,大林分两次从其银行卡向刘可银行卡分别汇款100万元、80万元。到款当日,刘可将这两笔款项均汇入遥远公司账户,汇款单用途栏内写明“投资款”。刘可认缴的出资,尚有320万元未缴足。

2016年12月,季季向遥远公司账户汇款100万元,尚有400万元未实际缴足。

2017年1月,季季拟转让股权,其他股东不主张购买,季季最终将股权转让给轩轩公司,并办理了股权变更登记。

2017 年 3 月，大林与刘可关系破裂。在刘可的操作下，遥远公司会计麦子与木豆公司签订了股权转让协议，将木豆公司对遥远公司的股权转让给麦子，该股权转让协议上加盖有木豆公司公章，法定代表人签字一栏大林的签字则是刘可伪造的。遥远公司持该股权转让协议到公司登记机关办理了股权变更登记，麦子未实际向木豆公司支付股权转让款。

2017 年 4 月，麦子与七彩钢铁公司签订股权转让协议，麦子将其名下的遥远公司股权转让给七彩钢铁公司，七彩钢铁公司向麦子支付全部股权转让款 3000 万元，遥远公司为七彩钢铁公司办理了股权过户变更登记。

2017 年 8 月，郝郝因拖欠小额贷款公司借款，被法院判决应偿还借款本金 300 万元及相应的利息及罚息。小额贷款公司申请法院强制执行，法院查封了郝郝在遥远公司的股权，对此，孙秒提出案外人执行异议。

2017 年 9 月，遥远公司因不能偿还银行到期借款 3000 万元本金及利息，被银行起诉到法院。在该案一审审理期间，银行以大林认缴的出资未足额缴纳为由，追加大林为被告，请求大林对银行债务承担连带清偿责任。

【问题】

1. 如大林以刘可用于出资的 180 万元是他所汇为由，主张确认刘可名下的股权实际为大林所有，该主张是否成立？为什么？(4 分)

2. 季季向轩轩公司转让股权时，其认缴的出资尚有 400 万元未缴纳，如认缴期限届满，遥远公司是否可以向轩轩公司催缴？为什么？(5 分)

3. 木豆公司与麦子签订了股权转让协议，并将股权过户到麦子名下，据此是否可以认定麦子已取得遥远公司的股权？为什么？(4 分)

4. 根据题中所述事实，是否可以认定七彩钢铁公司已取得遥远公司股权？为什么？(5 分)

5. 孙秒的案外人执行异议是否成立？为什么？(5 分)

6. 在银行诉遥远公司和大林的清偿贷款纠纷案件中，大林是否应当对公司债务承担连带责任？为什么？(5 分)

—— 参考答案 ——

1. 不成立。

根据《公司法》第 49 条第 2、3 款的规定，股东以货币出资的，应当将货币出资足额存入有限责任公司在银行开设的账户；股东未按期足额缴纳出资的，除应当向公司足额缴纳外，还应当对给公司造成的损失承担赔偿责任。本案中，大林对刘可分别汇款 100 万元、80 万元，属于个人借款，大林没有将出资缴纳到公司账户上。刘可将这两笔款项均汇入遥远公司账户，汇款单用途栏内写明“投资款”。这个细节表明，直接向公司履行出资义务的股东是刘可。因此，大林主张刘可名下的股权实际为大林所有，不成立，该股权应当属于刘可所有，大林基于合同相对性原理，可以向刘可主张返还该笔借款。

2. 不可以。

根据《公司法》第88条的规定,有限责任公司的股东未履行或者未全面履行出资义务即转让股权,受让人对此知道或者应当知道,公司请求股东履行出资义务的,受让人对此承担连带责任;受让人不知道且不应当知道的,由转让人承担责任。本案中,受让人(轩轩公司)对此不知情,因此,遥远公司不可以向轩轩公司催缴未缴纳的出资款。

3. 不可以。

根据《民法典》第311条的规定,善意取得的构成要件有3点:(1)受让人受让时是善意;(2)支付合理价格;(3)转让的动产或者不动产,已经交付或者登记。本案中,刘可与麦子恶意串通,损害他人合法利益,因此,受让人麦子属于非善意,且没有支付合理价格,不构成善意取得。因此,麦子不可以主张取得对遥远公司的股权。

4. 可以。

根据《民法典》第311条关于善意取得的规定,当股权的无权处分发生后,第三人要善意取得该股权需要包括以下几个条件:受让人主观上是善意的、支付了合理的对价且已经办理了股权登记手续。从题目给出的信息来看,虽然麦子取得股权不合法,但可以推断出七彩钢铁公司对此情况并不知情,且其支付了合理对价并办理了工商过户登记,故七彩钢铁公司构成善意取得,七彩钢铁公司已经取得遥远公司的股权。

5. 孙秒的案外人执行异议不成立。

依据《公司法解释(三)》第25条的规定,实际出资人与名义股东签订的委托持股协议,仅对内有效,不得对抗外部的债权人。本案中,根据郝郝与孙秒签订的协议可以看出,郝郝才是公司的股东,郝郝的债权人可以申请对其名下的股权予以强制执行,案外人孙秒不得以其与郝郝之间的协议对抗外部的债权人,因此,孙秒的案外人执行异议不成立。

6. 不应当。

根据《公司法解释(三)》第13条第2款的规定,公司债权人请求未履行或者未全面履行出资义务的股东在未出资本息范围内对公司债务不能清偿的部分承担补充赔偿责任的,人民法院应予支持;未履行或者未全面履行出资义务的股东已经承担上述责任,其他债权人提出相同请求的,人民法院不予支持。本案中,大林的认缴出资期限未到,银行不能向大林主张连带责任,而且大林未缴纳全部认缴出资不属于滥用股东权利的情形,不用承担连带责任。如果大林在认缴出资期限到期,未能缴纳全部出资,在未出资的范围内,承担补充连带责任。

三、考点全解

考点一 公司人格否认制度

一、适用要件

1. 股东实施滥用行为。

(1)人格混同(判断公司是否具有独立意志和财产),表现情形:①财产混同(核心),无偿使用、还股东债、账簿不分、利益不分;②业务混同;③人员混同;④住所混同。

(2)过度支配与控制;母子公司间利益输送;母子公司交易,获利归一方;从原公司抽走资金后另设公司(否认子公司或关联公司法人人格,被否后连带)。

(3)资本显著不足,资本不实,恶意负债:实际投入与经营风险不匹配。

2. 严重损害债权人利益,股东滥用权利使公司财产不足以清偿债权人的债权。

二、人格否认法律后果

1. 仅滥用权利的股东承担连带责任,无辜者不受牵连:其他股东仍承担有限责任,受益第三人不对公司债权人承担责任。

2. 仅适用于个案:已生效判决认定的事实可作为证据使用。

三、诉讼地位

1. 债权已由生效裁判确认,债权人另行提起人格否认之诉,请求股东担责的,股东为被告,公司为第三人。

2. 债权人对债务人公司所欠债务提起诉讼的同时,一并提起公司人格否认诉讼,请求股东对公司债务承担连带责任的,列公司和股东为共同被告。

3. 债权人对债务人公司享有的债权尚未经生效裁判确认,直接提起公司人格否认诉讼,请求公司股东对公司债务承担连带责任的,人民法院应当向债权人释明,告知其追加公司为共同被告。债权人拒绝追加的,人民法院应当裁定驳回起诉。

考点二　出资瑕疵责任

一、出资瑕疵股东、发起人、协助者对公司债务的承担

1. 出资瑕疵(出资不足/出资不实)的股东对公司的责任承担:出资瑕疵的股东在未出资本息范围内足额缴纳,还应当对给公司造成的损失承担赔偿责任。

2. 出资不足的股东对公司债权人的责任承担:在公司不能清偿债务时,出资不足的股东在未出资本息范围内承担补充赔偿责任。

3. 抽逃出资的股东在抽逃出资本息范围内,对公司债务不能清偿部分承担补充赔偿责任。协助抽逃出资的其他股东、董事、高级管理人员或实际控制人对此承担连带责任(**注意**:不是“过错责任”)。

二、代持股中的责任承担

公司不能清偿债务时,债权人可以请求名义股东在未出资本息范围内承担补充赔偿责任。

三、《九民纪要》中关于股东滥用公司法人独立地位和股东有限责任的规定

1. 人格混同

认定公司人格与股东人格是否存在混同,最根本的判断标准是公司是否具有独立意思和独立财产,最主要的表现是公司的财产与股东的财产是否混同且无法区分。在认定是否构成人格混同时,应当综合考虑以下因素:

(1)股东无偿使用公司资金或者财产,不作财务记载的;

(2)股东用公司的资金偿还股东的债务,或者将公司的资金供关联公司无偿使用,不作财务记载的;

(3)公司账簿与股东账簿不分,致使公司财产与股东财产无法区分的;

(4)股东自身收益与公司盈利不加区分,致使双方利益不清的;

(5)公司的财产记载于股东名下,由股东占有、使用的;

(6)人格混同的其他情形。

在出现人格混同的情况下,往往同时出现以下混同:公司业务和股东业务混同;公司员工与股东员工混同,特别是财务人员混同;公司住所与股东住所混同。人民法院在审理案件时,关键要审查是否构成人格混同,而不要求同时具备其他方面的混同,其他方面的混同往往只是人格混同的补强。

2. 过度支配与控制

公司控制股东对公司过度支配与控制,操纵公司的决策过程,使公司完全丧失独立性,沦为控制股东的工具或躯壳,严重损害公司债权人利益,应当否认公司人格,由滥用控制权的股东对公司债务承担连带责任。实践中常见的情形包括:

(1)母子公司之间或者子公司之间进行利益输送的;

(2)母子公司或者子公司之间进行交易,收益归一方,损失却由另一方承担的;

(3)先从原公司抽走资金,然后再成立经营目的相同或者类似的公司,逃避原公司债务的;

(4)先解散公司,再以原公司场所、设备、人员及相同或者相似的经营目的另设公司,逃避原公司债务的;

(5)过度支配与控制的其他情形。

控制股东或实际控制人控制多个子公司或者关联公司,滥用控制权使多个子公司或者关联公司财产边界不清、财务混同,利益相互输送,丧失人格独立性,沦为控制股东逃避债务、非法经营,甚至违法犯罪工具的,可以综合案件事实,否认子公司或者关联公司法人人格,判令承担连带责任。

3. 资本显著不足

资本显著不足指的是,公司设立后在经营过程中,股东实际投入公司的资本数额与公司经营所隐含的风险相比明显不匹配。股东利用较少资本从事力所不及的经营,表明其没有从事公司经营的诚意,实质是恶意利用公司独立人格和股东有限责任把投资风险转嫁给债权人。由于资本显著不足的判断标准有很大的模糊性,特别是要与公司采取"以小博大"的正常经营方式相区分,因此在适用时要十分谨慎,应当与其他因素结合起来综合判断。

考点三 股东资格

一、股东资格的确认

1. 出资证明书是证明股东已履行出资义务,可以行使股东权利的一种凭证。出资证明书与股东资格的取得没有必然关系。

2. 股东名册,是股东身份或资格的法定证明文件,备置于公司,无须到公司登记机关进行登记。

3. 公司登记,公司应当将股东的姓名或者名称向公司登记机关登记;登记事项发生变更的,应当办理变更登记。

行政登记只具有程序性意义,没有向市场监督管理局登记,不得因此否定股东资格。但是基于登记的公信力,该记载具有对抗效力。也就是说,未经登记或者变更登记的,不得对抗第三人。

4. 股东资格纠纷。

(1)股东名册与公司登记冲突:公司内部,以股东名册为准;公司外部,以公司登记为准。

(2)股东出资瑕疵,不能否认股东资格。

(3)股东资格纠纷,均以公司为被告,与案件争议股权有利害关系的人作为第三人参加诉讼。

二、名义股东与实际股东

1. 内部关系——名义股东与实际出资人。

(1)股权代持协议效力:代持股协议如果不存在《民法典》规定的无效情形,协议有效。

(2)名义股东从公司处获得的股东权益要给付实际出资人,如果对于投资收益的归属发生争议,投资收益归实际出资人。

2. 外部关系——名义股东与公司。

对于公司而言,名义股东就是真实的权利人,公司向名义股东主张出资瑕疵责任并将股东权益分配给名义股东。

3. 外部关系——实际出资人与公司。

(1)若实际出资人想浮出水面成为股东,则必须经过公司其他股东半数以上同意。

(2)实际出资人能够证明过半数的其他股东知情,且对其实际行使股东权利未曾提出异议的,对实际出资人提出的登记为公司股东的请求,人民法院依法予以支持。

4. 外部关系——与债权人。

对于债权人而言,其能看到的股东就是名义股东,因此债权人主张名义股东在公司不足以清偿债务时承担瑕疵出资责任的,人民法院予以支持。

三、股东一股二卖问题

1. 效力定性

(1)第一次股权处分行为:有效。

(2)第二次股权处分行为:无权处分,参照民法中善意取得的规定处理。

(3)善意第三人取得股权,受让股东有权向原股东请求赔偿损失。

2. 董事、高级管理人员或者实际控制人的过错责任

(1)原股东处分股权造成受让股东损失,受让股东请求原股东承担赔偿责任,请求对于未及时办理变更登记有过错的董事、高级管理人员或者实际控制人承担相应责任的,人民法院应予支持。

(2)受让股东对于未及时办理变更登记也有过错的,可以适当减轻上述董事、高级管理人员或者实际控制人的责任。

3. 变更登记的范围

(1)当事人之间转让有限责任公司股权,受让人以其姓名或者名称已记载于股东名册为由主张其已经取得股权的,人民法院依法予以支持,但法律、行政法规规定应当办理批准手续生效

的股权转让除外。

(2)未向公司登记机关办理股权变更登记的,不得对抗善意相对人。

考点四 股东知情权

一、财务会计账簿

1. 有限责任公司股东可以要求查阅(不能复制):

(1)应向公司提出书面请求,说明目的。

(2)公司有合理根据认为股东查阅会计账簿有不正当目的,可能损害公司合法利益的,可以拒绝提供查阅,并应当自股东提出书面请求之日起 15 日内书面答复股东并说明理由。

(3)公司拒绝提供查阅的,股东可以向人民法院提起诉讼。

2. 股份有限公司:股东个人无权查阅与复制。

股东可以要求查阅、复制公司全资子公司相关材料,也适用上述规定。

连续 180 日以上单独或者合计持有公司 3% 以上股份的股东要求查阅公司的会计账簿、会计凭证的,适用有限责任公司股东查阅账簿的相关规定。

二、知情权诉讼——不正当目的的认定(同业竞争/泄密)

1. 股东自营或为他人经营与公司主营业务有实质性竞争关系业务的,但公司章程另有规定或全体股东另有约定的除外。

2. 股东为了向他人通报有关信息查阅公司会计账簿,可能损害公司合法利益的。

3. 股东在向公司提出查阅请求之日前的 3 年内,曾通过查阅公司会计账簿,向他人通报有关信息损害公司合法利益的。

4. 股东有不正当目的的其他情形。

注意:不正当目的由公司举证证明。

三、提起知情权诉讼时应具备股东资格

1. 如果公司有证据证明原告在起诉时不具有公司股东资格,人民法院应当驳回其诉讼请求。

2. 但原告有初步证据证明在持股期间其合法权益受到损害,请求依法查阅或复制其持股期间的公司特定文件材料的,人民法院应当受理起诉。

考点五 股东利润分配

一、公司的收益分配顺序

公司收益分配顺序:缴纳税款→弥补亏损→提取公积金→分配给股东。

二、股东的分红顺序

有约定的按约定;没约定的→有限责任公司股东按实缴比例分配利润,股份有限公司股东按持股比例分配利润。

三、公司利润分配时间

1. 分配利润的股东会决议作出后,公司应当在决议载明的时间内完成利润分配。决议没有载明时间的，以公司章程规定的为准。决议、章程中均未规定时间或者时间超过 1 年的，公司应当自决议作出之日起 1 年内完成利润分配。

也就是说，按照下列顺序确定分配时间：决议载明时间（≤1 年）→公司章程规定时间（≤1 年）→1 年。

2. 决议中载明的利润分配完成时间超过公司章程规定时间的，股东可以依据《民法典》第 85 条、《公司法》第 26 条的规定请求人民法院撤销决议中关于该时间的规定（仅撤销时间部分）。（《公司法解释（五）》第 4 条）

四、股东分红权被侵害救济——利润分配请求权诉讼

1. 提起诉讼的前提：

股东提交载明具体分配方案的股东会的有效决议，请求公司分配利润，公司拒绝分配利润且其关于无法执行决议的抗辩理由不成立的，人民法院应当判决公司按照决议载明的具体分配方案向股东分配利润。

股东未提交载明具体分配方案的股东会决议，请求公司分配利润的，人民法院应当驳回其诉讼请求，但违反法律规定滥用股东权利导致公司不分配利润，给其他股东造成损失的除外。

2. 原告为股东，被告为公司。

考点六　股权转让

一、有限责任公司股权转让

1. 对内转让，有限责任公司的股东之间可以相互转让其全部或者部分股权，自由转，无限制。

2. 对外转让，三步走：

（1）应当将股权转让的数量、价格、支付方式和期限等事项书面通知其他股东，其他股东在同等条件下有优先购买权。

（2）股东自接到书面通知之日起 30 日内未答复的，视为放弃优先购买权。

（3）两个以上股东行使优先购买权的，协商确定各自的购买比例；协商不成的，按照转让时各自的出资比例行使优先购买权。

二、优先购买权受损救济

1. 转让股东以欺诈、恶意串通等手段，损害其他股东优先购买权的，其他股东可以主张按照同等条件购买该转让股权。其应自知道或应当知道行使优先购买权的同等条件之日起 30 日内主张，或者自股权变更登记之日起 1 年内主张（逾期不再享有优先购买权）。

2. 其他股东仅提出确认股权转让合同及股权变动效力等请求，未同时主张按照同等条件购买转让股权的，人民法院不予支持；但其他股东非因自身原因无法行使优先购买权，请求损害赔偿的除外。

3. 股东以外的股权受让人，因股东行使优先购买权而不能实现合同目的的，可以依法请求转让股东承担相应民事责任。

三、股权收购请求权

有下列情形之一的，对股东会该项决议投反对票的股东可以请求公司按照合理的价格收购

其股权(弃权不算):

(1)公司连续5年不向股东分配利润,而公司该5年连续盈利,并且符合公司法规定的分配利润条件。

(2)公司合并、分立、转让主要财产。

(3)公司章程规定的营业期限届满或者公司章程规定的其他解散事由出现,股东会通过决议修改公司章程使公司存续。

(4)公司的控股股东滥用股东权利,严重损害公司或者其他股东利益的,其他股东有权请求公司按照合理的价格收购其股权。

考点七 股东代表诉讼

一、诉讼原因

董事、监事、高级管理人员执行公司职务时违反法律、行政法规或者公司章程的规定,给公司造成损失;或者他人侵犯公司合法权益,给公司造成损失。

二、救济步骤

1. 股东首先向公司提出书面请求(前置程序)。

根据"交叉请求规则",股东的书面请求要满足两个条件:

(1)董事、高级管理人员害公司→股东向监事会请求;

(2)监事害公司→股东向董事会请求。

2. 公司对股东书面请求的两种态度:

(1)接受→公司直接诉讼:原告为公司,被告为侵权人。

①监事会(或监事)接受股东请求对董事、高级管理人员提起诉讼的:应当列公司为原告,依法由监事会主席或者不设监事会的有限责任公司的监事代表公司进行诉讼。

②董事会接受股东请求对监事(或对他人)提起诉讼的:应当列公司为原告,依法由董事长代表公司进行诉讼。

(2)拒绝→股东代表诉讼:原告为股东,被告为侵权人,第三人为公司。

3. 股东提起的代表诉讼中,判决对未参加诉讼的股东发生法律效力。

4. 前置程序的豁免:

情况紧急,不立即起诉将会使公司利益受到难以弥补的损害,股东可以直接提起诉讼。如果股东向公司有关机关提出书面申请时,根本不存在公司有关机关提起诉讼的可能性,可以豁免前置程序。例如,董事监事同时害公司、公司相关机构未设置或人员已经不能履行职责等。

三、诉讼当事人

1. 原告:

(1)有限责任公司任何股东;股份有限公司要求连续180日以上+单独或合计持有1%以上股份。

(2)何时成为股东不影响起诉。

(3)被告反诉原告应受理,反诉公司不受理或驳回起诉。

2. 被告：害公司的人。

3. 第三人：公司。

四、胜诉利益

1. 胜诉利益归属于公司。

2. 股东代表诉讼中，股东请求被告直接向其承担民事责任的，不予支持。

3. 在股东代表诉讼中，股东诉讼请求部分或者全部得到法院支持的，公司应当承担股东因参加诉讼支付的合理费用。例如，股东支出的调查费、评估费、公证费等合理费用。

考点八 越权担保

一、担保规则

1. 非关联担保（外保：为他人提供担保）：依照公司章程规定，股东会/董事会决议。

2. 关联担保（内保：为股东/实际控制人提供担保）：

（1）必须经股东会决议；

（2）利害关系股东表决权排除，由其他股东所持表决权过半数通过。

二、越权担保定性、合同效力、善意认定

1. 定性：法定代表人未经授权擅自以公司名义为他人提供担保的，构成越权担保。

2. 合同效力：人民法院应当根据《民法典》第 504 条关于法定代表人越权代表的规定，区分订立合同时债权人是否善意，认定合同效力：债权人善意，合同有效；反之，合同无效。

3. 善意认定标准：债权人不知道或者不应当知道法定代表人超越权限订立担保合同。

（1）关联担保：债权人在订立合同时应对股东会决议进行审查，包括回避制度是否合法适用、签字人员是否符合公司章程等。

（2）非关联担保：只要债权人能够证明其在订立担保合同时对董事会决议或者股东会决议进行了审查，同意决议的人数及签字人员符合公司章程的规定，就应当认定其构成善意，但公司能够证明债权人明知公司章程对决议机关有明确规定的除外。

注意：债权人对公司机关决议内容的审查一般限于形式审查，只要求尽到必要的注意义务即可，标准不宜太过严苛。公司以机关决议系法定代表人伪造或者变造、决议程序违法、签章（名）不实、担保金额超过法定限额等事由抗辩债权人非善意的，人民法院一般不予支持。但是，公司有证据证明债权人明知决议系伪造或者变造的除外。

三、越权担保民事责任

1. 担保合同有效，债权人请求公司承担担保责任的，人民法院依法予以支持。

2. 担保合同无效，债权人请求公司承担担保责任的，人民法院不予支持，但可以按照担保法及有关司法解释关于担保无效的规定处理。

3. 公司举证证明债权人明知法定代表人超越权限或者机关决议系伪造或者变造，债权人请求公司承担合同无效后的民事责任的，人民法院不予支持。

考点九 对赌协议

一、对赌协议种类

从订立“对赌协议”的主体来看，对赌协议主要分为：

1. 投资方与“人”对赌：投资方与目标公司的股东或者实际控制人“对赌”；

2. 投资方与目标公司“对赌”；

3. 投资方与目标公司的股东、目标公司“对赌”。

二、对赌协议的效力及履行

1. 人民法院在审理“对赌协议”纠纷案件时，不仅应当适用合同法的相关规定，还应当适用公司法的相关规定；既要坚持鼓励投资方对实体企业特别是科技创新企业投资原则，从而在一定程度上缓解企业融资难问题，又要贯彻资本维持原则和保护债权人合法权益原则，依法平衡投资方、公司债权人、公司之间的利益。

2. 投资方与“人”对赌，协议有效且可履行。

对于投资方与目标公司的股东或者实际控制人订立的“对赌协议”，如无其他无效事由，人民法院应认定有效并支持实际履行。

3. 投资方与目标公司“对赌”，协议原则有效，须满足合法分红或合法减资的法定程序才可履行。

三、法院审判

1. 投资方与目标公司订立的“对赌协议”在不存在法定无效事由的情况下，目标公司仅以存在股权回购或者金钱补偿约定为由，主张“对赌协议”无效的，人民法院不予支持。但投资方主张实际履行的，人民法院应当审查是否符合公司法关于“股东不得抽逃出资”及股份回购的强制性规定，判决是否支持其诉讼请求。

2. 投资方请求目标公司回购股权的，人民法院应当依据《公司法》中关于“股东不得抽逃出资”或者关于股份回购的强制性规定进行审查。经审查，目标公司未完成减资程序的，人民法院应当驳回其诉讼请求。

3. 投资方请求目标公司承担金钱补偿义务的，人民法院应当依据《公司法》第 53 条关于“股东不得抽逃出资”和第 210 条关于利润分配的强制性规定进行审查。经审查，目标公司没有利润或者虽有利润但不足以补偿投资方的，人民法院应当驳回或者部分支持其诉讼请求。今后目标公司有利润时，投资方还可以依据该事实另行提起诉讼。

考点十 董事会、监事会

一、任职资格

下列人员不得担任董事、监事、高级管理人员：（口诀：“小孩经济犯罪，经理无能变老赖”）

（1）无民事行为能力或者限制民事行为能力人。

(2)因贪污、贿赂、财产侵占、挪用财产等经济犯罪/因犯罪被剥夺政治权利,执行期满未逾5年。

(3)破产清算公司的董事、厂长、经理+负有个人责任,清算完结未逾3年。

(4)担任因违法被吊销营业执照、责令关闭的公司、企业的法定代表人+负有个人责任,该公司、企业被吊销营业执照、责令关闭未逾3年。

(5)个人所负数额较大的债务到期未清偿被法院列为失信被执行人。

二、董事会

1. 人数较少或者规模较小的公司,可以设1名董事,不设董事会(没有董事会就没有董事长;针对有限责任公司)。

2. 有限责任公司董事会人数:3人以上(股份有限公司同)。

3. 任期不超过3年,连选可以连任。留守董事制度:

(1)董事任期届满未及时改选;

(2)董事在任期内辞职+致董事会成员低于法定人数。

在改选出的董事就任前,原董事仍应当依照法律、行政法规和公司章程的规定,履行董事职务。

4. 职工董事:职工人数300人以上的有限责任公司和国有独资公司中应当有职工代表(股份有限公司可以有)。

5. 有限责任公司董事长产生:公司章程规定(股份有限公司董事长产生:全体董事过半数选举)。

6. 董事会表决:一人一票。

7. 董事任期届满前被解除职务(《公司法解释(五)》第3条):

(1)董事任期届满前被股东会有效决议解除职务,其主张解除不发生法律效力的,人民法院不予支持(无因解除)。

(2)董事职务被解除后,因补偿与公司发生纠纷提起诉讼的,人民法院应当依据法律、行政法规、公司章程的规定或者合同的约定,综合考虑解除的原因、剩余任期、董事薪酬等因素,确定是否补偿以及补偿的合理数额(补偿综合考虑)。

8. 董事会(董事)决定聘任或者解聘公司经理及其报酬事项,并根据经理的提名决定聘任或者解聘公司副经理、财务负责人及其报酬事项。

三、监事会

1. 股东人数较少或者规模较小的,可以设1名监事,不设监事会;经全体股东一致同意,也可以不设监事。(有限责任公司)

2. 监事会人数≥3人。

组成:股东代表+职工代表(比例≥1/3)。

3. 任期每届3年,可连选连任。

4. 董事、高级管理人员不得兼任监事。

考点十一 公司的变更

一、公司章程的变更

1. 由董事会提出修改公司章程的提议。

2. 由股东会表决通过。

(1)有限责任公司修改公司章程的决议,必须经代表2/3以上表决权的股东通过。

(2)股份有限公司修改公司章程的决议,必须经出席股东会的股东所持表决权的2/3以上通过。

3. 公司章程变更后,应向公司登记机关申请变更登记。

二、公司注册资本的变更

1. 公司内部决议程序,与修改公司章程程序相同。

2. 增加注册资本,经代表2/3以上表决权的股东通过。

3. 减少注册资本,经代表2/3以上表决权的股东通过,公司应当自股东会作出减少注册资本决议之日起10日内通知债权人,并于30日内在报纸上或者国家企业信用信息公示系统公告。债权人自接到通知之日起30日内,未接到通知的自公告之日起45日内,有权要求公司清偿债务或者提供相应的担保。

4. 发生增/减资效力的时间:变更登记后发生效力,不是股东会决议作出后发生效力。

三、公司类型的变更

1. 公司内部决议程序,与修改公司章程程序相同。

2. 有限责任公司→股份有限公司:符合设立股份有限公司的条件;在规定的期限内向公司登记机关申请变更登记,并提交有关文件;折合的实收股本总额不得高于公司净资产额。

3. 股份有限公司→有限责任公司:符合有限责任公司设立的条件;在规定的期限内向公司登记机关申请变更登记,并提交有关文件。

四、公司的合并、分立

1. 公司合并,包括吸收合并(A+B=A),新设合并(A+B=C)。

2. 公司分立,包括存续分立(A=A+B),新设分立(A=B+C)。

3. 程序:股东会作出决议(特别多数决议权)→签订协议→编制资产负债表和财产清单→10日内通知债权人,30日内报纸或者国家企业信用信息公示系统公告。

4. 债权人救济,公司合并可以提前还债或者提供担保,公司分立没有额外的救济措施。

考点十二 公司的清算

一、清算程序

1. 成立清算组。

2. 清理公司财产,分别编制资产负债表和财产清单。

(1)在清算期间,公司不得开展新的经营活动。任何人未经清算组批准,不得处分公司财产。

(2)清算组清理公司财产、编制资产负债表和财产清单。

(3)制订清算方案,并报股东会(自行清算)或者人民法院确认(指定清算)。

(4)公司财产能够清偿公司债务的,清算组应先拨付清算费用,然后按照下列顺序清偿:职工工资、社会保险费用和法定补偿金→所欠税款→公司债务→股东分配剩余财产。

3. 通知、公告债权人(债权申报期间不得对债权人清偿)。

清算组应当自成立之日起 10 日内通知债权人,并于 60 日内在报纸上或者国家企业信用信息公示系统公告。债权人应当自接到通知之日起 30 日内,未接到通知的自公告之日起 45 日内,向清算组申报其债权。

4. 处理与清算有关的公司未了结的业务,不得开展与清算无关的经营活动。

5. 清缴所欠税款以及清算过程中产生的税款,清理债权、债务。

6. 代表公司参与民事诉讼活动。

清算组以公司名义参加诉讼,如未成立清算组,则仍由原法定代表人代表公司参加诉讼。

7. 申请公司注销登记,报送公司登记机关,申请注销公司登记,公告公司终止。

二、清算过程中的法律责任

清算过程中公司存续,但如果股东、董事等有违法行为引起公司财产流失、贬值,债权人可以主张股东、董事等对公司债务承担赔偿责任。

三、关于有限责任公司清算义务人的责任

有限责任公司的股东怠于履行义务,导致公司主要财产、账册、重要文件等灭失,无法进行清算,债权人主张其对公司债务承担连带清偿责任的,人民法院应依法予以支持。

1. 怠于履行清算义务的认定

怠于履行清算义务是指有限责任公司的股东在法定清算事由出现后,在能够履行清算义务的情况下,故意拖延、拒绝履行清算义务,或者因过失导致无法进行清算的消极行为。

2. 股东免责情形

(1)股东举证证明其已经为履行清算义务采取了积极措施,或者小股东举证证明其既不是公司董事会或者监事会成员,也没有选派人员担任该机关成员,且从未参与公司经营管理,以不构成"怠于履行义务"为由,主张其不应当对公司债务承担连带清偿责任的,人民法院依法予以支持。

(2)因果关系抗辩:有限责任公司的股东举证证明其"怠于履行义务"的消极不作为与"公司主要财产、账册、重要文件等灭失,无法进行清算"的结果之间没有因果关系,主张其不应对公司债务承担连带清偿责任的,人民法院依法予以支持。

考点十三 债权申报

一、可申报债权要件

1. 以财产给付为内容的请求权(金钱债)。

2. 以债务人财产为受偿基础的请求权。

3. 法院受理破产申请前成立的对债务人享有的债权。

4. 平等民事主体之间合法有效的债权的请求权。

二、不可申报的债权

1. 取回权(物权性)、职工债破产费用、共益债务、债权人参加债权人会议的费用。

2. 罚金、罚款、违约金、滞纳金。

3. 诉讼时效届满、无效债权。

三、可申报的债权

有担保债权、未到期债权、效力待确定债权(附条件、附期限、诉讼或仲裁未决)、利息(受理止息)、连带债务人的代位求偿权、连带债务的债权人等。

四、保证债权的申报

1. 保证人被受理破产的:

债权人有权申报其对保证人的保证债权。一般保证的保证人不享有先诉抗辩权。债权人在一般保证人破产程序中的分配额应予提存,待一般保证人应承担的保证责任确定后再按照破产清偿比例予以分配。

2. 债务人、保证人均被受理破产的:

(1)债权人有权向债务人、保证人分别申报债权。

(2)债权人向债务人、保证人均申报全部债权的,从一方破产程序中获得清偿后,其对另一方的债权额不作调整,但债权人的受偿额不得超出其债权总额。

(3)保证人履行保证责任后不再享有求偿权。

考点十四 破产重整程序

一、重整期间

重整期间自人民法院裁定债务人重整之日起至重整程序终止。也就是说,重整期间:重整受理日→重整计划被法院裁定批准/不批准+终止重整程序。(不包括重整计划执行。)

二、重整程序具体内容

1. 重整原因

(1)不能清偿到期债务+资产不足以清偿全部债务。

(2)不能清偿到期债务+明显缺乏清偿能力。

(3)有明显丧失清偿能力的可能。

2. 申请重整

(1)债权人可直接向法院申请对债务人进行重整。

(2)债务人可直接向法院申请重整。

(3)债权人申请对债务人进行破产清算+债务人/注册资本1/10以上出资人可申请重整(清算→重整)。

3. 受理重整法律效果

(1)担保权暂停行使。在重整期间,对债务人的特定财产享有的担保权暂停行使。

(2)可新借款、新担保。在重整期间,债务人或者管理人为继续营业而借款的,可以为该借款设定担保。

(3)取回权按合同约定行使。债务人合法占有的他人财产,该财产的权利人在重整期间要求取回的,应当符合事先约定的条件。例如,债务人租赁的场地、设备,如果租期未到,则出租人不得在重整期间要求取回。

(4)对出资人和管理层的限制:

①在重整期间,债务人的出资人不得请求投资收益分配;

②在重整期间,债务人的董事、监事、高级管理人员不得向第三人转让其持有的债务人的股权,但经人民法院同意的除外。因为在某些情况下,股权转让不会对重整产生消极影响,甚至有积极作用,如吸引新投资者。

4. 重整计划的制备

谁管理谁制备:重整计划应当由重整期间负责管理财产和营业事务的人制备。债务人自行管理的,债务人为重整计划的制备人;管理人负责管理的,管理人为重整计划的制备人。

5. 重整计划的通过

(1)第 1 步:分组讨论。

债权人会议分组对重整计划草案进行表决,分组包括:担保物权人组;职工债权组;债务人所欠税款组;普通债权组。

(2)第 2 步:组内表决(双重多数决:人过半 + 占该组债权总额的 2/3 以上)。

出席会议的同一表决组的债权人过半数同意重整计划草案,并且其所代表的债权额占该组债权总额的 2/3 以上的,即为该组通过重整计划草案。

(3)第 3 步:各表决组均通过重整计划草案时,重整计划即为通过。

6. 重整计划的批准

(1)法院审查重整计划认为符合破产法规定的,裁定批准,同时终止重整程序,并予以公告。

(2)未通过时的强行批准。若个别表决组出于自身利益而拒绝通过重整计划,需对不同利益进行权衡:

①协商基础上的再次表决;

②再次表决未通过时的审查批准(法院审查重整计划,符合条件的强行批准)。

7. 重整计划的执行

(1)重整计划由债务人负责执行,管理人进行监督。

(2)重整计划因执行不能而终止:

债务人不能执行或不执行重整计划时,人民法院经管理人或者利害关系人请求,应当裁定终止重整计划的执行,并宣告债务人破产(债务人不能请求)。

(3)重整计划执行不能的后果。对债权人:清偿有效,承诺失效。

①在执行不能而终止的情况下,债权人在重整计划中作出的债权调整的承诺失去效力,其基于让步而放弃的债权恢复原状。

②债权人在重整计划执行过程中已经接受的清偿仍然有效,无须返还。

③其债权未受清偿的部分,作为破产债权参加破产清算程序。如果同顺位债权的各债权人在重整计划执行中已经接受的清偿未达到同一比例,则破产分配时应当首先对其中受偿比例较

低的债权人进行分配;已受偿比例较高的债权人只有在其他同顺位债权人同自己所受的清偿达到同一比例时,才能继续接受分配。

④担保有效。在执行不能而终止的情况下,已为重整计划的执行提供的担保继续有效,管理人有权依据担保协议,请求担保人履行担保义务(如新借款担保)。

考点十五 票据行为

一、票据背书

1. 背书规则:

(1)背书必须连续。

(2)背书转让无须经票据债务人同意。

(3)背书转让的转让人不退出票据关系。

2. 禁转背书。《票据法》允许票据出票人和背书人记载"不得转让"字样,即禁转背书。

(1)出票人禁转:

出票人在汇票上记载"不得转让"字样,持票人再背书转让的,背书行为无效。

(2)背书人禁转:

背书人记载"不得转让"字样的,其后手的再次背书行为是"有效背书"。记载"不得转让"字样的背书人,对后手的被背书人不承担保证责任。

3. 期后背书。期后背书是指票据被拒绝承兑、被拒绝付款或者超过付款提示期限的,背书人仍然将其背书转让。

(1)期后背书属于无效背书,不发生一般背书的效力,而只具有普通债权转让的效力。

(2)背书转让的,背书人承担票据责任:票据持有人背书转让的,被背书人以背书人为被告行使追索权而提起诉讼的,人民法院应当受理。

二、票据质押

1. 质押方式

背书人在设定质押背书时,必须在背书中载明"质押"字样,并签名盖章。如果出质人只记载了"质押"字样而未在票据上签章,或者出质人未在汇票或粘单上记载"质押"字样而是另行签订质押合同、质押条款的,不构成票据质押。

2. 质押法律效果

(1)质押背书的被背书人以质押票据再行背书质押或者背书转让的,背书行为无效。

(2)出票人在票据上记载"不得转让"字样,其后手以此票据进行质押的,通过质押取得票据的持票人不享有票据权利。

(3)贷款人恶意或者有重大过失从事票据质押贷款的,质押行为无效。

(4)背书人在票据上记载"不得转让"字样,其后手以此票据进行质押的,原背书人对后手的被背书人不承担票据责任。

三、票据保证

票据保证是指票据债务人以外的第三人,担保特定的票据债务人能够履行票据债务的票据行为。

1. 票据保证的记载事项："保证"字样、保证人的名称和住所、被保证人的名称、保证日期、保证人签章。

没有记载事项的推定：

(1)没有写明被保证人的，已承兑的汇票，承兑人为被保证人；未承兑的汇票，出票人为被保证人。

(2)没有写明保证日期的，出票日期为保证日期。

上述两项内容缺失的，不影响保证行为的效力。

2. 保证责任具有独立性，保证责任有效成立后即生效，独立于设立此保证的原因关系。

3. 保证不得附条件，附有条件的，该条件视为无记载，票据保证行为有效。

4. 票据保证人承担的是连带责任，票据上的保证为连带保证。

5. 票据保证人承担清偿责任后，其有权行使持票人对被保证人及其前手的追索权。

四、精编模拟测试

（一）

艺风公司成立于2014年，注册资本100万元，张某和赵某是股东，分别持有70%、30%的股权，约定2024年出资完毕。张某任执行董事和法定代表人，赵某任监事。为公司经营发展需要，公司章程约定股东不领取报酬，但可以进行分红，然而公司并未实际分红。

2016年，艺风公司决定引入新的股东华云公司。对此，张某、赵某、艺风公司、华云公司另签订投资协议，约定华云公司投资2000万元持有20%股权，于2016年6月和10月分两次出资，每次出资1000万元，并约定张某和赵某应于2016年6月出资完毕。协议约定，若未按时履行出资，守约方有权解除协议。

华云公司缴纳第一期出资后办理了股权登记及工商登记。华云公司派出刘某和王某担任艺风公司董事，刘某、王某、张某组成董事会，赵某担任监事。2016年8月，刘某在某次投标活动中故意填错艺风公司投标书上的数字，导致刘某同学所在公司中标。张某知道后和刘某大吵一架，赵某主张对刘某提起诉讼，张某说事后再议。张某和赵某向华云公司提出解除刘某和王某的董事职务，华云公司同意解除刘某职务，但不同意解除王某职务。之后华云公司法定代表人杨某向艺风公司提出股东不同意继续对艺风公司投资，原因是张某和赵某两人未按时履行出资义务，并且张某和赵某主张解除投资协议，故不能按期缴纳第二次的投资款。

2017年4月，张某提出召开股东会，议定事项有三：第一，解除刘某董事职务；第二，解除王某董事职务；第三，解除和华云公司的投资协议。2017年6月，华云公司参加股东会，会上对第一项决议表示同意并签署意见，对第二、三项决议表示反对并拒绝签署该两项决议。此后，张某和赵某找到新的投资人，向华云公司发送解除协议的通知，将华云公司前期投入的1000万元退还给了华云公司，并申请注销华云公司股东资格。

【问题】

1. 华云公司投资的2000万元是否必须计入注册资本?

2. 刘某的行为如何定性,其应当向艺风公司承担何种责任?

3. 若艺风公司章程有关于不分红和董事不领取报酬的规定是否合法?

4. 艺风公司股东会决议中第二、三项内容是否成立?是否有效?

5. 张某和赵某是否可以解除投资协议?

6. 艺风公司是否可以要求注销华云公司的股东身份?艺风公司将1000万元直接退给华云公司是否合法?

—— 参考答案 ——

1. 不必全部计入注册资本。公司常会通过增资扩股的方式引入新的投资者,一般情况下,原股东与投资者会参考一定的标准(例如评估的净资产值等)确定拟增资公司的价值,确定投资者认购增资的价款。增资价款可分为两个部分,一部分作为新增注册资本,超过新增注册资本的部分则作为资本溢价计入公司的资本公积金。本案中,艺风公司注册资本为100万元,如果华云公司2000万元全部计入注册资本,则华云公司的持股比例将远超过20%的比例,这表明艺风公司该次增资是溢价增资,溢价款应计入公司资本公积金。

2. 刘某擅自更改艺风公司的投标文件,是利用职务便利为他人谋取属于公司的商业机会,该行为违反了董事的忠实和勤勉义务。根据《公司法》第183、186、191条的规定,刘某应当向艺风公司承担赔偿责任,并且其违法所得应当归入公司。

3. 均合法。公司盈余分配是公司自主决策事项,是公司或股东基于自身的知识与经验作出的商业判断。基于有限责任公司封闭性和人合性的特点,由合法通过的公司章程对公司利润分配作出某些限制性规定,系公司意思自治的体现,故不分红也可以。另外,基于公司与董事之间的"委托关系",《公司法》第59条第1款第1项规定,董事的报酬由股东会决定。因此,无偿委托也就是董事不领取报酬的规定也是合法的。

4. 决议第二、三项成立,并且是有效决议。根据《公司法》第26条和《公司法解释(四)》第5条的规定,股东会决议效力一般从决议内容、会议召集程序、表决方式等方面进行综合认定。本案中,2017年6月艺风公司召开股东会并合法表决,所以该决议成立。关于决议效力的判断,第二项决议内容为"解除王某董事职务",这本属于股东会的职权且股东会罢免董事具有无因性,故该项内容不违法。第三项决议内容为"解除投资协议",由于华云公司拒绝缴纳后续出资,艺风公司有权依据投资协议解除投资关系,该解约内容没有违反法律、行政法规的强制性规定。决议程序上,虽然华云公司反对,但其持股比例仅为20%,这意味着决议经80%表决权比例通过,该表决比例达到2/3以上表决权,所以决议合法有效。

5. 张某和赵某无权解除投资协议。依据投资协议的约定,一方未按时履行出资,守约方有权解除协议。据此,行使解除权需满足两个条件:华云公司违约且张某和赵某遵守了投资协议的约定。本案中,虽然华云公司拒绝缴纳后续出资,但张某和赵某也没有在2016年6月之前缴纳全部出资,因此二人并非守约方,其解除投资协议的主张是不成立的。

6. (1)不可注销华云公司的股东身份。

投资协议属于基础法律关系,其是否解除与股东身份并不必然相关联,因为股东身份是基于向公司投资形成的“公司—股东”之间的法律关系,依据《公司法解释(三)》第17条的规定,仅当股东未履行出资义务或者抽逃全部出资,经公司催告并在合理期间内仍未缴纳或者返还出资,公司有权以股东会决议解除该股东的股东资格,并且公司还需完成减资等相关程序。本案中,华云公司已经缴纳部分出资款并完成股东登记,不符合被公司除名的规定。所以即使投资协议被解除,华云公司的股东身份也并非必然被注销。

(2)艺风公司直接将投资款退给华云公司不合法。

依据公司的法人性原理,公司成立后为独立法人,股东向公司已缴纳的出资无论是计入注册资本还是计入资本公积金,本质上为股东出资后形成的公司资产,股东可以通过行使股权等方式收回投资款,但股东不得抽回出资。同理,艺风公司也无权直接退回相应出资款项,需要经过法定减资程序向股东返还投资款。本案中,华云公司已经办理股东变更登记,并且其增资款也经过市场监管部门登记,艺风公司未履行合法的减资程序即退还华云公司增资款的行为损害了公司债权人利益,违反《公司法》“资本维持”的原则。所以艺风公司直接将投资款退给华云公司不合法。

(二)

张三、李四、王五筹办A公司,三人签署协议对各自筹办事务进行了分工,但约定若公司未能设立成功,相关设立人各自对自己负责事务承担责任,不能连累其他人。在设立过程中,张三准备以自己在甲公司的10%的股权作价100万元出资,李四提出以自己对B公司的80万元债权作价50万元出资,王五以货币60万元出资,但提出在10年内完成实缴。

张三、李四、王五创办A公司时,王五认缴60万元,但只缴纳了30万元,剩余30万元在出资期限届满后仍一直迟迟不到位。公司屡次口头催促,但王五仍然不予缴纳。

A公司经营一段时间后,李四发觉自己所得与公司业绩很不匹配,遂向公司提出查账的请求,要求查阅、复制公司的会计账簿和会计凭证。A公司同意李四查阅会计账簿和会计凭证,但不同意复制。李四发现公司有一大笔资金转入了全资子公司B公司,遂要求查阅B公司会计账簿和会计凭证,B公司以李四并非本公司股东为由拒绝。

张三准备将自己的股权全部转让给股东之外的第三人某甲,转让后张三请求公司变更股东名册和公司登记,公司以张三未尊重其他股东优先购买权也未征求其他股东同意为由拒绝变更公司登记,但同意变更股东名册。

A公司有一家全资子公司B公司,B公司的董事某甲执行职务时故意违法操作给他人造成损害,导致B公司承担了赔偿责任。张三作为A公司的股东,在B公司无法对某甲追究责任时,准备对某甲提起股东代表诉讼。但某甲认为张三并非B公司的股东,不能作为适格原告。

【问题】

1. 本题中,三人的约定是否合法?三人的出资是否合法?

2. 本题中,针对王五不缴纳30万元出资,公司应如何应对?

3. 李四能否查阅、复制A、B两公司的会计账簿和会计凭证？

4. 张三转让股权是否应征得其他股东同意？其他股东是否有优先购买权？某甲是否享有股东权利？

5. 张三能否以A公司股东身份提起对B公司董事某甲的股东代表诉讼？

—— 参考答案 ——

1. (1)三人关于公司若设立失败责任各自承担的约定是无效的。根据《公司法》第44条第2款的规定，公司未成立的，其法律后果由公司设立时的股东承受；设立时的股东为二人以上的，享有连带债权，承担连带债务。意思自治不能对抗法律强行规定。

(2)三人的出资合法。根据《公司法》第48条第1款的规定，股东可以用货币出资，也可以用实物、知识产权、土地使用权、股权、债权等可以用货币估价并可以依法转让的非货币财产作价出资。所以三人的出资种类是合法的。

根据《公司法》第47条第1款的规定，全体股东认缴的出资额由股东按照公司章程的规定自公司成立之日起5年内缴足。所以，王五提出10年内完成实缴是不合法的。

2. 可要求张三、李四承担连带违约责任，并向王五发出催缴通知书，催缴期限届满后仍不缴纳的，可发出失权通知书，王五失去未缴纳的30万元的出资股权。

根据《公司法》第50条的规定，有限责任公司设立时，股东未按照公司章程规定实际缴纳出资，设立时的其他股东与该股东在出资不足的范围内承担连带责任。本题中，公司可要求张三和李四承担连带责任。

根据《公司法》第51条第1款的规定，有限责任公司成立后，董事会应当对股东的出资情况进行核查，发现股东未按期足额缴纳公司章程规定的出资的，应当由公司向该股东发出书面催缴书，催缴出资。根据《公司法》第52条第1款的规定，股东未按照公司章程规定的出资日期缴纳出资，公司发出书面催缴书催缴出资的，可以载明缴纳出资的宽限期，宽限期自公司发出催缴书之日起，不得少于60日。宽限期届满，股东仍未履行出资义务的，公司经董事会决议可以向该股东发出失权通知。自通知发出之日起，该股东丧失其未缴纳出资的股权。本案中，公司可向王五发出书面催缴书，宽限期届满后可发出失权通知书，王五丧失未缴纳的30万元出资的股权。

3. 李四可以查阅A、B两公司的会计账簿和会计凭证，但是不能复制。根据《公司法》第57条第2款的规定，股东可以要求查阅公司会计账簿、会计凭证。由此可见，会计账簿和会计凭证可以查阅，但不能复制，因为其毕竟是公司经营的内部机密，若允许复制则会泄密。根据《公司法》第57条第5款的规定，股东要求查阅、复制公司全资子公司相关材料的，适用前四款的规定。故本案中，李四可以查阅A、B两公司的会计账簿和会计凭证但不能复制。

4. 首先，张三转让股权无须征得其他股东同意，其他股东有优先购买权。根据《公司法》第84条第2款的规定，股东向股东以外的人转让股权的，应当将股权转让的数量、价格、支付方式和期限等事项书面通知其他股东，其他股东在同等条件下有优先购买权。本题中，张三转让股权无须征得其他股东同意，其他股东有优先购买权。

其次，某甲享有股东权利。根据《公司法》第86条第2款的规定，股权转让的，受让人自记载于股东名册时起可以向公司主张行使股东权利。所以，某甲既然已经登记在股东名册中，即享有股东权利。

5. 可以。根据《公司法》第 189 条第 4 款的规定，公司全资子公司的董事、监事、高级管理人员侵犯公司全资子公司合法权益造成损失的，有限责任公司股东可以书面请求全资子公司的监事会、董事会向法院起诉或者以自己的名义直接向法院起诉。本题中，若 B 公司监事会、董事会无法对某甲提起诉讼，则张三可以自己名义直接向法院起诉。

行政法与行政诉讼法

一、考情分析

表6　近七年行政法与行政诉讼法考查分值及占卷面分值比重情况

年份	2024	2023	2022	2021	2020	2019	2018
分值/分	28	28	28	28	28	27	28
占卷面分值比重/%	15.6	15.6	15.6	15.6	15.6	15.0	15.6

2024年的行政法与行政诉讼法题目遵循着重者恒重的规律，分值为28分。提示考生重点掌握"判断行为是否为具体行政行为（具体行政行为的哪种行为）""被告/复议被申请人的确定""管辖法院的确定""法院判决方式""救济途径"等。

1. 行政实体法与行政救济法共同构成了作为部门法的行政法，这就决定了行政法与行政诉讼法主观题往往是实体法与救济法相结合进行综合考查。

如2019年考查了行政救济部分的内容、2018年考查了《行政强制法》、2017年考查了《行政处罚法》与《行政许可法》、2016年考查了《行政许可法》。这就要求考生不仅要熟练掌握《行政诉讼法》的相关内容，还要对行政实体法部分加以重视。2025年要重视《行政复议法》，因为这部分内容有新增内容，建议复习的时候要重点掌握本书相应部分，一定要按照新法进行答题。

2. 重者恒重，知识点已经相对固定，考查并不是特别的灵活。

《行政诉讼法》在主观题考查中占据重要地位，且考点相对固定，只要稍加学习便能拿到相应的分数，性价比极高。这也是好多考生选做行政法与行政诉讼法题目的原因。行政法与行政诉讼法的备考应尽量集中在传统核心考点和新增的内容上，考生在掌握本书的内容后，也要注意对新增考点的积累。

二、历年真题

2024 年

【案情】

京州市是设区的市,蓝胜公司为市内一污水处理厂。在日常的污水处理工作中将产生的污泥违法堆放在城市绿化带上。京州市市政监督管理局(以下简称市政管理局)以蓝胜公司违法堆放污泥为由,于2023年6月1日对蓝胜公司作出了行政处罚决定书,责令其在10日内(2023年6月11日前)对其非法堆放在绿化带上的污泥进行清除并采取治理措施。同时对蓝胜公司处以罚款人民币10万元,对直接负责的法定代表人孙某处以罚款人民币2万元。

后经两次催告,蓝胜公司仍未在规定期限内进行清理。市政管理局于2023年6月15日作出代履行决定,指定某清理公司对蓝胜公司堆放的污泥进行清除,并要求蓝胜公司支付清理费用。

后蓝胜公司不服,于2023年6月20日向京州市人民政府申请行政复议,京州市人民政府于2023年7月1日作出了行政复议决定,维持了市政管理局所作出的处罚决定。

蓝胜公司对该复议决定不服,于2023年7月10日向人民法院提起行政诉讼,提出以下诉讼请求:

(1)请求确认市政管理局无权对城市污水和污泥进行监督和处罚,请求撤销市政管理局所作出的代履行决定;

(2)请求撤销市政府作出的复议维持决定;

(3)请求判决市政管理局履行提供指定污泥处理区域的法定职责。

在该案件的诉讼过程中,市政管理局向法院提交了一份京州市人民政府制定并发布的《关于明确市政管理局主要职责、内设机构和人员编制管理的规定》,其中明确规定市政管理局为本市的城镇排水主管部门。

材料:

《城镇排水与污水处理条例》是由中华人民共和国国务院于2013年10月2日发布,自2014年1月1日起施行的行政法规。

第5条

国务院住房城乡建设主管部门指导监督全国城镇排水与污水处理工作。

县级以上地方人民政府城镇排水与污水处理主管部门(以下称城镇排水主管部门)负责本行政区域内城镇排水与污水处理的监督管理工作。

县级以上人民政府其他有关部门依照本条例和其他有关法律、法规的规定,在各自的职责范围内负责城镇排水与污水处理监督管理的相关工作。

第30条

城镇污水处理设施维护运营单位或者污泥处理处置单位应当安全处理处置污泥,保证处理处置后的污泥符合国家有关标准，对产生的污泥以及处理处置后的污泥去向、用途、用量等进行跟踪、记录，并向城镇排水主管部门、环境保护主管部门报告。任何单位和个人不得擅自倾倒、堆放、丢弃、遗撒污泥。

第53条

违反本条例规定，城镇污水处理设施维护运营单位或者污泥处理处置单位对产生的污泥以及处理处置后的污泥的去向、用途、用量等未进行跟踪、记录的，或者处理处置后的污泥不符合国家有关标准的，由城镇排水主管部门责令限期采取治理措施，给予警告；造成严重后果的，处10万元以上20万元以下罚款；逾期不采取治理措施的，城镇排水主管部门可以指定有治理能力的单位代为治理，所需费用由当事人承担；造成损失的，依法承担赔偿责任。

违反本条例规定，擅自倾倒、堆放、丢弃、遗撒污泥的，由城镇排水主管部门责令停止违法行为，限期采取治理措施，给予警告；造成严重后果的，对单位处10万元以上50万元以下罚款，对个人处2万元以上10万元以下罚款；逾期不采取治理措施的，城镇排水主管部门可以指定有治理能力的单位代为治理，所需费用由当事人承担；造成损失的，依法承担赔偿责任。

【问题】

1. 市政管理局责令蓝胜公司限期10日内对违法堆放的污泥进行清除的行为属于何种法律性质？请说明理由。(4分)

2. 如何确定本案的管辖法院？请说明理由。(4分)

3. 市政管理局对蓝胜公司罚款10万元，对孙某罚款2万元，蓝胜公司提起行政诉讼后，法院能否对孙某被处的2万元罚款进行合并审理？请说明理由。(6分)

4. 本案代履行应该遵循怎样的法定程序？请说明理由。(4分)

5. 市政管理局对污泥治理是否有监管权和处罚权？请说明理由。(4分)

6. 针对蓝胜公司要求市政管理局履行提供指定污泥处理区的职责的请求，人民法院应当如何处理？请说明理由。(6分)

—— 参考答案 ——

1. 属于行政强制措施。

依据《行政强制法》第2条第2款的规定，行政强制措施，是指行政机关在行政管理过程中，为制止违法行为、防止证据损毁、避免危害发生、控制危险扩大等情形，依法对公民的人身自由实施暂时性限制，或者对公民、法人或者其他组织的财物实施暂时性控制的行为。本案中，市政管理局责令蓝胜公司限期清理的行为属于对违法行为的制止，将绿化带上污泥进行清理并恢复原状是防止损害进一步的发生与扩大，因此属于行政强制措施。

2. 市政管理局所在地与市政府所在地的基层人民法院均可管辖。

根据《行政诉讼法》的规定，经复议的案件，复议机关决定维持原行政行为的，作出原行政行为的市政管理局和复议机关市政府是共同被告。根据《行政诉讼法》第18条第1款的规定，行政案件由最初作出行政行为的行政机关所在地人民法院管辖。经复议的案件，也可以由复议机关所在地人民法院管辖。根据《行诉适用解释》第134条第3款的规定，复议机关作共同被告的案件，法院的级别管辖按照原机关确定。本题属于复议维持案件，作出原行政行为的机关为市政管理局,因此应当由基层人民法院管辖。市政管理局所在地基层人民法院与市政府所在地基层人民法院对本案均有管辖权。

3. 不能合并审理。

依据《行诉适用解释》第 73 条的规定,行政机关就同一事实对若干公民、法人或者其他组织分别作出行政行为,公民、法人或者其他组织不服分别向同一法院起诉的,法院可以决定合并审理。

本案中,孙某并未就 2 万元罚款向法院起诉,且原告蓝胜公司在诉讼中提出的请求不包含市政管理局对孙某所作出的 2 万元罚款。因此本案不符合可以适用合并审理的情形,本案法院的审理对象应当为蓝胜公司所提出的内容,而对于孙某的罚款应当遵循"不告不理"原则,不能够将其进行合并审理。

4.《行政强制法》第 50 条规定,行政机关依法作出要求当事人履行排除妨碍、恢复原状等义务的行政决定,当事人逾期不履行,经催告仍不履行,其后果已经或者将危害交通安全、造成环境污染或者破坏自然资源的,行政机关可以代履行,或者委托没有利害关系的第三人代履行。

根据《行政强制法》第 51 条的规定,本案代履行应当遵循以下程序:(1)代履行前送达决定书,代履行决定书应当载明当事人的姓名或者名称、地址,代履行的理由和依据、方式和时间、标的、费用预算以及代履行人;(2)代履行 3 日前,催告当事人履行,当事人履行的,停止代履行;(3)代履行时,作出决定的行政机关应当派员到场监督;(4)代履行完毕,行政机关到场监督的工作人员、代履行人和当事人或者见证人应当在执行文书上签名或者盖章。

代履行的费用按照成本合理确定,由当事人承担。但是,法律另有规定的除外。代履行不得采用暴力、胁迫以及其他非法方式。

5. 具有污泥治理的监管权与处罚权。

根据《城镇排水与污水处理条例》第 5 条第 2 款的规定,县级以上地方人民政府城镇排水与污水处理主管部门负责本行政区域内城镇排水与污水处理的监督管理工作。在本题中,京州市人民政府在《关于明确市政管理局主要职责、内设机构和人员编制管理的规定》中明确市政管理局为本市的城镇排水主管部门,因此市政管理局经过《城镇排水与污水处理条例》的授权,对污泥治理有监管权和处罚权。

6. 应当判决驳回原告的诉讼请求。

根据《行政诉讼法》第 69 条的规定,行政行为证据确凿,适用法律、法规正确,符合法定程序的,或者原告申请被告履行法定职责或者给付义务理由不成立的,人民法院判决驳回原告的诉讼请求。结合《城镇排水与污水处理条例》第 30 条的规定,本案中蓝胜公司作为污泥处理处置单位,应当安全处理处置污泥,保证处理处置后的污泥符合国家有关标准,对产生的污泥以及处理处置后的污泥去向、用途、用量等进行跟踪、记录,并向城镇排水主管部门、环境保护主管部门报告。蓝胜公司应当对污泥的处理与后续的管理记录负责。根据《城镇排水与污水处理条例》第 53 条第 2 款的规定,市政管理局对于违反本条例擅自倾倒、堆放遗撒污泥的蓝胜公司,可以责令其停止违法行为,情节严重的可处以罚款,逾期不采取治理措施的,市政管理局可以指定有治理能力的单位代为治理,所需费用由当事人承担。

综上所述,本案市政管理局的行为适用法律法规正确,符合法定程序,蓝胜公司要求被告市政管理局履行职责的理由不成立,法院应当判决驳回原告的诉讼请求。

2023年

【案情】

2022年11月25日，县政府作出《县政府关于弘盛小区改造建设项目房屋征收决定》。决定内容如下：因旧城区改建需要，决定对弘盛小区范围内房屋实行征收。房屋征收部门为县住房和城乡建设局，房屋征收实施单位为县政府组建的弘盛小区改造工程指挥部，改造工程签约期限为45天，搬迁期限为30日，具体起止日期在房屋征收评估机构选定后，由房屋征收部门另行公告；附件为征收补偿方案，上述内容在当地报纸上刊载公布。

孙某位于弘盛小区的房屋被纳入房屋征收范围，土地性质是国有土地，房屋征收实施单位测量房屋为120平方米，以此时的市场房价计算确定补偿30万元，孙某经多次协商未与房屋征收部门达成补偿协议，也未明确同意将涉案房屋腾空并交付拆除。孙某没来得及搬迁，改造工程指挥部便作出了强制拆除决定书，受改造工程指挥部委托的强盛建筑公司，将涉案房屋直接强制拆除，未保全屋内物品，未登记记录，对孙某房屋物品造成了损失。孙某向法院提起行政诉讼，要求确认拆除行为违法，并赔偿被拆除房屋损失50万元，屋内财物损失5万元，过渡期间租房补贴2万元。

材料：

《国有土地上房屋征收与补偿条例》

第8条　为了保障国家安全、促进国民经济和社会发展等公共利益的需要，有下列情形之一，确需征收房屋的，由市、县级人民政府作出房屋征收决定：

（一）国防和外交的需要；

（二）由政府组织实施的能源、交通、水利等基础设施建设的需要；

（三）由政府组织实施的科技、教育、文化、卫生、体育、环境和资源保护、防灾减灾、文物保护、社会福利、市政公用等公共事业的需要；

（四）由政府组织实施的保障性安居工程建设的需要；

（五）由政府依照城乡规划法有关规定组织实施的对危房集中、基础设施落后等地段进行旧城区改建的需要；

（六）法律、行政法规规定的其他公共利益的需要。

第25条　房屋征收部门与被征收人依照本条例的规定，就补偿方式、补偿金额和支付期限、用于产权调换房屋的地点和面积、搬迁费、临时安置费或者周转用房、停产停业损失、搬迁期限、过渡方式和过渡期限等事项，订立补偿协议。

补偿协议订立后，一方当事人不履行补偿协议约定的义务的，另一方当事人可以依法提起诉讼。

第26条第1款　房屋征收部门与被征收人在征收补偿方案确定的签约期限内达不成补偿协议，或者被征收房屋所有权人不明确的，由房屋征收部门报请作出房屋征收决定的市、县级人民政府依照本条例的规定，按照征收补偿方案作出补偿决定，并在房屋征收范围内予以公告。

【问题】

1. 县政府作出的房屋征收决定性质是什么?(4分)

2. 孙某对拆迁行为不服提起行政诉讼,被告应该如何确定?(4分)

3. 改造工程指挥部强制拆除行为是否合法?为什么?(5分)

4.《国有土地上房屋征收与补偿条例》第25条中的协议的性质及提起的是哪种诉讼种类?(5分)

5. 本案中就室内物品的损失应当由谁承担举证责任?(5分)

6. 对于孙某提出的房屋价格的赔偿数额,法院应该如何认定?(5分)

—— 参考答案 ——

1. 房屋征收决定的性质属于具体行政行为。

具体行政行为是指行政主体在对外实施管理中,就特定事项针对特定的公民、法人或者其他组织作出的能够建立、变更、消灭行政法上权利义务关系的一次性处理行为。本案中,县政府作出的房屋征收决定对弘盛小区范围内房屋实行征收,针对的是弘盛小区业主这一特定的对象,房屋征收属于行政征收,是强制处分当事人房屋所有权的一次性处理行为,具有法律性和处分性。可见,该行为属于典型的具体行政行为。

2. 县政府为被告。

根据《行政诉讼法》及相关规定,以作出行政行为的行政机关为被告。县级以上地方人民政府已经作出国有土地上房屋征收与补偿决定,当事人不服具体实施房屋征收与补偿工作中的强制拆除房屋等行为提起诉讼的,应当以作出强制拆除决定的行政机关为被告;没有强制拆除决定书的,以县级以上地方人民政府确定的房屋征收部门为被告。本案中,作出强制拆除决定的是县政府组建的弘盛小区改造工程指挥部,本应当以其为被告,但是该指挥部却属于县政府组建的临时机构,不具有行政主体资格,不能独立承担法律责任,不能成为诉讼被告,故本案应当视为县政府委托改造工程指挥部实施了该行政行为,应以委托该指挥部的行政机关即县政府为被告。

3. 强制拆除的行为违法。

(1)主体不合法。根据行政法相关规定,被征收人在法定期限内不申请行政复议或者不提起行政诉讼,在补偿决定规定的期限内又不搬迁的,应当由作出房屋征收决定的市、县级人民政府依法申请法院强制执行,而不是行政机关直接强制拆除。

(2)程序不合法。依据行政法相关规定,实施房屋征收应当先补偿、后搬迁。本案未签补偿协议,未补偿,未搬迁,未腾空,未通知行政相对人,未经过催告,直接实施强制拆除违法。并且依据相关规定,强制拆除时,依法应当通知当事人到场,清点造册,妥善保管,及时转交财物。本案中,未保全屋内物品,未登记记录违法。

4. (1)属于行政协议。

行政协议是指,行政机关为了实现行政管理或者公共服务目标,与公民、法人或者其他组织协商订立的具有行政法上权利义务内容的协议。《国有土地上房屋征收与补偿条例》第25条规定,房屋征收部门与被征收人依照本条例的规定,就补偿方式、补偿金额和支付期限、用于产权调换房屋的地点和面积、搬迁费、临时安置费或者周转用房、停产停业损失、搬迁期限、过渡方式和过渡期限等事项，订立补偿协议。本案中，行政机关为了旧城改造等公共利益，与小区业主协商一致，约定了征收补偿的具有行政法上权利义务内容的协议，属于典型的行政协议。

（2）提起的诉讼应为行政诉讼。因为这是对行政协议引发的争议提起的诉讼，属于行政诉讼法中规定的行政争议案件，故为行政诉讼。

5. 应由被告承担举证责任。

根据《行政诉讼法》第38条的规定，在行政赔偿、补偿案件中，原告应当对被诉的行政行为造成其合法权益损害提供证据。如果是被告的原因导致原告无法举证的，由被告承担举证责任。本案中，行政机关违法强拆，将涉案房屋直接强制拆除，未保全屋内物品，未登记记录，此属于被告的原因导致原告无法举证，故应由被告承担举证责任。

6. 法院应当按照作出赔偿决定时的市场行情价来支持赔偿数额。

根据《最高人民法院关于审理行政赔偿案件若干问题的规定》第27条的规定，违法行政行为造成公民、法人或者其他组织财产损害，不能返还财产或者恢复原状的，按照损害发生时该财产的市场价格计算损失。市场价格无法确定，或者该价格不足以弥补公民、法人或者其他组织损失的，可以采用其他合理方式计算。违法征收征用土地、房屋，人民法院判决给予被征收人的行政赔偿，不得少于被征收人依法应当获得的安置补偿权益。本案中，孙某请求的房屋损失属于直接损失，因客观原因无法鉴定的，法院应当结合当事人的主张和在案证据，遵循法官职业道德，运用逻辑推理和生活经验、生活常识等，酌情确定赔偿数额。

2022年

【案情】

A公司与县政府委托的住建局签署《甲市天然气综合利用项目合作协议》，协议约定住建局同意A公司在甲市从事城市天然气特许经营，特许经营期限为30年。协议签署前后，A公司陆续取得了天然气综合利用项目的立项批复、管线规划意见、建设用地规划设计条件通知书、国有土地使用证、环境影响评价意见书等手续。同时，A公司对项目进行了部分开工建设，投入了1500万元。

之后住建局对A公司作出催告通知，内容为："你公司的管道天然气经营许可手续至今未能办理，影响了经营区域内居民、工业、商业用户及时用气。现通知你公司抓紧施工建设，抓紧办理管道天然气经营许可手续。若收到本通知2个月内经营许可手续尚未批准，将收回你公司的管道天然气经营区域，由此造成的一切损失由你公司自行承担。"

A公司等燃气公司和有关单位参加了甲市燃气工作会议，会议明确要求："关于天然气镇村通工程建设，各燃气企业要明确管网铺设计划，加快推进工程建设。今年9月底前未完成燃气配套设施建设的，一律收回区域经营权。"A公司出具项目保证书承诺，在办理完成项目开工手续后3个月内完成以上工作，如不能按期完成，将自动退出政府所授予经营区域。

县政府作出《关于印发甲市"镇村通"天然气工作推进方案的通知》（以下简称《甲市天然气工作推进通知》），表示根据甲市燃气工作会议的内容，决定收回A公司的经营区域授权。县政府向A公司送达了该通知。

A公司不服《甲市天然气工作推进通知》,于2021年8月向市政府申请复议。市政府补充了相关证据后,维持了县政府收回决定。A公司遂于2022年1月提起诉讼,要求撤销《甲市天然气工作推进通知》和复议决定。法院审理查明,原属于A公司经营区域内的燃气项目特许经营权已经授予B公司。

《市政公用事业特许经营管理办法》第25条第2款规定:"对获得特许经营权的企业取消特许经营权并实施临时接管的,必须按照有关法律、法规的规定进行,并召开听证会。"

【问题】

1. 县政府收回天然气特许经营权的行为的性质是什么?(5分)

2. 如何确定本案的当事人?(4分)

3. 如何确定本案的管辖?(4分)

4. 本案当事人的起诉是否超过起诉期限?(5分)

5. 县政府收回天然气特许经营权的决定是否合法?(5分)

6. 本案法院应当如何判决?(5分)

—— 参考答案 ——

1. 该行为是行政许可的监督管理行为。

《行政许可法》第66条规定,被许可人未依法履行开发利用自然资源义务或者未依法履行利用公共资源义务的,行政机关应当责令限期改正;被许可人在规定期限内不改正的,行政机关应当依照有关法律、行政法规的规定予以处理。行政许可是全程性的,行政机关作出许可后要进行监督,监督检查被许可人是否合法使用许可经营权;如果发现有违法行为,可以责令改正,拒不改正的,可以作出相应的行政行为。本案中,县政府为了公共利益的需要收回行政许可,属于行政许可的监督管理行为。

2. 本案的原告是被收回特许经营权的A公司,被告是县政府和市政府。B公司应当为本案的第三人,因为其与被诉的收回许可的行为有利害关系。

根据《行政诉讼法》第26条第1款、第2款的规定,公民、法人或者其他组织直接向人民法院提起诉讼的,作出行政行为的行政机关是被告。经复议的案件,复议机关决定维持原行政行为的,作出原行政行为的行政机关和复议机关是共同被告。

虽然合作协议是A公司和住建局签订的,但是住建局的权力是县政府授权的,而且收回特许经营权的也是县政府。因此,本案作出原行政行为的行政机关是县政府,县政府为本案被告。市政府作为复议机关作出复议维持的决定,因此,县政府和市政府应当为共同被告。

3. 从级别管辖看,《行政诉讼法》第15条规定:"中级人民法院管辖下列第一审行政案件:(一)对国务院部门或者县级以上地方人民政府所作的行政行为提起诉讼的案件;(二)海关处理的案件;(三)本辖区内重大、复杂的案件;(四)其他法律规定由中级人民法院管辖的案件。"由于本案是经过复议的案件,被告是原机关县政府和复议机关市政府,因此应当由中级人民法院管辖。

从地域管辖看,根据《行政诉讼法》第18条第1款的规定,经复议的案件,原机关和复议机关所在地法院都有管辖权。因此,县政府和市政府所在地的人民法院都有管辖权,即本案由市中级人民法院管辖。

4. 没有超过起诉期限。

根据《行政诉讼法》第45条的规定，公民、法人或者其他组织不服复议决定的，可以在收到复议决定书之日起15日内向人民法院提起诉讼。本案是经复议的案件，依据法律规定，当事人应当在收到复议决定之日起15日内起诉。

根据《行诉适用解释》第64条第1款的规定，行政机关作出行政行为时，未告知公民、法人或者其他组织起诉期限的，起诉期限从公民、法人或者其他组织知道或者应当知道起诉期限之日起计算，但从知道或者应当知道行政行为内容之日起最长不得超过1年。

本案中复议机关在作出复议维持的决定书中并未告知当事人诉权及起诉期限，因此依据法律规定应当从当事人知道起诉期限之日起计算，但是不得超过知道或应当知道行政行为内容之日起1年。市政府于2021年8月作出复议决定，A公司于2022年1月起诉没有超过起诉期限。

5. 不合法。

根据《市政公用事业特许经营管理办法》第25条第2款的规定，对获得特许经营权的企业取消特许经营权并实施临时接管的，必须按照有关法律、法规的规定进行，并召开听证会。

本案中，虽然县政府是为了公共利益需要决定收回A公司的天然气特许经营权，但是仍要保证A公司的利益，应当召开听证会。因此，县政府没有召开听证会属于程序违法。

6. 法院应当在判决中确认原行政行为违法，并对复议机关的复议决定作出撤销判决。

《行政诉讼法》第74条第2款规定："行政行为有下列情形之一，不需要撤销或者判决履行的，人民法院判决确认违法：(一)行政行为违法，但不具有可撤销内容的……"本案中，县政府作出的行政行为程序违法，但是县政府已经将特许经营权授予B公司。由于该行政行为不具有可撤销的内容，法院可在判决中确认违法。

《行诉适用解释》第136条第1款规定，人民法院对原行政行为作出判决的同时，应当对复议决定一并作出相应判决。本案中，法院对市政府作出的复议维持的决定应当一并判决，即判决撤销市政府的复议维持决定。

2021年

【案情】

甲县政府于2013年10月10日作出76号《关于同意取缔城市集中式饮用水源一、二级保护区排污的批复》文件，文件中明确由甲县生态环境局负责组织实施对在该水源保护区内的惠源公司等9个排污口的关停工作，但没有制定对于关停补偿的相关文件。为保护水源地，惠源公司于2014年开始正式关停。惠源公司于2018年向甲县政府投诉，申请对其按照国家政策给予一次性经济补偿或者迁址另建，免除关停未经营期间的税费及土地使用费等。

2020年5月15日，甲县政府作出《关于甲县惠源公司等五家企业投诉问题的结案报告》，结论是"决定用司法途径解决投诉问题"。惠源公司于2020年7月20日向甲县政府提出搬迁补偿申请书，要求甲县政府履行职责，对惠源公司给予货币补偿，但甲县政府未予答复。

2020年11月9日，惠源公司向法院提起诉讼，要求判决甲县政府对其进行补偿。甲县政府辩称，原告未在合理期限内提出陈述申辩，原告的起诉已超过诉讼时效，并且关闭该企业受益地的是乙县，与甲县没有关系，惠源公司应找乙县请求补偿。

材料一：《水污染防治法》

第4条 县级以上人民政府应当将水环境保护工作纳入国民经济和社会发展规划。

地方各级人民政府对本行政区域的水环境质量负责，应当及时采取措施防治水污染。

第9条第1款 县级以上人民政府环境保护主管部门对水污染防治实施统一监督管理。

第65条第1款 禁止在饮用水水源一级保护区内新建、改建、扩建与供水设施和保护水源无关的建设项目；已建成的与供水设施和保护水源无关的建设项目，由县级以上人民政府责令拆除或者关闭。

第66条第1款 禁止在饮用水水源二级保护区内新建、改建、扩建排放污染物的建设项目；已建成的排放污染物的建设项目，由县级以上人民政府责令拆除或者关闭。

材料二：《环境保护法》

第5条 环境保护坚持保护优先、预防为主、综合治理、公众参与、损害担责的原则。

第6条 一切单位和个人都有保护环境的义务。

地方各级人民政府应当对本行政区域的环境质量负责。

企业事业单位和其他生产经营者应当防止、减少环境污染和生态破坏，对所造成的损害依法承担责任。

公民应当增强环境保护意识，采取低碳、节俭的生活方式，自觉履行环境保护义务。

第31条 国家建立、健全生态保护补偿制度。

国家加大对生态保护地区的财政转移支付力度。有关地方人民政府应当落实生态保护补偿资金，确保其用于生态保护补偿。

国家指导受益地区和生态保护地区人民政府通过协商或者按照市场规则进行生态保护补偿。

【问题】

1. 本案法院级别管辖如何确定？(4分)
2. 惠源公司诉关停行为的被告如何确定？请谈谈你的理由。(5分)
3. 惠源公司的起诉是否超过起诉期限？请谈谈你的理由。(5分)
4. 惠源公司提出的补偿请求是否合理？请谈谈你的理由。(5分)
5. 甲县政府主张自己不是行政补偿主体是否准确？请谈谈你的理由。(5分)
6. 法院如何判决？(4分)

—— 参考答案 ——

1. 由中级人民法院管辖。

《行政诉讼法》第15条规定："中级人民法院管辖下列第一审行政案件：(一)对国务院部门或者县级以上地方人民政府所作的行政行为提起诉讼的案件；(二)海关处理的案件；(三)本辖区内重大、复杂的案件；(四)其他法律规定由中级人民法院管辖的案件。"

本案诉的是县政府不履行支付行政补偿的法定职责，县政府是被告，因此，由中级人民法院管辖。

2. 甲县政府为被告。

《行政诉讼法》第 26 条第 1 款规定："公民、法人或者其他组织直接向人民法院提起诉讼的，作出行政行为的行政机关是被告。"第 5 款规定："行政机关委托的组织所作的行政行为，委托的行政机关是被告。"

本案中，作出 76 号《关于同意取缔城市集中式饮用水源一、二级保护区排污的批复》文件的是县政府，该文件中明确由甲县生态环境局负责组织实施对在该水源保护区内的惠源公司等 9 个排污口的关停工作，属于县政府委托甲县生态环境局实施关停工作。根据"谁委托，谁被告"的规则，应当由甲县政府作为被告。

3. 没有超过。

《行政诉讼法》第 47 条第 1 款规定，公民、法人或者其他组织申请行政机关履行保护其人身权、财产权等合法权益的法定职责，行政机关在接到申请之日起 2 个月内不履行的，公民、法人或者其他组织可以向人民法院提起诉讼。法律、法规对行政机关履行职责的期限另有规定的，从其规定。本案中，惠源公司应当在 2 个月届满后的 6 个月内提起行政诉讼，惠源公司于 2020 年 11 月 9 日向法院提起诉讼，系在县政府收到履职申请 2 个月期限届满之后 6 个月内提起的诉讼，并未超过起诉期限。

4. 合理。

本案县政府作出的关停批复属于行政许可的撤回，应当给予被许可人合理的补偿。《水污染防治法》第 66 条第 1 款规定："禁止在饮用水水源二级保护区内新建、改建、扩建排放污染物的建设项目；已建成的排放污染物的建设项目，由县级以上人民政府责令拆除或者关闭。"惠源公司系位于饮用水水源二级保护区范围内的已建成的排放污染物的建设项目，甲县政府基于环境公共利益需要有权对其作出关停批复，符合法律规定。但是惠源公司在其经营场所被划入水库饮用水水源二级保护区范围之前，已合法取得营业许可，并在被关闭前持续正常经营，其依法取得的行政许可受法律保护。

根据《行政许可法》第 8 条的规定，行政机关为了公共利益的需要依法变更或者撤回已经生效的行政许可，应当对由此给公民、法人或者其他组织造成的财产损失给予补偿。惠源公司基于行政许可行为产生的信赖利益损失有权获得适当、合理的补偿。

5. 不准确。

《环境保护法》第 31 条第 3 款规定："国家指导受益地区和生态保护地区人民政府通过协商或者按照市场规则进行生态保护补偿。"甲县政府系涉案生态保护地所在地政府，根据上述规定，其负有行政补偿职责。同时，根据《行政许可法》第 8 条的规定，甲县政府作为县级人民政府，为了公共利益的需要关停惠源公司经营项目，事实上撤回了行政许可，亦负有补偿职责。

6. 责令甲县政府在一定期限内对惠源公司的补偿申请重新作出处理。

《行诉适用解释》第 91 条规定："原告请求被告履行法定职责的理由成立，被告违法拒绝履行或者无正当理由逾期不予答复的，人民法院可以根据行政诉讼法第七十二条的规定，判决被告在一定期限内依法履行原告请求的法定职责；尚需被告调查或者裁量的，应当判决被告针对原告的请求重新作出处理。"行政机关在实际给付之前尚有优先判断或者裁量余地的，法院应待行政机关先行处理后,再对其是否合法以及明显不当进行审查。在行政机关没有就补偿作出决定的情况下,不宜由法院运用司法权判定补偿的具体数额一事。

2020 年

【案情】

甲市乙区政府为了进行旧城改造,发布了《国有土地征收补偿公告》,对所划定的区域内的国有土地进行征收补偿。乙区政府与乙区管委会签订《征收补偿授权协议书》,授权乙区管委会以乙区政府的名义实施征收补偿事务。

黄某是一名个体工商户,在公告所划定的区域内有厂房,该厂房登记在黄某名下,评估公司评估该房屋价值为260万元。黄某与乙区管委会签订了《资产收购协议》,约定补偿数额为300万元,同时协议中约定,如果发生争议,双方先协商解决,协商不成,任何一方均有权向仲裁机构申请仲裁。黄某认为补偿数额过低,向法院提起诉讼要求确认协议无效。

经法院查明,乙区管委会是甲市政府设立的派出机构,乙区管委会是经乙区政府授权实施征收事宜的。因黄某认为补偿数额过低,向乙区政府申请公开其他被征收人补偿数额的信息,乙区政府以涉及第三人隐私为由拒绝公开。

材料:

《国有土地上房屋征收与补偿条例》

第2条 为了公共利益的需要,征收国有土地上单位、个人的房屋,应当对被征收房屋所有权人(以下称被征收人)给予公平补偿。

第8条 为了保障国家安全、促进国民经济和社会发展等公共利益的需要,有下列情形之一,确需征收房屋的,由市、县级人民政府作出房屋征收决定:

(一)国防和外交的需要;

(二)由政府组织实施的能源、交通、水利等基础设施建设的需要;

(三)由政府组织实施的科技、教育、文化、卫生、体育、环境和资源保护、防灾减灾、文物保护、社会福利、市政公用等公共事业的需要;

(四)由政府组织实施的保障性安居工程建设的需要;

(五)由政府依照城乡规划法有关规定组织实施的对危房集中、基础设施落后等地段进行旧城区改建的需要;

(六)法律、行政法规规定的其他公共利益的需要。

第29条 房屋征收部门应当依法建立房屋征收补偿档案,并将分户补偿情况在房屋征收范围内向被征收人公布。

审计机关应当加强对征收补偿费用管理和使用情况的监督,并公布审计结果。

【问题】

根据案情回答(如有不同处理意见,请列明):

1. 本案的原告是谁?为什么?(5分)

2. 本案的被告是谁?为什么?(5分)

3.《资产收购协议》是否属于行政协议？（4分）

4. 本案约定的仲裁协议是否有效？为什么？（5分）

5. 如何确定本案诉讼时效？为什么？（5分）

6. 乙区政府以涉及第三人隐私为由拒绝黄某的公开申请的行为是否合法？（4分）

—— 参考答案 ——

1. 黄某是原告。

依据《行政诉讼法》及相关规定，行政机关为了实现行政管理或者公共服务目标，与公民、法人或者其他组织协商订立的具有行政法上权利义务内容的协议，属于行政协议。行政协议是具体行政行为，可受案。在行政诉讼中，签订协议的公民、法人或其他组织是原告，行政机关为被告。本案中，行政机关区政府为了实施旧城改造，与黄某协商一致，签订《资产收购协议》，黄某是行政协议的行政相对人，与被诉协议具有利害关系，所以黄某是原告。

2. 乙区政府是被告。

依据《行政诉讼法》及相关规定：(1)行政机关组建并赋予行政管理职能但不具有独立承担法律责任能力的机构，以自己的名义作出行政行为，当事人不服提起诉讼的，应当以组建该机构的行政机关为被告；(2)授权依据只能是法律、法规或者规章；根据法律规定委托行政的，委托机关为被告。本案中，乙区管委会是受乙区政府的委托，甲市乙区政府通过《征收补偿授权协议书》授权乙区管委会以乙区政府的名义开展征收工作，但是因为授权依据必须是法律、法规、规章，而乙区政府授权乙区管委会没有法律依据，所以视为乙区政府委托了乙区管委会。所以，本案被告是乙区政府。

3.《资产收购协议》属于行政协议。

依据《行政诉讼法》及相关规定，行政协议是指行政机关为实现公共利益或者行政管理目标，在法定职责范围内，与公民、法人或者其他组织协商订立的具有行政法上权利义务内容的协议。本案中，乙区政府为了对外实施行政管理，为了公共利益的需要，与黄某签订的具有行政法上权利义务内容的协议，属于行政协议。

4. 约定仲裁条款无效。

依据《行政协议案件规定》第26条的规定，行政协议约定仲裁条款的，人民法院应当确认该条款无效。因此，本题中约定了仲裁条款是违反相关法律及司法解释的规定的，所以是无效的。

5. 本案诉讼时效3年。

根据《行政协议案件规定》第25条的规定，公民、法人或者其他组织对行政机关不依法履行、未按照约定履行行政协议提起诉讼的，诉讼时效参照民事法律规范确定。本案中，当事人黄某的诉讼请求是请求确认行政协议无效，适用民事诉讼中3年的诉讼时效。

6. 乙区政府拒绝公开是违法的。

依据《政府信息公开条例》第15条的规定，涉及商业秘密、个人隐私等公开会对第三方合法权益造成损害的政府信息，行政机关不得公开。但是，第三方同意公开或者行政机关认为不公开会对公共利益造成重大影响的，予以公开。本案中，乙区政府以涉及被征收人的隐私为由拒绝公开，并没有征求被征收人意见，也没有衡量社会公共利益，直接拒绝是违法的。对于涉密的信息，乙区政府应当书面征求第三方的意见，第三方同意公开则公开；如果第三方不同意公开，但是不公开会损害社会公共利益，应予以公开。

2019 年*

【案情】

建设单位在李某的门前设有消防设施，市公安消防支队对其消防设施抽查后作出《建设工程消防验收备案结果通知》。李某认为消防栓的设置和建设影响了其生活而消防支队却验收合格，严重侵犯了其合法权益，遂向法院起诉，请求依法撤销市公安消防支队批准在其门前设置的消防栓通过验收的决定；依法判令被告责令报批单位依据国家标准限期整改。市公安消防支队辩称：建设工程消防验收备案结果通知的性质属于技术性验收，不属于人民法院的受案范围，请求驳回原告的起诉。一审法院裁定驳回了李某的起诉，李某上诉，在二审期间，市公安消防支队撤销了该通知，原告撤诉。

材料：

《消防法》第 4 条第 1 款规定："……县级以上地方人民政府公安机关对本行政区域内的消防工作实施监督管理，并由本级人民政府公安机关消防机构负责实施……"

《消防法》第 13 条规定："按照国家工程建设消防技术标准需要进行消防设计的建设工程竣工，依照下列规定进行消防验收、备案……（二）其他建设工程，建设单位在验收后应当报公安机关消防机构备案，公安机关消防机构应当进行抽查。依法应当进行消防验收的建设工程，未经消防验收或者消防验收不合格的，禁止投入使用；其他建设工程经依法抽查不合格的，应当停止使用。"

【问题】

1.《建设工程消防验收备案结果通知》是否属于行政诉讼的受案范围？为什么？（4 分）

2.《建设工程消防验收备案结果通知》属于什么性质的行为？（4 分）

3. 被告能否在二审中撤销《建设工程消防验收备案结果通知》？（4 分）

4. 二审中上诉人申请撤诉，法院准许上诉人撤诉的条件是什么？如法院不允许上诉人撤诉，二审的审理对象是什么？（5 分）

5. 若《建设工程消防验收备案结果通知》被撤销，建设单位可以如何救济自己的权利？（5 分）

6. 针对原告请求被告责令建设单位限期整改，如果二审能够得到支持，法院应如何裁判？为什么？（5 分）

—— 参考答案 ——

1. 属于。

依据我国《行政诉讼法》及相关规定，公民、法人或者其他组织认为行政机关和行政机关工

---

* 《消防法》已于 2021 年修正，由应急管理部门对消防工作实施监督管理。此题并未涉及相关知识变动，故保留原有内容。

作人员的行政行为侵犯其合法权益,有权向人民法院提起诉讼。本案中,《建设工程消防验收备案结果通知》属于公安机关进行消防工作实施监督管理职权而作出的具有行政法意义上的有约束力的具体行政行为,属于行政诉讼的受案范围。

2. 属于行政确认。

依据行政法相关理论,行政确认是指行政主体依法对行政相对人的法律地位、法律关系或有关法律事实进行甄别,给予确定、认定、证明并予以宣告的具体行政行为。本案中,《建设工程消防验收备案结果通知》的内容可视为消防机构在事实上确认了消防工程质量合格,行政相对人与行政相关人也将受到该行为的拘束,符合行政确认的特征。

3. 可以。

依据《行政诉讼法》及相关规定,被告撤销、部分撤销或者变更被诉具体行政行为处理结果属于改变其所作的具体行政行为,同时法律并不禁止行政机关在诉讼审理期间(包括一审、二审及再审)内改变其所作的具体行政行为。本案中,被告在二审中撤销《建设工程消防验收备案结果通知》属于"被告改变其所作的行政行为",故被告可以在二审中撤销自己作出的行政行为。

4. (1)依据《行政诉讼撤诉规定》第8条第1款的规定,第二审或者再审期间行政机关改变被诉具体行政行为,当事人申请撤回上诉或者再审申请的,参照本规定。故二审法院允许上诉人撤诉的条件与一审法院准许原告撤诉的条件相同,具体有以下4点:①申请撤诉是当事人真实意思表示;②被告改变被诉具体行政行为,不违反法律、法规的禁止性规定,不超越或者放弃职权,不损害公共利益和他人合法权益;③被告已经改变或者决定改变被诉具体行政行为,并书面告知人民法院;④第三人无异议。

(2)如法院不允许上诉人撤诉,二审的审理对象为一审裁定与《建设工程消防验收备案结果通知》。

依据《行政诉讼法》第87条及相关规定,人民法院审理上诉案件,应当对原审人民法院的判决、裁定和被诉行政行为进行全面审查,不受上诉范围的限制。本案中,原审人民法院已作出驳回起诉的裁定,《建设工程消防验收备案结果通知》为被诉行政行为,故两者均属于二审的审理对象。

5. 建设单位可以针对行政机关撤销该通知的行为申请行政复议或提起行政诉讼,也可以就其因撤销该通知的行为遭受的损失申请国家赔偿。

6. 法院应当裁定撤销一审裁定,并指令原审法院继续审理本案。

依据《行诉适用解释》第109条第1款的规定,第二审人民法院经审理认为原审人民法院不予立案或者驳回起诉的裁定确有错误且当事人的起诉符合起诉条件的,应当裁定撤销原审人民法院的裁定,指令原审人民法院依法立案或者继续审理。本案中,若原告请求被告责令建设单位限期整改能够得到支持,表明被诉的《建设工程消防验收备案结果通知》属于行政诉讼的受案范围,应当进行实体审查,即一审驳回起诉的裁定确有错误。故二审法院应当裁定撤销一审裁定,指令原审法院继续审理。

2018年

【案情】

王某在未取得建设工程规划许可证的情况下,在公路南侧建设沿街楼房。2018年3月12日,市国土资源局向王某下达《停止违法建设通知书》,责令其停止违法建设行为。在就王某违法建设行为召开协调会后,市建设规划局向王某发出《责令拆除违法建筑通知》,告知王某其建筑违法,责令王某1天内自行拆除公路南侧违法建筑。2018年3月15日,港城大队组织强制拆除工作,港城大队通知镇政府、镇管委会到场,组织人员将王某违法建筑予以强制拆除。在拆除期间,王某尚未来得及将房屋内物品搬离,港城大队也未依法对屋内物品登记保全,未制作物品清单并交王某签字确认。王某以镇政府、镇管委会、港城大队、市国土资源局、市建设规划局为被告提起行政诉讼,请求法院确认强制拆除行为违法,赔偿损失30万元。

法院查明,市建设规划局曾向港城大队发送委托书,委托港城大队作出违法建筑物行政拆除决定,委托期限为2015年1月1日至2020年12月31日。

【问题】

1. 市建设规划局责令王某限期拆除的行为是什么性质?(4分)

2. 王某所列的被告是否正确?为什么?(4分)

3. 市建设规划局的行为是否违法?为什么?(4分)

4. 王某提起行政诉讼的期限是多久?(5分)

5. 若在一审开庭时,行政机关负责人没有出庭应诉,并委托港城大队的相关工作人员和律师出庭,法庭是否应予准许?为什么?(6分)

6. 王某请求损失赔偿的举证责任如何分配?(5分)

—— 参考答案 ——

1. 责令限期拆除的行为属于行政处罚。

依据《行政处罚法》第2条的规定,行政处罚是通过对违法行为人增加新的负担或减损权益的方式,实现对违法行为惩戒目的的行政行为。本案中,行政机关将王某修建的建筑物予以拆除,给当事人增加了新的负担,所以,责令王某拆除其违反《城乡规划法》的建筑物属于行政处罚。本案中,市建设规划局责令王某限期拆除房屋具有行政惩戒性,给当事人增加了新的负担,属于行政处罚。

2. 本案的被告应当为市建设规划局,原告起诉的被告存在错误。

依据《行政诉讼法》第26条第1款和第5款的规定,公民、法人或者其他组织直接向人民法院提起诉讼的,作出行政行为的行政机关是被告。行政机关委托的组织所作的行政行为,委托的行政机关是被告。王某就强制拆除行为起诉,该行为由市建设规划局委托港城大队作出,应当由委托人市建设规划局作为被告承担行政责任。该行为与镇政府、镇管委会和市国土资源局没有直接的关系,按照“谁行为,谁被告”的行政诉讼规则,镇政府、镇管委会和市国土资源局并没有以自己的名义独立对外开展行政活动，所以不应当由其作为被告并承担行政责任。

3. 市建设规划局在本案中作出的两个行政行为均违法。

《城乡规划法》第68条规定："城乡规划主管部门作出责令停止建设或者限期拆除的决定后，当事人不停止建设或者逾期不拆除的，建设工程所在地县级以上地方人民政府可以责成有关部门采取查封施工现场、强制拆除等措施。"有权作出责令拆除决定的是规划主管部门，而有权决定强制拆除执行的是县级以上人民政府。因此，市建设规划局强制拆除王某房屋的行为主体违法。

《行政强制法》第44条规定："对违法的建筑物、构筑物、设施等需要强制拆除的，应当由行政机关予以公告，限期当事人自行拆除。当事人在法定期限内不申请行政复议或者提起行政诉讼，又不拆除的，行政机关可以依法强制拆除。"本案中，市建设规划局责令王某1天内自行拆除，并没有给王某留下充分的自行拆除的机会，在拆除时，市建设规划局也没有按照《行政强制法》的要求催告当事人并听取王某陈述申辩，属于程序违法。

4. 自知道或者应当知道作出行政行为之日起6个月。

我国《行政诉讼法》第46条第1款规定，公民、法人或者其他组织直接向人民法院提起诉讼的，应当自知道或者应当知道作出行政行为之日起6个月内提出。法律另有规定的除外。本案中，王某起诉的强制拆除行为于2018年3月15日作出，王某知晓该行为内容且《城乡规划法》对起诉期也没有另外规定，所以，王某对该强制拆除行为的起诉期应当为自知道或者应当知道作出行政行为之日起6个月内提出。

5. 可以。

《行政诉讼法》第3条第3款规定，被诉行政机关负责人应当出庭应诉。不能出庭的，应当委托行政机关相应的工作人员出庭。依据《行诉适用解释》第130条的规定，《行政诉讼法》第3条第3款规定的"行政机关相应的工作人员"，包括该行政机关具有国家行政编制身份的工作人员以及其他依法履行公职的人员。被诉行政行为是地方人民政府作出的，地方人民政府法制工作机构的工作人员，以及被诉行政行为具体承办机关工作人员，可以视为被诉人民政府相应的工作人员。本题被告为市建设规划局，出庭应诉的应为市建设规划局的工作人员，但是被委托对象港城大队的相关工作人员也可以视为市建设规划局的工作人员，因此其可以出庭应诉。

6. 依据《行政诉讼法》第38条第2款的规定，在行政赔偿、补偿的案件中，原告应当对行政行为造成的损害提供证据。因被告的原因导致原告无法举证的，由被告承担举证责任。

在房屋强制拆除引发的行政赔偿案件中，原告提供了初步证据，但行政机关的原因导致原告无法对屋内物品损失举证，又因行政机关未依法进行财产登记、公证等措施无法对屋内物品损失举证，人民法院对原告未超出市场价值的符合生活常理的房屋内物品的赔偿请求，应当予以支持。

三、考点全解

考点一 抽象行政行为

一、抽象行政行为与具体行政行为的区别

1. 抽象行政行为是指国家行政机关制定行政法规、规章和有普遍约束力的决定、命令等行政规则的行为。

2. 具体行政行为是指行政主体依法行使行政权力,对特定的公民、法人和其他组织作出的有关其权利义务的单方行政行为。其目的在于产生一定的法律后果,使行政法上的权利义务得以建立、变更或者消灭。由此可知,具体行政行为不同于行政事实行为、行政协议行为、内部行政行为、行政立法以及刑事司法行为。

二、抽象行政行为的特征

1. 同时针对不特定的人和事,即具有普遍约束力。

2. 能够反复适用。

三、抽象行政行为附带审查

1. 审查条件

(1)只能一并审查其他规范性文件(排除行政法规、规章和国务院的其他规范性文件)。

(2)只能附带性地提出审查要求(当事人在对具体行政行为提起诉讼的同时,可以一并请求对抽象行政行为审查)。

(3)附带性审查的抽象行政行为必须与被诉的具体行政行为之间具有关联性。

(4)一并审查请求应当在一审开庭前提出;有正当理由的,也可以在法庭调查中提出审查。

2. 具体程序

(1)法院在对规范性文件审查过程中,发现规范性文件可能不合法的,应当听取规范性文件制定机关的意见。

(2)制定机关申请出庭陈述意见的,法院应当准许。

(3)行政机关未陈述意见或者未提供相关证明材料的,不能阻止法院对规范性文件进行审查。

3. 审查内容

法院可以从规范性文件制定机关是否超越权限或者违反法定程序、作出行政行为所依据的条款以及相关条款等方面进行。有下列情形之一的,属于规范性文件不合法:

(1)超越制定机关的法定职权或者超越法律、法规、规章的授权范围的。

(2)与法律、法规、规章等上位法的规定相抵触的。

(3)没有法律、法规、规章依据,违法增加公民、法人和其他组织义务或者减损公民、法人和其他组织合法权益的。

(4)未履行法定批准程序、公开发布程序,严重违反制定程序的。

4. 审查结果

规范性文件不合法的,不作为法院认定行政行为合法的依据,并在裁判理由中予以阐明。作出生效裁判的法院应当向规范性文件的制定机关提出处理建议,并可以抄送制定机关的同级政府、上一级行政机关、监察机关以及规范性文件的备案机关。

考点二 具体行政行为

一、判断标准

1. 行政性:行政行为是行政主体运用行政职权作出的行为。(区别于国家行为、仲裁行为、行政协助执行行为、刑事司法行为。)

2. 处分性:行政行为是按照行政主体主观上的意思表示对行政相对人法律上的权利义务客观上进行的安排。(区别于事实行为,如暴力侵权行为、行政指导行为、调解、重复处理行为、过程性行政行为。)

3. 特定性:行政行为是行政主体针对特定对象作出的行为。(区别于抽象行政行为。)

4. 外部性:行政行为是行政主体针对外部对象、外部事务作出的行为。(区别于内部行政行为。)

二、分类

1. 以行为受法律约束的程度:羁束行政行为/裁量行政行为。

2. 以行为对当事人权益的影响:授益性行政行为/负担性行政行为。

3. 以行为是否需要当事人申请:依申请行政行为/依职权行政行为。

4. 以行为是否需要法定的形式:要式行政行为/非要式行政行为。

5. 以行为是否需要双方意思表示一致:单方行政行为/双方行政行为。

考点三 行政许可设定和具体规定(立法)

一、可以不设定的情况

1. 公民、法人或者其他组织能够自主决定的。

2. 市场竞争机制能够有效调节的。

3. 行业组织或者中介机构能够自律管理的。

4. 事后监督等其他行政管理方式能够解决的。

二、可以设定的情况

1. 一般许可:从事直接涉及公共利益或个人重大利益的特殊活动(驾照、排污许可证等)。

2. 特许:有限自然资源的开发利用、公共资源的配置以及直接关系公共利益的特定行业的市场准入(航线使用许可等)。

3. 认可:赋予公民、法人或者其他组织从事特定行业、职业资格、资质的许可(法律职业资格许可、建筑企业资质等)。

4. 核准:特定设备、设施、产品、物品的检验、检测、检疫(生猪屠宰检疫、电梯安装运营许可等)。

5. 登记:企业或者其他组织的设立(营业执照、社团设立登记等)。

三、行政许可的设定

1. 经常性许可的设定

法律、行政法规、地方性法规。

2. 临时性许可的设定

国务院决定、省规章。

3. 地方许可的限制

(1)不得设定应当由国家统一确定的资质、资格的许可。

(2)不得设定企业等组织的设立登记及其前置性许可。

(3)不得限制外地的生产、经营、服务、商品进入本地的市场。

4. 行政许可的规定

(1)设定权属于立法性质的权力,指法的创制权,解决的是从无到有的问题。

(2)规定权属于执行性权力,解决的是从粗到细的问题。

(3)行政法规、地方性法规和规章都可以在上位法已设定的行政许可事项范围内,对行政许可设定的条件、程序、期限等进行细化。

考点四 行政许可实施的一般程序

一、申请方式

1. 书面。

2. 自己或委托代理人,但应亲自到场的除外。

3. 需要格式文本的,行政机关应当提供(不收费)。

二、受理

1. 补正材料

(1)当场可以更正的——应当允许当场更正。

(2)申请材料不齐全的,应当当场或者5日内一次性告知需要补正的全部内容。

注意:过了5日还不告知的,自收到申请材料之日起即为受理,但是受理≠许可。

2. 形式

书面凭证(受理或者不受理,都应出具加盖本行政机关专用印章和注明日期的书面凭证)。

三、审查

1. 审查材料:实质审查——2名工作人员。

2. 跨级审查。

(1)下级要在法定期限内将初步审查意见和全部申请材料直接报送上级机关。

(2)上级机关不得要求申请人重复提供申请材料。

四、听证启动

1. 主动(依职权)

(1)法律、法规、规章规定。

(2)涉及社会公共利益的重大事项。

2. 被动(依申请)

行政许可直接涉及申请人与他人之间重大利益关系的，应当告知申请人与利害关系人有申请听证的权利，申请听证的，行政机关应当举行听证会。

五、听证期限

1. 申请：5日内提出申请。

2. 组织：20日内组织听证。

3. 告知：举行听证的7日前告知。

六、颁发许可证、加盖印章、加贴标签时间

作出许可决定之日起10日内颁发、送达许可证或者加贴标签、加盖印章(证、签、章)。

七、作出决定的期限

1. 当场作出

申请人的申请符合法定条件、标准的，行政机关应当依法作出准予行政许可的书面决定。

2. 自受理之日起20日内作出决定

经本行政机关负责人批准，可以延长10日，依法应当先经下级行政机关审查后报上级行政机关决定的行政许可，下级行政机关应当自其受理行政许可申请之日起20日内审查完毕。但法律、法规另有规定的，依照其规定。这里特别要注意“特别法优于一般法”的原则决定了例外规定。

八、多机构决定的期限

按照统一办理或者联合办理、集中办理来受理的，决定期限为45日；经本级人民政府负责人批准，可以延长15日。

九、变更和延续

1. 变更

变更是对行政许可事项的范围、组织、条件等具体规定的改变。

2. 延续

(1)有效期届满30日前提出申请。

(2)如果在该许可有效期届满前没有作出是否准予延续的决定，就视为行政机关准予延续。

十、提示

1. 行政许可中的听证免费(所有听证均免费)，并且听证笔录具有案卷排他效力。

2. 事先参与许可事项或有直接利害关系的工作人员不得担任听证主持人。

3. 除了涉及国家秘密、商业秘密、个人隐私的，听证应当公开举行。

考点五 行政处罚的实施主体

一、行政机关

1. 行政机关自行实施

由违法行为发生地的有权行政机关管辖(违法行为发生地包括行为实施地及直接结果的发

生地)。

2. 集中实施

(1)主体限制:国务院或者省级政府可以决定一个行政机关行使有关行政机关的行政处罚权。

(2)权力限制:限制人身自由的行政处罚权只能由公安机关和法律规定的其他机关行使。

二、授权机关

1. 授权依据:法律、法规。

2. 授权对象:具有管理公共事务职能的组织。

3. 授权后果:成为行政主体,对实施行政处罚行为的后果独立承担法律责任。

三、委托机关

1. 委托主体:行政主体。

2. 委托对象的条件:(1)依法成立并具有管理公共事务职能;(2)有熟悉有关法律、法规、规章和业务并取得行政执法资格的工作人员;(3)需要进行技术检查或者技术鉴定的,应当有条件组织进行相应的技术检查或者技术鉴定。

3. 委托书:委托书应当载明委托的具体事项、权限、期限等内容。委托行政机关和受委托组织应当将委托书向社会公布。

4. 委托后果:被委托者不能获得行政主体资格,后果由委托人承担。

考点六 行政处罚的管辖

一、级别管辖

1. 一般情形

行政处罚由县级以上地方人民政府具有行政处罚权的行政机关管辖。法律、行政法规另有规定的,从其规定。

2. 管辖权下放

省、自治区、直辖市根据当地实际情况,可以决定将基层管理迫切需要的县级人民政府部门的行政处罚权交由能够有效承接的乡镇人民政府、街道办事处行使,并定期组织评估。决定应当公布。承接行政处罚权的乡镇人民政府、街道办事处应当加强执法能力建设,按照规定范围、依照法定程序实施行政处罚。

二、地域管辖

行政处罚由违法行为发生地的行政机关管辖。法律、行政法规、部门规章另有规定的,从其规定。

三、管辖争议

两个以上行政机关都有管辖权的,由最先立案的行政机关管辖。对管辖发生争议的,应当协商解决,协商不成的,报请共同的上一级行政机关指定管辖;也可以直接由共同的上一级行政机关指定管辖。

四、行政协助

行政机关因实施行政处罚的需要,可以向有关机关提出协助请求。协助事项属于被请求机关职权范围内的,应当依法予以协助。

五、行政执法和刑事执法的衔接

违法行为涉嫌犯罪的,行政机关应当及时将案件移送司法机关,依法追究刑事责任。对依法不需要追究刑事责任或者免予刑事处罚,但应当给予行政处罚的,司法机关应当及时将案件移送有关行政机关。

行政处罚实施机关与司法机关之间应当加强协调配合,建立健全案件移送制度,加强证据材料移交、接收衔接,完善案件处理信息通报机制。

考点七 行政处罚的实施程序

一、适用规则

(1)公开;(2)回避;(3)参与;(4)应急;(5)执法人数不得少于2人。

二、简易程序

1. 条件:违法事实确凿并有法定依据。

【一般罚】对公民处以200元以下、对法人或者其他组织处以3000元以下罚款或者警告。

【治安罚】对公民处警告或200元以下的罚款。

2. 程序。

【当场处罚】当场作出的行政处罚决定,必须报所属行政机关备案。

【当场送达】当事人拒绝签收的,应当在处罚决定书上注明。

三、一般程序

1. 立案

(1)行政机关发现公民、法人或者其他组织有依法应当给予行政处罚的行为的,必须全面、客观、公正地调查,收集有关证据;必要时,依照法律、法规的规定,可以进行检查。符合立案标准的,行政机关应当及时立案。

(2)出示执法证件。执法人员不出示执法证件的,当事人或者有关人员有权拒绝接受调查或者检查。

(3)陈述、申辩。未经陈述、申辩的,不得作出处罚决定;当事人明确放弃的除外。

(4)接受询问。当事人或者有关人员应当如实回答询问,并协助调查或者检查,不得拒绝或者阻挠。询问或者检查应当制作笔录。

(5)保存证据。在证据可能灭失或者以后难以取得的情况下,经行政机关负责人批准,可先行登记保存,并在7日内作出处理决定。

2. 审核

有下列情形之一,在行政机关负责人作出行政处罚的决定之前,应当由从事行政处罚决定法制审核的人员进行法制审核;未经法制审核或者审核未通过的,不得作出决定:

(1)涉及重大公共利益的;

(2)直接关系当事人或者第三人重大权益,经过听证程序的;

(3)案件情况疑难复杂、涉及多个法律关系的;

(4)法律、法规规定应当进行法制审核的其他情形。

行政机关中初次从事行政处罚决定法制审核的人员,应当通过国家统一法律职业资格考试取得法律职业资格。

3. 决定

(1)决定主体。原则由行政机关负责人决定,例外:对情节复杂或者重大违法行为给予行政处罚,行政机关负责人应当集体讨论决定。

(2)决定期限。行政机关应当自行政处罚案件立案之日起 90 日内作出行政处罚决定。法律、法规、规章另有规定的,从其规定。

4. 送达

(1)当事人在场的,当场送达。

(2)当事人不在场的,应当在 7 日内送达。

(3)当事人同意并签订确认书的,行政机关可以采用传真、电子邮件等方式,将行政处罚决定书等送达当事人。

四、听证程序

1. 范围

行政机关拟作出下列行政处罚决定,应当告知当事人有要求听证的权利,当事人要求听证的,行政机关应当组织听证:

(1)较大数额罚款;

(2)没收较大数额违法所得、没收较大价值非法财物;

(3)降低资质等级、吊销许可证件;

(4)责令停产停业、责令关闭、限制从业;

(5)其他较重的行政处罚;

(6)法律、法规、规章规定的其他情形。

注意:治安处罚听证范围为吊销许可证、处 2000 元以上罚款。

2. 程序

(1)期限:当事人要求听证的,应当在行政机关告知后 5 日内提出;行政机关应当在举行听证的 7 日前,通知当事人及有关人员听证的时间、地点。

(2)回避:听证由行政机关指定的非本案调查人员主持;当事人认为主持人与本案有直接利害关系的,有权申请回避。

(3)费用:行政机关承担听证费用。

(4)代理:当事人可以亲自参加听证,也可以委托 1 ~ 2 人代理。

(5)公开:除涉及国家秘密、商业秘密或者个人隐私依法予以保密外,听证公开举行。

(6)终止:当事人及其代理人无正当理由拒不出席听证或者未经许可中途退出听证的,视为放弃听证权利,行政机关终止听证。

(7)质证:举行听证时,调查人员提出当事人违法的事实、证据和行政处罚建议,当事人进行申辩和质证。

(8)笔录:听证应当制作笔录,笔录应当交当事人或者其代理人核对无误后签字或者盖章;行政机关应当根据听证笔录,依照相关法律的规定,作出决定(案卷排他效力)。

五、治安管理处罚程序

1. 传唤

(1)经公安机关办案部门负责人批准,使用传唤证传唤。

(2)对现场发现的违反治安管理行为人,经出示工作证件,可以口头传唤,但应当在询问笔录中注明。

2. 询问

(1)询问时间不得超过8小时;情况复杂可能适用行政拘留处罚的,不超过24小时。

(2)被询问人可以就被询问事项提供书面材料。

3. 检查

(1)检查不少于2人,并应当出示工作证件和县级以上政府公安机关开具的检查证明文件。

(2)确需立即检查的,经出示工作证件,可以当场检查,但检查公民住所除外。

4. 扣押

(1)只能对需要作为证据的物品予以扣押。

(2)对被侵害人或者善意第三人合法占有的财产不得扣押,但应当予以登记。

考点八 行政强制措施的实施程序

一般程序:报请行政机关负责人批准—两人以上表明身份—通知当事人到场—告知理由、依据和权利—听取陈述、申辩—制作现场笔录—各方签名盖章。

一、实施主体

1. 法律、法规规定的行政机关实施。

2. 授权机关:法律、行政法规授权具有管理公共事务职能的组织。

3. 委托机关:禁止委托。

二、一般程序

1. 内部程序

(1)事先报批:实施行政强制之前必须向行政机关负责人报告并经批准。

(2)紧急情况:可以先不经过批准当场实施,24小时内向行政机关负责人报告并补办批准手续。但人身类的强制措施应立即向负责人报告并立即补办手续。

2. 外部程序

(1)表明身份(出示执法证件)。

(2)通知当事人到场。

(3)当场告知理由、依据和权利。

(4)听取陈述、申辩。

(5)制作现场笔录(如实记录)。

三、查封、扣押程序

1. 要求

(1)限于涉案的场所、设施或者财物,与违法行为无关的不得查封、扣押。

(2)已经被其他国家机关查封的,不得重复查封。

(3)公民个人及其所扶养家属的生活必需品不得查封、扣押。

2. 程序

(1)制作并当场交付查封、扣押决定书及清单。清单一式两份,由当事人和行政机关分别保存。

(2)期限不得超过 30 日;经本机关负责人批准,延长期限不得超过 30 日,即最长期限为 60 日。其他法律、行政法规另有规定的,从其例外。扣除期限:检测、检验、检疫或者技术鉴定的期间不计算在内。

(3)财物的妥善保管:行政机关不得使用或者损毁。可以委托第三人保管,费用由行政机关承担;第三人的原因造成损失,行政机关先行赔付后,有权向第三人追偿。

3. 后期处置

(1)违法事实清楚,对财物进行没收、销毁。

(2)解除查封、扣押的适用情形:

①当事人没有违法行为;

②查封、扣押的场所、设施或者财物与违法行为无关;

③行政机关对违法行为已经作出处理决定,不再需要查封、扣押;

④查封、扣押期限已经届满。

四、冻结程序

1. 要求

(1)对象是与违法行为涉及的金额相当的存款、汇款。

(2)不得重复冻结。

2. 程序

(1)负责人批准—两人以上表明身份—制作笔录—向金融机构交付冻结通知书。

(2)金融机构收到通知书后立即冻结。

(3)3 日内交付冻结决定书。

(4)期限不得超过 30 日,若复杂,经批准最多可延长 30 日。

3. 后期处置

(1)划拨:违法且被冻结款项依法应当收缴。

(2)解除冻结。

考点九 行政协议(行政合同)

行政协议,是指行政机关为实现行政职能,同公民、法人或者其他组织经过协商设立、变更和终止双方权利义务关系的协议。如特许经营协议和农村集体土地使用权的承包协议等。

一、行政协议的种类

1. 政府特许经营协议。

2. 土地、房屋等征收征用补偿协议。

3. 矿业权等国有自然资源使用权出让协议。

4. 政府投资的保障性住房的租赁、买卖等协议。

5. 政府与社会资本合作协议。

6. 其他行政协议。

二、诉讼主体

1. 被告

(1)签订行政协议的行政机关。

(2)因行政机关委托的组织订立的行政协议发生纠纷的,委托的行政机关是被告。

2. 原告

(1)公平竞争关系:参与招标、拍卖、挂牌等竞争性活动,认为行政机关应当依法与其订立行政协议但行政机关拒绝订立,或者认为行政机关与他人订立行政协议损害其合法权益的公民、法人或者其他组织。

(2)物权关系:认为征收征用补偿协议损害其合法权益的被征收征用土地、房屋等不动产的用益物权人、公房承租人。

(3)其他关系:其他认为行政协议的订立、履行、变更、终止等行为损害其合法权益的公民、法人或者其他组织。

三、行政协议效力

1. 未生效

法律、行政法规规定应当经过其他机关批准等程序后生效的行政协议,在一审法庭辩论终结前未获得批准的,人民法院应当确认该协议未生效。

2. 效力终止

(1)无效

第一,行政协议存在重大且明显违法情形的,人民法院应当确认行政协议无效。

第二,人民法院可以适用民事法律规范确认行政协议无效。

第三,行政协议无效的原因在一审法庭辩论终结前消除的,人民法院可以确认行政协议有效。

(2)可撤销

行政协议存在胁迫、欺诈、重大误解、显失公平等情形时,为可撤销的行政协议。

四、诉讼时效

1. 公民、法人或者其他组织对行政机关不依法履行、未按照约定履行协议提起诉讼的,参照民事法律规范关于诉讼时效的规定。

2. 对行政机关变更、解除协议等行政行为提起诉讼的,适用行政诉讼法及其司法解释关于起诉期限的规定。

五、举证责任

1. 被告对于自己具有法定职权、履行法定程序、履行相应法定职责以及订立、履行、变更、解除行政协议等行为的合法性承担举证责任。

2. 原告主张撤销、解除行政协议的，对撤销、解除行政协议的事由承担举证责任。

3. 对行政协议是否履行发生争议的，由负有履行义务的当事人承担举证责任。

六、法律适用

1. 程序问题：人民法院审理行政协议案件，应当适用行政诉讼法的规定；行政诉讼法没有规定的，参照适用民事诉讼法的规定。（补充适用）

2. 实体问题：人民法院审理行政协议案件，可以适用行政诉讼法的规定，可以参照适用民事法律规范关于民事合同的相关规定。（选择适用）

七、判决形式

1. 被告变更、解除行政协议的判决形式

（1）合法变更、解除行政协议。

在履行行政协议过程中，可能出现严重损害国家利益、社会公共利益的情形，被告作出变更、解除协议的行政行为后，原告请求撤销该行为，法院经审理认为该行为合法的，判决驳回原告诉讼请求；给原告造成损失的，判决被告予以补偿。

（2）违法变更、解除行政协议。

被告变更、解除行政协议的行政行为违法的，法院判决撤销或者部分撤销，并可以责令被告重新作出行政行为；还可以判决被告继续履行协议、采取补救措施，给原告造成损失的，判决被告予以赔偿。

2. 未履约行为的判决形式

（1）合法的不履约，可以判决继续履约。

（2）违法的不履约，依据具体情况承担相应责任。

八、性质

1. 行政协议性质的双重性。

一方面，行政协议以双方当事人意思表示一致为成立要件，行政机关不能以行政命令强迫当事人签订行政协议；另一方面，在行政协议的履行、变更或者解除中，行政机关享有行政优益权，行政机关与企业或者其他当事人已签订的合同，可以根据国家行政管理的需要，依法变更或解除，而相对人则不享有单方的变更和解除权。

2. 行政协议中的非行政主体的一方当事人就行政协议的履行、变更或者解除发生争议的，依法可以通过行政复议和行政诉讼途径寻求救济。

九、特征

1. 行政协议的一方主体必须是行政机关。行政协议是行政机关行使行政权的一种方式，该协议必定是在行政机关和作为公民、法人或者其他组织的相对方之间签订的。

2. 行政机关单方解除或者变更行政协议而引起行政协议纠纷的行为，是行政机关行使行政管理职权的一种行为，是行政机关单方意思表示、单方意志的体现。

十、解除

1. 行政机关要单方面解除合同，必须有职权和法律上的合理依据，并遵循公平、合理、合法原则。

2. 行政机关因为公共利益的需要而解除行政协议，导致合同相对方财产上遭受损失的，应予以合理的补偿。

3. 若行政机关违法单方面变更、解除合同给相对方造成损失，行政机关应予以赔偿。

考点十 政府信息公开

一、公开主体

1. 谁制作，谁公开；谁保存，谁公开。

2. 行政机关获取的其他行政机关的政府信息，由制作或最初获取该政府信息的行政机关公开（首次接触原则）。

3. 共同行为：牵头机关公开。（可以征求其他机关意见，被征求者15个工作日内回复，不回复的视为同意公开。）

二、是否公开

1. 国家秘密一律不公开。

2. 商业秘密、个人隐私原则上不公开。例外，权利人同意；不公开会对公共利益造成重大影响。

3. 内部信息可以不公开。（人事管理、后勤管理、内部工作流程等）

4. 过程性信息及行政执法案卷信息可以不公开。（法律、法规、规章另有规定的除外）

注意：不能确定是否可以公开，应当依照法律、法规和国家有关规定报有关主管部门或保密行政管理部门确定。

三、主动公开

1. 期限：信息形成或变更之日起20个工作日内公开；法律、法规另有规定的除外。

2. 场所：应当在国家档案馆、公共图书馆、政务服务场所设置政府信息查阅场所。

四、申请公开

（一）方式

应当采取书面形式，采取书面形式确有困难，可以口头申请，由受理机构代为填写政府信息公开申请。

（二）内容

1. 申请人的姓名或名称、身份证明、联系方式。

2. 申请公开的政府信息的名称、文号或者便于行政机关查询的其他特征性描述。

3. 申请公开的政府信息的形式要求，包括获取信息的方式、途径。

（三）公开期限

能当场答复的当场答复；不能的在20个工作日内答复，可延长20日，但是征求第三方和其他机关同意的时间不计算在内。

（四）答复方式

1. 公开

（1）根据申请人的要求及行政机关保存政府信息的实际情况，确定提供政府信息的具体形式；按照申请人要求的形式提供政府信息，可能危及政府信息载体安全或者公开成本过高的，可以通过电子数据以及其他适当形式提供，或者安排申请人查阅、抄录相关政府信息。

（2）申请公开的信息中含有不应当公开或者不属于政府信息的内容，但是能够作区分处理的，行政机关应当向申请人提供可以公开的政府信息内容，并对不予公开的内容说明理由。

（3）不收取费用。但是，申请数量、频次明显超过合理范围的，可收取信息处理费。

2. 不公开

（1）行政机关依据《政府信息公开条例》的规定决定不予公开的，告知申请人不予公开并说明理由。

（2）经检索没有所申请公开信息的，告知申请人该政府信息不存在。

（3）所申请公开信息不属于本行政机关负责公开的，告知申请人并说明理由；能够确定负责公开该政府信息的行政机关的，告知申请人该行政机关的名称、联系方式。

3. 材料补正

政府信息公开申请内容不明确的，行政机关应当给予指导和释明，并自收到申请之日起 7 个工作日内一次性告知申请人作出补正，说明需要补正的事项和合理的补正期限。答复期限自行政机关收到补正的申请之日起计算。申请人无正当理由逾期不补正的，视为放弃申请，行政机关不再处理该政府信息公开申请。

（五）特殊情况

1. 滥用申请权【申请人申请公开政府信息的数量、频次明显超过合理范围】。

（1）行政机关可以要求申请人说明理由。

（2）行政机关认为申请理由不合理的，告知申请人不予处理。

（3）行政机关认为申请理由合理，但是无法在法定期限内答复的，可以确定延迟答复的合理期限并告知申请人。

2. 要求加工处理。

需要行政机关对现有政府信息进行加工、分析的，行政机关可以不予提供。

3. 申请动机不单纯【申请人以政府信息公开申请的形式进行信访、投诉、举报等活动】。

行政机关应当告知申请人不作为政府信息公开申请处理并可以告知通过相应渠道提出。

4. 已经公开的【申请人提出的申请内容为要求行政机关提供政府公报、报刊、书籍等公开出版物】。

行政机关可以告知获取的途径。

5. 信息有误【可以要求行政机关更正】。

（1）有权更正的行政机关审核属实的，应当予以更正并告知申请人。

（2）不属于本行政机关职能范围的，行政机关可以转送有权更正的行政机关处理并告知申请人，或者告知申请人向有权更正的行政机关提出。

考点十一 行政诉讼被告

一、被告的确定

1. 作出行政行为的行政机关:该行政机关(即使越权被告还是它自己)。

2. 法律、法规、规章授权的组织:法律、法规、规章授权的组织。

3. 行政机关委托的机关:委托的行政机关。

4. 被撤销的行政机关:继续行使其职权的行政机关;无继续行使其职权的行政机关,以其所属的人民政府为被告;实行垂直领导的,以垂直领导的上一级行政机关为被告。

5. 内设机构、派出机构作出的行为:以所属机关的名义,所属机关为被告;以自己的名义,派出机构为被告。(例外:种类越权,以其所属机关为被告)

6. 开发区管理机构作出的行为:

(1)国务院、省级政府批准设立的(类似于区政府),开发区管理机构和其职能部门对各自行为均可独立作被告。

(2)非国务院、省级政府批准设立的,取得有效授权的,开发区管理机构为被告。

(3)非国务院、省级政府批准设立的,未取得有效授权的,设立该机构的人民政府为被告。

二、共同行为

共同作出一个行政行为,共同被告。(错变驳,漏加转为第三人)

注意:如果行政机关与企业等非行政主体联合执法,这属于"假共同行政行为",应当以作出决定的行政机关为被告,非行政主体是第三人。

三、经过复议的案件

1. 复议不作为:原告不服谁,谁就是被告。(选择告一个,不能同时起诉)

2. 复议维持:原行政机关和复议机关为共同被告——漏加列为共同被告。

3. 复议改变:复议机关为被告——仅限于实体结果的改变。

四、房屋征收补偿行为

1. 市、县级人民政府确定的房屋征收部门组织实施房屋征收与补偿工作过程中作出行政行为,被征收人不服提起诉讼的,以房屋征收部门为被告。

2. 征收实施单位受房屋征收部门委托,在委托范围内从事的行为,被征收人不服提起诉讼的,应当以房屋征收部门为被告。

五、上级批准的案件

1. 复议看职权——找上级。

2. 诉讼看名义——谁盖章,谁被告。

注意:

1. 共同行为告漏了被告,通知原告追加,原告不同意追加的列为第三人;共同行为告错了,通知原告变更被告,原告拒绝变更的,法院裁定驳回起诉(想变就变,不变就走)。

2. 复议维持告漏了被告，法院通知追加，原告不同意追加的，列为共同被告。

3. 复议维持的判断——“审过且结果没变”，特别注意，如果复议机关改变了法律依据和事实依据，但只要行为结果没有变，就属于复议维持。只要沾边“维持”的行政机关都共同告。

考点十二 行政诉讼的管辖

一、地域管辖

1. 一般管辖

原告就被告——被告所在地法院（最初作出行政行为的行政机关所在地）管辖。

2. 不动产案件

行政行为导致不动产物权变动的案件，由不动产所在地的法院专属管辖。

点拨 不动产已登记的，以不动产登记簿记载的所在地为不动产所在地；不动产未登记的，以不动产实际所在地为不动产所在地。

3. 经过复议的案件

由原行政机关所在地或复议机关所在地法院管辖。

4. 限制人身自由的案件

对行政机关基于同一事实，既采取限制公民人身自由的行政强制措施，又采取其他行政强制措施或者行政处罚不服的，由被告所在地或者原告所在地的法院管辖。

点拨1 只有“被关了的人”起诉，才会有多重地域管辖，受害人起诉只能由被告所在地法院管辖。

点拨2 诉求中必须包括限制人身自由的行政强制措施，才会有多重地域管辖，行政拘留类的行政处罚（不管是单纯的行政拘留，还是行政拘留加罚款等财产类行为）只能由被告所在地法院管辖。

点拨3 原告所在地包括户籍所在地、经常居住地、被限制人身自由地。

二、级别管辖

1. 中级人民法院管辖

（1）【级别高】国务院部门或县级以上政府（县政府、设区的市政府、省政府；此处的政府不包括政府的工作部门）。

（2）【专业性强】海关处理的案件、证交所为被告或第三人（专门法院、人民法庭不审行政案件）。

（3）【人数众多】社会影响重大的共同诉讼、集团诉讼。

（4）【涉外案件】涉外行政案件，涉港澳台行政案件，国际贸易案件，反倾销、反补贴案件。

2. 提示

复议维持后，原机关和复议机关为共同被告的，以作出原行为的行政机关确定案件的级别管辖。（就低原则，仅指级别管辖，与地域管辖无关）

考点十三 行政诉讼的裁判与执行

一、一审判决

1. 合法

【被告胜诉】:判决驳回原告诉讼请求。

2. 违法

(1)作为:能撤销就撤销。不能撤销就确认违法:

①撤销会给国家利益、社会公共利益造成重大损害。

②诉讼中被诉行政行为已经被撤销、改变。

③不具有可撤销的内容。

④程序轻微违法,但对原告权利不产生影响。

⑤无效行政行为。

(2)处罚明显不当、其他行为涉及款额有误可撤可变。

(3)不作为:能作为的就作为——履行判决(行为)、给付判决(给钱)/不能作为则确认违法。

二、特别说明

1. 撤销判决和确认无效的转换

(1)原告请求撤销行政行为,法院经审查认为行政行为无效的,应当作出确认无效的判决(直接无效判决,不需要原告同意)。

(2)原告请求确认行政行为无效,但经法院审查认为不属于无效情形的:

①经释明,原告请求撤销行政行为的,应当继续审理并作出相应判决;

②经释明,原告拒绝变更诉讼请求,判决驳回其诉讼请求。

"就高不就低,就低要同意;如果不同意,哪来回哪去。"

▶▶ **提示** 原告起诉请求确认行政行为无效,但法院经审查认为不属于无效情形,原告变更诉讼请求,请求撤销行政行为,但已超过诉讼时效的,法院应裁定驳回起诉。

2. 变更判决的特殊适用

不得对当事人作出更为不利的决定,但是利害关系人同为原告且诉讼请求相反的除外。

3. 复议改变后判决的形式

复议决定改变原行政行为错误,法院判决撤销复议决定时,可以一并责令复议机关重新作出复议决定或者判决恢复原行政行为的法律效力。

三、二审判决

1. 原来的没错【驳回上诉,维持原判】。

2. 依法改判【事实认定错误或者法律适用错误】。

3. 改判或发回【一审事实不清,证据不足,一般发回,发回只限一次】。

4. 剩下的全是发回【严重违法+漏人漏事,发回只限一次】。

5. 原审遗漏诉讼请求。

(1)一审判决遗漏赔偿请求,二审法院审查认为不予赔偿的,应判决驳回行政赔偿请求。

(2)一审判决遗漏赔偿请求,二审认为应当赔偿的,先就赔偿问题进行调解,调解不成,就赔偿部分发回重审。

(3)遗漏普通内容的诉讼请求,行政诉讼二审判决和民诉相同,均是撤销原判,发回重审。

(4)如果二审当事人提出了新赔偿请求,应当先调解,调解不成的,告知另行起诉。

四、宣判制度

1. 公开宣判

对公开审理和不公开审理的案件,一律公开宣判。

2. 宣判时间

当庭宣判:应当在10日内发送判决书。

定期宣判:宣判后立即发给判决书。

考点十四 行政复议

一、申请

1. 申请人申请行政复议,可以书面申请;书面申请有困难的,也可以口头申请。

2. 书面申请的,可以通过邮寄或者行政复议机关指定的互联网渠道等方式提交行政复议申请书,也可以当面提交行政复议申请书。行政机关通过互联网渠道送达行政行为决定书的,应当同时提供提交行政复议申请书的互联网渠道。

3. 口头申请的,行政复议机关应当当场记录申请人的基本情况、行政复议请求、申请行政复议的主要事实、理由和时间。

4. 申请人对两个以上行政行为不服的,应当分别申请行政复议。(《行政复议法》第22条)

▶▶ **提示** 复议中3日、5日、7日、10日均是工作日,不含法定休假日。

二、期限

申请复议60日(法律规定超过60日的除外)。作出复议决定60日(法律规定少于60日的除外),经过复议机构负责人批准可以适当延长,最多不得超过30日。诉讼6个月(法律可另有规定)。

1. 行政机关作出行政行为时,未告知公民、法人或者其他组织申请行政复议的权利、行政复议机关和申请期限的,申请期限自公民、法人或者其他组织知道或者应当知道申请行政复议的权利、行政复议机关和申请期限之日起计算,但是自知道或者应当知道行政行为内容之日起最长不得超过1年。

2. 因不动产提出的行政复议申请自行政行为作出之日起超过20年,其他行政复议申请自行政行为作出之日起超过5年的,行政复议机关不予受理。

3. 对于附带审查申请,或复议机关审案中自行发现的依据不合法问题,复议机关有权处理的,应当在30日内处理。行政复议机构应于复议中止之日起的3日内,书面通知规范性文件的制定机关就相关条款的合法性提出书面答复,制定机关应自收到书面通知之日起10日内答复。复议机关审理后认为相关条款合法的,在复议决定书中一并告知;认为相关条款超越权限或者违反上位法的,决定停止该条款的执行,并责令制定机关予以纠正。

对于申请人提出的规范性文件附带审查申请,或复议机关审案中自行发现的依据不合法问题,复议机关无权处理的,应当在7日内转送有权处理的机关处理,接受转送的机关应当自收到转送之日起60日内回复意见。

三、受理

1. 行政复议申请材料不齐全或者表述不清楚,无法判断行政复议申请是否符合《行政复议法》第30条第1款规定的,行政复议机关应当自收到申请之日起5日内书面通知申请人补正。补正通知应当一次性载明需要补正的事项。

2. 申请人应当自收到补正通知之日起10日内提交补正材料。有正当理由不能按期补正的,行政复议机关可以延长合理的补正期限。无正当理由逾期不补正的,视为申请人放弃行政复议申请,并记录在案。

3. 行政复议机关收到补正材料后,依照《行政复议法》第30条的规定处理。

4. 对当场作出或者依据电子技术监控设备记录的违法事实作出的行政处罚决定不服申请行政复议的,可以通过作出行政处罚决定的行政机关提交行政复议申请。

5. 行政机关收到行政复议申请后,应当及时处理;认为需要维持行政处罚决定的,应当自收到行政复议申请之日起5日内转送行政复议机关。

6. 公民、法人或者其他组织依法提出行政复议申请,行政复议机关无正当理由不予受理、驳回申请或者受理后超过行政复议期限不作答复的,申请人有权向上级行政机关反映,上级行政机关应当责令其纠正;必要时,上级行政复议机关可以直接受理。

四、审理程序

1.【应当听取当事人意见】普通程序。适用普通程序审理的复议案件,应当当面或者通过互联网、电话等方式听取当事人的意见,因当事人原因不能听取的,方可书面审理。(《行政复议法》第49条)

2.【新增】简易程序。对事实清楚、权利义务关系明确、争议不大的当场作出行政行为的案件,警告或通报批评案件,涉及3000元以下款额案件,政府信息公开案件,复议机关可以自行决定适用简易程序审理。复议机关应于3日内将复议申请书副本发送被申请人,被申请人应于5日内作出书面答复,复议机关应当自受理之日起30日内作出复议决定。对其他案件,各方当事人同意的,也可适用简易程序审理。

3.【增设】行政复议委员会,县级以上各级人民政府应当建立相关政府部门、专家、学者等参与的行政复议委员会,为办理行政复议案件提供咨询意见,并就行政复议工作中的重大事项和共性问题研究提出意见。审理行政复议案件涉及下列情形之一的,行政复议机构应当提请行政复议委员会提出咨询意见:

(1)案情重大、疑难、复杂;

(2)专业性、技术性较强;

(3)省、自治区、直辖市人民政府审理的对本机关作出的行政行为不服的行政复议案件;

(4)行政复议机构认为有必要。

行政复议机构应当记录行政复议委员会的咨询意见。(《行政复议法》第52条)

五、复议前置

1. 认为行政决定侵犯其已经依法取得的自然资源的所有权或者使用权的案件。

2. 行政机关不予公开政府信息的案件、当场作出处罚决定的案件。

3. 行政机关不履行法定职责的案件。

4. 法律、行政法规规定应当复议前置的案件。

对复议前置案件，应先申请复议，不服后方能起诉。

六、上可审下

1. 取消地方政府工作部门的复议职责，由县级以上地方政府统一行使，相应调整国务院部门的管辖权限。

2. 上级行政复议机关根据需要，可以审理下级行政复议机关管辖的行政复议案件。

3. 下级行政复议机关对其管辖的行政复议案件，认为需要由上级行政复议机关审理的，可以报请上级行政复议机关决定。（《行政复议法》第 38 条）

七、行政复议中止情形

1. 作为申请人的公民死亡，其近亲属尚未确定是否参加行政复议。

2. 作为申请人的公民丧失参加行政复议的行为能力，尚未确定法定代理人参加行政复议。

3. 作为申请人的公民下落不明。

4. 作为申请人的法人或者其他组织终止，尚未确定权利义务承受人。

5. 申请人、被申请人因不可抗力或者其他正当理由，不能参加行政复议。

6. 依照本法规定进行调解、和解，申请人和被申请人同意中止。

7. 行政复议案件涉及的法律适用问题需要有权机关作出解释或者确认。

8. 行政复议案件审理需要以其他案件的审理结果为依据，而其他案件尚未审结。

9. 有《行政复议法》第 56 条或者第 57 条规定的情形。

10. 需要中止行政复议的其他情形。

行政复议中止的原因消除后，应当及时恢复行政复议案件的审理；行政复议机关中止、恢复行政复议案件的审理，应当书面告知当事人。

八、行政复议终止情形

1. 申请人撤回行政复议申请，行政复议机构准予撤回。

2. 作为申请人的公民死亡，没有近亲属或者其近亲属放弃行政复议权利。

3. 作为申请人的法人或者其他组织终止，没有权利义务承受人或者其权利义务承受人放弃行政复议权利。

4. 申请人对行政拘留或者限制人身自由的行政强制措施不服申请行政复议后，因同一违法行为涉嫌犯罪，被采取刑事强制措施。

5. 依照《行政复议法》第 39 条第 1 款第 1 项、第 2 项、第 4 项的规定中止行政复议满 60 日，行政复议中止的原因仍未消除。

九、复议期间停止执行的情形

行政复议期间行政行为不停止执行；但是有下列情形之一的，应当停止执行：

（1）被申请人认为需要停止执行；

(2)行政复议机关认为需要停止执行；

(3)申请人、第三人申请停止执行，行政复议机关认为其要求合理，决定停止执行；

(4)法律、法规、规章规定停止执行的其他情形。

考点十五 行政赔偿

一、不予赔偿的范围

1. 行政机关工作人员实施的与行使职权无关的个人行为。

2. 受害人自己的过错。

3. 法律规定的其他情形。

二、赔偿请求人

类似原告。

三、赔偿义务机关

1. 类似被告。

2. 例外情况：(1)经过复议的案件，由原机关赔偿；但是复议决定加重了原行为，原机关赔偿原行为，复议机关赔偿加重的部分(按份原则)。(2)派出机构作出的行为，由其所在的行政机关赔偿。

四、行政赔偿程序

(一)单独程序

1. 知道或应当知道之日起2年内口头或者书面提出申请。

2. 赔偿义务机关先行处理(2个月内作出赔与不赔的决定)。赔偿请求人当面递交申请书的，赔偿义务机关应当当场出具加盖本行政机关专用印章并注明收讫日期的书面凭证。赔偿义务机关可以与赔偿请求人就赔偿方式、赔偿项目和赔偿数额进行协商。自收到申请之日起2个月内作出决定，自作出决定之日起10日内送达。

3. 赔偿请求人不服，3个月内单独提起行政诉讼。

4. 行政赔偿诉讼可以适用调解。

5. 赔偿请求人和赔偿义务机关对自己提出的主张，应当提供证据。被限制人身自由的人死亡或者丧失行为能力的，赔偿义务机关应当提供证据。

(二)一并程序(诉讼时一并提出行政赔偿)

1. 复议再起诉。

2. 直接起诉。

五、司法赔偿程序

(一)赔偿义务机关先行处理

1. 赔偿请求人要求赔偿，应当先向赔偿义务机关提出。

2. 知道或者应当知道侵权行为之日起2年内提出。

3. 协商的内容包括赔偿方式、赔偿项目和赔偿数额。

4. 自收到申请之日起2个月内作出赔偿决定，作出决定之日起10日内送达。

（二）复议机关处理

1. 复议机关为赔偿义务机关的上一级机关。

2. 申请期限为赔偿请求人自赔偿义务机关作出决定之日起30日内申请复议。

3. 例外情形：法院是赔偿义务机关，向其上一级法院赔偿委员会申请。

四、精编模拟测试

（一）

2006年10月，刘某取得了甲县乙乡某地块的国有土地使用权证。2012年，甲县招商局与李某签订了以有机、绿色农业产业开发为内容的投资意向书，之后经甲县招商局撮合，刘某将土地使用权转让给李某，同年7月18日签订了《土地使用权转让协议书》。李某根据《土地使用权转让协议书》约定成立了丰胜公司，对涉案土地进行公司化开发经营。

丰胜公司成立后，李某与刘某向甲县国土资源局申请变更土地使用权人。此时，甲县国土资源局答复该地块因土地区划变更而被划到了丙市，故变更土地手续冻结，可在行政区划工作完成后，由丙市自然资源局办理变更手续。之后丰胜公司又先后两次向丙市自然资源局申请变更使用权人，均被丙市自然资源局以未见到档案材料为由拒绝变更。

2017年，丙市自然资源局以土地撂荒了两年为由，拟收回该土地使用权，并提请丙市政府批准。丙市政府作出了《关于同意收回国有土地使用权的批复》，之后丙市自然资源局向刘某作出了《收回国有土地使用权决定书》。

刘某不服，以丙市自然资源局和丙市政府为被告，提起行政诉讼，请求确认《收回国有土地使用权决定书》违法和赔偿经济损失1000万元。在诉讼过程中，法院依法追加甲县招商局为第三人。此外，法院前往土地现场调查发现，土地现状与作出行政行为时相比，已发生显著变化，无法通过土地现状确定损失情况。

【问题】

1. 丰胜公司是否可以作为本案原告？请说明理由。

2. 应如何确定本案被告？

3. 丙市自然资源局决定收回国有土地使用权是何种性质的行政行为？请说明理由。

4. 甲县招商局作为第三人在行政诉讼中有哪些权利？甲县招商局经法庭传唤无正当理由不出庭，法院应如何处理？

5. 对于丰胜公司提出的赔偿投资损失，法院应如何确定举证责任和赔偿数额？

6. 若一审法院遗漏行政赔偿请求，第二审法院应当如何处理？

—— 参考答案 ——

1. 丰胜公司具有原告资格。

根据刘某和李某签订的《土地使用权转让协议书》的约定，丰胜公司对涉案土地进行公司化开发经营，丰胜公司虽不是土地收回决定的相对人，但由于行政机关不予办理土地变更登记，土地无法过户到该公司名下，因此该公司是收回决定的法律利害关系人，并且利益无法通过民事诉讼等方式获得救济，丰胜公司具有提起行政诉讼的原告资格。

2. 本案被告为丙市自然资源局。

根据《行诉适用解释》第19条的规定，当事人不服经上级行政机关批准的行政行为，向人民法院提起诉讼的，以在对外发生法律效力的文书上署名的机关为被告。经批准的行为，诉讼看名义。本案中，该决定书经上级机关丙市政府批准，以下级机关丙市自然资源局的名义作出，因此被告为署名机关即丙市自然资源局。

3. 行政处罚。

行政处罚是指行政机关依法对违反行政管理秩序的公民、法人或者其他组织，以减损权益或者增加义务的方式予以惩戒的行为。本案中，丙市自然资源局认为土地使用者连续两年未使用土地，将该地块予以依法收回，剥夺了属于土地使用权人的财产权，具有对当事人的制裁性，所以，该行为为行政处罚。

4. 首先，行政诉讼的第三人具有独立的诉讼地位，在诉讼中的权利包括举证、上诉或申请再审。

其次，甲县招商局作为第三人，如果经传票传唤无正当理由拒不出庭，或者未经法庭许可中途退庭，不发生阻止案件审理的效果。

5. 根据《行政诉讼法》第38条第2款及《行诉适用解释》第47条的规定，行政赔偿案件中，原告应当对行政行为造成的损害提供证据。被告的原因导致原告无法举证的，由被告承担举证责任。对于各方主张损失的价值无法认定的，应当由负有举证责任的一方当事人申请鉴定；但法律、法规、规章规定行政机关在作出行政行为时依法应当评估或者鉴定的除外；负有举证责任的当事人拒绝申请鉴定的，由其承担不利的法律后果。

本案由于土地现状与作出行政行为时相比，已发生显著变化，无法通过土地现状确定损失情况。对于各方主张损失的价值无法认定的，应当由负有举证责任的一方当事人即丰胜公司申请鉴定。若丰胜公司的损失因客观原因无法鉴定，人民法院应当结合当事人的主张和在案证据，遵循法官职业道德，运用逻辑推理和生活经验、生活常识等，酌情确定赔偿数额。

6. 依据《行诉适用解释》第109条第4款和第5款的规定，原审判决遗漏行政赔偿请求，第二审人民法院经审查认为依法不应当予以赔偿的，应当判决驳回行政赔偿请求。原审判决遗漏行政赔偿请求，第二审人民法院经审理认为依法应当予以赔偿的，在确认被诉行政行为违法的同时，可以就行政赔偿问题进行调解；调解不成的，应当就行政赔偿部分发回重审。

（二）

2019年8月1日上午，甲县乙镇政府交通安全监督管理办公室工作人员向某等人进行交通检查。任某搭乘杨某驾驶的两轮摩托车行驶至乙镇加油站（省道S105其中一段）路段时，因任某未戴头盔，向某等人通过喊话的方式纠正其违法行为，但杨某未停车。当向某欲用手抓行驶中的摩托车钥匙时，杨某为躲避该行为致使摩托车倒地，造成任某受伤。任某伤后被送往甲县人民医院治疗,经诊断为特重型颅脑损伤、多器官功能不全。2019 年 11 月 12 日,任某申请司法鉴定,鉴定结果为任某特重型颅脑损伤愈后遗留智力缺损和神经功能障碍后遗症,构成精神残疾,伤残程度系七级。2020 年 1 月 9 日,任某不服,以乙镇政府为被告提起行政诉讼,要求确认向某等人履职行为违法,并请求赔偿医疗费、误工费、残疾赔偿金、律师费以及精神损害抚慰金共计 10 万元。

立案后,被告提交了甲县交警大队与其签订的《行政执法委托协议书》,协议书全文为:根据《甲县公安局关于印发甲县乡村道路交通安全管理办法的通知》,将本乡(镇)行政区域内乡道和村道的道路交通安全监督管理工作委托给乙镇政府,具体由乙镇交通安全监督管理办公室行使下列监督管理职权:(1)行政检查权。(2)违法行为制止权。(3)部分行政处罚权。在审理过程中,经申请,法院对任某的伤残等级进行重新鉴定,鉴定意见和任某提供的一致。

材料一:

《道路交通安全法》第 5 条规定:国务院公安部门负责全国道路交通安全管理工作。县级以上地方各级人民政府公安机关交通管理部门负责本行政区域内的道路交通安全管理工作。

县级以上各级人民政府交通、建设管理部门依据各自职责,负责有关的道路交通工作。

材料二:

《甲县公安局关于印发甲县乡村道路交通安全管理办法的通知》载明:为切实加强乡村道路交通安全管理,预防和控制乡村道路交通安全事故发生,确保人民群众生命财产安全,各乡镇(街道)成立由乡镇(街道)分管道路交通安全工作负责人、安监办主任、每条村道的乡镇(街道)责任人及辖区派出所、交巡警中队、司法所、农综站等单位负责人为成员的交通安全监督管理办公室,负责辖区乡道和村道交通监督管理工作。

【问题】

1. 如何确定本案的被告、管辖法院?请阐明理由。
2. 结合《行政处罚法》,分析本案有关行政处罚的委托是否合法?
3. 任某的起诉是否超出起诉期限?请阐明理由。
4. 杨某能否成为本案第三人?请阐明理由。
5. 任某提出的哪些行政赔偿事项能够获得支持?请阐明理由。

—— 参考答案 ——

1.(1)本案的被告应为甲县交警大队。本案中,乙镇交通安全监督管理办公室是由乙镇政府组建的内设机构,其行为所产生的责任应由乙镇政府承担。并且本案存在委托关系,乙镇政府所享有的道路交通安全监督管理权来源于甲县交警大队委托,根据《行政诉讼法》第 26 条第 5 款的规定,行政机关委托的组织所作的行政行为,委托的行政机关是被告,当事人不服提起诉讼的,应当以委托的行政机关为被告。因此,本案的被告应为甲县交警大队。

(2)本案的管辖法院为甲县人民法院。本案的被告为甲县交警大队,根据《行政诉讼法》第 15 条的规定,中级人民法院管辖对国务院部门或者县级以上地方人民政府提起诉讼的第一审行政案件,而甲县交警大队为政府职能部门,因此级别管辖为基层法院。地域管辖方面,原告就被告,因此管辖法院为甲县人民法院。

2. 本案在执法委托依据、内容上存在违法情形。第一,行政委托依据为《甲县公安局关于印发甲县乡村道路交通安全管理办法的通知》,这是行政规范性文件,不属于法律、法规和规章的范畴,以此作为行政处罚委托依据不合法。第二,《行政执法委托协议书》只是大概规定了委托的事项,即行政检查权、违法行为制止权、部分行政处罚权,并未列明部分行政处罚权到底指哪些,而且未载明委托权力的行使期限。因此,本案的行政处罚委托不合法。

3. 任某的起诉未超出起诉期限。《行政诉讼法》第46条第1款规定,公民、法人或者其他组织直接向人民法院提起诉讼的,应当自知道或者应当知道作出行政行为之日起6个月内提出。法律另有规定的除外。本案的起诉期限从2019年8月1日起算,到2020年1月9日并未超出6个月的起诉期限。

4. 杨某是本案的第三人。《行政诉讼法》第29条第1款规定,公民、法人或者其他组织同被诉行政行为有利害关系但没有提起诉讼,或者同案件处理结果有利害关系的,可以作为第三人申请参加诉讼,或者由人民法院通知参加诉讼。本案任某提起行政诉讼,杨某作为驾驶人,与被诉行为有利害关系,能够成为本案的第三人。

5. 任某提出的医疗费、误工费、残疾赔偿金以及精神损害抚慰金能够获得支持。根据《国家赔偿法》,任某提出的赔偿医疗费、误工费、残疾赔偿金能获得支持,律师费不属于因残疾而增加的必要支出,不予支持。此外,向某等人的违法行为致使任某精神残疾,根据《国家赔偿法》及相关司法解释,精神损害抚慰金也应获得支持。